XUAN' EN YEARBOOK 2020

# 宣恩年鉴

## （2020）

宣恩县档案馆 编

方志出版社
Publishing House of Local Records

**图书在版编目（CIP）数据**

宣恩年鉴．2020 / 宣恩县档案馆编．-- 北京：方志出版社，2020.12

ISBN 978-7-5144-4701-9

Ⅰ．①宣…　Ⅱ．①宣…　Ⅲ．①宣恩县—2020—年鉴　Ⅳ．① Z526.34

中国版本图书馆 CIP 数据核字（2021）第 177347 号

**宣恩年鉴（2020）**

**编　　者：** 宣恩县档案馆
**责任编辑：** 李　静

**出 版 者：** 方志出版社
地址　北京市朝阳区潘家园东里 9 号（国家方志馆 4 层）
邮编　100021
网址　http://www.zgfzcb.cn
**发　　行：** 方志出版社图书经销中心
电话　（010）67110500
**经　　销：** 各地新华书店
**排　　版：** 北京纺印图文设计制作有限公司
**印　　刷：** 北京中科印刷有限公司

**开　　本：** 889mm × 1194mm　1/16
**印　　张：** 19.75
**字　　数：** 665 千字
**版　　次：** 2020 年 12 月第 1 版　2020 年 12 月第 1 次印刷

ISBN 978-7-5144-4701-9　**定价：** 280.00 元

# 序

贫困问题一直是困扰人类社会发展的重大问题。中国作为世界上最大的发展中国家，为解决贫困问题进行了长期不懈的努力。改革开放以来，特别是党的十八大以来，以习近平同志为核心的党中央把脱贫攻坚作为全面建成小康社会的底线任务和标志性指标，纳入“五位一体”总体布局和“四个全面”战略布局，以前所未有的力度推进精准扶贫、精准脱贫，扶贫开发成就举世瞩目，显著改善了贫困地区和贫困群众生产生活条件，具有重大的现实意义和深远的历史意义。身处中华民族几千年发展历史上将首次整体消除绝对贫困现象的伟大时代，如何更好地发挥地方志的存史、育人、资政的作用，是新时代全国地方志系统必须深入研究和着力解决的重大课题。

党的十八大以来，在党中央国务院的正确领导下，全国地方志系统深入学习贯彻习近平新时代中国特色社会主义思想，紧紧围绕党和国家事业发展需要，深入推进地方志改革创新发展，凝心聚力，稳扎稳打，勇于担当，主动作为，全国地方志形势和地方志工作者的精神面貌发生了深刻变化，取得了优异成绩。其中，为贯彻落实《全国地方志事业发展规划纲要（2015—2020 年）》，经中国地方志指导小组领导批准，中国地方志指导小组办公室于 2015 年、2017 年先后启动民族地区与贫困地区志书、年鉴出版资助工程（以下简称“志鉴出版资助工程”），对国家级贫困县（区、旗、县级市），中西部地区、少数民族边疆地区面临出版经费困难的志书和综合年鉴给予出版资助。实施志鉴出版资助工程是紧扣时代脉搏、坚持创新发展、传承弘扬中华优秀传统文化的一项创举，不仅有力推动了“两全目标”的实现，而且数十部资助出版的志书、年鉴及时记述了民族地区与贫困地区在全面建成小康社会伟大征程中取得的新成绩和新经验、出现的新情况和新问题、涌现的优秀人物和典型事迹，留住地方文化的“根”和“魂”，为这些地区的经济社会发展、地域文化传播、爱国主义教育、精神文明建设等提供了历史借鉴和智力支持，对全面提升民族地区与贫困地区文化建设水平、确保民族地区与贫困地区和全国其他地区同步全面建成小康社会具有重要意义。

尤为可喜的是，志鉴出版资助工程促成了一批扶贫志书的编纂出版，在文化脱贫攻坚中发挥了独特的作用。例如，《贵州省减贫志》全面系统客观记述了从 1978

年至2015年贵州省扶贫、减贫工作的历程及取得的经验，为贵州省实施大扶贫战略提供了有力的资政辅治参考，集中体现了地方志工作因时而动、顺势而为的新作为。前不久，由福建省地方志编委会和人民网共同编纂的《闽宁扶贫协作图志》，是全国首部扶贫协作图志，图文并茂、直观立体、全方位地展现闽宁扶贫协作波澜壮阔的历程，弘扬“闽宁一家亲”“携手奔小康”的深厚情谊和滴水穿石、久久为功的精神，是贯彻落实习近平总书记扶贫工作重要论述精神，服务国家精准扶贫、精准脱贫战略的有力举措。希望各地以此为鉴，编纂出版更多、更好的扶贫志书、年鉴，助力国家精准扶贫、精准脱贫战略的实施，充分展现地方志的独特价值和作用。

当前，我国脱贫攻坚已进入全面决战决胜的关键时期，尚未脱贫的贫困地区集中分布在中西部深山区、极端干旱山区、高寒阴湿地区等，文化建设还比较薄弱，文化产品还不够丰富，文化精品更是少之甚少。同时，这些地区往往是民族文化、历史文化、红色文化、生态文化富集区，具有发展文化旅游、推进文化扶贫的巨大潜在优势，也是繁荣发展地方志事业的巨大文化宝库。要发挥好文化扶贫凝聚人心的优势，善于利用方志文化优势为贫困地区“赋能”，在脱贫攻坚中做出方志人应有的贡献。要发挥好中国名镇志文化工程、中国名村志文化工程的引领作用，大力加强乡镇村志编纂，让百姓记得起乡情、记得住乡愁，凝聚贫困乡镇村庄的强大民心，补齐贫困乡镇村庄的文化短板，以“扶智”的方式“扶志”，践行习近平总书记强调的“扶贫先扶志，扶贫必扶智”的重要理念。

求木之长者，必固其根本；欲流之远者，必浚其泉源。扶贫扶起的是志气骨气，传承的是家国情怀，守护的是绿水青山。扶贫既要富口袋，也要富脑袋。必须坚持文化脱贫和物质脱贫两手抓，筑牢贫困地区文化之基，补足信仰精神之钙，引领脱贫发展之舵。全国地方志系统要围绕中心、服务大局，坚决投入脱贫攻坚这场必须打赢的硬仗，积极参与脱贫攻坚战，发挥优势和特长，深入挖掘文化资源，着力补齐文化短板，努力帮助民族地区与贫困地区的文化建设实现较大的发展提升，在全面建成小康社会、实现中华民族伟大复兴中国梦的征程中贡献方志人的力量。

是为序。

中国社会科学院院长
中国地方志指导小组组长　谢伏瞻

# 民族地区与贫困地区年鉴出版资助工程领导小组

组　　　长：高　翔

常务副组长：冀祥德

副　组　长：高京斋　邱新立

# 民族地区与贫困地区年鉴出版资助工程领导小组办公室

主　　　任：冀祥德

副　主　任：邱新立

成　　　员：于伟平　刘永强　冷晓玲　李　静

# 《宣恩年鉴》编纂委员会

主　　任：习　覃

副 主 任：邵爱华　向建强

成　　员：陈　勇　颜学龙　郑　强　谢庆慧　马　忠　张金龙
宋　文　夏国斌　涂先绪　肖赋生　杨岱书　杨长安
张继选　张亚丹　万才能　姚金超　戴　青　向莲花
黄　义　张艳丽　夏　涛　熊茂平　孟友顺　陈　涛
徐兆海

# 《宣恩年鉴》编辑人员

主　　编：向建强

执行副主编：马　忠

编　　辑：江安鸣　张兰兰　谭金明

# 编辑说明

一、《宣恩年鉴（2020）》以马克思列宁主义、毛泽东思想、邓小平理论、“三个代表”重要思想、科学发展观、习近平新时代中国特色社会主义思想为指导，坚持辩证唯物主义和历史唯物主义的立场、观点和方法。围绕县委、县政府的中心工作，突出时代特征和地方特色，力争全面、客观、系统地记述2019年度全县各乡镇、各部门的基本情况和各项事业发展现状，反映全县经济社会发展的基本面貌和发展进程，旨在为构建和谐社会、促进宣恩县域经济发展服务，为社会各界了解和研究宣恩提供基本资料和历史借鉴。

二、《宣恩年鉴》是由宣恩县档案馆组织编纂的系统记述全县自然、经济、政治、文化、社会等方面情况的年度资料性文献。

三、《宣恩年鉴（2020）》采用分类编辑法，设类目、分目、条目三级，条目为收录资料信息的基本单元，分目下的条目标题加【】表示。2020年卷共设26个类目：特载、大事记、县情概览、生态环境、经济管理、农村经济 农业、工业、金融、交通 邮政 通信、商贸 旅游、住房和城乡建设、中国共产党宣恩县委员会、宣恩县人民代表大会、宣恩县人民政府、政协宣恩县委员会、中国共产党宣恩县纪律检查委员会 宣恩县监察委员会、群众团体、法治、军事、文化、科技 教育、卫生、社会生活、乡镇、人物、附录。

四、《宣恩年鉴（2020》所刊特载内容为报告原文。凡涉及全县经济与社会发展的数据均以县统计局《宣恩县2019年国民经济和社会发展统计公报》为准。凡县统计局未统计和提供的，则以各撰稿单位提供的数据为准。附录中统计资料由县统计局提供。由于统计数据的来源、口径、方式、时间的不同可能有差异，请读者以统计局提供的统计资料为准。

五、《宣恩年鉴（2020）》行政区划、单位名称以2019年底名称为准。晓关侗族乡简称晓关乡，长潭河侗族乡简称长潭河乡；地名以《宣恩县地名志》为准；村（社区）名等以宣恩县人民政府2010年5月14日公布的各乡镇驻地大道、街（路）巷、广场、桥梁、花园和村（居）民委员会等标准名称为准。年鉴中州均指恩施土家族苗族自治州。

六、《宣恩年鉴（2020）》原则上使用法定计量单位。但“特载”中和不表示具体数值的个别地方，计量单位仍保留市制。

七、单位领导班子成员任职时间均以组织任命文件或法定时间为准。

八、人物主要收录2019年度见义勇为先进个人等县级以上先进模范人物、百岁老人、立传人物。

# 宣恩县行政区划图

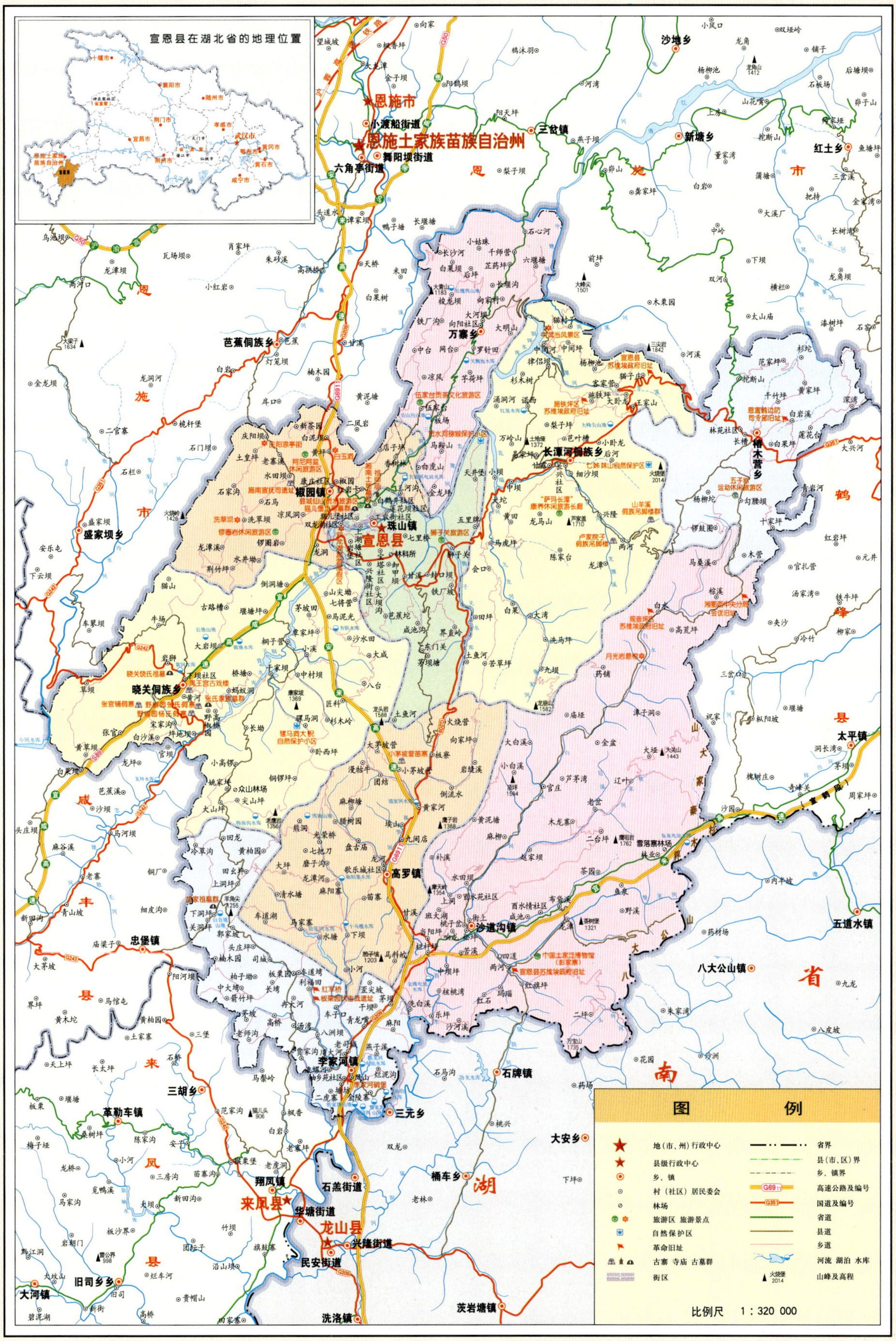


审图号：宣恩县（2020年）1号　　中国地图出版社编制

# 精准扶贫

7 月 16 日，宣恩县承办全省“聚力脱贫攻坚　人大代表在行动”现场会，省人大代表走进甘溪安置点

9 月 25—26 日，宣恩县“2019 年发展中国家金融扶贫官员研修班”和“2019 年发展中国家职业培训”学员合影

2019 年 1 月 30 日晚，“追梦——脱贫路上我出彩”宣恩县 2018 年度“出彩”系列颁奖典礼在宣恩礼堂举行

王　俊　摄

2019 年 2 月 27 日，州委书记柯俊（中）到沙道沟镇老岔村调研　　田代超　摄

2019 年 6 月 13 日，省人大常委会常务副主任、党组书记王玲（右二）到珠山镇检查 2019 年“聚力脱贫攻坚　人大代表在行动”活动开展及人大代表之家建设情况

2019 年 6 月 14 日，乡村振兴试点暨征信乡村行活动启动仪式上对涉农小微企业主进行授信

2019 年 6 月 15 日，2019 年度易地扶贫搬迁第一次现场调度会召开

2019 年 10 月 9 日，县税务局税收宣传队到高罗镇易地扶贫搬迁安置点歌乐社区“四点半学堂”开展税收宣传暨关爱留守儿童活动

田宗利　摄

2019 年 11 月 29 日，县长习覃（左二）、副县长胡晓洪（右二）到县人民医院检查健康扶贫工作

2019 年 12 月 19 日，副州长张勇强（前排中）检查宣恩县污水处理厂运营情况

2019 年湖北省“深度贫困村党支部书记及驻村帮扶干部（恩施州片区）”暨东西部扶贫协作基层干部培训班学员参观伍家台贡茶基地

2019 年 10 月 23 日，高罗镇恩美工艺公司生产车间

2019 年 12 月 15 日，高罗镇扶贫企业、湖北展旭服装有限公司生产车间

2019 年 12 月 18 日，高罗镇鑫华裤业扶贫车间

2019 年 6 月 18 日，万寨乡伍家台易地搬迁扶贫安置小区

省道 245 沙道沟绕镇公路

恩来高速高罗镇甘溪段

高罗镇大茅坡营村“四好农村路”

高罗镇漫牯流环山村级公路

抗雪抢险保供电（摄于沙道沟镇二坪）

伍家台贡茶产业园区公路

宣恩县城区智能旅游公厕

珠山镇封口坝村蒙家湾至高罗镇板寨村盘山彩色旅游公路

2019 年 5 月 12 日，航拍宣恩县高罗镇向家坪村百亩猕猴桃产业基地

2019 年 6 月 11 日，晓关侗族乡农业技术服务中心农艺师唐国清在茅坡田村调查草地贪夜蛾危害玉米的情况　　杨序芳　摄

2019 年 7 月 16 日，县政协主席黄同元（右二）到晓关乡嘉美源香菇基地调研

2019 年 11 月 21 日，县农业农村局在高罗镇清水塘村举办农业实用技术培训

2019 年 12 月 3 日，沙道沟镇农业技术服务中心在沙道沟镇西水商都广场宣传农业法规和惠农政策

汪国清　摄

椿木营乡范家坪贝母园

椿木营乡勾腰坝村培育的香菇

2019 年 4 月 9 日，椒园镇美“梨”乡村文化周在椒园镇黄坪村举行

2019 年 11 月 16 日，浪漫宣恩 · 柚香酉水 2019 年宣恩县白柚文化周在沙道沟镇栏杆坪村猫子滩举行

刘亚丽　摄

2019 年 1 月 26 日，“仙山贡水 · 浪漫宣恩”新春灯展　　宋　文　摄

20.12 月 26 日，“乐享冬韵 · 浪漫宣恩”冬季文化旅游推广活动

宣恩县文化和旅游局　供图

2019 年 2 月 19 日，宣恩县在人民广场举办元宵灯会群众展演

2019 年 3 月 29 日，在宣恩县万寨乡伍家台村举行 2019 中国宣恩春季茶旅融合旅游宣传营销活动　　王　俊　摄

2019 年 4 月 30 日，宣恩县“我和我的祖国”快闪活动在县城文澜桥关举行

2019 年 9 月 6 日，狮子关景区“歌唱我的祖国”庆祝中华人民共和国成立 70 周年

宣恩县高罗镇苗俗文化一条街
2019 年 12 月 14 日　摄

2019 年 8 月 6 日，2019 中国（宣恩）内陆河水上运动会暨武陵山区龙舟争霸赛在贡水河举行　　王　俊　摄

2019年1月29日，《安置点内贺小年》珠山镇“送文明下乡”活动即“邻里一家亲 · 共建社区情”系列群众汇演活动

赵洁晶　摄

2019年3月12日，县长习覃（中）到万寨乡民族中学调研

胡慧芳　摄

2019年4月23日，宣恩县全民阅读暨第四届“长江读书节”启动仪式在高罗镇举行

2019 年 9 月 19 日，宣恩县在华鑫广场举行“真情系贡水　金融惠万家”金融知识宣传活动

2019 年 11 月 8 日，第六届青少年科技创新“县长奖”颁奖典礼举行　　　　胡慧芳　摄

非物质文化遗产进校园

吴　磊　摄

宣恩一中的团员们自发绣团旗，纪念五四运动 100 周年　　　　王　俊　摄

# 目　录

## 特　载



## 大事记



## 县情概况



## 生态环境

## 畜牧业



# 工　业

## 综　述



## 工业园区

## 供 水



## 城市管理



# 中国共产党宣恩县委员会

## 综 述



## 主题教育



## 组 织



## 精神文明建设



## 宣 传

## 宣恩县人民政府

### 综 述



### 人 事



### 民族宗教事务



### 扶贫开发



### 政务服务管理



### 机关事务管理



### “六城同创”



### 应急管理

## 人民生活



## 乡 镇

### 珠山镇



### 沙道沟镇



### 椒园镇



### 高罗镇



### 李家河镇



### 晓关侗族乡

# 特　载

## 坚持三个突出　实现三个确保
## 推进党的十九届四中全会精神在宣恩落地落实

*——在县委十五届八次全体（扩大）会议上的讲话*

（2019 年 12 月 20 日）

中共宣恩县委书记　刘智勇

**一、突出思想引领，深入学习贯彻党的十九届四中全会精神**

政治上的坚定和行动上的自觉源于理论上的清醒。思想走在行动之前，就像闪电走在雷鸣之前。我们要坚持用党的理论武装头脑、指导实践、推动工作，增强学习贯彻党的十九届四中全会精神的思想自觉政治自觉行动自觉，推动学习教育往深里走、往心里走、往实里走。

**（一）加强政治建设。**坚持把政治建设放在首位，不是抽象说教，不是空洞口号，而是要实实在在地推进政治建设具体化常态化制度化。严守党的政治纪律和政治规矩，增强“四个意识”，坚定“四个自信”，做到“两个维护”，在具体工作和日常言行中始终同以习近平同志为核心的党中央保持高度一致，确定工作思路、工作部署、政策措施时要自觉同习近平总书记重要讲话和重要指示批示精神、党中央决策部署对表对标，做到党中央提倡的坚决响应、党中央决定的坚决执行、党中央禁止的坚决不做。要严格尊崇党章，严格执行新形势下党内政治生活若干准则，认真落实“三会一课”、民主生活会、组织生活会、民主评议党员、谈心谈话等制度，完善和落实民主集中制的各项制度。要加强党性锻炼，把对党忠诚、为党分忧、为党尽职、为民造福作为根本政治担当，永葆共产党人政治本色。

**（二）加强理论武装。**学习贯彻党的十九届四中全会精神，必须在领会精神实质上下功夫。要原原本本学，准确把握其中蕴含的世界观、方法论和工作部署、工作要求，做到学通弄懂；要联系实际学，把全会精神贯彻到宣恩经济社会发展和党建工作的各项具体工作中，内化于心、外化于行；要营造氛围学，做实党的十九届四中全会精神的宣传宣讲工作，联系宣恩实际，结合当前干部群众普遍关心的问题，深入企业、农村、机关、校园、社区，用群众喜闻乐见的方式，讲清楚中国特色社会主义制度和国家治理体系的显著优势，讲清楚坚持和完善中国特色社会主义制度、推进国家治理体系和治理能力现代化的总体要求和总体目标，讲清楚全会提出的一系列重要理论观点和重大改革举措，讲清楚加强党对坚持和完善中国特色社会主义制度、推进国家治理体系和治理能力现代化的领导，用全会精神凝聚人心、增进共识。

（三）加强制度建设。党的十九届四中全会聚焦坚持和完善支撑中国特色社会主义制度的根本制度、基本制度、重要制度，阐述了中国特色社会主义制度体系的13个方面，勾勒出新时代中国特色社会主义制度体系的宏阔格局。制度的生命力在于执行，我们要切实强化制度意识，做制度执行的表率，坚持按制度谋事、议事、办事，不碰红线、不越雷池；加强对制度执行的监督，坚决整治做选择、搞变通、打折扣的现象；积极探索完善符合宣恩实际的贯彻落实措施和工作机制，精准破解产业、城建、环保、信访等工作中的热点难点问题，切实把各方面的制度优势转化为治理效能；对我县“一统三治”乡村治理模式，“网格化＋信息化”城市社区治理模式，“党建＋产业＋金融”发展模式等具体工作中的一些成功探索，积极完善提升、总结提炼和复制推广，让实践成果上升为制度成果。

## 二、突出第一要务，坚持推动高质量发展

对我们宣恩来说，要按照党中央要求，确保全面建成小康社会、“十三五”规划圆满收官和“十四五”规划顺利开局，高质量发展不仅是“第一要务”，而且是“第一民生”“第一重点”，我们必须坚持以供给侧结构性改革为主线，坚定不移地推动高质量发展。

（一）着力推进乡村振兴。“全面实现小康，少数民族一个都不能少，一个都不能掉队”。我们必须把乡村振兴战略作为新时代“三农”工作总抓手，统筹推进“五个振兴”，坚持“一摘四不摘”，以乡村振兴巩固提升脱贫攻坚质量、决胜全面小康。一是努力让农业成为有奔头的产业。推进农业供给侧结构性改革，巩固拓展全国有机农业示范基地和国家农产品质量安全县创建成果，加快我县特色农业规模化、标准化、品牌化进程，不断提高特色农业的质量效益；培植和壮大农业产业化重点龙头企业，扶持市场主体完成基地标准化管理15万亩以上，促进农业适度规模化生产经营，推进贡茶、贡果、贡米、药材等现代农业产业园建设；统一标准，做好品种、做优品质、做高品位、做响品牌，加强对伍家台贡茶和贡水白柚品牌的保护和提升工作；挖掘农业的经济、文化、生态等功能，以伍家台、彭家寨为龙头，通过要素整合，推动农业与文旅、康养、物流加工等产业深度融合。二是努力让农民成为有吸引力的职业。加强农业技术培训、指导，着力培育新型职业农民，提升农民致富能力；提升农村公共服务水平，注重解决就业、就医、就学、产业、创业等群众最急最忧最盼的紧迫问题，着力提升群众幸福指数；做好农村基层治理，发扬农民首创精神，弘扬社会主义核心价值观，持续开展“出彩”系列评选活动；做好普法和矛盾纠纷排查化解工作，切实维护农民合法权益；加快补齐民生短板，兜住基本保障底线，严格落实各项惠农政策，确保民生特别是困难群众基本生活得到有效保障和改善，做好新发生贫困人口的监测和帮扶，保证已脱贫户继续按规定享受基本医疗、义务教育和住房安全等“两不愁三保障”方面的扶持政策。三是努力让农村成为安居乐业的美丽家园。大力推进美丽乡村建设，建设13个美丽乡村示范村，打好污染防治攻坚战，完善垃圾分类长效机制，推进农村人居环境整治，完善农村基础设施。梯次推动乡村山水林田路房整体改善，积极开展农业绿色发展行动，促进垃圾减量化、生产清洁化、废弃物资源化。持续做好产业、就业、服务和治理工作，把易迁安置区建成乡村振兴示范区。

（二）着力实施招商引资。面临激烈的竞争态势，必须把招商引资始终作为高质量发展的生命线，紧抓不放、热度不降、力度不减，招引一批大项目、好项目，发展一批成长性好的小项

目。一要大员上阵，县领导、县直相关部门和各乡镇主要负责人带头招商、带队招商，每季度至少要“走出去”一次；并亲自研究、协调和督办招商中的重点难点问题，培养一批懂招商、会招商、愿招商、能招商的干部队伍，不断提升招商小分队招商实效。二要精准招商，紧扣国家产业布局、产业政策，本地资源、产业等特点和企业规划，做好硒食品加工、生物医药、五金机电、电子信息、服装鞋帽、物流电子商务和生态文化旅游等方面的延链、强链、补链和建链工作，2020年，每个招商小分队至少要引进1个亿元以上项目落地；每个县直产业部门和乡镇至少要引进一个5000万元以上项目落地。三要创新机制，在分工负责、严格奖惩的同时，整合全县招商信息资源和人力资源；建立全程对接、跟踪问效工作流程和机制，坚持储备项目抓协议、协议项目抓开工、开工项目抓入统、入统项目抓投产、投产项目抓发展；探索以商招商、委托招商和“双招双引”的科学路径，充分发挥异地商会的作用，让企业和商会充当招商引资主角。

**（三）着力抓好项目工作。**项目是稳增长的首要载体，是促发展的原生动力。今天的投资就是明天的经济实力，今天的项目就是明天的产业层次。要在全县形成以谋项目、抓项目为导向，以项目工作看业绩、定奖惩的浓厚氛围，切实抓好项目的谋划、储备、争取和建设，确保每年有一批亿元、10亿元以上的重大项目落地见效，发挥投资“定海神针”作用。一要提升“谋”的精度。科学编制2020年项目和“十四五”规划，紧盯国家战略和省、州决策部署、重点投资方向和稳增长专项政策，在产业项目谋划上注重“强链”，在基础设施项目谋划上注重“成网”，在生态保护项目谋划上注重“扩面”，在社会民生项目谋划上注重“补短”，抓好项目储备，围绕项目招引、争取、落地、推进和见效来抓实谋划、论证、编制、可研、前期和评估。2020年，每个乡镇至少要谋划1个亿元项目、2个5000万元以上的项目，重点产业部门至少要谋划2个亿元项目、4个5000万元以上的项目，县发改局要严把项目质量关，聘请第三方对谋划的项目进行审核。二要加大“争”的力度。对谋划好的项目，全力搞好对接，积极向上争取，尽可能挤进国家和省、州项目库，尽可能多地争取上级专项补助和财政预算投入。核心项目领导跟，对亿元以上重大项目，要明确一名县级领导干部牵头跟进，争取更大“蛋糕”份额；重大项目专人跟，对5000万元以上重大项目，相关单位一把手要做到全程跟踪；政策项目部门跟，对投向明朗的政策类项目，职能部门要安排专人持续跟踪。财政、发改部门要根据政策资金投向，抓紧列出各部门需要争取的目标任务，实行责任制，严格绩效考核。2020年，县直部门争取的资金不得低于全州平均数。三要加快“建”的进度。挂图作战，实行项目责任化、责任指标化、指标节点化、全程公开化；扎实做好项目开工前各项工作，实行项目指挥部包干负责制，对项目谋划、规划、征地拆迁、手续完善、落地建设推进、矛盾纠纷化解、竣工验收、档案建设等环节全链条跟进、全面负责；相关单位既是项目推进责任主体，又是指挥部成员单位，要在指挥部的统筹下开展工作，坚决服从调度，相关单位年终绩效考核要征求指挥部的意见；围绕审批程序、手续办理、工程推进和要素保障抓服务、抓督办；对县级及以上重点项目，实行台账式管理，按时序进度推进；为迎接全州项目建设现场观摩，我们要围绕工业经济、城镇建设、特色农业、生态文化旅游、社会事业等筛选项目，由县领导挂帅，确保项目观摩效果，力争将县城建成开放式国家AAAA级旅游景区，尽早建成国家生态文明建设示范县。

**（四）着力提升工业经济。**实现经济转型发展，工业是重中之重。加快工业发展的重要性、紧迫性不言而喻，越是在困难的时候，我们越要坚定信心，越要加倍努力，打好加减乘除“组合拳”，推动工业经济及早走上高质量的发展轨道。一要做好加法。按照传统产业抓升级、新兴产业抓培育、主导产业抓集群的思路，着力围绕我县规划和现有主导产业上项目。2020年，每个乡镇至少要新增1家规上企业，工业园区至少要新增3家规上工业企业。二要做好减法。落实减税降费政策，降低企业用电、用气、物流等成本；严格执行环保、节能、安全、质量等标准，有序推进“僵尸企业”处置；加大闲置土地清收力度，盘活存量用地；充分发挥县园投公司的作用，推进“腾笼换鸟”；力推投融资平台建设、担保平台建设，解决工业企业融资难、融资贵的问题。三要做好乘法。利用好工业园区、“双创”产业园和省发改委确定宣恩工业园区为2019年循环化改造重点支持园区等平台和机遇，让更多的工业企业“拎包入驻”，做大做强硒食品、电子信息、五金机电等产业链；鼓励和支持企业加大研发投入，与科研院所合作，提高产品高端化、智能化、绿色化水平；加大工业技改投资力度，推进传统产业改造升级，提升产业基础能力和产业链水平。四要做好除法。坚决破除不利于项目建设、不利于发展的各类阻碍因素，县领导牵头落实重点企业“一企一策”帮扶措施，有针对性地帮助企业解决融资、用地、用工、市场开拓、品牌建设等方面难题。

**（五）着力优化营商环境。**优化营商环境就是解放生产力、增强竞争力，我们一定要认真落实《优化营商环境条例》《湖北省开发区条例》，着力营造让投资者安心、舒心、放心的投资环境。一要畅通沟通交流机制。认真落实民营经济发展联席会议、政企沟通协调会议、银企联系、政企双向评价等制度，对企业提出的意见建议实行分类建档、快速回应和销号管理。全方位对企业提供“全程保姆式服务”，帮助企业协调解决在建设和生产经营中遇到的问题。二是深化“放管服”改革。实行县级领导干部包保重点项目制度，在一线了解和破解企业办理事项中的堵点、卡点；以数据归集共享为基础，全面深化“互联网＋政务服务”“互联网＋监管”，全面推行更多事项“一窗通办、一事联办、全程网办”。大力推行产业项目“先建后验”，在工业园区探索实行新批工业用地“标准地”制度。三是维护企业合法权益。畅通投诉举报渠道，建立营商环境投诉举报机制；建立健全以“双随机、一公开”监管为基本手段、以重点监管为补充、以信用监管为基础的新型监管体制，规范监管执法行为，防止过度执法、多头执法和粗暴执法；加大对自由裁量权的监督制衡力度，最大限度减少对企业正常生产经营活动的影响，严厉打击各类破坏市场秩序和投资环境的行为。四是构建新型政商关系。探索建立新型政商关系负面清单，明确界定政商交往“为”与“不为”的界限，通过正向激励和负面清单相结合，让干部在政商交往中既守住底线、清正廉洁，又提供优质服务、促进发展，做到有为有畏，亲不逾矩、清不远疏。

## 三、突出落地落实，不折不扣完成各项目标任务

全面建成小康社会要靠奋斗，而绝不是轻轻松松、敲锣打鼓就能实现的。我们一定要务实重行，抓落实、比实效。

**（一）加强领导抓落实。**全县各级各部门主要负责人要切实履行第一责任人职责，带头深入学习贯彻党的十九届四中全会精神，带头完成各项工作任务，真正把党领导经济工作的制度优势转化为推动各项工作的治理效能；认真贯彻落实“鄂纪励十二条”，切实为担当者担当，为负责者负责。

**（二）紧扣标准抓落实。**要紧扣省、州、县目标考核要求和全面建成小康社会的指标要求，着力抓重点、补短板、强弱项，逐项找差距、查根源、添措施、抓落实；要始终坚持问题导

向，定期对照考核指标要求进行分析研判，及时发现问题，纠正偏差；要始终坚持目标导向，把省、州、县考核目标任务细化到月到旬，列出日程表，倒逼工作落实；要始终坚持结果导向，工作责任、措施、调度、检查、考评、奖惩都要紧扣考核标准来精准进行，确保各项目标任务落到实处。

**（三）完善机制抓落实。**要完善责任机制，各级各部门要认真搞好工作任务分解，把“干什么、谁来干、怎么干、什么时间达到什么标准”具体化，确保可操作、可落实、可考评；要完善督查考评机制，一月一通报、每年至少拉练两次，加大对招商、项目和工业经济的考核权重；要完善调度机制，精准调度、有效调度、有序调度，以旬保月、以月保季、以季保年。

**（四）提升能力抓落实。**绳短不能汲深井，浅水难以负大舟。我们在推进工作时遇到的棘手问题越来越多、越来越复杂，提升能力才会抓落实、才善抓落实。针对我县工业经济、招商引资、项目工作等重点难点工作，对相关人员进行有针对性的“点单”式专题培训，切实解决工作中的实际问题；有针对性地选派一批干部到上级主管部门或发达地区相关部门挂职锻炼；有针对性地选派一批干部到重点工作一线进行锻炼和接受检验；坚持底线思维，着力增强防范化解重大风险的能力和效果。

**（五）严肃纪律抓落实。**要坚持全面从严治党，把纪律挺在前面，加强日常教育和监督管理，发现违纪苗头应及时提醒和纠正，对违纪行为决不姑息迁就；持续加强作风建设，认真落实中央八项规定精神，整治和预防“四风”问题，坚决反对形式主义、官僚主义，对该履职不履职的，遇事推诿退避、不担当不作为的党员干部，决不听之任之。

## 政府工作报告

——在县十八届人大四次会议上

（2020 年 5 月 11 日）

县长 习 覃

### 一、2019 年工作回顾

2019 年以来，在县委的坚强领导下，我们坚持以习近平新时代中国特色社会主义思想为指导，认真贯彻落实党的十九大精神和习近平总书记视察湖北重要指示精神，苦干实干，攻坚克难，实现了经济社会平稳健康发展。全年实现地区生产总值 79.05 亿元，同比增长 4.6%；公共财政预算收入 3.96 亿元，同比增长 3.2%；社会消费品零售总额 51.6 亿元，同比增长 10.5%；全社会用电量达到 3.4 亿千瓦时，增长 6%；城镇、农村常住居民人均可支配收入分别达到 29446 元、11396 元，分别增长 9.2%、10.2%。

**（一）围绕农村发展，脱贫攻坚取得新成效。**投入资金 6.78 亿元，实施巩固提升项目 1072 个，持续补齐农村水、电、路、网、房等基础设施短板。全面落实教育、医疗、社会保障等惠民政策，发放各类补助资金 2.93 亿元。加强后续产业扶持，发展“一长两短”特色产业基地 10.8 万亩，培育新型农业经营主体 56 家。伍家台贡茶产业园入围全省现代农业产业园，“硒品入杭”进入实体化运营。获评“2019 中国茶业百强县”“2019 中国茶叶十大生态产茶县”，成功创建

“国家农产品质量安全县”。结合易迁点建成标准厂房3.74万平方米，引进各类企业58家，提供就业岗位3093个。东西部扶贫协作不断深化，获得杭州市及西湖区帮扶资金4150万元。受邀参加中央电视台脱贫攻坚星光行动，周家堡、松坪等安置点成为全国易迁现场会主要参观现场。全县累计脱贫27895户92248人（2019年脱贫166户452人），综合贫困发生率从26.48%下降至0.013%，顺利通过扶贫成效暨东西部扶贫协作省际交叉考核、脱贫退出第三方评估等多项大考，成功摘掉国家级贫困县“帽子”。

**（二）狠抓营商环境，实体经济积蓄新动能。**扎实开展营商环境“百日攻坚”行动，大力实施“千名干部进千企”“局长进窗口”“专班进企业”“精准招工”等服务活动，狠抓“一门一网一次”[1]“一窗通办，一事联办”[2]改革，行政许可和政务服务事项可网办率达93.63%，“最多跑一次”事项比例超过70%，“零跑腿”、即办件事项比例超额完成州定目标；建成“24小时不打烊服务区”，驾管、办税、社保查询、企业登记等业务实现全天候自助办理；“12345”政务服务热线成功上线运行，24小时不间断受理群众来电；超额完成省政府“3550”[3]刚性改革任务，实现“2325”[4]。全面落实减税降费政策，全年新增减税降费7124.6万元。完成工业园区工业储备用地区域性评价1000余亩。浙江颐高、中国一冶、中建路桥等知名企业进驻宣恩，一批宣恩籍创业者携准者体育、品客成服饰等品牌返乡投资建厂。茂源玻璃、创新创业产业园、乡镇污水处理厂及配套管网等项目创造了从开工到建成平均14个月的“宣恩速度”，固定资产投资企稳回升。全年新签约亿元以上产业项目12个，概算总投资37.19亿元；到位省外招商引资资金19.28亿元；新培植亿元企业1家，新增规上工业企业5家、高新技术企业1家；全年自营出口额达1126万美元，首次突破千万元人民币大关。

**（三）立足城乡建设，全域旅游迈上新台阶。**宣鹤高速建成并通过交工验收，普通公路“建养一体化”[5]项目签订施工总合同，351国道、233省道、高罗绕镇公路等项目有序推进，通组硬化公路、安防工程年度建设计划如期完成。“四个三”重大生态工程[6]有序开展，建改农村户厕20729座、公厕163座；精准灭荒造林任务超额完成；全县7个乡镇污水处理厂、7座垃圾中转站投入运营，集镇污水处理覆盖率达100%、城乡生活垃圾集中处理覆盖率达90%。实施餐饮油烟治理和秸秆垃圾禁烧行动，城区空气优良率达94.8%，空气综合指数居全省县（市区）第四，较2018年上升12位。全面落实“河（库）长制”，水功能区水质达标率保持100%；高效推进裸土覆绿及非煤矿山生态修复工作，完成土壤酸化治理5.16万亩，完成率103.2%。森林覆盖率、森林蓄积量持续增长，代表湖北省接受国家退耕还林成效核查，成功创建湖北省森林城市、湖北省生态文明建设示范县、省级卫生县城。实施城建项目46个，博智广场、今典·城市之星等项目稳步推进，白鹤井棚户区改造进展顺利，文体中心、全民健身公园基本建成。墨达楼、过河石板桥成为县城旅游打卡新地标，县城“高颜值”旅游公厕树立全州旅游厕所示范样板。贡水河国家湿地公园创建成功，“仙山贡水旅游区”喜提“中国文旅融合创新奖”，被列入创建国家AAAA级旅游景区名单。“仙山贡水浪漫宣恩”城市形象口号在2019中国大三峡文化旅游最具吸引力城市形象口号评选中排名第六，承办的“园博园”恩施展园在省第二届园博会上斩获优质工程金奖、建筑小品金奖等4项大奖。中国土家泛博物馆被列为国家文化旅游部优选文化旅游项目，并在中国湿地博物馆开启国际巡展第三站，“土家盐道古村的再生——国际四校联合研学营”正式落地，冲天塔、桐车坝游客集散中心加快推进。“伍家台贡茶文化体验游”成功入选全国20条茶旅精品线路，狮子关景区与湖南凤凰、张家界大峡谷共同入围2019抖音热门扶贫景点前十。成功举办贡水白柚文化周、春节灯展、中国宣恩（武汉）旅游推介会、中国（宣恩）内陆河水上运动会等活动。全年共接待游客300.88万人次，累计旅游综合收入14.85亿元，同比分别增长24.2%、26.5%，增速均位居全州第一，入选2019年湖北旅游强县。

**（四）聚焦社会治理，民生福祉得到新改善。** 投入资金1.37亿元改善办学条件，校园安防“三个100%”[7]全面落实；高考一本上线人数实现新突破，中考质量稳步提升，教育改革不断深入。设立中西医结合医院，建成残疾人康复中心，椒园镇卫生院顺利搬迁并投入使用，晓关乡卫生院完成改扩建，县民族医院、李家河镇卫生院主体完工；组建两个医共体[8]，成功创建省级慢性病防控示范区、省级健康促进县。完成129个村级综合文化服务中心和77个易迁安置点文化广场提档升级，开展农村文化体育活动190场次。新增城镇就业5503人，城镇登记失业率控制在2.51%；落实就业创业补贴1600万元，成功创建湖北省“返乡创业示范县”。全力防范化解重大风险，成立9个易迁安置点社区居民委员会，建成25个基层社会治理示范点；完成“雪亮”工程[9]建设，乡镇“三网合一”[10]实现全覆盖。持续开展“扫黑除恶”专项斗争，“一村一辅警”得到全面落实；获评“七五”普法中期全省先进县。成功创建“全国民族团结进步示范县”，成为全国民族经济工作暨民族地区经济形势分析现场会唯一现场点，上湖塘社区书记汪明菊被国务院授予“民族团结进步模范个人”称号。持续开展“出彩”系列评选活动，沙道沟镇王凌云、刘顺获评全国“孝心少年”，向胜元荣登“中国好人榜”。

**（五）强化自身建设，行政效能实现新提升。** 扎实开展“不忘初心、牢记使命”主题教育，广泛组织干部培训，积极打造学习型政府。顺利实施机构改革，新组建或重组11个职能部门，机构精简至27个政府工作部门、4个政府直属事业单位。综合行政执法改革、事业单位改革和乡镇基层管理体制改革稳步推进。自觉接受人大、政协监督，广泛听取社会各界意见，办理人大代表议案建议49件、政协提案转信58件，办复率100%。切实加强政府系统党风廉政建设和反腐败斗争，深入开展党规党纪和监察法宣传教育“十进十建”活动。全面加强审计监督和政府督查，务实进取、廉洁从政的导向进一步强化。

同时，2019年承诺的民生实事有效实施：县城新增停车位750个；万和幼儿园、松坪实验小学、和平中小学全面完工并投入使用；白鹤井幼儿园进入招投标；建成“四好农村路”[11]100公里；完成“厕所革命”年度建设任务。兴隆街幼儿园、汽修专业市场及二手车交易市场因规划调整暂缓推进。

一年来，我们扎实抓好国防动员和民兵预备役工作，广泛开展国防教育，双拥、统计、科技、移民、机关事务、档案、气象等工作取得新成效，工会、共青团、妇联、供销、邮政、电力、通讯等事业持续加强。

各位代表，岁末年初，就在我们辞旧迎新、蓄势待发之际，一场突如其来的新冠肺炎疫情席卷全国，经济社会发展按下“暂停键”。全县上下迅速响应号召，积极作为，第一时间成立防控指挥部，迅速建立县、乡、村三级防控体系，立足“四早”[12]防控要求和“四集中”[13]救治原则，科学谋划，闭环管理，坚决遏制疫情蔓延。4166名党员干部冲锋在前，发挥了先锋模范作用；1890名医务工作者、疾控工作者义无反顾，诠释了医者仁心的崇高精神；519名公安民警、33名新闻工作者、1663名村（社区）基层工作人员坚守岗位，彰显了恪尽职守的为民本色；天津医疗队紧急驰援，杭州市西湖区、各对口帮扶单位倾情助力，社会各界踊跃捐款捐物，广大志愿者真诚奉献，书写了同舟共济的大爱情怀；朴实、善良的宣恩人民识大体、顾大局，众志成城、守望相助，展现了坚忍不拔的顽强斗志。截至2020年4月，已筹措资金4219万元用于疫情防控救治工作。先后出台《关于落实应对新型冠状病毒肺炎疫情支持中小微企业共渡难关有关政策措施》《宣恩县2020年支持茶产业发展奖补八条措施》等一系列支持特色产业、小微企业、稳岗就业的帮扶政策，发放各类复工复产奖补资金9538万元。这场重大突发公共卫生事件，在全县上下的通力协作下，目前已取得阶段性胜利，复工复产不断提速，复课复学有序推进，经济社会发展正在焕发新的生机！

## 二、2020年工作安排

2020年不仅是全面建成小康社会和“十三五”规划收官之年，也是“十四五”规划谋篇之年。当前，新冠肺炎疫情防控仍处于关键时期，“外防输入、内防反弹”的压力不小，经济社会发展面临新的挑战和困难。我们必须坚定发展信心、持续攻坚克难，巩固来之不易的战“疫”成果，保持一如既往的决胜信念，开足马力、多措并举，奋力夺取疫情防控和经济社会发展“双胜利”，推动富美宣恩建设再上新台阶。

2020年政府工作的指导思想是：以习近平新时代中国特色社会主义思想为指导，深入学习贯彻党的十九大和十九届二中、三中、四中全会精神，按照中央、省、州经济工作会议的部署和要求，认真践行新发展理念，突出高质量发展主题，扎实做好“六稳”[14]工作，全面落实“六保”[15]任务，紧紧围绕“八个着力”[16]，以疫情防控、乡村振兴、招商引资、项目建设、工业经济、营商环境为重点，统筹做好三大攻坚战、全域旅游、民生改善等工作，全力把疫情对经济社会发展的影响降到最低，确保全面建成小康社会和“十三五”规划圆满收官，为宣恩“十四五”顺利开局奠定坚实基础，积攒发展后劲。

主要预期目标是：地区生产总值增长7.5%；公共财政预算收入增长3.5%；固定资产投资增长14%；社会消费品零售总额增长11%；工业增加值增速6%；城镇常住居民人均可支配收入增长8%；农村常住居民人均可支配收入增长9%；城镇登记失业率控制在4.1%以内；节能减排指标控制在州定目标以内，实现安全生产“一无一降”[17]目标。受新冠肺炎疫情影响，省、州对相关预期目标有调整的，将按程序报告后同步予以调整。

围绕上述目标，我们将做好以下几个方面的工作：

**（一）坚定不移抓好疫情防控工作。**深入贯彻习近平总书记关于疫情防控工作的重要讲话和重要指示精神，坚持把疫情防控作为头等大事和最重要工作，因时因势调整工作着力点和应对举措，慎终如始打赢疫情防控阻击战。

建立健全疫情防控常态化工作机制。进一步压实属地管理责任、部门监管责任和企业主体责任，以更大定力抓统筹、抓落实。以“外防输入、内防反弹”为重点，切实做好国（境）外、重点疫区来宣返宣人员排查，强化群防群治、联防联控。加大常态化检测筛查力度，规范开展医疗机构预检分诊工作。着力加强学校、酒店、商超等重点场所的日常监管，严格落实环境清洁消毒、人员健康监测等防控措施。广泛动员群众参与爱国卫生运动，积极倡导文明卫生习惯和健康生活方式。

建立健全公共卫生应急响应机制。加强突发公共卫生事件应急指挥体系建设，不断完善突发公共卫生事件应急预案。进一步健全部门、乡镇联防联控协调机制，定期开展应对培训和应急演练。强化疾控机构信息收集、分析和利用能力，加快建成核酸检测实验室并投入使用。大力支持额温枪、熔喷布等生产加工企业落户宣恩，不断提升突发公共卫生事件应急物资保障自给能力。

**（二）坚定不移打好三大攻坚战。**坚定决战决胜信心，主动对标对表，以一鼓作气、乘势而上的姿态夺取新胜利。

全力以赴巩固脱贫成效。进一步强化政治责任，对照“一摘四不摘”[18]要求，全面实施“六大提升工程”[19]，落实各项惠民政策。深化东西部扶贫协作、616对口帮扶等工作，加大劳务协作扶贫和消费扶贫力度。建立健全防贫、返贫监测机制和动态帮扶机制，持续激发群众内生动力。深入开展脱贫攻坚“回头看”，切实加强对脱贫工作绩效、专项巡视巡察反馈问题整改的监督检查，坚决杜绝脱贫攻坚中的形式主义、官僚主义，用高质量脱贫成果迎接国家脱贫攻坚普查。

全力以赴守护绿水青山。坚决打好污染防治攻坚战，深入推进长江大保护十大标志性战役，全面完成环保督察交办问题整改。持续减少大气污染物排放总量，巩固餐饮油烟、运输扬尘等专项治理成果，确保城区环境空气质量优良天数达到340天以上；严格落实“河（库）长制”，强化饮用水水源地保护，确保全县3个地表水水质断面、9个乡镇饮用水水源地水质达标率持续稳定在100%；认真落实“山长制”，加强山体保护和森林资源管理，启动实施森林质量提升工程；不断强化土壤污染风险管控，确保测土配方施肥技术推广覆盖率提高至90%以上、化肥利用率提高至40%以上；加快推进“厕所革命”，有序开展生活垃圾分类工作，完成城区污水处理厂提标扩容，确保“四个三”重大生态工程圆满收官。稳步提升生态环境质量，争创“国家生态文明建设示范县”。

全力以赴防范化解重大风险。强化金融风险防控，加大金融风险知识宣传教育力度，多渠道化解银行不良贷款，加强类金融机构监管，引导金融资源向涉农、小微、扶贫领域倾斜，争创省级最佳“金融信用县”；强化社会风险防控，严格落实意识形态、经济、社会等领域风险防范化解责任，纵深推进“扫黑除恶”专项斗争，深入开展安全生产专项整治和综合大检查，着力化解各类社会矛盾纠纷，坚决守住不发生系统性区域性重大风险底线；强化政府债务风险防控，积极稳妥处置隐性债务。

**（三）坚定不移实施乡村振兴。**坚持农业农村优先发展，对照“20字”方针[20]和“五个振兴”战略部署[21]，有序推进乡村振兴。

着眼农业全面升级。实施产业兴村行动，立足“一村一品”，围绕茶、果、米、硒土豆、道地药材等做强特色农业产业，推进特色农产品优势区创建。加快恢复生猪生产，落实生猪生产各项扶持政策。不断壮大农业龙头企业，培育家庭农场、农民专业合作社，鼓励多种形式的适度规模经营。全年新增省级产业化龙头企业1家、农民专业合作社50家、家庭农场30家。用好农产品质量安全监管追溯系统，完善“三品一标”[22]农产品认证体系，保障农产品质量安全。加大农产品商标注册和保护力度，讲好“贡”品故事，促进“贡”字号产品做优做强。持续开展“硒品入杭”，加快推进“电子商务进农村”示范县项目建设，加强与互联网平台、商超组织合作，以恩施硒茶交易大市场为突破口，进一步密切产销衔接。深入挖掘农业农村休闲观光、文化体验等多种资源，推进农村一、二、三产业交叉融合，全力支持伍家台贡茶省级现代农业产业园建设，加快建成山区特色农业产业化示范区。

着眼农村全面进步。按照《宣恩县乡村振兴战略实施总体规划》要求，进一步健全城乡融合、区域一体、多规合一的乡村振兴规划体系。启动2个乡村振兴试点，推进25个省级美丽乡村示范点和100个整治村建设，着力将易迁安置点建成乡村振兴示范区。持续提升村容村貌。深入实施村庄绿化、亮化、美化、净化工程，推进特色民居改造升级，探索农村人居环境建设和管理长效机制；持续改善农村基础设施条件。推动“气化乡镇”规划实施，启动城乡供水一体化项目，加快242国道、209绕城线、洗药线和洞坪库区旅游码头建设，新建农村公路安防100公里、美丽农村路示范线路100公里，争创省级“四好农村路”示范县；持续加强农村精神文明建设。广泛开展群众性评选表彰和精神文明创建活动，健全公共文化服务体系，完成130个村级综合文化服务中心提档升级。坚持“一统三治”[23]的乡村治理模式，切实推动新时代文明实践活动取得新成效。

着眼农民全面发展。启动农村产权交易平台建设，鼓励农民以土地、资金、劳动为纽带，以多种经营模式参与产业融合发展，让农民分享更多产业收益。积极开展农民、农村实用技术培训，培育一批产业发展带头人、农村电商人才和新型职业农民，全年新增新型职业农民500人。抓好乡村工匠、文化能人的培养扶持，充分发挥乡土人才在脱贫致富、技艺传承等方面的带动作用。支持农民创新创业，引导大中专毕业生、科技人才回流农村。全力保障就近就业农民平等享受城镇基本公共服务，有序融入城镇化。

**（四）坚定不移壮大工业支撑。**坚持发挥工业在经济发展中的牵引作用，加快补齐工业发展短板，逐步成为转型升级、争先进位的关键支撑。

聚力培育优势企业。进一步完善“县领导包保、县直单位负责、银行金融助力”的帮扶企业“3+1”模式，用好“一企一策”，为企业提供精准化“保姆式”服务。积极落实技改等各类奖补政策，做强一正药业、昌臣茶业、博今电气等龙头企业，着力培育神力生物科技、璟泰电子、巴楚风印务等良性发展企业快成长、上规模。积极贯彻落实《中小企业促进法》，鼓励本地企业参与政府采购。支持出口企业加快发展，保持全县自营出口额持续增长。力争全年新增规模以上工业企业6家，新增产值过亿、税收过千万企业各1家，实际利用外资680万美元。

聚力夯实平台载体。全面落实企业入园政策。不断完善园区水电气供应、污水处理、生活配套、物流（冷链）仓储等基础设施，有效提高园区承载力。大力开展园区“僵尸”企业清理整顿，按照转型升级、“腾笼换鸟”、破产清算的分类处置原则，加快园区整合提升。迅速推进创新创业产业园南部厂区建设，新增标准化厂房5万平方米。全力配合恩施一类航空口岸建设，力促海关椒园监管场所建成达效。充分发挥园创产业投资公司作用，推进市场化运作，力争在创新园区管理体制上取得突破。

聚力推进产业集聚。进一步明确县域工业发展布局，推动上下游企业不断集聚，加快形成产业集群效应。在大型易迁安置点形成以展旭服装、众仁服饰为代表的服装鞋帽加工产业和以童话工艺、恩美工艺为代表的工艺品加工产业，在椒园生态产业园形成以亿得来茶业、宣桃茶业、亚麦食品为代表的硒食品精深加工产业，在和平制造产业园形成以兴龙工具为代表的五金工具加工产业，在创新创业产业园形成以华视智能、金瑞科电子为代表的电子电器生产加工产业。

**（五）坚定不移强化旅游拉动。**立足全域旅游，重点围绕“县城‘仙山贡水’AAAA级旅游区”创建，积极打造适应大众需要的高水平旅游产品和服务，大力培育现代服务业“增长极”。

大力提升产品竞争力。加快推进中国土家泛博物馆、伍家台贡茶小镇、施南宣府建设，确保中国土家泛博物馆（一期）如期开园营业。打造萨玛长潭康养休闲旅游长廊、阿尼阿兹节庆中心等乡村旅游示范点，围绕观光休闲游、体育赛事游、民俗文化游、乡村体验游打造精品旅游线路。加快推进生态环境综合提升项目建设，大力实施城市“双修”[24]和“三绿”工程[25]。以

"景城一体、主客共享"的理念实施县城景观和森林景观改造，继续建设一批城市微公园和园林小品。强化行业标准化管理，巩固"伍家台AAAA级景区"创建成果，力争"县城'仙山贡水'AAAA级旅游区""狮子关AAAA级景区"创建成功。

大力提升品牌美誉度。密切加强与大型旅游平台交流合作，主动邀请旅游机构来县对接洽谈。加大广告投放力度，创新宣传推广方式，通过立体化营销不断提升"仙山贡水浪漫宣恩"品牌知名度和影响力，力求"季季上热搜，月月有爆点"。继续办好"两会三赛四节"，坚持让点击率有效转化为客流量和消费额，保持旅游人次和旅游收入高位增长。

大力提升设施舒适感。全面完成老院子及风情街改造升级，大力推进城市客厅·兴隆老街建设，引进杭州君澜、上海锦江等专业团队参与星级酒店运营，支持锣圈岩、石头院子等民宿和游乐体验扩规提质。启动贡水半岛旅游港建设，探索发展"智慧旅游"平台。加快修建伍家台至红岩卡高标准旅游公路，不断加强城市公交、观光游船、标识标牌配套，新建或改建城市厕所7座，新增停车位500个。

大力提升服务满意率。进一步加大市容市貌、绿化养护、市政设施管理力度，切实提升城市精细化管理水平，确保顺利通过省级"文明县城"验收。按照"存量递减、增量为零"的工作要求，继续保持"两违"整治高压态势，探索乡镇"两违"综合执法试点。规范餐饮业管理，引导成立特色饮食行业协会。广泛开展"放心消费"创建活动，争创省级"放心消费"城市。

**（六）坚定不移突出项目引领。**坚持"项目为王"理念，树立"大招商、招大商"导向，着力"比招商、抓项目、强产业、促进位"，加快形成项目工作"策划储备一批、前期推进一批、启动实施一批、投产达效一批"梯次推进的良性循环。

大手笔谋划项目。统筹做好项目谋划库建设，完成"十四五"规划编制工作。切实加强项目库运用和管理，严格实行"用规划谋划项目、以项目落实规划"，有效提高资金使用绩效。以沿江高铁、安恩张铁路、恩施机场迁建、海关椒园监管场所、宣咸高速等重大利好为切入点，牢牢把握疫后经济恢复机遇期，围绕沿海产业转移、硒食品精深加工、生物医药、全域旅游推介一批调结构的好项目，围绕基础设施、公共事业、新型城镇化筛选一批惠民生的大项目，围绕现代商贸物流、旅游配套、消费需求包装一批稳增长的新项目。全年谋划项目181个，其中5000万以上项目48个，亿元以上项目36个。

超常规争取项目。全面压实项目争取工作责任，大力推行定期调度研判机制。加大省、州对接频次，全力争取上级支持，尽可能让更多项目进入省、州项目库。进一步健全部门协同联动机制，明确专人、细化措施，实时掌握项目上报、资金下达、落地实施情况。

下功夫招引项目。大胆解放思想，树立"全员招商"理念，坚持由粗放招商向精细招商、科学招商转变。继续推行领导带头招商、带队招商，大力推进以商招商、商会招商等招商模式，加快形成"1+9+5+N"[26]的整体招商合力。不断完善招商引资工作考评制度，建立健全全流程跟踪问效、全过程督办考核工作机制。力争全年新开工亿元以上产业项目18个，新投产亿元以上产业项目11个，引进省外资金增长20%。

尽全力建设项目。进一步压实项目建设"包保"责任，狠抓项目"台账管理"，不断强化融资、土地、电力、用工等要素保障。大力推行项目建设"月调度、季拉练"工作机制，加快推进长茅岭商贸综合体、汽车配套服务产业园、预拌砂浆生产、骏羽食品加工、亚凡国际物流运输等项目签约落户，装配式建筑、缬草精深加工、茶多酚生产等项目如期开工，城中村改造、梦巢小镇、白鹤苑等项目完成年度建设目标，杰跃鞋业、罗比克工艺、鑫北和电器、瑞峰科技等项目建成达效。全年计划实施州县重点项目30个。

**（七）坚定不移优化营商环境。**始终以市场主体和群众感受作为评判标准，对标全省一流、全州最优，聚焦堵点卡点，助推实体经济做大做强。

在“放”上办实事，激发市场活力。全力推动“四减”[27]改革，持续深化“证照分离”[28]“多证合一”[29]，大力推行个体户微信办照，企业开办时间压缩至1个工作日内。深入开展工程建设项目审批制度改革，进一步提高审批效能，工程建设项目审批时间压缩至90个工作日内，工业审批项目25个工作日内取得施工许可，实现工程建设项目审批“四统一”[30]。在工业园区内全面实行“先建后验”[31]，加快推进“四多合一”[32]，探索推行新增工业用地“标准地”供地模式[33]。坚决落实减税降费政策，持续优化纳税服务。

在“管”上出实招，保障公正公平。建立健全以“双随机、一公开”[34]监管为基本手段、重点监管为补充、信用监管为基础的新型监管体制，全面实行工程建设项目招投标全流程电子化，严格落实“互联网+监管”。依法严厉打击各类破坏市场秩序、影响企业发展的违法犯罪活动，规范行政执法程序和涉企行政执法行为。大力推进社会信用体系建设，积极营造“讲诚信”的社会氛围。

在“服”上求实效，提高办事效能。以数据归集共享为基础，持续深化“互联网＋政务服务”，实现更多事项“一窗通办、一事联办、全程网办”。积极搭建政银企对接平台，鼓励金融机构针对中小企业量身定制金融产品，满足企业融资需求。继续开展领导干部走访服务企业活动和“一把手进窗口”活动，力争在招工用工、产品销售、融资贷款、法律服务等方面取得实效。建好非公有制企业投诉服务中心平台，用好“12345”政务服务热线，畅通市场主体和群众咨询投诉渠道。

**（八）坚定不移保障民生民利。**坚持以人民为中心，持续保障和改善民生，加快补齐公共服务短板，让广大群众共享改革发展成果。

全力促进稳定就业。更大力度实施就业优先政策，实现更高质量和更充分就业。加强东西部劳务协作，引导开展有组织的外出就业。围绕园区和易迁安置点企业开展专项招聘，积极支持就地就近就业。广泛参与“百日千万”网络招聘活动[35]，扎实抓好高校毕业生、退役军人、因疫情影响就业困难人员等群体就业工作，确保零就业家庭动态清零。深入推进职业技能提升行动，用好线上技能培训平台，全面提升劳动者素质。鼓励创业带动就业，积极营造创业环境。坚决做好农民工工资治欠保支工作，依法保障农民工劳有所得。

加快教育医疗事业发展。以新型城镇化为方向，不断优化教育、医疗资源规划布局，在县城、集镇、人口聚居地适度增加公共资源供给。加大普惠性幼儿园建设和扶持力度，新建万寨乡第二中心幼儿园、沙道沟镇松坪幼儿园。做好义务教育阶段学校能力提升，稳步实施县民族实验中学、长潭民族中学、县民族实验小学等5所中小学改扩建，启动三河沟小学建设，继续加大引进社会优质教育资源力度。持续深化医药卫生体制改革，建设紧密型医共体，发挥县级医院帮带作用，构建三级联动的县域医疗服务体系。启动县中西医结合医院综合楼和县人民医院新区建设，加快长潭河卫生院整体搬迁项目实施进度，完成县民族医院和李家河镇卫生院整体搬迁并投入使用，积极创建“国家卫生县城”。

持续完善社会保障。不断健全城乡社会保障体系，兜牢兜实民生底线。规范做好城乡低保、社会救助、优抚安置等工作，高度重视“三留守”人员、残疾人等重点人群的关爱服务。落实全民参保计划，抓好社会保险扩面征缴，确保社保基金收支有序。积极应对人口老龄化，有序推进养老服务工作。逐步完善困难群众住房保障体系，做好上湖塘等老旧小区改造工作。大力开展殡葬改革，稳妥推进殡葬领域突出问题专项整治，完成县殡仪馆殡葬设施改扩建。

不断满足精神文化需求。全面开放全民健身公园、文体中心，积极探索多元化服务供给竞争机制，切实提高公共文化服务质量。广泛开展文体惠民活动，大力支持文艺团队“送戏下乡”。不断加强传统村落、文物和文化遗产保护，弘扬优秀传统文化，多举措培养“非遗传承人”。深入实施公民道德建设工程，坚持用社会主义核心价值观引领社会发展。

积极创新社会治理。加快推进地方社会治理体系和治理能力现代化，完善党委领导、政府负责、社会协同、公众参与、法治保障的社会治理体制。加大全民普法守法力度，全力做好“七五”国家普法考核验收工作。加强社会治安防控体系建设，着力构建共建共治共享的社会治理格局。健全综合应急整体联动机制，大力提升防灾减灾救灾能力和突发重大事件应对水平。

我们还将继续实施年度民生实事，重视和做好国防动员、民兵预备役、双拥工作，完成基层人民武装部建设达标任务，依法开展全国第七次人口普查。进一步加强民族宗教、广播电视、机关事务、气象、人防、档案、统计、保密、供销、移民等工作，统筹抓好工会、共青团、妇女、儿童、慈善、残联、工商联、邮政、通讯等工作，促进各项事业全面进步。

## 三、全面加强政府自身建设

各位代表，为政之要，贵在担当，重在落实。我们将自觉坚持党的领导，深入推进全面从严治党，不断提升政府治理能力，努力打造人民满意政府。

**（一）坚定信念，保持定力。**牢固树立“四个意识”、坚定“四个自信”、坚决做到“两个维护”，在思想上、政治上、行动上同以习近平同志为核心的党中央保持高度一致。不折不扣执行上级决策部署，始终在县委的领导下开展工作，坚决反对有令不行、有禁不止。

**（二）依法行政，依规办事。**强力推进全面依法治县工作，认真落实行政执法“三项制度”[36]，严格按法定程序、法定权限、法定职责行使人民赋予的权力。自觉接受人大法律监督、政协民主监督和社会舆论监督，认真办理人大代表建议和政协委员提案。深入推进政务公开，不断提高政府工作透明度，依法保障人民群众的知情权、参与权、表达权。

**（三）务实重行，敢于担当。**推进“不忘初心、牢记使命”制度建设，切实转变工作作风。牢固树立终身学习理念，不断提高贯彻新发展理念的理解力、操作力和创造力。扎实践行“一线工作法”，深入基层调研，坚持现场解难。全面落实“鄂纪励十二条”，充分发挥绩效考核指挥棒作用，不断增强干部干事创业动力。

**（四）改革创新，锐意进取。**全面完成综合行政执法改革和事业单位改革。深化国有资产管理体制改革，盘活国有资源资产，促进国有资产保值增值。创新投融资模式，大力推广政府和社会资本合作，逐步做大政府投融资平台。打破预算安排中的“基数”依赖，全面落实“零基预算”[37]理念。牢固树立过“紧日子”的思想，深入推进财政资金统筹使用，坚决兜牢“三保”[38]底线。全面实施预算绩效管理，切实加强绩效评价结果运用。

**（五）廉洁从政，严守底线。**强化“一岗双责”，认真履行全面从严治党政治责任，全力抓好政府系统党风廉政建设和反腐败工作。坚持不懈落实中央八项规定精神，驰而不息纠治“四风”。深化廉政风险防控，加强对权力运行的制约和监督。强化对重点领域、重大项目和关键环节的监管，从源头防治腐败。

## 名词解释

［1］**“一门一网一次”**：群众办事只进“一扇门”、政务服务“一张网”、群众办事“最多跑一次”。

［2］**“一窗通办，一事联办”**：一个窗口接受审批资料，其余的审批流程由窗口后台流转各相关部门的政务服务模式。旨在变“群众跑”为“信息跑”，为群众和企业提供综合化、标准化、无差异化的便捷、优质、高效政务服务。

［3］**“3550”**：企业开办5个环节（企业登记、公章刻制、发票申领、社保登记、银行开户）办理时限压缩至3个工作日、不动产登记时间压缩至5个工作日、工业建设项目50个工作日取得施工许可。

［4］**“2325”**：企业开办办理时限压缩至2个工作日内，不动产登记3个工作日办结，工业建设项目25个工作日取得施工许可。

［5］**普通公路“建养一体化”**：通过“打捆项目包”方式向社会公开招标，由中标企业承担项目包的资金筹集、总承包施工以及交工验收后5—12年养护工作，政府依据合同、项目建设及养护的绩效评估情况，分期向中标企业支付合同费用的公路建设模式。养护期满后，项目养护工作交由地方政府承担。

［6］**“四个三”重大生态工程**：用三年时间推进“厕所革命”、精准灭荒、乡镇生活污水治理和城乡生活垃圾无害化处理工程。

［7］**校园安防“三个100%”**：中小学封闭化管理100%，一键报警装置、视频监控系统与属地公安联网100%；中小学专职保安配备“八件套”配备率100%。

［8］**医共体**：全称“医疗共同体”，是指以县级医院为龙头，整合县乡两级医疗卫生资源，形成一个医疗体系。旨在最大化发挥资源优势和技术优势，逐步提升县域医疗卫生服务质量，构建分级诊疗、合理诊治的就医新秩序。

［9］**“雪亮”工程**：以县、乡、村三级综治中心为指挥平台、以综治信息化为支撑、以网格化管理为基础、以公共安全视频监控联网应用为重点的“群众性治安防控工程”。

［10］**“三网合一”**：党建网、综治网、城管网“三网合一”的基层治理模式。

［11］**“四好农村路”**：建好、管好、护好、运营好农村公路。

［12］**“四早”**：早发现、早报告、早隔离、早治疗。

［13］**“四集中”**：集中患者、集中专家、集中资源、集中救治。

［14］**“六稳”**：稳就业、稳金融、稳外贸、稳外资、稳投资、稳预期。

［15］**“六保”**：保居民就业、保基本民生、保市场主体、保粮食能源安全、保产业链供应链稳定、保基层运转。

［16］**“八个着力”**：恩施州委提出的八项重点工作，即着力打赢疫情防控阻击战，着力打好三大攻坚战，着力推进乡村振兴，着力抓好招商引资、项目建设、工业经济，着力打造一流营商环境，着力加强基层社会治理，着力保障和改善民生，着力加强党的建设。

［17］**安全生产“一无一降”**：安全生产无较大及以上事故发生、一般事故明显下降。

［18］**“一摘四不摘”**：摘帽不摘责任，摘帽不摘政策，摘帽不摘帮扶，摘帽不摘监管。

［19］**六大提升工程**：产业就业提升工程、基础设施提升工程、公共服务提升工程、人居环境提升工程、社会治理提升工程、基层党建提升工程。

［20］**“20字”方针**：产业兴旺、生态宜居、乡风文明、治理有效、生活富裕。

**[21]“五个振兴”战略部署：**产业振兴、人才振兴、文化振兴、生态振兴、组织振兴。

**[22]“三品一标”：**无公害农产品、绿色食品、有机农产品和农产品地理标志。

**[23]“一统三治”：**坚持以党建为统领，推进自治、法治、德治有机结合。

**[24]城市“双修”：**生态修复、城市修补。

**[25]“三绿”工程：**拆围透绿、见缝插绿、裸土覆绿。

**[26]“1+9+5+N”：**在县委、县政府的统筹领导下，建立以宣恩工业园区管委会、9个乡镇、5个招商小分队及县直各部门为主体的招商引资工作体系。

**[27]“四减”：**减事项、减环节、减材料、减时限。

**[28]“证照分离”：**工商部门颁发的营业执照和各相关行业主管部门颁发的经营许可证审批的改革。

**[29]“多证合一”：**证照整合改革，实现企业一照一码。

**[30]“四统一”：**统一审批流程，统一信息数据平台，统一审批管理体系，统一监管方式。

**[31]“先建后验”：**工业项目“先建设、后验收、边建设、边验收”的模式。

**[32]“四多合一”：**多评合一、多审合一、多验合一、多规合一。

**[33]“标准地”供地模式：**工业园区土地实行事先储备，属地人民政府先行开展地质、矿产、文物保护、水土保持工作，完成国有土地使用权收回和国有土地上房屋征收工作。土地出让前，各相关部门根据规划、经济、能耗、环境、建设等土地“招拍挂”出让的前置条件，明确具体指标要求，一次性告知企业并出具意见函的供地模式。

**[34]“双随机、一公开”：**2015年8月，国务院办公厅《关于推广随机抽查规范事中事后监管的通知》要求在全国全面推行的一种监管模式，即在监管过程中随机抽取检查对象，随机选派执法检查人员，抽查情况及查处结果及时向社会公开。

**[35]“百日千万”网络招聘活动：**由人社部发起，联合全国各地公共服务就业机构和社会有关主体，从3月20日开始到6月30日，利用一百天的时间，集中推送上千万个岗位信息的公益网络招聘活动。

**[36]行政执法“三项制度”：**行政执法公示制度、执法全过程记录制度、重大执法决定法制审核制度。

**[37]“零基预算”：**在编制成本费用预算时，不考虑以往会计期间所发生的费用项目或费用数额，而是以所有的预算支出为零作为出发点，一切从实际需要与可能出发，逐项审议预算期内各项费用的内容及其开支标准是否合理，在综合平衡的基础上编制费用预算的一种方法。

**[38]三保：**保工资、保运转、保基本民生。

# 大事记

## 1月

**2日** 国家民委发布《国家民委关于命名第六批全国民族团结进步创建示范区（单位）的决定》，命名第六批“全国民族团结进步创建示范区（单位）”，恩施州宣恩县入围。

**是日** 县委副书记、县长刁覃到沙道沟镇茶园村、鱼泉村、林业村调研精准扶贫工作及村庄环境治理情况。

**3日** 2019年春节前保障农民工工资支付工作部门联系会议召开，对全县农民工工资支付工作进行安排部署。

**是日** 省文化和旅游厅公布宣恩县王义芳（宣恩竹编）为第五批省级非物质文化遗产项目代表性传承人。

**4日** 县委副书记、县长刁覃，县委常委、副县长裘凯到高罗镇调研2018年东西部协作扶贫项目、环保督察整改反馈问题及污染防治攻坚工作推进情况。

**6日** 浙江省杭州市西湖区区委副书记叶泽带调研组到宣恩，就东西部扶贫协作工作进行专题调研。

**7日** 2018年度国家脱贫攻坚成效省际山西省交叉考核组到沙道沟镇潭子洞村进行精准扶贫工作交换大检查，对沙道沟镇脱贫成效进行考核。

**8日** 晓关禹王宫古戏楼、高罗黑水河石拱桥被省人民政府列为第七批湖北省文物保护单位。

**14日** 刘智勇到沙道沟镇野溪村督办脱贫攻坚、村庄环境整治工作，慰问牺牲在扶贫一线的干部苏学政家属。

**21日** 刘智勇到万寨调研河道保洁工作及洞坪电站生态流量监控情况，工业园区调研园区污水处理厂情况以及土家爱公司新生物质锅炉运行情况。

**23日** 国家邮政局局长马军胜到高罗镇调研邮政普遍服务、电商扶贫等工作。

**25日** 全州2018年“美丽乡镇、美丽村庄”评选结果公布，宣恩县高罗镇清水塘村、埃山村被评为“美丽村庄”。

**26日** 苏宁零售集团苏宁拼购公司总经理张奎带领考察组一行到宣恩，就双方合作进行实地考察并签订战略合作框架协议。

**29日** 《中国土家泛博物馆（彭家寨）修建性详细规划及重点地段建筑设计方案（三期）》专家评审会在宣恩召开，评审专家组一致同意通过评审。

**是日** 县公安局治安大队被省公安厅表彰为2018年度全省公安派出所质量提升工程成绩突出单位，珠山派出所被表彰为2018年度全省公安派出所质量提升工程成绩突出派出所。

**是日** 宣恩县公安局反恐特警大队宣南中队

（后更名为特警二中队）正式成立运行，主要担负南三镇辖区的社会面巡逻、突发事件处置和打击街头现行违法犯罪等职责。

**30日** 习罩主持召开县十八届人民政府第24次常务会议。

## 2月

**1日** 《湖北日报》以《灯河辉映》为题，报道宣恩县连续三年举办大型新春灯展。

**14日** 环保督察整改工作指挥部指挥长谢世鸿到李家河镇干坝村等地查看改厨、改厕，垃圾、污水治理情况，督办李家河镇农村人居环境整治工作。

**15日** 习罩到万寨乡集镇易地扶贫搬迁安置点、六堰塘村、大明山村和罗针田村调研精准扶贫工作，督查易地扶贫搬迁、危房改造、产业扶贫、社会保障兜底等情况。

**20日** 椿木营乡黄家坪村被授予州级“美丽村庄”。

**21日** 省科技厅公布湖北省2018年第一批和第二批高新技术企业认定结果，宣恩工业园区湖北方圆绿色再生资源科技有限公司、湖北巴楚风印务有限公司成功申报高新技术企业。

**21—29日** 省扶贫攻坚领导小组办公室开展2018年贫困县退出专项评估检查暨市县党委和政府扶贫开发工作成效考核。吉首大学、华中师范大学一行56人对宣恩县进行三方评估，郧阳区一行12人对宣恩县进行交叉考核。

**25日** 宣恩县看守所辅警徐发意被恩施州委政法委和恩施州见义勇为促进会授予“2018年度恩施州见义勇为先进个人”荣誉称号，并获见义勇为奖金10000元。

**27日** 州委书记柯俊、州纪委书记陈江龙一行到沙道沟镇、高罗镇调研。

**28日** 副县长向重臣组织相关负责人召开县污水处理协调会，安排部署县污水处理厂提标升级改造、运维管理、应急处理，以及各责任单位履行主体责任，强化污水收集系统排水准入许可。

## 3月

**4日** CCTV-13两会直播节目《两会有啥事我们帮你问》，播放狮子关景区网红景点的视频，展示景区“车在碧波上，人在画中游”的生态、绿色的人造景观。

**6—7日** 省商务厅党组书记、厅长秦军，商务部驻武汉特派员办事处副特派员宋惠勤一行到宣恩就电商扶贫、全国电子商务进农村示范县创建、企业外贸出口等工作进行调研。

**8日** 伍家台贡茶代表队在2019年中华龙舟大赛海南·万宁站获得职业女子100米直道赛第5名、职业女子500米直道赛第6名、职业女子200米直道赛第6名的成绩，被CCTV-5特别关注和重点推介。

**11日** 县供电公司荣获省总工会2018年度“五一劳动奖状”。

**12日** 湖北广播电视台举办“仙山贡水·浪漫宣恩”2019中国宣恩旅游（武汉）推介会。

**16日** 湖北省荆州市委副书记、市人大常委会主任、市委政法委书记周静带调研组到宣恩，调研宣恩县产业扶贫、易地扶贫搬迁、金融扶贫等工作。

**18日** 全县经济工作会议召开，同时召开农业农村暨乡村振兴、工业经济暨招商引资、安全生产、城乡建设、城镇管理工作会议，以“六会合一”形式，安排部署全年各项工作任务。

**21日** 湖北省粮食局局长张依涛陪同浙江省粮食和物资储备局一行到宣恩县调研富硒粮油产业工作。

**是日** 国家民委经济发展司副司长冯常海带

调研组，在省民宗委党组成员、副主任吴红娅、州委常委、副州长杨胜才的陪同下，到庆阳坝村、伍家台村了解宣恩县民族经济工作发展情况。

24 日　宣恩县第一总河库长刘智勇对西水河宣恩段开展巡河，现场查看河流水资源保护、水域岸线管理保护、水污染防治、水环境治理、水生态修复等工作开展情况。

28 日　县十八届人大常委会第十六次会议召开。

29 日　2019 中国宣恩春季茶旅融合旅游宣传营销活动在宣恩县万寨乡伍家台村举行。

31 日　CCTV- 少儿频道《英雄出少年》栏目播出宣恩县星星舞蹈培训学校选送的少儿节目《土家娃娃要要要》。

## 4 月

1 日　副州长、州公安局长孔发阶到宣恩县伍家台看望坚守真爱、虽患病仍坚持创业的维吾尔族姑娘洁米莱，到万寨派出所查看新落成的业务技术用房。

1—2 日　州人大常委会副主任陈学明一行到宣恩调研工业经济运行情况，督办中央脱贫攻坚专项巡视反馈问题整改工作。

4 日　“浪漫宣恩 · 茶贡天下”宣恩伍家台贡茶春茶武汉品鉴及产品推介会在武汉徐东茶叶市场举办。

10 日　州人大常委会副主任陈学明带领调研组到沙道沟镇开展《恩施州土家族苗族自治州饮用水源地保护条例（草案）》立法调研。

11 日　浙江省委常委、杭州市委书记周江勇一行到高罗镇周家堡安置点，实地调研展旭服装厂（2018 年东西部扶贫协作项目）、“四点半学堂”（2018 年西湖区结对合作项目）运作情况。

17 日　国家知识产权局第 305 号公告“宣恩贡米”为地理标志产品专用标志。

19 日　州政协副主席刘晓冰一行到宣恩进行“遏制殡葬乱象”专题调研，调研组实地察看沙道镇咸池公益性公墓、宣恩和平殡仪馆、公墓、椒园镇公益性公墓等地，了解殡葬基础设施项目建设、殡葬管理服务、殡葬执法等情况。

24 日　省卫生健康委员会主任刘英姿一行到椒园镇卫生院，查看卫生基础设施建设情况，了解乡镇卫生院基层卫生能力提升及中医药事业发展、数字化设备的安装及与上级医疗机构连接运行和职工工资分配制度及待遇情况。

25 日　国有重点金融机构监事会主席于学军到宣恩县万寨乡伍家台易地扶贫搬迁安置点、伍家台贡茶基地、宣恩县伍台昌臣茶业有限公司调研精准扶贫工作。

28 日　由宣恩县人民政府主办，华中科技大学建筑与城规学院、威尼斯建筑大学、东南大学建筑学院、重庆大学建筑城规学院联合举办，雅伦格文化艺术基金会支持的题为“两河口：土家盐道古村的再生——国际四校联合研学营”在宣恩县彭家寨正式开营。

29 日　省人民政府批准宣恩县退出贫困县序列。

## 5 月

8 日　中央电视台电影频道“脱贫攻坚——星光行动”拍摄组走进宣恩彭家寨、伍家台等地，开展宣恩县情短片、星光聚力人短片。

11 日　七姊妹山管理局推送的国家一级保护动物林麝视频资料在中央电视台《秘境之眼》栏目播出。

15 日　省人大常委会办公厅二级巡视员严建桥一行到宣恩椒园镇石马村调研。

**是日**　中国农业国际合作促进会在杭州召开的第二届茶乡旅游发展大会（杭州 · 中国国际茶叶博览会）现场发布“20 条茶乡旅游精品线路”

入选名单，宣恩县“伍家台贡茶文化体验游”被列为其中之一。

**16日** 湖北民族大学校长顿祖义一行到万寨乡伍家台村开展湖北省“青年红色筑梦之旅”启动活动，调研“茶香情”手工皂产品并对伍家台村进行设计与美术学院实践实习基地授牌。

**17日** 宣鹤高速公路封网协调会在宣鹤高速第一合同段湖北路桥项目部召开。自此，宣鹤高速二、三期工程正式启动。

**17—20日** 覃正彪带领晓关侗族乡党委、县文化和旅游局主要负责人到江西省上饶市招商引资。

**18日** 以“酉水蓝·贡米香”为主题的宣恩县沙道沟镇第二届农旅结合体验周在木龙寨村、二台坪村开幕。

**21—22日** 宣恩县人民法院公开审理陈某等10人涉嫌组织、领导、参加黑社会性质组织罪一案。被告人家属、被害人、新闻记者、社会公众等100余人到场旁听。

**22日** 苏宁携经济日报、农民日报、中新社等十多家媒体到宣恩，对苏宁拼购落户宣恩所带来的实际效果进行调研采访，并洽谈下步合作事宜。

**是日** 国家林业局退耕办总工程师刘再清、综合处调研员高立鹏等一行4人，到宣恩调研退耕还林工作。

**30日** 州人大常委会副主任陈学明带领调研组到宣恩，就宣恩推进重点项目（企业）建设、“聚力脱贫攻坚，人大代表在行动”活动及人大代表建议办理等工作进行调研。

## 6月

**5日** 副州长夏锡璠到宣恩县水田坝村、沙坪村、白水村等地，察看酉水河上游水质、水环境的相关情况，调研河流治理、农村环境整治等相关工作。

**10日** 州委书记柯俊，州委副书记、州长刘芳震，州委常委、常务副州长丁辉到宣恩县万寨乡杨家湾现场踏勘恩施新机场预选场址，对预选场址前期工作进行调研。

**12日** 省交通运输厅公路管理局副局长谢俊杰一行到宣恩县调研公路沿线安全建设情况，查看209国道K2388+260处路基垮塌现场和老209国道和平殡仪馆—王家坳—蒙家湾绕行路线。

**12—13日** 杭州市政协副主席、工商联主席冯仁强一行到宣恩，就宣恩东西部帮扶项目进行考察。12日，考察组先后到万寨乡伍家台、椒园镇黄金梨基地、李家河镇白柚基地，了解产业发展模式。13日，考察组到椒园镇小学详细了解学校情况，随后走访在宣浙商代表，参观锣圈岩旅游开发项目、梦巢小镇项目进程。其间，杭州爱心企业向县教育局捐赠20万元，用于教育扶贫。

**14日** 宣恩县金融服务乡村振兴试点暨征信乡村行启动仪式在万寨乡伍家台村举行。

**是日** 县安委办、县应急管理局组织9个乡镇、县安委会35个成员单位及部分重点企业在河滨广场举行2019年“安全生产宣传咨询日暨安全生产楚天行”活动。

**17日** 人民日报微信公众号报道宣恩县沙道沟镇农民向胜元、张玉珍夫妇补交巨额医疗费，用“诚信”回报“仁心”的事迹。

**20日** 国家卫健委财务司副司长樊挚敏到椒园镇卫生院、黄坪村卫生室、县人民医院、县疾控中心，调研基层卫生健康工作，重点了解医院机构运行、特色科室创建、医联体建设、远程医疗建设、村镇医疗工作与患者满意度、健康扶贫政策落实及补偿机制建立、落实等工作。

**24日** 州人大常委会副主任陈晓燕一行到宣恩检查《恩施土家族苗族自治州酉水河保护条例》贯彻落实情况。

**25日** 25位国际旅游小姐到伍家台村游览贡茶园，品尝贡茶香，推介伍家台贡茶。

**26日** 宣恩县举行第32个国际禁毒日“健康人生，绿色无毒”宣传教育活动。

## 7月

**3—4日** 2019年全州关心下一代工作现场会暨绿色恩施·生态小（好）公民教育活动启动仪式在宣恩举行。

**5日** “恩施楷模”2019年第二期榜单正式发布，高罗镇龙河村委委员黄海艳作为孝老爱亲代表、沙道沟镇咸池村民向胜元作为诚实守信代表上榜。

**是日** 省农业信贷担保有限公司党委书记、董事长吴先锋一行到宣恩县伍家台富硒贡茶有限公司、宣恩县伍台昌臣茶业有限公司等地，了解伍家台贡茶历史、茶企生产销售、带动茶农增收等情况，并与新型经营主体代表廖俊华、郑时兵、廖世勇、陈平权等农业企业家座谈，调研农业信贷担保工作，了解农业企业信贷担保情况和企业当前存在的困难。

**10日** 州人大常委会副主任邓正平带队，对州八届人大三次会议上提出的《关于科学决策恩施许家坪机场迁建地址，更好促进恩施州高质量发展的议案（议案转建议）》办理情况进行调研督办。

**15日** 省文化和旅游厅组织召开申报创建国家AAAA级旅游景区质量评审会，同意宣恩县申报的宣恩县城“仙山贡水”旅游区通过评审，将其列入创建国家AAAA级旅游景区名单。

**16日** 省民宗委党组成员、副主任吴红娅一行，到宣恩县调研少数民族特色村寨建设、民族文化政策落实情况等民族地区经济社会发展工作，参观“中国土家泛博物馆——彭家寨”。

**24日** 州委常委、副州长、中南民族大学党委常委、副校长、党委宣传部部长杨胜才一行到宣恩县第一中学举行“中南民族大学优质生源基地”共建协议签订及授牌仪式。

**26日** 全省广电网络广视通业务现场会暨“智慧宣恩”建设战略合作协议签约仪式在宣恩县举行，宣恩县与省楚天视讯公司签署“智慧宣恩”建设战略合作协议。

**30日** 省人大常委会副主任胡志强一行到宣恩开展《湖北省清江流域水生态环境保护条例》立法调研。

**是日** 省知识产权局公布《湖北省优势商标名录（第1批）》，伍家台贡茶入选，全县唯一。

## 8月

**1日** 宣恩县召开县污染防治攻坚战、长江大保护十大标志性战役、创建国家生态文明示范县及中央省环保督察反馈问题整改工作会议。

**6日上午** 2019中国（宣恩）内陆河水上运动会暨武陵山区龙舟争霸赛在贡水河畔开幕。

**7日** 官千水库大桥转体合拢。

**9日** 宣恩县“省级绿色食品原料（茶叶）标准化生产基地”获得专家组一致同意通过验收。

**10日** 椿木营乡第七届露营节暨2019“听高山清韵，享清凉一夏”首届高山音乐节在椿木营乡勾腰坝村四组五子岩运动休闲旅游区开幕。

**14日** 省委主题教育第九巡回指导组组长卢焱群，省林业局党组书记、局长刘新池带领调研组到宣恩开展主题教育问题整改调研、检查督办“裸土覆绿”工作。

**22日** 全国发改系统易地扶贫搬迁工作现场会在恩施州召开，部分与会代表分别到高罗镇、沙道沟镇、椒园镇、万寨乡实地考察易地扶贫搬迁工作。

**27日** 省环境保护委员会授予宣恩县等11个县（市、区）“湖北省生态文明建设示范县

（市、区）”称号。

## 9月

**9日** 宣恩县召开“退役军人关爱基金”授牌仪式暨2019年关爱退役军人“慈善一起捐”活动启动仪式会议。

**11日** 中国·宣恩2019（第四届）中秋恳亲大会招商引资恳谈会在贡水河畔举行。成功签约14个项目，投资总金额10.05亿元。

**16日** 宣恩县与中国一冶集团有限公司签订《宣恩县生态环境综合提升PPP项目》协议。宣恩县生态环境综合提升PPP项目静态总投资12.3亿元，分三部分建设，含环水绿道、环城绿道和环山绿道。项目覆盖范围包括高速路出口及进城通道沿线和宣恩县城，主要是高速路出口、进城通道沿线、双龙湖、宝塔山、党校湿地公园、园艺村、上湖塘水街等地点的生态综合提升和景观综合打造，建成环水、环城、环山绿道100千米。

**16—17日** 由恩施杰瑞文化旅游发展有限公司主办的“宣恩人文旅游资源”推介会在宣恩举行，11家旅行社负责人先后到老院子、庆阳坝、水田坝、土鱼河、墨达楼等地进行实地考察。

**17—18日** 省人大教科文卫委员会主任委员刘传铁，到宣恩县开展《湖北省乡镇人大工作条例》检查和“代表行动”视察。

**17—18日** 黄光华带领执法检查组，对宣恩县实施《社区矫正实施办法》情况开展执法检查。

**25—26日** 由肯尼亚、马拉维、博兹瓦纳、委内瑞拉、波黑、牙买加、印尼、巴拿马、阿塞拜疆、南苏丹等21个国家的57名政府官员组成的“2019年发展中国家金融扶贫官员研修班”和“2019年发展中国家职业培训与劳动力转移减贫研修班”到宣恩参观考察金融扶贫项目。

## 10月

**10日** 省农业农村厅认定“宣恩恩航生态农业观光园”“宣恩逛氧吧乡村旅游区”“宣恩绍荣园艺休闲农园”“宣恩福寿山家庭农场”为“2019年湖北省休闲农业示范点”，有效期两年。

**15日** 经中央文明委、教育部、团中央、全国妇联、中华慈善总会联合推选，湖北省宣恩县沙道沟镇王凌云、刘顺入选2019“全国最美孝心少年”，全省仅两名。至此，宣恩县共有5批8名少年儿童入选“全国最美孝心少年”。

**是日** 宣恩县境内G209板寮观测点、S245布袋溪观测点、S233椿木营观测点、G242平地坝观测点，S232椒园、G351新泗河同步开展24小时车辆比重调查。

**18日** 以“休闲城市，美好生活”为主题的2019世界休闲发展高峰论坛在杭州国际博览中心举行。宣恩县城“仙山贡水”旅游区荣获“中国文旅融合创新奖”。

**22日** 由中国供销合作总社举办的第十五届中国茶业经济年会在广东开幕，中国茶叶流通协会公布：宣恩县荣获“2019中国茶业百强县”“2019中国十大生态产茶县”，恩施州伍家台富硒贡茶有限责任公司荣获“2019中国茶业百强企业”。

**25日** “活化——以中国土家泛博物馆为例（国际巡展杭州站）”在中国湿地博物馆开展。展览时间为10月25日至11月25日。

**29日** 宣恩县被农业农村部命名为第二批“国家农产品质量安全县”（农质发〔2019〕9号）。

**是日** 省农业产业化经营领导小组认定“湖北大派食品集团有限公司”“宣恩县伍台昌臣茶业有限公司”“湖北土家爱食品开发有限公司”“恩施州亚麦食品有限责任公司”“湖北宣恩维民实业有限公司”为“2019湖北省农业产业化重点龙头企业”，有效期两年。

30日　宣鹤高速公路岩屋坪隧道贯通。

## 11月

1日　《2019寻找最美孝心少年颁奖典礼》在央视综合频道、少儿频道同步播出，沙道沟镇少年王凌云获评“全国最美孝心少年”。

8日　宣恩县举行电子电器产业集群项目签约仪式，4个项目总投资8亿元。

是日　宣恩举行2019年第十三届宣恩县青少年科技创新大赛暨第六届青少年科技创新“县长奖”颁奖大会。

11日　湖北硒与人体健康研究院和恩施州魅力硒都生物科技有限公司签订全面战略合作协议。

14—15日　习罩带队参观考察重庆宝格电子科技有限公司、重庆嘉海纸制品有限公司、重庆段氏集团有限公司、重庆锐思科集团。

16日　宣恩县2019年贡水白柚文化周活动在沙道沟镇举行。

19日　珠山镇人民政府入选2019年省级民族团结进步创建活动示范单位。

28日　在湖北省第二届（荆州）园林博览会上，宣恩县城管执法局承建的恩施州展园荣获“室外展园综合奖大奖”“展园设计大奖”“优质工程金奖”“建筑小品金奖”“文化创意银奖”6大奖项。宣恩县人民政府荣获先进集体奖，杨世军、张海波、卓仁发、蔡磊4人获先进工作者称号。

## 12月

3日　恩施文明网公示2018—2019年“感动恩施”年度人物评选结果，县公安局副局长王海涛、沙道沟镇栏杆坪小学学生王凌云入选年度人物名单，沙道沟镇咸池沟村村民向胜元入选提名人物名单。

10日　省农业农村厅公示“宣恩县伍家台贡茶产业园”为“2019年湖北省现代农业产业园创建单位”。

12日　全县优化营商环境推进会召开，就“12345”政务服务热线运行和优化营商环境情况进行安排部署。

13日　省文化和旅游厅发布《关于命名2018—2020年度湖北省民间文化艺术之乡的通知》，全省41个县（市、区）和乡（镇）被命名为2018—2020年度“湖北省民间文化艺术之乡”，宣恩县（滚龙连厢）在列。

24日　中共中央政治局委员、国务院扶贫开发领导小组组长胡春华到宣恩视察调研脱贫攻坚工作。

25日　国家林业和草原局正式发布第一批、第二批国家森林乡村名单，珠山镇狮子关村入选第一批国家森林乡村名单。

是日　湖北宣恩贡水河国家湿地公园（试点）正式通过国家林业和草原局验收（林湿发〔2019〕119号）。

31日　高罗镇清水塘村被国家林业和草原局评价认定为国家森林乡村。

# 县情概况

## 地理环境

**【地理位置与面积】** 宣恩县位于恩施土家族苗族自治州南部，地处北纬29° 32′ 46″ —30° 13′ 36″，东经109° 10′ 50″ —109° 55′ 52″。南北长73.9千米，东西宽71.5千米。东接鹤峰，西南邻咸丰、来凤，东北、西北及北部与恩施市交界，东南与湖南省龙山、桑植等县接壤。209国道由北入至西南出，椒（园）石（门坎）省道、鸦（雀岭）当（阳坪）省道一北一南横穿东西呈“工”字形。县城距恩施许家坪机场53千米，距宜（昌）万（州）铁路恩施站51千米，距沪蓉西高速公路恩施西入口40.5千米，距长江巴东港234千米。全县土地面积2737.17平方千米，分别占全省、全州土地面积的1.47%、11.39%。

**【地质地貌】** 境内地层属元古代震旦纪变质岩基底，上覆盖自寒武纪至第四纪巨厚沉积岩。地表的岩层既有新生代（第四纪）、中生代（三叠纪）年轻地层，也有古生代（二叠纪、石炭纪、泥盆纪、志留纪、奥陶纪）古老层。宣恩属云贵高原延伸部分，县境东南部、中部和西北边缘，横亘着几条东北至西南走向的大山岭，形成许多台地、岗地、小型盆地、平坝、横状坡地和山谷、山峡等地貌。西北边界第一大主峰——羊头山，海拔1605.8米；支脉自东北，经恩施市石窑延伸至县境长坪、椿木营，形成椿木营高原。余脉沿湘鄂边界的八大公山，经一天门、鸡公岭、万岭山，自西向东凸起，将境内分成南北两部。全县最高点椿木营火烧堡，海拔2014.5米，最低点石心河（贡水入清江汇合处），海拔356米，相对高差1658.5米，全县平均海拔974米。境内海拔1200米以上的高山占全县总面积的25.69%，海拔800—1200米的二高山占47.12%，800米以下的低山占27.19%。全县有大小河流121条。河流总长度538千米，河网密度1.2千米/平方千米。按河流归属全县有5个水系。发源于沙道沟镇二坪的头坪河（海家河），向南入湖南龙山县，属澧水水系（洞庭水系之一）；发源于晓关侗族乡草坝场的断头河，向西南入咸丰县，属乌江水系；发源于椿木营乡干竹坪经岩板沟、神州台的鸡笼洞河，向北入恩施市，属马尾沟（清江的另一支流）水系。这3个水系在县境内的流域面积，只占全县土地总面积的8.7%。其余各条河则分属西水河水系和贡水（忠建河）水系，其中酉水源头位于椿木营乡杨柳坨村以南约1.5千米处的山坳上，北纬30° 01′ 02″ ，东经109° 45′ 20″ ，海拔1892米。这两个水系流域面积大致相等，河流径流总量较大，全县人均径流量是全国人均径流量的2.5倍。河流落差大，水力资源丰富，但因降水量受季节变化大，水力资源受到一定影响而变化。

**【气　候】** 宣恩县气候属中亚热带季风湿润型山地气候，多年平均降雨量1560毫米，年日照时数

1150 小时。随海拔高程的变化，呈明显的垂直差异。2019 年，全县降水严重偏少，日照明显偏少，气温偏高，盛夏到初秋出现持续晴热高温天气少雨，局部旱情严重。全年平均气温为 16.0℃，年极端最高气温为 37.2℃，年极端最低气温 -0.5℃。全年总降雨量为 949.4 毫米。

## 自然资源

**【土地资源】** 2019 年，全县土地面积 273720.34 公顷（国家下发控制面积），分别占全省、全州土地总面积的 1.47%、11.39%。其中，湿地 20 公顷，占土地总面积的 0.01%；耕地 34013.33 公顷，占土地总面积的 12.46%；种植园地 34193.33 公顷，占土地总面积的 3.71%；林地 212340 公顷，占土地总面积的 77.51%；草地 593.33 公顷，占土地总面积的 0.24%；商业服务业用地 73.33 公顷，占土地总面积的 0.03%；工矿用地 413.33 公顷，占土地总面积的 0.15%；住宅用地 5426.67 公顷，占土地总面积的 1.98%；公共管理与公共服务用地 280 公顷，占土地总面积的 0.10%；特殊用地 20 公顷，占土地总面积的 0.01%；交通运输用地 3426.67 公顷，占土地总面积的 1.25%；水域及水利设施用地 3280 公顷，占土地总面积的 1.2%；其他土地（空闲地、裸土地、裸岩石砾地、田坎等）3646.67 公顷，占土地总面积的 1.33%。全年常用耕地 24750 公顷，比上年增加 100 公顷。

**【水能资源】** 县境内两大水系 4 条主要河流的水能理论蕴藏量为 55 万千瓦，已勘察论证可开发量为 40 万千瓦，占理论蕴藏量的 73%，居全州第二位。全县有大中小型水库 28 座（三座小二型水库降级为塘堰）、总库容 6.03 亿立方米，塘堰 508 口、蓄水量 879 万立方米。其中小型水库 24 座，总库容 7600 万立方米；中型水库 3 座：龙洞水库、狮子关水库、桐子营水库，龙洞水库 6400 万立方米，装机容量 2.6 万千瓦，桐子营水库 6600 万立方米，装机容量 2.4 万千瓦，狮子关水库 9735 万立方米，装机容量 1 万千瓦；大型水库 1 座：洞坪水库，洞坪水库 3.2 亿立方米，装机容量 11 万千瓦。2019 年，全县装机容量 23.7 万千瓦，年平均发电量约 1.75 亿千瓦时，产值 5800 万元。

**【矿产资源】** 县境属沉积岩分布区，地层发育齐全，地质结构复杂，成矿条件较好，矿产品种较多，经勘察探明的矿种有 33 种，矿产地（矿点）132 处。主要矿种有煤矿、铜矿、铁矿、铅锌矿、硫铁矿、炭质页岩、石英矿、白云岩、生物大理石、石灰岩、菊花石、黑滑石、紫砂陶土等十多种矿产。其中无烟煤探明地质储量 402 万吨，估算 6 亿吨；炭质页岩预测地质储量 6 亿吨；铁矿预测地质储量 1.7 亿吨；铅锌矿预测地质总储量 30 万吨；铜矿预测地质总储量 13.4 万吨；硫铁矿预测地质总储量 1200 万吨；硅矿预测地质总储量 1.96 亿吨；石灰石预测地质总储量 120 亿吨；白云岩探明储量 409.67 万吨，预测地质总储量 4.45 亿吨；生物大理石探明储量 394 万立方米，预测地质总储量 594 万立方米；菊花石探明储量 51.67 万吨，预测地质总储量 500 万吨；黑滑石预测地质总储量 2000 万吨；紫砂陶土预测地质总储量 1000 万吨；耐火黏土预测地质总储量 2000 万吨；方解石矿探明储量 10.6 万吨，预测地质总储量 30 万吨左右。硒矿、钒矿亦有一定储量。

**【生物资源】** 2019 年，全县高等维管束植物 183 科 752 属 2027 种，脊椎动物 30 目 86 科 379 种，昆虫 18 目、193 科、1849 种。植被共有 5 个植被型组，9 个植被型，30 个群系以及大量的群丛。分布中国特有植物 32 属。国家Ⅰ级保护植物 7 种，国家Ⅱ级保护植物 21 种，29 种珍稀植物被列入《中国珍稀濒危植物名录（第一册）》，受国家明文保护的珍稀濒危植物共计 41 种。保护区有国家Ⅰ级保护动物 5 种，国家Ⅱ级保护动物 51 种；濒危动植物种国际贸易公约附录Ⅰ、附录Ⅱ和附录Ⅲ物种共有 62 种，国家保护的有益的和有重要经济、科学研究价值的陆生野生动物共有216种。另外保护区还有18种国家珍贵树种，占湖北省总数28种的64.28%。其中一级珍贵树种有南方红豆杉、钟萼木、珙桐、光叶珙桐、香果树5种；二级珍贵树种有黄杉、篦子三尖杉、鹅掌楸、厚朴、水青树、连香树、楠木、椴树（Tilia tuan）、红豆树、花榈木、杜仲（Euco 毫米 ia ulmoides）、榉树、刺楸（Kalopanax septemlobus）13种。

野生动物资源丰富，陆生脊椎动物4纲82科355种，其中两栖纲2目8科26种，爬行纲3目10科37种，鸟纲15目40科225种，兽纲8目24科67种。野生动物种类丰富，物种多样性程度较高。全县境内有兽类67种，隶属8目24科，占湖北省兽类121种的55.37%。其中食虫目3科5种，翼手目3科5种，灵长目1科2种，鳞甲目1科1种，食肉目6科21种，偶蹄目4科8种，啮齿目5科23种，兔形目1科2种。国家重点保护动物17种，占湖北省国家重点保护兽类总数22种的77.73%，其中国家一级重点保护动物4种，国家二级重点保护动物13种。

**【旅游资源】** 宣恩县境内人文景观、自然景观并存，且历史悠久，民族文化独具特色。按国家标准《旅游资源分类、调查与评价》（GB/T18972—2003）中旅游资源的分类分级系统，在旅游资源类型的8大主类31个亚类和155个基本类型中，宣恩县旅游资源8大主类齐全，31亚类中宣恩县有22亚类，占71%，在155个基本类型中，宣恩县有58个，占37%。

## 建置沿革

**【概　况】** 宣恩地域隶属管辖，废置多变。元代、元代属各土司管辖，清朝初期，宣恩地域为施南土司，仍属施州卫。雍正十三年冬十月壬寅（1735年12月20日），以十五土司（忠峒、散毛、忠路、忠孝、高罗、木册、大旺、金峒、蜡壁、东流、唐崖、龙潭、沙溪、卯洞、漫水）各境并入恩施县改土归流。去施州卫设施南府。以施南、东乡、高罗、木册、忠建、忠峒及石虎地合一县，命名宣恩。1949年11月10日宣恩解放。1949年11月11日，宣恩县人民政府成立，隶属恩施专区。1970年改属恩施地区；1983年8月19日，鄂西土家族苗族自治州成立；1993年4月4日更名为恩施土家族苗族自治州，宣恩县一直属州辖县。2019年末，全县辖万寨、椿木营2个乡，晓关、长潭河2个侗族乡，珠山、椒园、沙道沟、李家河、高罗5个镇，279个行政村，5个社区，2726个村（居）民小组。

2019年宣恩县乡镇基本情况表

表1

| | 国土面积（平方千米） | 年末常用耕地面积（公顷） | 粮食作物播种面积（公顷） | 粮食产量（吨） | 总户数（户） | 年末总人口（人） | 社区（个） | 居民小组（个） | 村（个） | 村民小组（个） | 税收收入（万元） |
|---|---|---|---|---|---|---|---|---|---|---|---|
| 珠山镇 | 163.77 | 1601 | 2356.6 | 9936 | 17011 | 46003 | 5 | 49 | 19 | 172 | 22348 |
| 椒园镇 | 175.97 | 1363 | 1942.2 | 6842 | 8386 | 25883 | | | 21 | 188 | 1716.6 |
| 沙道沟镇 | 649.95 | 4281 | 5344.5 | 21652 | 22094 | 66515 | | | 49 | 522 | 1029.5 |
| 万寨乡 | 183.58 | 2253 | 2807.1 | 10813 | 9750 | 29997 | | | 24 | 244 | 453.32 |
| 晓关侗族乡 | 421.38 | 4272 | 4680.3 | 18194 | 14670 | 42239 | | | 40 | 441 | 1298.3 |
| 李家河镇 | 216.79 | 3302 | 3674.7 | 15840 | 14745 | 52254 | | | 40 | 352 | 479.4 |
| 长潭河侗族乡 | 432.71 | 3720 | 4317.1 | 15432 | 13584 | 37123 | | | 39 | 361 | 613.46 |
| 高罗镇 | 287.18 | 2635 | 4399.4 | 16866 | 14555 | 45294 | | | 32 | 313 | 239.98 |
| 椿木营乡 | 205.84 | 1323 | 1311.1 | 3982 | 4548 | 12245 | | | 15 | 84 | 683.19 |
| 合计 | 2737.17 | 24750 | 30833 | 119558 | 119343 | 357553 | 5 | 49 | 279 | 2677 | 28861.75 |

## 人口　民族

【人　口】 2019年末，全县辖4个乡5个镇（晓关、长潭河为侗族乡），5个社区居委会，49个居民小组，279个行政村，2726个村（居）民小组。年末全县总人口358109人，常住人口30.73万人，其中乡村人口19.04万人，城镇人口11.69万人，城镇化率838.04%。全年（自然年度）出生人口3259人，人口出生率8.6‰；死亡人口915人，死亡率2.4‰；人口自然增长率6.2‰。

2018年、2019年宣恩县人口变动情况表（一）

表2

| 乡镇 | 年末总人口（人） | | | | | | 年末总户数（户） | | 年末乡村人口（人） | |
|---|---|---|---|---|---|---|---|---|---|---|
| | 2019年 | | | 2018年 | | | | | | |
| | 总人数 | 男 | 女 | 总人数 | 男 | 女 | 2019年 | 2018年 | 2019年 | 2018年 |
| 合计 | 357553 | 187674 | 169879 | 358109 | 187984 | 170125 | 119343 | 120079 | 325139 | 323417 |
| 珠山镇 | 46003 | 23395 | 22608 | 46166 | 23493 | 22673 | 17011 | 17087 | 23330 | 23223 |
| 椒园镇 | 25883 | 13315 | 12568 | 25833 | 13314 | 12519 | 8386 | 8417 | 25052 | 24896 |
| 沙道沟镇 | 66515 | 35170 | 31345 | 66676 | 35262 | 31414 | 22094 | 22322 | 64259 | 64164 |
| 万寨乡 | 29997 | 15805 | 14192 | 30039 | 15829 | 14210 | 9750 | 9809 | 29371 | 29268 |
| 晓关乡 | 42239 | 22234 | 20005 | 42324 | 22268 | 20056 | 14670 | 14777 | 41213 | 41287 |
| 李家河镇 | 52254 | 27676 | 24578 | 52261 | 27664 | 24597 | 14745 | 14793 | 50080 | 49063 |
| 长潭河乡 | 37123 | 19703 | 17420 | 37204 | 19725 | 17479 | 13584 | 13691 | 36462 | 36485 |
| 高罗镇 | 45294 | 23838 | 21456 | 45330 | 23867 | 21463 | 14555 | 14619 | 43562 | 43104 |
| 椿木营乡 | 12245 | 6538 | 5707 | 12276 | 6562 | 5714 | 4548 | 4564 | 11810 | 11927 |

说明：人口总数来自县公安局年报数据；出生人口、人口出生率、人口自然增长率来自计划生育年报数据

2018年、2019年宣恩县人口变动情况表（二）

表3

| 乡镇 | 出生人口（人） | | 人口出生率（‰） | | 人口自然增长率（‰） | |
|---|---|---|---|---|---|---|
| | 2019年 | 2018年 | 2019年 | 2018年 | 2019年 | 2018年 |
| 全县 | 3282 | 3267 | 8.69 | 8.66 | 7.11 | 6.22 |
| 珠山镇 | 510 | 491 | 9.87 | 9.51 | 8.48 | 8.29 |
| 椒园镇 | 248 | 260 | 9.39 | 9.88 | 7.99 | 8.44 |
| 沙道沟镇 | 608 | 596 | 8.62 | 8.47 | 7.06 | 6.82 |
| 万寨乡 | 313 | 296 | 9.89 | 9.41 | 8.03 | 7.72 |
| 晓关乡 | 400 | 419 | 8.76 | 9.19 | 6.74 | 7.15 |
| 李家河镇 | 422 | 463 | 7.89 | 8.68 | 6.6 | 1.93 |
| 长潭河乡 | 255 | 270 | 6.64 | 6.99 | 5.13 | 5.13 |
| 高罗镇 | 416 | 377 | 8.87 | 8.06 | 7.21 | 6.07 |
| 椿木营乡 | 110 | 95 | 8.42 | 7.29 | 6.89 | 4.91 |

说明：数据来自计划生育年报

【民　族】 全县共有14个民族，汉族人口占33.6%，13个少数民族占66.4%。其中，土家族占41.9%，苗族占10.2%，侗族占13.9%；还有彝族、回族、白族、满族、壮族、蒙古族、畲族、傣族、朝鲜族、维吾尔族等。

## 经济社会发展概况

【2019年国民经济和社会发展概况】 全县完成地区生产总值79.05亿元，比上年增长4.6%。其中，第一产业增加值18.91亿元，增长4.1%；第二产业增加值11.87亿元，下降2.9%；第三

产业增加值48.27亿元，增长7.0%。三次产业结构比为23.9∶15.0∶61.1。全年实现农林牧渔业总产值34.45亿元，扣除价格因素，比上年增长3.8%。

全年粮食种植面积30830公顷，粮食总产量11.96万吨。油料产量6811吨，烟叶产量5620吨，蔬菜产量149447吨，茶叶产量18230吨，水果产量111508吨。畜禽肉总产量38747吨，其中猪肉产量34709吨，禽蛋产量3673吨。生猪出栏44.33万头，年末生猪存栏31.02万头。

全年实现工业增加值8.22亿元，建筑行业实现增加值3.65亿元。全县具有资质等级的总承包和专业承包的建筑企业8家，完成建筑业总产值4.44亿元。

全年实现批发和零售业增加值9.19亿元，交通运输、仓储和邮政业增加值3.42亿元，住宿和餐饮业增加值2.69亿元，金融业增加值5.45亿元，房地产业增加值8.96亿元，其他营利性服务业增加值5.25亿元。

全年邮政业务收入0.46亿元，其中快递业务收入0.04亿元。全县邮政行业业务总量1.32亿元。年末全县固定电话用户9674户，移动电话用户259761户，固定宽带接入用户64138户。年末全县公路通车里程达到2811.70千米，其中高速公路120.1千米。全年公路运输货物333万吨，运输旅客125万人次。

全年商品房施工面积78.18万平方米，竣工面积0.69万平方米，销售面积19.16万平方米，待售面积0.89万平方米。全年商品房销售额9.61亿元，其中住宅销售额9.0亿元。

全年社会消费品零售总额51.60亿元。其中批发零售业零售额42.30亿元。住宿餐饮业零售额9.30亿元。全年引进省外资金19.28亿元，自营出口1130万美元。

全年地方财政总收入5.78亿元。其中地方一般公共预算收入3.96亿元。地方一般公共预算收入中税收收入2.93亿元。一般公共预算支出37.14亿元。年末全县金融机构人民币存款余额100.07亿元，其中住户存款余额67.44亿元。金融机构人民币贷款余额67.79亿元，其中住户贷款29.66亿元。

全县9家高新技术产业企业实现增加值1.25亿元。全年获得专利授权80件，其中实用新型专利23件，外观设计17件。全县共有幼儿园45所，在园幼儿8623人。小学38所，新招生3360人，在校学生21842人。普通中学15所，在校学生15320人。中等职业学校1所，在校学生1526人。全县各级卫生机构276个，实有床位1522张，卫生技术人员1917人，其中执业（助理）医师583人，注册护士787人。

成功举办2019年元宵灯会、“浪漫宣恩·茶贡天下　2019中国宣恩春季茶旅融合系列活动”、“中国（宣恩）内陆河水上运动会暨武陵山区龙舟争霸赛”等文体活动。全年培训文艺宣传队14支，新建文艺宣传队28支。开展非物质文化遗产项目的挖掘与整理，录制文化艺术视频资料3000余分钟，图片资料200多张，收集各类相关光碟6张，文字资料5万余字；完成送戏下乡（含戏曲进校园）109场，观众9万人次。

全年全体居民人均可支配收入16108元，人均生活消费支出12828元。农村常住居民人均可支配收入11396元，人均生活消费支出9690元。城镇常住居民人均可支配收入29446元，人均生活消费支出21693元。年末全县参保城镇职工基本养老保险42840人，参保城乡居民社会养老保险190086人，参保工伤保险12420人，参保失业保险10006人，参保城镇职工基本医疗保险18199人。

全年全社会用电量3.4亿千瓦时，其中，工业用电量0.75亿千瓦时。

# 生态环境

## 综　述

【概　况】全县环境质量总体稳定。地表水2条河流忠建河、酉水水质符合Ⅱ类，总体水质状况为良；2个跨县水质考核断面均能满足功能区划要求。县城集中式饮用水源地水质达标，达标率100%；9个乡镇的8个集中式饮用水水源地水质达标率100%；3个地下水均达到《地下水环境质量标准》（GB/T14848-2017）Ⅲ类标准；5个地表水均达到《地表水环境质量标准》（GB3838-2002）Ⅱ类标准；城区空气质量按照《环境空气质量标准》（GB3095-2012）中$PM_{10}$、$PM_{2.5}$、$SO_2$、$NO_2$、CO、$O_3$ 6个基本项目进行评价，优良天数为346天，平均优良天数达标率为94.8%；区域环境噪声质量级别为三级。全县年末森林覆盖率达63.83%，年末森林面积175091.12公顷。创建“省级森林城市”通过验收。单位GDP能耗继续保持下降态势，完成节能降耗目标。

## 国土资源管理

【概　况】2019年，全县落实40133.33公顷耕地保有量、30663.73公顷基本农田保护目标任务；获得5个批次建设用地和3个单独选址项目建设用地报批，批准面积35.3331公顷；全县31处地质灾害监测点，未出现人员伤亡事故；完成29家矿山生态覆绿工作；优化营商环境，简化程序，破解不动产登记历史遗留问题；完成城市总体规划修编报批工作。

【耕地保护】完善耕地保护责任考核体系，执行最严格的耕地保护制度，将耕地保护纳入各乡镇目标责任制考核内容，落实40133.33公顷耕地保有量、30663.73公顷基本农田保护目标任务。

完成划定永久基本农田储备区1310.2公顷，占全县永久基本农田保护任务的4.18%，成果已通过州自然资源和规划局验收，提交省自然资源厅审核。

对指标库中有结余耕地占补指标的项目进行核查，对于储备补充耕地指标不实的，经核实后予以核减。核查涉及全县项目4个，其中3个低丘岗地改造项目，1个高标准基本农田整治项目，核查新增耕地总面积270.27公顷。成果已通过省级核查，按要求提交到自然资源部进行审核。

进一步落实“占一补一”制度，加大耕地占补项目开发力度，2019年全县实施地方占补平衡项目6个，总投资1047万元，项目已验收，备案后可新增耕地占补指标约80公顷。耕地质量等级更新与监测评价已通过省、州验收。

宣恩县于2016年、2017年在省自然资源厅“616”工程帮助下开展两期“金土地”调查工作，完成珠山镇、椒园镇、万寨乡、晓关侗族乡、椿木营乡5个乡镇的土壤硒资源普查工作。

2019年按州硒普办的统一安排已通过外业验收。

**【土地整理】** 验收2个高标准基本农田项目，建设规模1333.33公顷，项目投资4916.1万元，续建高标准基本农田项目4个，建设规模2440公顷，项目投资9143.73万元。宣恩县2017年高标准基本农田项目建设规模440公顷，总投资1650万元，已于2019年底验收。

**【征地管理】** 全年申报建设用地10个批次和2个单独选址项目，面积44.6104公顷，获批5个批次和3个单独选址项目，批准面积35.3331公顷；供应建设用地156宗，面积17.0747公顷，成交价款10224.8237万元。

完成城市建设人民一路棚户区改造工程、兴隆老街棚户区（城中村）改造工程、城市建设（果茶厂至西门沟段公路）、红岩卡弃渣场等8个项目土地征收工作，共征收土地40.67公顷，涉及220户，拆除房屋30宗，兑现补偿款4346万元。

**【地质灾害监测防治】** 推进“四位一体”群测群防监测体系，编制《宣恩县2019年度地质灾害防治方案》，落实地质灾害防治责任。全年开展地灾巡查110余次，应急调查26次，提交应急调查报告及处置意见书18份。成功预报武陵商贸城公路裂缝及围墙变形垮塌事故。全县31处三级监测点，未出现人员伤亡事故。

编制《（2019—2021）年地灾防治（治理、搬迁和监测预警）项目规划》，建立地灾防治项目库，开展宣恩县区域地质灾害风险调查评价工作，申报立项县职高滑坡、李家河二虎寨滑坡2个地质灾害治理项目。沙道沟马家凹滑坡治理工程省级投资资金600万元已下拨，待按程序组织实施。晓关侗族乡桐子营龚家堡滑坡地质灾害治理项目已完工待验收。县中等职业技术学校滑坡应急治理工程立项申报及施工治理前期准备工作已完成。

**【矿产管理】** 开展“珠山镇卸甲坝矿区大窝凼建筑石料用灰岩矿采矿权”出让工作，，完成实物指标调查，采矿权人开采信息、探矿权人勘查信息公示率达100%。

完成2家政策性关闭煤矿的矿山地质环境恢复治理工作；完成关闭、废弃非煤矿山的调查摸底工作，按“一矿一策”编制恢复治理方案；完成29家矿山的恢复治理工作。

**【不动产登记】** 着力优化营商环境，取消强制购房资格审查、强制合同网签、强制交易审核备案确认告知等环节。不动产继承登记（非公证）办理中，公示与审核环节并行开展，缩短办理时间，提高办事效率，实现新建商品房办证2个工作日、涉及企业的3个工作日、一般登记和抵押登记1个工作日内办结。为方便广大群众，对行动不便的服务对象提供上门服务，采用微信、QQ视频等手段核查资料。全年办理不动产证书2090本，不动产证明3401份。

制定《宣恩县不动产登记历史遗留问题实施方案》，解决全县不动产登记历史遗留问题。全县不动产登记历史遗留问题共计14个项目涉及1378户。其中，工业园区内项目11个、园区外项目1个、商品房项目2个。

**【城乡规划】** 宣恩县城市总体规划获得州级报批。通过《三河沟小学及周边地块修建性规划设计方案》《白鹤井棚户区安置房规划设计方案》《老电影院立体停车场设计方案》《清外雅苑》《宣恩武陵国际商贸城二期（30亩地块）规划设计方案》《钟楼至土家冲天楼过河板桥设计方案》《宣恩县民族中学整体改扩建项目设计方案》《墨达楼亮化工程》《文体中心河渠生态改造规划设计方案》等23个方案。

全年共受理办件155件，办结155件。限期办结率100%。办理建设项目选址意见书8件，用地面积18192.72平方米；建设用地规划许可证54件，用地面积255200.89平方米；建设工程规划许可证60件，建筑面积405330.83平方米；乡村建设规划许可证9件，建筑面积64930.06平方米。对 24 个项目进行规划核实验收，核实面积 25046.71 平方米。

**【“裸土覆绿”工作】** 裸土覆绿工作由县自然资源和规划局牵头，县城管局、县住建局等单位具体实施。县自然资源和规划局负责矿山复绿，县住建局负责在建项目（含市政工程）裸土覆绿，县城管局负责其他闲置裸露地块覆绿。2019 年末，环保督察要求 2019 年整改交账的 29 家关闭矿山全部整改，全面完成年度关闭矿山生态修复，完成高速公路沿线椒园白泥坝矿区开采边坡的边坡挂网生态修复治理，完成长潭河侗族乡高粱子矿山关闭后有地质灾害隐患的治理工程；全县供而未用土地共 11 宗 31.11 公顷，完成 4 个裸露地块，面积 19.43 公顷的覆绿；对 48 个各类在建项目全部采取封闭施工，并对裸露土地进行临时覆盖。

（田　媛）

## 水　利

**【概　况】** 2019 年，中央、省划拨宣恩县水利建设资金共计 4391.64 万元，比 2018 年的 8271 万元减少 3879.36 万元，2018 年农村饮水安全巩固提升工程所用 4991 万元为预支三年的专项资金，除预支部分资金外，2019 年水利建设到位资金比 2018 年减少 551.36 万元。

开展汛前安全检查，共排查小型水库 20 座，涉水工程 3 处，水电站 28 座，水厂 2 座，山洪灾害地质灾害点 15 处。修订完善《防洪度汛应急抢险预案及调度方案》。对全县 62 个监测预报预警站点进行检修，山洪灾害监测预警平台正常运行，到报率达 100%。5 月，总投资 1400 万元的宣恩县大卧龙河道治理工程开工建设。恩施州沅江酉水干流重点河段（宣恩段）防洪治理工程官庄段、沙道沟段相继开工建设，共投资 3156 万元，治理长度约 3 千米。官千水库水源工程大坝浇筑已达 620 米高程，输水管道平台开挖总长达 2500 余米，隧洞开挖总长达 2600 余米。鸡笼洞水电站项目 2 号、6 号大坝浇筑已达 1095 米高程，征地移民补偿、隧洞开挖、进厂公路铺设、发电设备采购、厂房建设等已完成，完成总工程量的 80%。

**【水资源总量及分布】** 宣恩河网密布，纵横交错，共有大小河流 121 条，总长度 538 千米，流域面积大于 10 平方千米的有 34 条，河长 10 千米以上的 21 条，全县两大水系北部为忠建河水系，经清江汇入长江，南部为酉水水系，经沅江流入洞庭湖。忠建河发源于咸丰高乐山镇，由晓关坪地坝注入宣恩，流域面积 1388 平方千米，县内河长 82 千米，主要支流有花塌河、洪家河、龙潭河、龙头沟、马尾沟、官千河、长潭河。酉水发源于椿木营乡火烧堡，于李家河金陵寨注入来凤县，流域面积 1328 平方千米，河长 90 千米，主要支流有林家河、龙潭河、高罗河、岩底河、冉大河等。

2019 年全县地表水资源量 14.96 亿立方米，地下水资源量 5.27 亿立方米。全县产水总量占降水总量的 49.6%，平均每平方公里产水量为 54.6 万立方米。2019 年全县人均水资源总量 4839 立方米，亩均水资源总量 4047 立方米。全县地表水折合深度 546 毫米，较上年减少 41.3%，比多年平均减少 46.2%。全县平均年降水量为 1100.5 毫米，较上年减少 29.9%，较多年平均减少 32.5%，属特枯年份。降水的空间分布情况是，东南部降水大于其他地区，其中东南部的沙道沟镇靠近湖南省的区域降水量最大，东北部、西北部次之，中部及南部最小。降水主要发生在汛期的 4—10 月，降水量占全年降水量的 80% 以上。行政分区年降水量，从数量上看，椒园镇降水量最大，年平均降水量为 1210.7 毫米；从北往南的长潭河乡、珠山镇、高罗乡降水量最小，年平均降水量在 1000 毫米左右。

**【农村饮水安全“回头看”】** 巩固农村饮水安全

脱贫攻坚成果，对照《农村饮水安全评价准则》，认真开展农村饮水安全“回头看”工作，对所有建档立卡贫困人口饮水安全状况进行复查，发现问题83处，其中要求维修47处、调解36处，已全部完成整改。提升乡镇水厂供水能力，共新建备用水源3处，整修水源3处、饮水管60处，增设增压泵3套，改扩建制水设备2处。完成城乡供水一体化项目规划。

**【“河湖长”制】** 召开全县推行河湖长制工作联席会议，调整明确9条县级河流及县级河长，县级河湖长按要求开展巡河巡库。编制完成29条纳入河湖长制管理的河流的“一河一策”治理方案、《宣恩县2019—2020年度全面推行河库长制实施方案》。完成酉水、忠建河两条州级河流的测量划界工作，7条县级河流的测量工作正在进行中。下发小微水体实施方案，各乡镇已完成调查摸底并建立台账，10月底已完成初步成果汇总上报，共清查上报小微水体1069处。全县各监测断面、水功能区水质实现全年达标。全县20座水口管理水库，除后塘水库大坝安全鉴定工作正在进行中外，其余19座水库大坝安全鉴定工作均已完成，其中湾塘、大峰尖、舒家湾、茶园沟、后山沟、白吉塘、后塘7座水库已根据鉴定结果陆续开展降等、移交工作。

**【水资源开发利用】** 宣恩主要以水工程的形式利用水资源，特别是在中华人民共和国成立后，一批灌溉渠道、塘堰、小型水库和小型水电站等水利工程得以建设，但因管理不到位和机制不健全，管理措施滞后，缺乏经费等原因，大都年久失修，现存小型水库29座，总库容7600万立方米。对全县4座大、中型水库进行统计，年末蓄水总量为3.5787亿立方米，全年蓄水变量为-0.3612亿立方米。其中大型水库1座，年末蓄水总量为2.2971亿立方米，全年蓄水变量为-0.1390亿立方米。中型水库3库，年末蓄水总量为1.1286亿立方米，全年蓄水变量为-0.2222亿立方米。

全县总供水量平均4661万立方米，用水消耗量2456万立方米，比上年供、用水量有所减少。在水源工程供水组成中，蓄水工程供水3133万立方米，引水工程供水743万立方米，提水工程供水777万立方米。人工运载水量为农村生活、牲畜用水中的车载人挑水量，共计8万立方米。

全县总用水量4661万立方米，其中生活用水量1307万立方米，占总用水量的28%，生产用水量3317万立方米，占总用水量的71.2%，生态用水量（仅计城镇生态用水量）37万立方米，占总用水量的0.8%。在生产用水中，第一产业用水量占69.8%，第二产业用水量占10.3%，第三产业用水量占19.9%。

全县总耗水量2456万立方米，其中生活耗水量730万立方米，生产耗水量1693万立方米，生态耗水量33万立方米。

全县人均用水量150.7立方米，万元GDP用水量59立方米，万元工业增加值用水量36.6立方米，城镇人均生活用水量156升/日，农村人均生活用水量90升/日。

**【水政监察】** 完成取水许可延续和换证扫尾工作，共办理取水许可证44户，其中公共供水10户，水力发电34户，征收水利规费227.83万元。编制完成《宣恩县水土保持监督执法专项行动实施方案》，梳埋排查全县所有生产建设项目水土保持违法情况，对椒园镇易地扶贫搬迁配套设施黑茶产业园建设项目、李家河镇李家河卫生院整体易迁项目等6个立项违法项目的开发建设业主提出整改措施和要求，并于11月1日对其中3家下发《行政处罚决定书》。开展为期2个月的安全生产大约谈、大排查、大暗访、大警示“四项行动”，共检查水电站7座、水库6座、在建涉水工程6处、山洪灾害监测点2个、水利生产经营企业10家，发现安全隐患17处，约谈水电站19家，已全部完成整改。开展校园周边环境集中整治行动，对63所校园周边的河流、水库水域进行安全隐患排查整治，增加5处安全防护设施、61块警示牌，排查隐患8处。开展自违建别墅清查专项行动，依法强制拆除违法侵占河道建筑1处，拆除建筑面积约240平方米。

## 林业生态

**【概　况】** 2019年，全县林业用地面积218799.12公顷，其中有林地154449.13公顷，灌木林地33870.12公顷，疏林地7709.42公顷，未成林造林地22547.25公顷，其他林地15.67公顷；活立木蓄积880.84万立方米，森林覆盖率63.86%。县境内维管束植物183科752属2027种，常见乔灌木96科215属882种63个变种。

全县完成造林任务5625公顷，其中人工造林面积500公顷，封山育林面积3125公顷，退化林修复面积2000公顷；森林抚育面积4000公顷；四旁（零星）植树600000株；全县林木种子产量5吨，苗木产量1320株，育苗面积57公顷。

（朱明超　陈端华）

**【生态补偿】** 建立健全“县建、乡聘、站管、村用”的生态护林员管理制度，聘请建档立卡贫困户生态护林员810名，按照4000元/人年发放管护费324万元。全县生态补偿兑现面积105266.67公顷，兑现补偿资金2136.81万元，涉及贫困村201个，贫困户16136户，兑现面积33700公顷，兑现资金683.36万元。完成第一轮退耕还林政策兑现面积433.33公顷，兑现资金80.7万元，其中涉及贫困户713户，面积113.33公顷，资金20.87万元。完成新一轮退耕还林（2015—2018年）政策兑现面积2086.67公顷，兑现资金1315万元。其中涉及贫困户3180户，面积886.67公顷，资金599.56万元。

（田启银　姚茂汉）

## 七姊妹山国家级自然保护区

**【概　况】** 湖北七姊妹山自然保护区位于宣恩县境内，北与恩施市河溪村交界，东北属宣恩县椿木营乡管辖，东与鹤峰县太平镇接壤，南接湖南八大公山国家级自然保护区核心区毗连，西与宣恩县长潭乡和沙道沟镇相连，地处北纬29°39′30″—30°05′15″，东经109°38′30″—109°47′00″。七姊妹山属森林生态系统类型自然保护区，主要保护以珙桐等珍稀动植物为主的森林生态系统和以泥炭藓沼泽湿地为主的湿地生态系统。总面积3.46万公顷，其中核心区1.17万公顷，缓冲区1.17万公顷，实验区1.13万公顷，森林覆盖率68.97%。保护区海拔1650—1950米范围内呈斑块状分布着泥炭藓沼泽湿地974公顷，对维持洞庭湖水系沅江支流酉水源头的水源稳定起着关键性的作用。保护区分布有5个植被型组，9个植被型，30个植物群系。

七姊妹山自然保护区内有陆生脊椎动物共有28目96科390种，其中鸟类16目52科249种，兽类8目24科70种，两栖动物共2目10科32种，爬行动物共有2目10科39种。国家重点保护动物56种。

2019年，《湖北七姊妹山国家级自然保护区二期总体规划》，已获国家林业和草原局批复。在2017年12月至2018年12月，由原环境保护部等7个部门组织对长江经济带的120处国家级自然保护区管理评估，七姊妹山自然保护区管理评估获优秀等级。

**【资源管理】** 七姊妹山自然保护区有国有林管护面积1586公顷，集体及个人管护面积3.06万公顷，保护区现有专兼职护林员140名，其中专职护林员11名、兼职护林员35名、生态护林员94名。2019年，按期兑现生态公益林面积2.9万公顷，兑现总金额593.62万元。按照局、站、村三级管护网络体系建设，压实生态资源管护责任，制定下发《护林员管理办法》，明确护林员工作职责，落实考核奖惩激励机制，为护林员购买意外伤害险，加强护林队伍管理。开展违规违建别墅清查、林地督查工作，推进生态红线评估和勘界立标，配合做好环保督查整改销号。

**【森林防火】** 开展森林防火工作，召开护林员培训会，宣讲护林防火知识，开展防火应急演练，提升应急处置能力；张贴防火通告3000份、发放宣传手册200份，制作安置宣传标语40条，大型宣传牌16块，防火警示牌100块，安装太阳能语音宣传杆5套，维护防火隔离带2条10千米，与辖区村民签订安全生产（森林防火）协议书2500份，落实24小时值班制度，保护区全年无火情火警发生。

**【生物安全】** 开展松材线虫病和日本落叶松叶蜂的日常监测和防治，日本落叶松叶蜂危害在可控范围内，保护区内其他地方的森林资源稳定健康。邀请省野保总站、华中农业大学等机构的专家实地诊断保护区泥炭藓枯死情况，辖区内有害生物危害得到有效控制。做好非洲猪瘟疫源疫病监测和管理，宣传非洲猪瘟知识和防控政策，增强保护区人民群众和相关从业人员的防范意识，辖区内未发生疫源疫病情况。

**【安全隐患防治】** 在保护区重要地段和卡口张贴《关于严禁在湖北七姊妹山国家级自然保护区非法开展旅游探险等人类活动的通告》，依法查处并警告擅自进入保护区人员30余次；管理局排查整治山体滑坡地质灾害，筹集资金9.8万元建设挡土墙、整修路面等，保障3个组32户99人安全出行。

**【林政执法】** 依法打击涉林违法犯罪行为，全年办理刑事案件2起，向检察院移送起诉2人；办理林业行政案件8起，处罚12人，维护辖区林政秩序，资源安全得到保障。

**【物种监测】** 加强野生动物监测与保护，辖区内设置18条监测样线，野外安装监测红外相机62

国家二级保护动物黑熊

台。通过监测资料统计显示，国家I级保护动物有林麝，种群数量在不断增加，主要分布在七姊妹山和秦家大山，监测视频资料在中央电视台《秘境之眼》栏目展播。投资2万元，新建3个黄杉固定监测样地。与湖北大学合作，开展人工恢复泥炭藓沼泽湿地0.67公顷，《关于七姊妹山泥炭地不同深度腐殖酸物质的特性》的SCI二区论文在国际《生态指标》上发表。全面完成鸟类和兽类资源调查，新增鸟类24种，兽类3种；完成两栖、爬行类动物调查，调查发现保护区分布有两栖动物；完成黄杉、连香树等植物补充调查。

**【宣传教育】** 2019年6月21日，野生动植物宣教馆开馆并对外开放，收集动物标本有仿真华南虎、金钱豹等84种97件，植物标本42件。围绕《美丽中国·生态万里行》为主题，中央电视台第七频道对保护区的生态文明建设予以宣传报道；七姊妹山保护区资源管护宣传短片，在湖北电视台《精彩生活》栏目进行播出；《走进七姊妹山，秘境绿幽胜花时》在《湖北画报》刊发。为庆祝中华人民共和国成立70周年，“生态保护筑牢绿色发展安全屏障”——七姊妹山管理局打造“示范保护区”发展纪实在《恩施日报》——恩施州发展成就巡礼·宣恩篇专版宣传报道，经济杂志社出版的《辉煌七十年　建功新时代》进行转载刊发。州人民政府网发布10条，恩施日报发布5条，州扶贫网发布1条，恩施文明网发布2条，云上恩施发布9条，云上宣恩发布1条，管理局网站发布新闻45条，州林业局网站采用12条。

**【社区工作】** 加强社区发展建设，到辖区走访调查，开展自然保护区森林防火法律法规及惠民政策的宣传，完善基本情况调查，摸清底数，实行动态管理，建立矛盾层级调处机制，加强信访工作，全年未发生上访事件。鼓励村民发展特色产业，开办农家乐、民俗、休闲露营20余家，带动老百姓开展生态养殖本地黑猪、野蜂蜜，生态种植猕猴桃36.67公顷，种植药材黄连、大黄66.67公顷，成立农村产业合作社9家，加大环保宣传力度，推进美丽乡村建设。

（羿成宇）

## 环境保护

**【概　况】** 2019年，县城区空气优良天数为346天，优良率为94.79%，空气质量在全省县域排名第四。$PM_{2.5}$浓度为23微克/立方米，与2018年同期持平，$PM_{10}$浓度为微克/立方米，相比2018年同期下降微克/立方米。全县8个重点集中式饮用水水源地水质达标率为100%；州控地表水酉水河段和忠建河段水质稳定在《地表水环境质量标准》Ⅲ类标准；二氧化硫、氮氧化物、化学需氧量、氨氮排放总量较2015年预计分别下降10%、4%、3%、3%；单位生产总值二氧化碳排放较2018年预计下降0.6%。完成化学需氧量、二氧化硫、氨氮、氮氧化物减排目标，全年辖区内没有发生一起重特大环境污染责任事故。

2019年，危险废物处置率达到100%，建设项目环境影响评价“三同时”制度执行率为100%，全年共审批报告表19个，指导网上备案环境影响登记表134个。

**【生态文明建设示范县创建】** 2019年8月27日，省环境保护委员会授予宣恩县等11个县（市、区）“湖北省生态文明建设示范县（市、区）”称号。全县已成功创建国家级生态乡镇1个（椒园镇），省级生态乡镇7个（晓关侗族乡、万寨乡、高罗镇、沙道沟镇、李家河镇、珠山镇和椿木营乡），创建省级生态村73个，其中2019年8个。

**【污染防治】** 印发《宣恩县污染防治攻坚战指挥部令》明确8项作战任务、73项作战目标及措施，按照《恩施州污染防治攻坚战2019年度目标任务分解表及评分细则》考核，全部完成。全面打好蓝天保卫战，对县城餐饮油烟、燃煤、扬尘、噪声、汽修废气和秸秆禁烧等集中开展专项治理行，并实行常态化。2019年完成99家3灶头以上餐饮场所油烟净化设施安装，12家汽车维修保养行业废气治理，4座加油站、10个油罐改造。城市精细化管理不断提升，城区机械清扫率达86.2%。扎实推进秸秆禁烧工作，全县秸秆肥料化、饲料化，能源化、基料化、原料化综合利用总量达12.8万吨，综合利用率达到95%。2019年城区空气质量大幅提升，全年优良天数达到346天，比2018年增加6天，优良率达到94.8%，环境空气质量全省排名第四名，较2018年同期上升七位，全州排名第三名，较2018年同期上升四位。重点打好碧水保卫战，完成全县8个“百吨千人”水源地点位监测工作，两条州级河长制河流勘界确权工作。2019年全县3个地表水断面（酉水河乐坪断面、忠建河木场河断面、忠建河洞坪断面）、县城集中式饮用水源地和7个乡镇饮用水水源地水质达标率持续稳定在100%。积极推进净土保卫战，开展土壤酸化治理，完成土壤酸化治理面积3440公顷，超额完成106.67公顷，测土配方施肥技术推广覆盖率达到90%，化肥利用率达到39%。县城污水处理厂严格执行污泥转运“联单制”，污泥处置GPS全程监管，污泥无害化处置率达到100%。

**【长江经济带生态修复】** 制定《宣恩县长江大保护十大标志性战役2019年度“四单”》，明确9个专项指挥部55项重点工作。完成精准灭荒造林任务 103.07 公顷，超省州计划 5.53 公顷。实现乡镇集镇污水处理全覆盖，全县 7 个乡镇污水处理厂上线试运行，铺设主支管 90.61 千米，入户管 181.78 千米，入户管接入 20377 户，接入率 100%；县财政投入资金 5055 万元的县城污水处理厂提标扩容工程，于 8 月 25 日正式开工建设，截至 12 月 31 日，完成生化池浇筑工作。全县 7 个乡镇垃圾中转站已全部建成并投入运行，购置清洗转运车 40 辆，保洁车 210 辆，设置农村垃圾分类亭 3000 个，发放垃圾分类桶 6400 个，城乡生活垃圾集中处理覆盖率达到 90% 以上，组保洁、村收集、乡镇转运、县集中处理的城乡环卫一体化体系建立。截至 2019 年 12 月 31 日，新建及改造农户厕所 20594 座（户），完成率 114%；新建农村公厕 130 座，完成率 109%；新建乡镇公厕 14 座，完成率 100%；新建城市公厕 7 座，完成率 100%；新建交通厕所 4 座，完成率 133%；新建旅游厕所 4 座，完成率 133%，超额完成“厕所革命”年度目标任务。开展矿山生态修复、裸土覆绿工程，完成 2015—2017 年全县关闭、废弃的 29 家矿山生态修复，完成鑫海物流园项目、天宇物流园项目、高速路出口、“双创”产业园项目 24.79 公顷未利用地块裸土覆绿工程。完成清江岸线入河排污口排查服务协调工作。

**【重要项目】** 9 月 16 日，宣恩县与中国一冶集团有限公司签订《宣恩县生态环境综合提升 PPP 项目》协议。习覃、向重臣、中国一冶集团有限公司常务副总经理劳小云参加签约仪式。宣恩县生态环境综合提升 PPP 项目静态总投资 12.3 亿元，分三部分建设，含环水绿道、环城绿道和环山绿道。项目覆盖范围包括高速路出口及进城通道沿线和宣恩县城，主要是高速路出口、进城通道沿线、双龙湖、宝塔山、党校湿地公园、园艺村、上湖塘水街等地点的生态综合提升和景观综合打造，建成环水、环城、环山绿道 100 千米。

**【生态环境保护督察信访件整改】** 中央环保督察交办宣恩县 13 件信访件，全部整改完成；中央环保督察反馈问题 31 个已完成 30 个，剩下的 1 个（编号 73 涉及县城应急备用水源地建设）正按时序进度有效推进。中央生态环保督察“回头看”期间共交办宣恩信访件 5 件。5 件信访交办件全面整改完成，并办结上报。省第四环保督察组驻恩施期间交办宣恩 33 件信访件全部办结，经州环保督查组多次现场督查和州指挥部组织“回头看”，未发现整改问题反弹情况。省环保督察反馈涉及宣恩的 38 个问题，经州环保督查组现场检查确认，整改完成 30 个，剩下的 8 个反馈问题按省、州要求将于 2020 年及以后分阶段完成。

（谢炳军）

**【节能减排】** 2019 年，恩施州人民政府下达给宣恩县的节能减排目标为“单位 GDP 能耗下降目标为 2.5%，能源消耗增量控制在 4.0 万吨标准煤以内”。全县万元生产总值能耗为 0.3663 吨标准煤，同比下降 5.50%；能源消费总量 24.57 万吨标准煤，同比增加 1.1 万吨，增福 4.69%。

（彭家华　周　鑫）

# 经济管理

## 改革发展

【概　况】根据第四次全国经济普查结果和GDP统一核算制度规定，2018年全县地区生产总值修订为76.42亿元。2019年，全县完成地区生产总值79.05亿元，比上年增长4.6%。其中，第一产业增加值18.91亿元，增长4.1%；第二产业增加值11.87亿元，下降2.9%；第三产业增加值48.27亿元，增长7%。三次产业结构比为23.9∶15.0∶61.1，第三产业占比同比增长3个百分点。

按年均常住人口计算，全县人均生产总值达到25645元，增长4%。

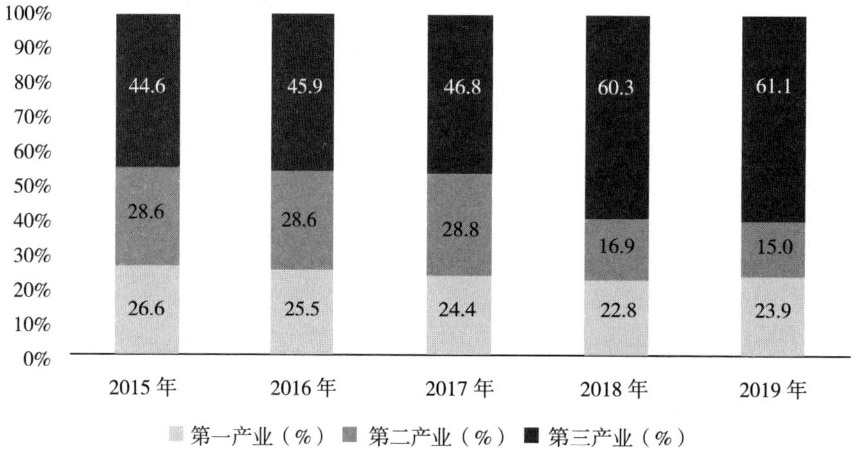

图1　2015—2019年宣恩县三次产业结构比示意图

城镇登记失业率控制在2.51%以内，低于计划目标1.49个百分点；城镇、农村常住居民人均可支配收入分别增长9.25%、10.21%，分别超过计划目标0.75、0.71个百分点；实现公共财政预算收入3.96亿元，同比增长3.2%，超过全省平均增长速度1.7个百分点；节能减排、安全生产控制在州定目标以内。全社会固定资产投资同比增长2%，较第三季度完成情况回升12.6个百分点；社会消费品零售总额51.6亿元，增长10.5%，超过计划目标0.5个百分点；实现外贸出口额1129万美元，超出年度任务41.13个百分点。

2019年，宣恩县通过脱贫县退出第三方评估、省对县脱贫退出试评估、扶贫成效省际交叉考核暨东西部扶贫协作成效考核，2019年4月29日省政府批准实现整县脱贫摘帽。全县累计脱贫27895户92248人（包括2014年认定的27552户87411人贫困人口及2014年以来新增贫困人口），建档立卡贫困户由2014年的27552户87411人减少到现在的15户43人，综合贫困发生率由26.48%降至0.013%。全县特色产业基地总面积达56466.67公顷，带动全县6.6万贫困人口脱贫。在易迁安置点建设农产品大棚及加工厂67个，引进劳动密集型企业58家，全县有劳动能力易迁户就业率达100%。新增农民专业合作社及家庭农场160家，全县1521家新型农业经营主体带动帮扶贫困户22514户。

**【污染防治攻坚】** 全面完成"厕所革命"省定2019年度任务数，全县累计完成农户无害化厕所31932座、农村厕所226座，乡镇、城市、交通、旅游厕所55座；全面完成2019年度林业重点工程3633.33公顷人工造林、封山育林任务，获"省级森林城市"称号；县城污水处理率95.52%，县城污水处理厂提标扩容项目生化池浇筑完工，二沉池浇筑已开工建设；7个乡镇污水处理厂全面试运行、7个乡镇垃圾中转站、3000个农村垃圾分类亭等设备全部投入使用，城乡环卫一体化及生活垃圾处理设施逐步完善。污染防治三大战役（蓝天保卫战、碧水保卫战、净土保卫战）成效，$PM_{10}$、二氧化硫、一氧化碳浓度同比分别下降21.4%、52.6%、37.5%，全年空气优良率达94.8%；河道专项治理、龙洞库区饮水源一级保护区整治工作完成，大卧龙河道治理工程、酉水干流重点河段（宣恩段）防洪治理工程、官千水库水源工程进展顺利；污泥转运"联单制"正式启动，污泥无害化处置率100%。

**【防控化解风险】** 全方位、全覆盖、无死角对五大领域二十一个小领域开展涉稳风险大排查大化解，查出涉稳风险隐患59件，化解46件。开展非法违规金融活动专项排查整治、类金融机构清理规范工作，清退丹峰小贷公司，贡水融资担保有限公司实现国有独资，全县银行业不良贷款余额13968.52万元，不良贷款率2.06%，同比下降1.19个百分点（2018年12月末，全县不良贷款率为3.25%）。开展食品、药品、特种设备、工业产品等领域行政监督检查6600余次，"四大安全"形势总体平稳可控。共检查出市场主体安全生产各类隐患1886条，现场整改1842条，隐患现场整改率97.7%，全年安全生产事故起数和死亡人数同比下降66.7%、33.3%。新组建150人的治安巡逻队伍，建成各类探头6752个，实现县域监控探头全覆盖。

去产能、去库存、去杠杆工作，完成29家关闭、废弃矿山的生态修复、裸土覆绿工作任务。房建质量监管监督面积202.08万平方米，总造价30.98亿元；共划拨预售资金6.42亿元；扩大公租房保障范围，全县2081套公租房分配入住率达85.7%。全县政府债务余额21.1亿元，未突破省定限额，政府债务风险总体可控。全县金融机构人民币贷款余额67.8亿元，同比增长10.6%。

**【减税降费】** 全面实施"减税降费"（包括"税收减免"和"取消或停征行政事业性收费"两个部分组成）及"一降两延一调"（"一降"即降低养老保险缴费费率，"两延"即执行阶段性降低失业保险、工伤保险费率政策，"一调"即调整社保缴费基数标准计算口径，由上年度在岗职工平均工资调整为全口径城镇单位就业人员平均工资）政策，全年累计减税降费9736万元。公共资源进场交易项目135个，累计交易额4.1亿元，累计节约资金0.31亿元，节约率6.96%。建成县"市民之家"，入驻单位40家，设立服务窗口135个，实现所有行政审批和公共服务事项全部进驻；9个乡镇便民服务大厅，均按照"10+X"模式设置服务窗口，实现所有便民服务事项全部入驻乡镇便民服务大厅；全县279个村和6个社区均建成规范化便民服务室。县、乡、村级审批服务可网办比例分别达到92%、84.5%、99.2%，100个以上高频事项实现"最多跑一次"。审批时限实现"2325"目标（省政府提出"3550"刚性改革目标任务，即开办企业3个工作日内完成、不动产登记5个工作日内完成、工业建设项目施工许可50个工作日内完成），企业开办压缩至2个工作日，不动产登记3个工作日办结，工业建设项目25个工作日内取得施工许可。

**【补短板项目建设】** 统筹整合涉农资金6.78亿元，用于“三农”基础设施、产业发展、人居环境整治、公共服务等补短板项目建设。到位精准脱贫和巩固提升资金3.87亿元，用于能力提升工程、农村环境整治、农村基础设施建设、社会兜底保障、特色产业发展、易地扶贫搬迁。77个易迁安置点实现一个社区服务中心，一个就业创业空间，一个标准卫生室，一个文体活动广场，一个便民超市，一户一块菜地。公共服务配套，乡镇集镇面积扩大13.7%，全县城镇化率提高2.1个百分点。全县金融精准扶贫贷款余额21.9亿元，97.13%的行政村获得金融支持。为全县26403名低保对象、特困供养人员、临时救助对象发放低保金、供养资金及临时救助1.2亿元，同比增长10%，孤儿养育标准同比提高7.14%。发放教育资助资金3767.5万元、大学生贷款886.3万元，全县贫困学生资助率100%。自然村通畅工程、村组道路、产业道路建设全面完成，硬化路通村率100%。农村安全饮水保障率、农村危房改造完成率100%。

**【项目建设】** 全年审批项目99个，总计划投资52.49亿元；备案项目57个，总计划投资31.2亿元。入省“三库”项目71个，总计划投资250.07亿元，其中储备库项目19个，计划投资107.75亿元，转建设库项目18个，累计转化率48.65%；建设库项目32个，总投资100.09亿元，转达效库项目总投资17.89亿元，累计转化率29.17%。全年谋划项目150个（其中州级重点项目11个，县级重点项目30个）。其中，全民健身公园项目运动场完成合同施工任务，体育馆、图书馆、天文台、游泳馆、扬帆广场地库基本建成，公园景观全面开工；民族体育馆配套项目完成建筑面积1.34万平方米；宣鹤高速公路宣恩段全面完工并通过交通验收；宣咸高速工程可行性研究评估获批，施工图设计完成。

全年招商引资签约资金37.2亿元，同比增长16.4%；引进省外资金19.28亿元，较第三季度增速高8.5个百分点。新签约亿元以上项目12个，其中，城市生态环境提升项目投资13亿元，电子信息智能制造产业项目投资5亿元，国家级科技孵化器项目投资1.2亿元。民生天然气乡镇管网建设、武陵山花卉产业园等4个亿元以上产业项目开工建设。39个州县级重点项目开工在建29个，完工2个，完成投资24.15亿元。其中，全民健身公园完成年度投资计划，金典·城市之星、民族体育馆配套项目、民族医院整体搬迁建设项目已完成投资分别超出年度计划的160%、94.02%、47.88%。

党校湿地公园开工建设，城市“双修”和“三绿”工程、市政配套工程有进展。墨达楼、过河石板桥、过街天桥相继完工。全县16个房地产开发项目有序施工，施工面积108.52万平方米，金典·城市之星主体完工、梦巢小镇有进展。启动老民族电影院—机械厂片区等三处棚户区改造工作，175套棚户区改造及保障房基本建成。国道209、省道351、233、232、245等国省道及伍家台、彭家寨、蒙家湾至板寮等旅游公路在建设中，客运站场、物流园区、港口航道等项目稳步实施。

**【乡村振兴】** 乡村振兴战略实施总规划编制完成，13个美丽乡村示范村的规划编制工作全面完成，顺利推进野椒园、二虎寨、伍家台、黄坪4个试点村建设。2019年6月6日，椒园镇水田坝村，沙道沟镇大白溪村、药铺村，李家河镇中大湾村，高罗镇腊树园村、清水塘村，万寨乡金龙坪村、晓关侗族乡中村坝村、骡马洞村入选中国第五批传统村落名录，传统村落保护专项规划初步形成。农村公路安全生命防护工程、“四好农村路”全面完工。农村土地确权登记颁证工作顺利开展，确权数据入库7.6万户、63.2万亩。农村集体产权制度改革稳步推进，完成279个行政村清产核资、清人分类工作，核实资产1.76亿元，核定村集体组织成员30.7万人，“两清”工作基本完成。

**【社会民生保障】** 全县城镇新增就业人员5503人、返乡创业551人。实施劳动保障“4+3”（农民工工资准备金、银行代发、实名制信息化管理、银行授信代偿“四项制度”和农民工工资支付保障工作部门联系、追责问责、失信联合惩戒“三项机制”）模式，379个施工项目开设农民工工资准备金账户，累计缴存7.25亿元，全县拖欠农民工工资案件、欠薪总额和欠薪人数分别下降42%、77.67%和75.92%。“两考”（中考、高考）质量得到提升，全县中考总人均分413.35分，同比增长3.8%；高考文化应届生一本上线146人。实施公办幼儿园项目3个，万和幼儿园完工投入使用，沙道沟镇松坪幼儿园、高罗镇第二中心幼儿园开工建设。实施9所义务教育学校“薄改”及能力提升项目，松坪实验小学、和平中小学、洗草坝小学整体搬迁顺利完成，县民族实验小学、县民族实验中学改扩建项目开工建设。出台《宣恩县县域医共体建设规划（2019—2020）》，以县人民医院、椒园镇卫生院为试点，“五统一”（人员统一调配、财务统一管理、业务统一部署、设备统一采购、绩效统一考核）紧密型县域医共体建设有序开展。武陵山区土家族苗族文化生态保护实验区总体规划·宣恩子规划实施方案编制完成。“村村响”通村率达100%，“户户通”开通率96.08%，农家书屋数字化设备实现乡镇全覆盖。

**【固定资产投资】** 全年固定资产投资额比上年增长2%。其中，500万元以上城镇和非农户项目投资下降32.1%；房地产开发投资增长121.2%。项目投资分产业看第一产业投资下降90.2%，第二产业投资下降1%，第三产业投资下降32.6%。民间投资下降65.1%。

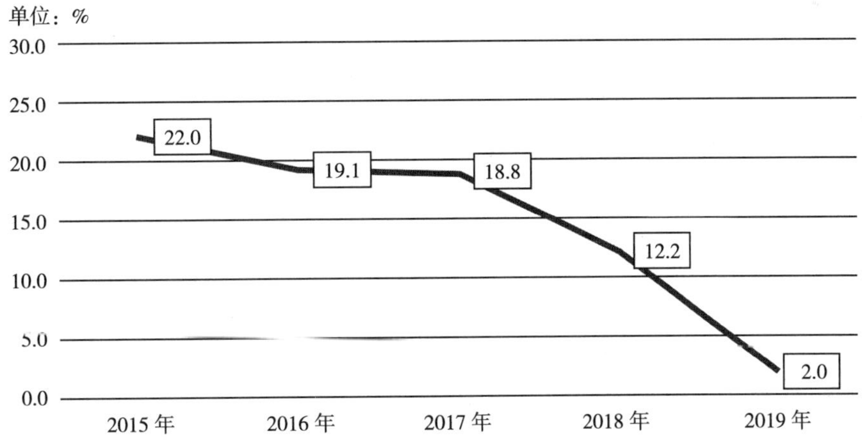


图2　2015—2019年宣恩县固定资产投资增长速度

**【发改系统易地扶贫搬迁工作现场会】** 8月22日，全国发改系统易地扶贫搬迁工作现场会在恩施州召开，部分与会代表到高罗镇龙河安置小区、沙道沟镇松坪安置点、椒园镇雷家坳安置小区、万寨乡伍家台安置点考察易地扶贫搬迁工作，了解搬迁后群众房屋如何拆旧、如何解决医入学、如何实现“稳得住”等情况。国家发改委地区振兴司司长童章舜，国家发改委地区振兴司副司长孙广宣及国家发改委投资司、评督司、驻委纪检组相关负责人，建设任务超过20万人的12个省份发改委负责人、责任处室负责人，其他10个省份发改委责任处室主要负责人；“三州”发改委部门主要负责人，有关市州及县市负责人；州委常委、常务副州长丁辉，州委常委、副州长黄璟，刘智勇、习覃、胡晓洪参加宣恩分会场考察。

（李世亚）

## 财 政

【概 况】2019年，全县地方财政总收入完成5.78亿元，完成年度调整预算59387万元的97.3%，较上年59490万元减少1683万元，同比减少2.8%。其中地方公共财政预算收入3.96亿元，完成年度调整预算39570万元的100%，较上年38349万元增加1238万元，同比增长3.2%。在地方一般公共预算收入中，税收收入2.93亿元，增长2.7%。全年一般公共预算支出37.14亿元，增长6.7%。

全县一般公共预算支出完成37.13亿元，较上年347999万元增加23386万元，增长6.7%。其中，一般公共服务支出、公共安全支出、教育支出、科技支出、社会保障和就业支出、医疗卫生与计划生育支出、节能环保支出、城乡社区支出等八项支出226333万元，较上年205000万元增加21333万元，增长10.4%。

2019年，预算安排项目投资规划评审等项目经费1000万元，全部安排支出。安排招商引资经费300万元。经营性国有资产全面注资融资平台，推挤融资平台转型升级，建立融资平台薪酬保障和目标考核机制，国有门面交由城投招标租赁。

2019年，涉农资金统筹6.78亿元，统筹精准扶贫财政专项资金3.87亿元。财政分投向建立台账，部门和乡镇分项目建立台账，建立扶贫项目资金监督监管负面清单制度。财政扶贫资金绩效评价省通报为优秀县市。建立纪检、财政、审计、相关部门于一体的财政资金随机检查方式，实行纪检、巡视、审计等部门监督成果综合运用，提升财政管理水平。2019年，宣恩县分别迎接国家省际之间交叉考核和湖北省2018年扶贫成效考核，考核评价为“综合评价好”，全省排名第五，群众认可度为98.43%，高于90%的评估检查标准。2019年4月29日，省人民政府批准宣恩县整县脱贫摘帽。

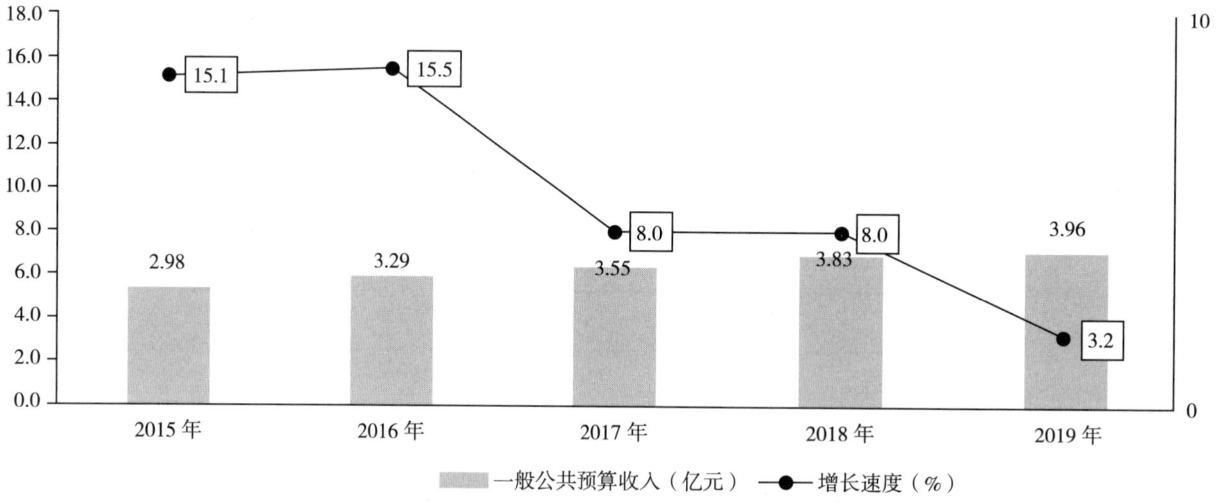


图3 2015—2019年一般公共预算收入及增长速度

【财政改革】强化财政资金统筹使用，清理盘活存量资金，统筹使用财政资金，巩固脱贫攻坚成果。强化政府债务管理，地方政府债务实行限额管理，完善政府债务风险预警机制。推进融资平台转管理，健全绩效评价结果与预算安排挂钩机制，开展绩效评价，提升财政资金使用效益。建立健全现代财政制度，推进权责发生制综合财务报告编制工作。加强行政事业单位和国有企业资产管理，制定资产使用、处置、清查等制度，全面清查国有资产，规范管理国有资产使用、出租出借行为。加强政府采购预算管理，编细编实政府采购预算内容。规范管理政府采购行为，做到无计划不采购，无预算不采购，推动政府采购预算编制、项目执行和资金结算等方面的规范化进程。

**【财政管理】** 严格预算管理，完善部门预算编制体系，全口径编制公共财政预算、政府性基金预算、社保基金预算及国有资本经营预算。推进预算信息公开，打造阳光财政。完善预算绩效评价体系，加强预算绩效目标管理，提升财政资金使用效益。强化收支管理，财政收入应收尽收。统筹财源，夯实三保支出责任，到人到户支出，按政策应保尽保，日常运转支出，均衡调拨，项目资金及时下达，督办尽快实施。健全内控制度，建立监管机制，强化监督管理。建立财政、审计、纪监、扶贫等部门于一体的联动机制，强化乡镇财政所专管员制度，发挥财政所就近监管的作用。建立动态机制，加强精细化管理。扶贫资金纳入动态监控平台，推进扶贫资金绩效管理。

**【2019年预算执行情况】** 地方财政总收入完成57807万元，其中，税收收入47545万元、非税收入10262万元。公共财政预算收入完成39587万元，完成率100%，增长3.2%，其中，税收收入29325万元、非税收入10262万元。公共财政预算支出382360万元。其中，地方一般公共预算支出调整为350826万元，完成371385万元，增长6.7%，支出科目具体完成情况为：一般公共服务支出33834万元，国防支出5万元，公共安全支出8398万元，教育支出52775万元，科学技术支出4026万元，文化旅游体育与传媒支出5299万元，社会保障和就业支出50322万元，卫生健康支出39025万元，节能环保支出18069万元，城乡社区支出19752万元，农林水支出77783万元，交通运输支出37769万元，资源勘探等信息支出714万元，商业服务业等支出1184万元，金融支出144万元，自然资源海洋气象等支出1952万元，住房保障支出10230万元，粮油物资储备支出1111万元，灾害防治及应急管理支出3962万元，债务付息支出4943万元，债务发行费支出38万元，其他支出50万元。公共财政预算执行结果。2019年，公共财政预算资金来源419442万元，其中，一般公共预算收入39587万元，上级补助收入261934万元，地方政府债券转贷收入34840万元，上年结余40万元，调入预算稳定调节基金34000万元，调入资金49041万元。公共预算总支出419442万元，其中，地方一般公共预算支出371385万元，政府债券还本支出22813万元，安排预算稳定调节基金15844万元，上解支出9400万元。收支相抵，基本平衡。

政府性基金总收入67944万元，完成政府性基金收入81674万元，其中，上年结余1762万元，上级补助收入3140万元，地方政府债券转贷收入6730万元，城市基础设施配套费收入1241万元，土地出让金收入68801万元。政府性基金总支出，其中，文化体育传媒30万元，社会保障和就业支出352万元，城乡社区支出38206万元，农林水支出124万元，其他支出1793万元，债务利息支出1688万元，债务发行费支出7万元，年终结余1474万元，调出资金38000万元。收支相抵，基本平衡。

社会保险基金收入90000万元，其中，企业养老保险基金收入33239万元，城乡居民社会养老保险基金收入9958万元，城镇职工基本医疗保险基金收入7802万元，城乡居民医疗保险基金收入22815万元，工伤保险基金收入595万元，失业保险基金收入447万元，生育保险基金收入123万元，机关事业单位养老保险基金收入15021万元。社会保险基金执行支出92096万元，其中，企业养老保险基金支出32744万元，城乡居民社会养老保险基金支出7094万元，城镇职工基本医疗保险基金支出7081万元，城乡居民医疗保险基金支出22332万元，工伤保险基金支出589万元，失业保险基金支出 200 万元，生育保险基金支出 220 万元，机关事业单位养老保险基金支出 21836 万元。收支相抵，当年结余 -2096 万元。累计滚存结余 76999 万元。

国有资本经营预算收入 163 万元，其中当年收入 151 万元，为湖北伍家台旅游发展公司行政事业单位国有资产经营收益，上年结转 12 万元。国有资本经营预算结转下年支出 151 万元，调出资金 12 万元，收支平衡。

**【国有资产管理】** 全县林地资源 2173.62 公顷，森林资源 4879.2 公顷，主要由天然林和人工林组成，天然林包含防护林 8.95 公顷、用材林 4678.08 公顷、人工林及经济林 192.59 公顷；水资源 32.5 亿立方米，其中地表水 25.14 亿立方米、地下水 7.36 亿立方米。

全县境内不可移动文物 124 处，其中全国重点文物保护单位 1 处，省级文物保护单位 12 处，州级文物保护单位 3 处，县级文物保护单位 60 处，尚未核定公布为文物保护单位的文保单位为 51 处。可移动文物 743 件；公共文化体育设施 277 处，资产价值 1950 万元；保障性住房公共租赁住房（含廉租房）145000 平方米，资产价值 19985.7 万元。

2019 年 11 月，县人民政府委托国有资产监督管理局，编写《宣恩县人民政府关于宣恩县国有资产管理情况综合报告》及《宣恩县人民政府关于宣恩县企业国有资产管理情况专项报告》，并分别向县人大常委会书面报告和口头报告，县人大常委会于 2019 年 12 月 3 日对两个报告提出审议意见。

**【政府采购】** 2019 年，宣恩县政府采购一手抓服务监督，建立政府采购监管和电商平台；一手抓优化营商环境，政府采购工作一步一步夯实基础。

不断规范政府采购，明确政府集中采购目录和标准，转发《湖北省 2019—2020 年政府集中采购目录及标准》《宣恩县财政局关于印发 2019—2020 年政府集中采购目录及标准执行操作办法的通知》《宣恩县财政局关于 2019—2020 年货物（服务）协议供货（定点服务）政府采购管理有关事项的通知》。新建立宣恩县政府采购监管平台，督促采购单位政府采购计划明细表报电子备案、采购合同提交电子备案。新建宣恩县政府采购电商平台，通过竞争性谈判的方式确定政府采购协议供货（定点服务）商。全县 2019—2020 年复印纸、硒鼓粉盒协议供货商 21 家；家居类协议供货商 9 家；车辆租赁定点服务 3 家；车辆维修和保养定点服务 6 家；其他印刷定点服务 33 家；其他印刷（广告）定点服务 29 家。同时将恩施州确定的协议供货（定点服务）商，放进县电商平台，实现州、县共享。2019 年政府采购规模达到 40626.13 万元，其中货物采购 8442.9 万元、服务金额采购 7083.23 万元、工程采购 25100 万元，分别占比 20.8%、17.4%、61.8%。2019 绿色采购金额为 1188.71 万元，绿色采购比例达到 97%。

**【非税收入征收管理】** 2019 年，全县纳入一般预算管理的非税收入征收完成 10262 万元（金库报表数），其中，专项收入 1424 万元，罚没收入 1723 万元，国有资源（资产）有偿使用收入 3864 万元，行政事业性收费收入 2837 万元，国有资本经营收入 84 万元，捐赠收入 170 万元，政府住房基金收入 120 万元，其他收入 40 万元。占年度预算收入 9360 万元的 109.6%，较上年同期征收完成 9788 万元增加 474 万元。政府性基金收入累计完成 70042 万元，占年初计划 22000 万元的 318%。纳入专户管理收入累计完成 1119 万元，为计划的 111%。

**【会计事务管理】** 对全县所有行政事业单位的会计（含代理记账公司会计）就政府会计核算软件操作进行培训，参训人员达 260 余人。对全县 6 家代理记账公司进行网上报备，并审核通过，按时完成 2019 年度代理记账机构材料报备工作。对全县内国家机关、企业、事业单位以及社会团体等组织具有会计专业技术资格的人员，或不具有会计专业技术资格但从事会计工作的人员进行基本信息采集，采集人员达500余人。对正在从事会计工作的会计人员和取得会计专业技术职称人员要参加会计人员继续教育，全县参加会计人员继续教育合格的有410余人。做好会计专业技术资格考试服务工作，鼓励会计人员踊跃报名参加考试，全年报考会计专业中级职称的有45名，报考会计专业初级职称的有225名，核发会计专业资格考试合格证书40张。

**【农村财政管理】** 2019年，全县投入农村公益事业财政奖补资金1057万元，其中，中央及省级557万元、本级配套500万元。资金全部安排到各乡镇，由乡镇根据精准扶贫情况落实项目。投入美丽乡村建设财政奖补资金1200万元，其中，中央及省级800万元，本级配套400万元。州综改办对宣恩县2017年美丽乡村建设项目进行州级考评验收。省综改办对宣恩县2017年美丽乡村建设项目进行省级考评验收，椒园镇黄坪村、高罗镇清水塘村确定为美丽乡村典型示范村，获省奖励资金100万元，奖励2020年美丽乡村试点村名额1个，全县达到5个，分别是椒园镇石马村、李家河镇金陵寨村、沙道沟镇老岔村、长潭河侗族乡龙潭坪村、万寨乡金龙坪村。县农村财政管理局向省综改办申报扶持新型村集体项目14个，扶持资金700万元，其中省级560万元，县级140万元。预算“以钱养事”经费4280.02万元，其中省级资金480万元，县级3800.02万元。其中按12000元/人·年安排公用经费，确保物化及培训投入。县农村财政管理局向省农村处申报财政监管能力项目建设项目，并获财政监管能力项目奖补资金61万元。2019年初确定万寨乡、晓关侗族乡、沙道沟镇3个乡镇实行农村集体财务村级代理试点，安排预算50万元。县农村财政管理局、县经管局、3个试点乡镇的财政所所长及业务人员、代理公司等12人到湖北省江陵县学习考察村级财务代理操作流程，并形成宣恩县村级财务代理操作办法。于2019年8月开展3个乡镇村级财务代理试点工作。农民负担监督，全县共发放监督卡8.2万份，发放率达到100%。

**【财政监督】** 2019年，全县财政监督重点检查部门预算公开情况、政府采购执行情况、财政票据管理和使用情况、单位资产管理情况、部门决算真实性情况、“三公”经费管理情况、内控报告真实性情况等。全县各重点检查单位财经纪律秩序、执行中央八项规定情况总体良好、单位财务管理、预结算管理等方面较为规范，对存在六个方面的问题，被检查单位对存在的问题立行立改，对照整改要求整改到位，做到查前有公示，查后有公告，整改有落实。

6—9月开展会计评估监督检查工作，抽调人员成立检查组，随机抽查长潭河侗族乡人民政府财政脱贫攻坚政策的落实、脱贫资金的兑付等情况进行重点检查；对宣恩县百斯特会计服务公司执业质量、设立条件等进行重点检查；对湖北伍家台旅游发展有限公司财务体系与制度等进行重点检查。对于检查发现的问题，要求被检查的单位在规定的期限内，认真整改，进一步完善单位内部控制制度，加强对财务人员业务素质的培训，并要求被检查单位今后严格按照各种法律法规，依法执业。

县财政局与县人力资源和社会保障局、县税务局联合印发《关于贯彻落实减税降费工作相关政策精神的实施方案》《关于在全县开展减税降费政策措施实施效果监督检查的实施方案》。检查减税降费政策措施落实情况、平衡财政收支情况、提升企业和人民群众满意度情况，并从14类关注事项认真开展自查自纠工作。县财政局联合县税务局，从“减税降费规模较大的行业、减税效果不太明显的行业、税负增加的行业”三个层面，在全县选取有代表性的民营企业，通过座谈和问卷调查的方式，广泛收集企业真实税负情况，客观真实地掌握政策执行效果。

2019年，宣恩县财政局对全县预算单位开展假公函吃喝、私设小金库的检查工作。分自查、重点抽查、整改三个阶段进行。其间，县财政局组织检查组，对随机抽取的县畜牧局、县司法局两单位的假公函吃喝和私设“小金库”情况进行重点检查，通过检查，未发现在假公函吃喝和私设“小金库”方面存在问题。

**【惠民惠农财政补贴资金“一卡通”发放管理】** 县人民政府印发《关于在全县开展惠民惠农财政补贴资金“一卡通”专项治理工作的通知》，通过摸底调查和全面自查。梳理出全县2017年惠民惠农补贴项目18个，涉及7个部门，资金总额17534.3万元。2018年惠民惠农补贴项目22个。涉及8个部门，资金总额29883.4万元。7月8—12日，“一卡通”专项治理工作恩施检查组进驻宣恩县进行“一卡通”专项治理工作检查，检查组对检查情况进行通报，宣恩县“一卡通”专项治理工作总体情况良好，但也存在单位协调性差，相关文件收集归类不规范等四个方面的问题。8月30日，宣恩县财政局印发《宣恩县惠民惠农财政补贴资金“一卡通”发放管理实施细则》，按程序与宣恩县农村商业银行签订惠民惠农财政资金代发协议。12月13—30日，开展惠民惠农财政补贴资金“一卡通”专项治理“回头看”工作，印发《宣恩县开展惠民惠农财政补贴资金“一卡通”专项治理“回头看”实施方案》，县政府召开“一卡通”专项治理推进会，明确各相关部门的责任和任务，确保此次“一卡通”专项治理“回头看”工作圆满完成。2019年1—8月，共发惠民惠农补贴银行卡27126张。2019年9—12月共发惠民惠农补贴银行卡117282张。

根据《恩施州财政局关于开展违反中央八项规定及财经纪律专项整治的通知》，宣恩县财政局制定《关于开展违反中央八项规定及财经纪律专项整治的通知》，并通过政务网下发到各预算单位。全县共计107个预算单位认真开展违反八项规定及财经纪律整治自查自纠工作，其中，一级预算单位78个，独立核算的二级预算单位29个，自查面达到100%。县检查组随机抽取对县畜牧兽医局、县司法局、县残疾人联合会、县委党校及万寨乡人民政府进行重点检查，对发现的问题要求立行立改。检查中发现的重大违规违纪问题线索，连同信访举报情况及时移交同级纪检监察机关。县直76个一级预算单位和9个乡镇均按工作部署全面进行自查，按时报送《财务管理违规问题专项治理自查违规情况统计表》《2017年作风建设突出问题专项治理自查情况统计表》和单位财务管理违规问题专项治理自查报告，实现100%的自查目标。对33个单位（部门）在2016年7月1日至2017年5月20期间财务管理中7个方面的违规问题，进行整改落实情况并全面跟踪督办。

（尹　莉）

## 税　务

**【概　况】** 2019年，组织各项收入96065万元，同比增长22.27%。其中，社保费收入42007万元，比同期24892万元增长68.76%；税收收入49422万元，占调整后计划48688万元的101.51%；其他收入4636万元，比同期1813万元增长155.71%。地方公共财政预算收入30758万元，完成调整后计划30210万元的101.81%。

**【减税降费】** 2019年，共办理退税616户、1455笔，累计退税22.17万元。通过打好个人所得税第二步改革、小微企业普惠性税收减免、深化增值税改革、降低社保费率这四场硬仗，减税降费效果明显，全县累计新增减税降费7124.67万元，其中减税6429.8万元，降费694.87万元。增值税改革新增减税2340.02万元，小微企业普惠性政策新增减税 1727.32 万元，个人所得税两步改革叠加减税 2818.76 万元，其他减税 456.3 万元。

**【依法治税】** 全县所得税申报率 100%。减免房产税 58.02 万元、土地使用税 45.6 万元。出口退税 597.6 万元，免抵调 310.28 万元。即征即退增值税 121.66 万元。加强征收管理。大力提升行业管理水平，通过以电控税、设置预警值等方式，重点对采石业税收推进专业化管理，入库税收 482 万元，增长 143.43%。组建税收风险管理专业化队伍，并按风险管理等级划分职责，共应对任务 131 户，入库税款、滞纳金 4543.02 万元。

（艾显洋）

## 审　计

**【概　况】** 2019 年共完成审计项目 19 个，其中，当年审计项目 18 个，2018 年度计划项目 1 个。全年共完成省、州、县人员调配 14 人次，其中，抽调 1 人次参与全省农村饮水交叉审计，安排 2 人次参与省审计厅计算机中级培训，抽调 4 人次参与州审计局统筹的相关工作，抽调 2 人次参与中共恩施州委专项巡查，抽调 2 人次协助中共宣恩县委巡察工作，抽调 1 人次参与老城改造相关事务，抽调 2 人专职从事精准扶贫工作；参加各级各类培训 12 人次。

2019 年 3 月 8 日，县委决定成立县委审计委员会，并于 5 月 14 日召开审计委员会第一次会议。县委审计委员会属县委议事协调机构，直接受县委常委会领导。

**【审计监督】** 预算执行审计，完成县本级预算执行审计、县纪委 2018 年度财政预算执行及财政财务收支审计。向县人大常委会作《关于 2018 年度县级财政预算执行和其他财政收支的审计工作报告》。向纪检监察部门移送案件 3 件，已处理 2 件、2 人。

重大政策措施落实跟踪审计，第一季度完成清理拖欠民营企业中小企业账款审计，第二季度完成农村饮水安全审计，第三季度完成乡村振兴战略实施审计，第四季度完成推动 1 亿人非户籍人口在城市落户审计。

经济责任审计县直 12 个改革单位 13 名科级干部的任期经济责任，出具审计报告和审计结果报告 24 篇，审计提出意见 25 条，被采纳的审计意见 25 条。审计查出主要问题金额 2317 万元，向纪检监察部门移送案件 2 件。

扶贫资金审计监督，对全县 2018 年度的财政专项扶贫资金使用、管理情况进行审计。向纪检监察部门移送案件 4 件，已处理 3 件、3 人。完成宣恩县 2017 年至 2019 年 11 月东西部扶贫协作资金审计，审查东西部扶贫协作专项资金 7780 万元，审计项目 72 个，查出问题 6 个，提出建议 3 条。

深化政府投资项目审计，抓好重大建设项目跟踪审计、竣工决算审计。完成宣恩县“市民之家”建设项目审计、宣恩县教育城高中部二标段初审结果和工程量的现场复核、宣恩县教育城高中部二标段初审的三方对量，审阅宣恩县教育城高中部一标段的工程资料。

开展内部审计检查，印发《关于加强内部审计工作的指导意见》，并于 11 月上旬对县人民医院、县中医院、县财政局等内审机构开展内部审计工作质量检查。

（吴宇生）

## 统　计

**【统计规范化建设】** 2019 年，共开展 3 次集中培训。1 月 18 日，召开全县“第四次全国经济普查暨年报培训”；6 月 29 日，召开“宣恩县企业数据质量整改会”；10 月 25 日，召开全县“四上”企业统计法暨统计知识培训。三次集中培训共培训 288 人次。

【严把第四次全国经济普查数据质量关】为切实保障经济普查数据质量，真实全面地反映县域经济发展，全县经普工作严格遵守普查制度，按照据实申报的普查原则，强化措施，着力构建与普查对象沟通机制、经普人员素质提升机制和普查数据质量评估机制，狠抓每一个环节，确保普查数据真实可靠。严把数据质量关，认真审核、评估上报数据，确保普查数据如实、客观反映全县经济发展实际。采取对各乡镇普查上报的单位、企业数据进行全面核查，针对极值数据重点检查，确保源头数据客观真实、全面准确。

【数据质量检查反馈问题整改】2019 年 10 月，整改工作全面完成。主要从五个方面开展：结合国家统计局数据核查，全面开展数据质量专项治理，共清除不达标企业 44 家，其中工业企业 31 家，商贸企业 11 家（其中 1 家转为工业），服务业企业 2 家。清理和纠正违反统计法精神的文件和做法，共清理纠正 2 个可能违反统计法相关精神的文件，并上报州统计局。全面开展统计业务培训，到企业培训全覆盖，开展集中培训 2 次，共 137 人次。要求企业严格按照《中华人民共和国统计法》做到依法统计，健全企业原始统计台账和统计资料的管理，增强企业配合统计调查的法律义务意识。贯彻学习《中华人民共和国统计法》、意见、办法等统计法律法规，建立统计法律法规进党校长效机制。积极配合上级统计执法调查，发放省统计局行政处罚告知书和决定书共 33 家，其中 2 家警告，31 家罚款处理到位。

【住户一体化调查】2019 年，宣恩县有 13 个住户调查点 130 户调查户，2019 年的工作重点是巩固电子记账成果，全面加强基础工作。年内实现 13 个调查点 130 户调查户访户全覆盖，入户过程中发现的问题现场得到解决。建立家庭基本信息台账，县调查队在省台账的基础上，建立家庭基本信息台账，内容涉及家庭成员基本情况、家庭固定收入统计表、家庭住房及生产生活基本情况、自产自用实物账等内容。全年共举办辅助调查员集中培训会议 2 次，入户现场指导培训实现常态化。组织分管领导、科室负责人、专业人员以及珠山镇分管领导一行 4 人，到恩施市国调队学习住户调查工作经验。

## 市场监督管理

【概　况】2019 年，全县市场主体总数 23148 户，同比增长 7.45%，其中企业 3477 户，同比增长 9.34%，个体工商户 18756 户，同比增长 7.1%，农民专业合作社 915 户，同比增长 7.39%。全年新增市场主体 2444 户，其中企业 488 户，个体工商户 1880 户，农民专业合作社 76 户。

全县共发放“四大类”食品生产许可证 37 个，食品生产加工小作坊经营许可 177 个，食品经营许可证 3037 个，小餐饮经营许可证 543 个，药品经营许可（零售）证 84 个，GSP 证书 84 个，医疗器械经营许可（零售）证 5 个，食品摊贩登记卡 248 个，共累计发证 4215 个。

全县境内注册登记的特种设备共有 695 台，其中锅炉 31 台（在用锅炉 5 台，停用 1 台），电梯 271 台，起重机械 123 台，压力容器 230 台（不含液化石油气钢瓶、车用气瓶），场（厂）内专用机动车辆 33 台，压力管道 7 条（其中注册登记工业管道 3 条，共 0.8015 千米），液化石油气钢瓶 3616 只，车用气瓶 82 只，无客运索道和大型游乐设施。

2019 年，开展“四大市场安全”（食品、药品、特种设备和工业产品质量）地毯式排查，各乡镇所对辖区进行地毯式排查，对发现的问题建立台账，逐一销号整改。共出动执法人员 3889 人次，检查市场主体 1509 家，责令整改 286 项问题。完成抽检食品 786 批次、药品 51 批次、化妆品 5 批次、商品质量抽检 200 批次，严格抽检后处理工作，排除风险隐患。乡镇监管所、五把车农贸市场快检食品快检5775批次。食品快检车上传数据2269个，全年药品医疗器械安全检查397余次、食品安全检查4800余次。督促指导“明厨亮灶”建设381家，覆盖率达41%。全县没有发生较大以上食品、药品、特种设备和工业产品质量等安全事件，守住全县“四大市场安全”底线。

**【工商行政管理】** 工商登记注册窗口规范化，形成“设立登记、公章刻制、银行开户、发票申领、社保登记”5个环节1个窗口2个工作日办结的“5512”登记注册工作模式。招商引资企业注册登记实行帮办制，一次注册不成功的，及时提级研究解决，不允许出现第三次注册。组织辖区内120家生产企业负责人培训，指导地产商品的商标、包装、广告、标识标签，防止职业打假人的恶意投诉，提高地产商品的市场竞争力，保护地产企业；开展知识产权百日执法，对3起假冒专利立案办理，跟踪调查6家药店共13个药品涉嫌假冒专利。兑现2018年度县级71件授权专利奖励28.5万元以及45件州级发明、59件授权专利奖励共16.95万元。全县“12315”“12331”等平台受理消费者咨询、投诉、举报283件，均及时回复和调查处理，建立消费维权平台。督促全县市场主体完成年报工作，推进涉企信息归集共享和失信联合惩戒，公司、农民专业合作社的年报完成率全州第一、个体工商户年报完成率全州第二、信用监管信息推送处理率全州最高。推动全县市场主体的事中事后监管，牵头组织全县32个行政执法部门完成“双随机一公开”监管工作任务，在全州率先完成“双随机”抽查工作。

**【质量技术监督管理】** 2019年，完成特种设备登记注册、注销，清理全县特种设备底数，分类登记建档。依据平时监管实行动态调整，督促特种设备定期监督检验，定期排查隐患，下发监察指令，督促按期落实整改，建立“三清单”制度，形成闭环管理。全年开展针对液化石油气充装单位及液化石油气瓶、起重机械、压力管道、锅炉、场（厂）内机动车辆、电梯的专项执法检查，共出动特种设备执法监督检查150余人次，发出安全监察指令54份（其中18家企业或使用单位按要求完成整改，并提交整改报告），依法查封违反《中华人民共和国特种设备安全法》的特种设备5台（有机热载体炉2台，液化石油气瓶充装设备3台），查封扣押报废气瓶2个，超期未检气瓶18个，向咸丰县市场监督管理局移送涉嫌特种设备违法案件1起。检查生产儿童玩具生产企业1家，超市、批发市场17家，抽检20批次，不合格8批次；对9家企业进行检查，6家企业进行约谈，落实产品质量安全主体责任。对流通领域商品检查128家，抽检200批次。检查生产摩托车企业1家，检查经营商户48户。开展危险化学品安全综合治理，检查6家，抽检15批次，不合格4批次；进入工地安全帽等特种劳动防护用品专项监督检查9个公司，抽检安全帽、安全网、安全带10组；进行钢铁、水泥等获证产品专项监督检查获证生产企业2家，检查流通领域29户，抽检钢筋24组，电线电缆9组，化肥11组，不合格1组。开展成品油、商品煤、殡葬领域突出问题专项整治。检定全县加油枪等各项计量器具554件，“质量月”全县进行工业产品质量、食品、药品、标准计量、特种设备的专项检查行动5次。先后对12家生产企业进行监督检查。对工业产品流通领域抽检200批次，其中不合格84批次，分属48个经营主体，已结案38个，案件移交3个，申请复检1个，责令改正6个。

**【食品药品监督管理】** 发放预防采食野生菌中毒宣传资料10000余份，发放《宣恩县市场监督管理局关于禁止使用餐厨废弃物（泔水）饲喂生猪的告知书》600余份，下发《宣恩县市场监督管理局关于加强非洲猪瘟防控工作的紧急通知》1550份。秋季开学前，邀请州市场监督管理局专家对全县所有中小学、托幼、托辅机构内的主要负责人进行集中培训，对496名从业人员进行食品安全操作培训，完成抽检食品786批次、药品51批次、化妆品5批次、商品质量抽检200批次。乡镇监管所、五把车农贸市场快检食品快检5775批次。食品快检车上传数据2269个，居全省第一。食品生产经营者风险等级从低到高分为四个等级，相对应每年至少监督检查1—4次，实现日常检查与重点监管部位全覆盖，全年药品医疗器械安全检查397家次、食品安全检查4800余次。引导餐饮服务单位逐步改造升级，督促指导“明厨亮灶”建设381家，覆盖率达41%。村卫生室、个体诊所药品及医疗器械质量安全专项检查251家，其中村卫生室217家，个体诊所34家，检查覆盖率达100%。民营医疗机构及学校医务室专项整治，共检查民营医院4家、诊所34家，医务室3家。药品不良反应、医疗器械不良事件监测，药品上报301例（全年任务285例以上），医疗器械上报85例（全年任务79例以上）。药品质量监督抽检完成51批次、化妆品5批次的抽检任务。

**【价格管理】** 进一步规范市场经营行为，夯实商品和服务明码标价基础，制定《宣恩县市场监督管理局关于规范商品和服务明码标价工作方案》，在全县开展规范商品和服务明码标价工作。组织市场主体规范明码标价操作培训50余人，印发《致经营者一封信》价格政策宣传资料1.1万份。完成第一阶段大中型超市、药店、景区，水、电、气、通信、医院等单位和行业明码标价规范工作。开展殡葬领域突出问题、“五一”“州庆”“国庆”节前旅游市场价格、涉农价费、供电供气供水领域、医疗服务项目、转供电收费、重点领域价格、商超药店和加油站称重计价和收银结算、合同格式条款监管等专项检查。发放猪肉市场价格提醒告诫函80余份；转供电下发责令整改通知书3份，责令转供电主体清退不执行政府定价，违规加价收取电价3.5万余元；供气领域涉嫌违法立案1件；合同格式条款监管房汽行业下发责令整改通知书3份，合同格式条款备案9份。

**【宣恩贡米获地理标志产品保护】** 4月17日，国家知识产权局发布《关于核准江苏鑫瑞源食品有限公司等44家企业使用地理标志产品专用标志的公告（第305号）》，核准宣恩县珠山粮食购销公司、宣恩县沙道粮食购销公司生产的宣恩贡米使用地理标志产品专用标志，获得地理标志产品保护。宣恩贡米外观晶莹剔透，米粒细长、油润晶莹，香味清新、淡雅绵长，除含有丰富的植物蛋白、脂肪、多种氨基酸成分外，还含微量元素“硒”。至此，宣恩县拥有伍家台贡茶、贡水白柚、宣恩火腿、宣恩贡米4个国家地理标志产品。

**【“富美宣恩 · 放心消费”城市创建】** 12月19日，宣恩县召开“富美宣恩 · 放心消费”城市创建工作推进会，会议提出通过3—5年的努力，重点围绕消费安全放心、消费质量放心、消费价格放心、消费服务放心、消费维权放心，逐步创建一批“放心消费”单位、行业、街道和商店，把宣恩创建成为省级“放心消费”城市。

（王诗晴）

## 公共资源交易监督管理

**【概　况】** 2019年，宣恩县公共资源进场交易项目135个（包含建设工程、政府采购、其他公共资源交易），累计交易额4.0986亿元，累计节约资金3064万元。其中建设工程交易项目23个，交易额2.2549亿元，累计节约资金1689万元；政府采购交易项目112个，交易额1.8437亿元，累计节约资金1375万元。

**【公共资源交易服务】** 自2019年6月1日起，县公共资源交易中心与县住建局、县水利水产局、县公共资源交易监督管理局会商，共同决定全县所有进场交易的水利工程、房屋市政施工项目实现全流程电子化开标评标。电子招投标系统采取与州公共资源交易中心以统一开发建设、统一技术平台、统一服务框架、统一功能设计、统一数据共享的集约化建设模式。全流程电子招投标使每个工程项目节省的投标文件费用约为3万元。停止收取政府采购项目投标保证金。向代理机构转发《湖北省财政厅关于停止收取政府采购投标保证金有关事项的通知》，执行政府采购项目不得收取保证金进行监督、提醒，保证政策。从2019年6月14日起，除依法不予退还的情形外，投标保证金及银行同期存款利息必须在中标通知书发出之日起2个工作日内退还未中标的投标人。将“招标人应当允许投标人自主选择以银行保函、保险公司保单或者担保公司担保的形式缴纳投标保证金，收取单位不得拒绝”的政策向代理公司、业主、评委进行宣传。机构改革之后，受县采购办委托，开展宣恩县2019—2020年度政府采购协议供应商的公开征集工作，对打印耗材、家具、空调、其他印刷服务、广告、汽车维修服务、车辆租赁服务七项协议供货及定点服务项目进行市场实地摸底考察，拟定采购文件、发布征集供应商公告、组织开评标、发布入围供应商结果公示、发放成交通知书。入围供应商分别为：打印耗材12家、汽车维修6家、其他印刷服务33家、车辆租赁3家、广告服务29家、家具类9家。采购人与各供应商签订协议，按照要求进入宣恩县政府采购电商平台。

（胡敏瑛）

# 农村经济　农业

## 综　述

【概　况】2019年，全县农林牧渔业总产值344482万元，比上年增长3.8%（可比价增幅，下同）。其中农业产值191307万元，增长4.2%；林业产值22420万元，下降14%；畜牧业产值107682万元，增长11%；渔业产值1207万元，下降14.2%；农林牧渔服务业产值21865万元，增长1.4%。实现农林牧渔业增加值198283万元，比上年增长3.8%。全县农村常住居民人均可支配收入达到11396元，比上年增长10.2%。

全年粮食种植面积30830公顷，粮食总产量119558吨，其中夏粮种植面积6890公顷，夏粮总产量17610吨；秋粮种植面积23943公顷，秋粮总产量101948吨。油料作物种植面积3750公顷，油料总产量6811吨。

图4　2015—2019年粮食总产量

烟叶产量5620吨，增产0.2%。蔬菜产量149447吨，增产6.4%。茶叶产量18230吨，增产4.2%。水果产量111508吨，减产7.2%。

全年畜禽肉总产量38747吨，比上年下降2.6%；其中猪肉产量34709吨，下降3.9%。禽蛋产量3673吨，下降3.3%。年末，生猪存栏31.02万头。

新增绿色食品认证基地80公顷，年末绿色食品认证基地1133公顷、有机农产品认证基地1363公顷。8月9日，宣恩县"省级绿色食品原料（茶叶）标准化生产基地"通过专家组验收。10月29日，农业农村部命名宣恩县为"国家农产品质量安全县"（农质发〔2019〕9号）。10月22日，中国茶叶流通协会授予宣恩县"2019中国十大生态产茶县"称号（中茶协字〔2019〕75号），"2019中国茶业百强县"称号（中茶协字

〔2019〕73号），授予恩施州伍家台富硒贡茶有限责任公司“2019中国茶业百强企业”称号（中茶协字〔2019〕76号）。年末拥有“国家农产品质量安全县”“国家级出口茶叶质量安全示范区”“全国有机农业示范基地”“国家有机产品认证示范区”“中国十大生态产茶县”“全国重点产茶县”“中国名茶之乡”“中国茶业百强县”8块国字号招牌，拥有“省级现代农业示范区”和“国际魅力茶乡”荣誉称号。

**【重要活动】** 2019年，举办伍家台贡茶文化节、贡水白柚文化节、黄金梨采摘节、木笼寨插秧节。组织企业参加国际国内各类农博会及荣誉评选。4月17日，国家知识产权局第305号公告“宣恩贡米”为地理标志产品专用标志，核准宣恩县珠山粮食购销公司、宣恩县沙道粮食购销公司为使用“宣恩贡米”地理标志产品专用标志企业，获得地理标志产品保护。10月29日，省农业产业化经营领导小组认定“湖北大派食品集团有限公司”“宣恩县伍台昌臣茶业有限公司”“湖北土家爱食品开发有限公司”“恩施州亚麦食品有限责任公司”“湖北宣恩维民实业有限公司”为“2019湖北省农业产业化重点龙头企业”，有效期2年（鄂农产发〔2019〕1号）。12月10日，省农业农村厅公示“宣恩县伍家台贡茶产业园”为“2019年湖北省现代农业产业园创建单位”。12月30日，省农业农村厅确定“伍家台贡茶产业化联合体”为“湖北省省级农业产业化联合体建设单位”，有效期2年，牵头龙头企业为宣恩县伍台昌臣茶叶有限公司（鄂农函〔2019〕292号）。新增农民专业合作社113家，注销59家，年末农民专业合作社912家；新增家庭农场47家，注销30家，年末家庭农场520家。全县新型农业经营主体带动帮扶贫困户22514户，带动实际在家有劳动力的贫困户比率达88%。年末全县拥有省级农业产业化重点龙头企业5家（含新增湖北宣恩维民实业有限公司1家），州级农业产业化重点龙头企业20家，拥有中国驰名商标2件（伍家台贡茶、大派）、国家地理标志证明商标3件（伍家台贡茶、贡水白柚、黄坪黄金梨）、湖北省著名商标8件（大派、皇恩宠锡、覃家坪、木龙寨、昌臣、皇贡、土家爱、巴楚风）、州内知名商标6件，拥有国家地理标志保护产品5件（宣恩火腿、伍家台贡茶、贡水白柚、宣恩香肠、宣恩贡米）、湖北省名牌产品6件（木龙寨牌大米、皇恩宠锡牌伍家台贡茶、贡水白柚、宣恩火腿、土家爱合渣粉、巴楚风塑料复合袋）。

**【脱贫攻坚】** 全年减少农村贫困人口166户451人，全县累计脱贫27895户92248人，综合贫困发生率从26.48%下降至0.013%。推进“厕所革命”，全年建改农村户用无害化厕所20729座、公厕131座，全县累计建改农村户用无害化厕所31932座、公厕226座。全年完成土壤酸化治理3440公顷，完成测土配方施肥技术推广3.53万公顷。完成造林面积500公顷，开展石漠化综合治理2880公顷。完成129个村级综合文化服务中心和77个易迁安置点文化广场提档升级，开展农村文化体育活动190场次。建成“四好”（建好、管好、护好、运营好）农村公路100千米。结合易迁点建成标准厂房3.74万平方米，引进各类企业58家，提供就业岗位3093个。全县7个乡镇污水处理厂、7座垃圾中转站投入运营，集镇污水处理覆盖率达100%、城乡生活垃圾集中处理覆盖率达90%。年末全县有特色民居4000户，沼气池4.87万口，“三改”（改厨、改圈、改厕）2.92万户，太阳能热水器9151台，生物质半气化炉3.55万台。全县地方公共财政预算支出37.14亿元，比上年增长6.7%，其中农林水事务支出7.78亿元，增长5.3%。5月15日，由农业农村部和浙江省政府共同举办的“第三届中国国际茶叶博览会·第二届茶乡旅游发展大会”在杭州开幕，宣恩“伍家台贡茶文化体验游”在全国众多茶乡线路中，成功入选“20条茶旅精品线路”。6月

25日，25位国际旅游小姐到万寨乡伍家台村，游览贡茶园、品尝贡茶香、推介伍家台贡茶。6月28日，CCTV-6电影频道开播，星光队员杜江、霍思燕讲述宣恩故事、推介宣恩特产，专家学者为宣恩脱贫攻坚、产业发展等建言献策。10月10日，省农业农村厅认定“宣恩恩航生态农业观光园”“宣恩逛氧吧乡村旅游区”“宣恩绍荣园艺休闲农园”“宣恩福寿山家庭农场”为“2019年湖北省休闲农业示范点”，有效期2年（鄂农函〔2019〕208号）。

兑付耕地地力保护补贴资金4566.05万元，稻谷目标价格补贴资金185.75万元，水稻受灾赔付资金14.36万元，农机具购置补贴资金200万元。兑付养殖及疫病无害化处理、能繁母猪保险、新建栏圈等各项补贴资金520.75万元。兑付退耕还林补助资金2698.31万元，公益林补偿资金1178.29万元。基本医疗保险参保率98%，“四位一体”医疗保障体系31.62万人次报销医疗费用28671万元。民政兜底保障农村低保对象12893户22428人，发放低保金10030.27万元。

**【领导调研】** 3月13日，省药品监督管理局副局长傅建伟带调研组到湖北一正药业有限公司，调研宣恩县生物医药产业发展情况。

4月25日，州委常委、副州长李岩到椿木营乡调研特色产业发展工作。在椿木营乡勾腰坝村、杨柳坨村，先后察看高山反季节蔬菜、竹节参、缬草种植基地，并听取相关负责人汇报。

5月16日，武汉海关关长杨杰、副关长沈建明到宣恩调研茶叶产业发展和出口茶叶基地建设情况。到万寨乡伍家台村茶园基地、茶加工车间、包装车间，了解贡茶制作工艺、历史文化、茶产业发展和出口茶叶基地建设情况，听取企业对于海关的建议和需求，听取宣恩县天宇物流园（中国海关恩施监管场所）项目建设情况汇报。

6月4—5日，省人大常委会党组副书记、副主任王建鸣带省农业农村厅、省扶贫办等有关部门负责人到宣恩，围绕“聚力脱贫攻坚、人大代表在行动”实地调研督导宣恩脱贫攻坚工作。先后到李家河镇燕子溪村、金陵寨村，高罗镇下坝村、晓关侗族乡茅坡田村，沙道沟镇松坪易地扶贫搬迁安置小区，官千水库项目施工现场，询问产业发展方向、巩固提升举措、乡村振兴规划，并就当前集体经济发展、村级医疗卫生服务、产业提质增效等方面工作进行了解。5日，召开座谈会。王建鸣听取县委、县人大及省农业农村厅、中国铁塔股份有限公司等定点扶贫工作队对脱贫攻坚工作的汇报。

6月20日，副州长、忠建河州级河长张勇强一行到宣恩巡查忠建河宣恩段河流。在忠建河宣恩段下游，张勇强仔细查看流域水质、废水排放、污水处理等情况，询问在非法捕鱼治理和河道环境整治与保护推进过程中存在的问题和困难。

7月12日，省科技厅副厅长吴麟章到宣恩调研农业科技工作。到湖北省宣恩明礼生态农业有限公司，重点查看宣恩马铃薯脱毒原种繁育技术基地建设和农业科技项目运行情况。到椒园镇黄坪村，实地调研当地利用先进农业科技发展特色黄金梨种植的情况。

7月15日，省经济和信息化厅调研组到宣恩调研中医药产业建设工作。调研组到湖北一正药业有限责任公司生产车间察看生产流程、了解医药产品、询问生产经营情况。

7月17日，农业农村部国际合作司司长隋鹏飞一行到宣恩县调研农产品出口企业。调研组到宜红贡茶有限公司了解产品品种、类别及在海外的销售网络建立情况，鼓励湖北土家爱食品开发公司引进先进技术，开发适应国际市场需要的绿色优质产品。

8月7日，省商务厅副厅长胡中海带领调研组到宣恩县，实地调研农村电子商务和电商扶贫工作。调研组先后到黄坪村黄金梨专业合作社、土家爱有限公司、七里优选供应链有限公司，重点查看电商企业的经营发展情况。

9月25—26日，由肯尼亚、马拉维、博兹瓦纳、乌拉圭等21个国家的57名政府官员组成的“2019年发展中国家金融扶贫官员研修班”与“2019年发展中国家职业培训与劳动力转移减贫研修班”。研修班先后到李家河镇二虎寨村白柚基地、塘坊易地扶贫搬迁集中安置点，沙道沟镇彭家寨，高罗镇周家堡安置点，万寨乡伍家台村以及珠山镇封口坝村，了解宣恩减贫和农村可持续发展的实践和成效，具体考察农村职业教育、金融扶贫、产业扶贫以及旅游扶贫等方面的有关情况。

10月22日，州委常委、副州长李岩到恩施州亚麦食品责任有限公司、恩施硒圣植物科技有限公司、湖北维民硒产品开发有限公司、宣恩县伍家台昌臣有限公司、七里优选供应链管理（宣恩）有限公司，调研硒食品深加工产业集群高质量发展工作。

12月4日，农业农村部副部长张桃林，省农业农村厅厅长肖伏清、党组成员肖长惜，到宣恩县调研椒园镇黄坪村产业扶贫成效（黄金梨梨园），和马铃薯主粮化工作（亚麦公司马铃薯深加工）。

## 农村经济管理

**【新型农业经营主体】** 2019年末，全县累计注册农民专业合作社959家，其中新增101家；家庭农场542家，其中新增39家；新型农业经营主体带动帮扶贫困户共计22514户，带动实际在家有劳动力的贫困户比率达88%。完成农业农村部、州、县三级农民专业合作社业务培训五期，累计参训433人，其中部级9人、州级20人、县级404人，实现重点贫困村和各级示范社全覆盖，强化对专业合作社发展的指导作用。

制定《宣恩县农民专业合作社质量提升整县推进试点实施方案》，引导农民专业合作社增强自身能力；印发《宣恩县新型农业经营主体高质量发展5年计划》，按照“有健全组织机构、有具体章程制度、有统一生产标准、有规范财务管理、有合理盈余分配、有一定品牌影响”的标准，实施农民专业合作社培育提升计划。开展农民专业合作社“空壳社”清理整顿工作，县农村经济管理局、县农业农村局、畜牧局、林业局、供销社等单位共清理680家专业合作社，清理和分类处置62家异常名录合作社。

2019年，县级认定示范社9家、示范家庭农场8家。全县现共有各级示范社102家，其中国家级4家、省级9家、州级30家、县级59家；各级示范家庭农场25家，其中省级6家、州级7家、县级25家。完成宣恩县富源贡水白柚专业合作社和宣恩县晓关侗族乡维民茶叶专业合作社两家国家级示范社的监测工作。

农民专业合作社、家庭农场通过积极开展农产品质量认证和申请注册商标，形成品牌效应，以此来增强产品市场竞争力。全县有15个合作社通过农产品质量认证，35个合作社拥有注册商标，注册“伍家台贡茶”“伍贡”“皇贡”“维民”“富源”“七姊妹山”“绿康”“绿可”“贡米”等一批商标，提升合作社产品知名度，合作社产品远销全国各地，有的已走出国门。宣恩县椒园镇黄坪村黄金梨专业合作社“沃地娃”品牌被省农民合作社办公室确认为20家“2018年湖北省农民合作社最具价值品牌”之一。“伍家台贡茶”被打造成湖北名牌产品、中国驰名商标。

**【农村土地承包管理】** 农村土地确权登记颁证完成277个村土地确权工作，确权数据入库76288户、地块662702块、面积4211.14公顷；完成合同签订72765户，占比95.46%；制发权证68472户，占比90%；档案整理31380户。积极开展农村承包地确权登记颁证“回头看”，共查问题271件，其中暂缓确权问题4件，涉及承包户459户；确权信息不准问题162件、涉及农户310户；已完成打证的证书未发放的2件，涉及农户2户；档案建档和管理4件、涉及农户1014户；其他问题99件、涉及农户20118户，解决问题174件。

**【农村产权制度改革与产权交易】** 2019年稳步完成清产核资279个村，完成率100%，共清查账面资产12355.29万元，核实资产17568.82万元，其中经营性资产784.33万元。完成清人分类279个村，完成率100%，核定村集体组织成员307352人。完成“两清”数据账实核对并通过省级审核，全县279个村农村集体产权制度改革清产核资和成员确认阶段的工作基本完成，具备启动经营性资产股份制改革的条件。

县农村产权交易中心建设入驻市民之家，具备上网运行的条件，各乡镇信息收集网络已初步形成。2019年，县农村产权交易中心共受理业务5宗，其中农村集体经济组织资产使用权4宗、农村建设项目招标1宗。已完成交易5宗，交易金额共计6.13万元。

**【农民负担监督管理】** 发放2019年湖北省农民负担及补贴政策监督卡，督促各乡镇按照规定的统一口径，落实一事一议筹资筹劳和耕地地力保护补贴。完成耕地地力补贴和水稻补贴的核实上报工作，2019年度宣恩县共申报耕地地力保护补贴面44210.39公顷、稻谷补贴面积1798.997公顷。严格执行农民负担“一票否决”制和减轻农民负担“五项制度”即“严格执行收费文件审核制、严格落实涉农价格和收费公示制、坚持农村公费订阅报刊限额制、严格执行农民负担监督卡制、落实农民负担案件责任追究制”。

**【农村集体经济】** 贯彻执行《宣恩县发展壮大村集体经济的实施方案》，围绕集体经济“空壳”村清零目标，组织开展村级集体经济大核查工作，建立完善村级集体经济台账，全面掌握全县村集体经济运行情况。继续实施入股分红计划，贡水融资担保有限公司承担25个村委会分红，3个龙头公司承担6个村委会分红。遵照《湖北省扶持新型村级集体经济发展工作方案》（鄂财办发〔2019〕14号）文件精神，完成17个新型村级集体经济扶持村的申报工作（其中：14个各级财政资金扶持项目、3个省管党费扶持项目），争取资金共计850万元。组织开展农村财务软件更新业务培训，启动沙道沟、万寨、晓关3个乡镇的村级财务委托代理试点工作，完成9个乡镇村级财务管理软件升级换代。

**【川大河村全国农村固定观察点】** 李家河镇川大河村是中共中央政策研究室、农业农村部的农村经济定点调查单位。全村有5个村民小组，267户，总人口1213人，劳动力542人，土地总面积214.4公顷（耕地86.07公顷、林地22.53公顷、园地101.33公顷、其他4.47公顷）。“观察点”全年配备1名业务人员，聘请4名辅导员，2019年开展观察点常规调查60户，农户观察点村综合调查表1份，上半年农户可支配收入情况调查60户，上半年农户家庭劳动力就业情况调查60户。专项调查共计4项：开展农户可支配收入及劳动力就业和返乡人员创业情况调查（分上半年和年终调查各一次）40份；新型经营主体调查共计5个，分上半年和年终各一次，调查对象共分三大类：省级龙头企业1家（土家爱）、家庭农场2家（李家河白柚长廊和李家河生态四季果园）、合作社2家（伍家台贡茶、黄坪黄金梨）；开展种植业新型农业经营主体专项调查7份（经营主体经营情况调查表6份、村表1份）；开展年末固定观察点农村创新创业情况调查20份。2019年调查的60户中，55户调查户基本工资每年每户400元，5户调查户因不在记账手册上记账，基本工资每年每户320元，共计23600元。

（周亚芳）

## 新农村建设

【概　况】2019年，以美丽乡村建设推进乡村振兴战略实施。全县农村卫生厕所普及率达55.4%，农村生活垃圾得到有效处理的行政村比例达97%以上，建立农村生活垃圾集运处置体系的乡镇比例达100%；建有集中或分散式等农村生活污水治理设施或纳入城镇污水管网的行政村比例达100%、农村生活污水乱排放得到管控的行政村比例达97%；村内道路硬化比例达65%；打造美丽乡村示范村19个，启动美丽乡村整治村建设49个。

健全领导机制，县委、县政府成立以胡晓洪为组长，3名相关领导为副组长，33个县直相关部门主要负责同志为成员单位的宣恩县美丽乡村建设协调小组，定期研究部署美丽乡村建设及农村人居环境整治工作。对标中央要求，建立县农业农村局总牵头、县直相关部门各履其职和各尽其责的工作机制，明确细化部门责任分工，构建起县级主导、乡镇主抓、村为单元、农民主体、多方参与的工作落实机制。落实考核督导机制，对农村人居环境整治各项工作实行“月通报、季督查、年终考核”，对措施不力、进度滞后的乡镇，开展约谈。

【农村环境卫生基础设施建设】2019年，全县完成农户无害化厕所建改20729户，完成年度任务的115%；新建农村公厕131座，完成年度任务的110%；新建乡镇公厕15座，完成年度任务的107%；新建城市公厕7座年度任务的100%；新建交通厕所5座，完成年度任务的100%；新建旅游厕所5座，完成年度任务的167%。年末累计建改农户无害化厕所31932座，累计建成农村公厕226座、乡镇公厕27座、城市公厕13座、旅游厕所8座、交通厕所8座。加强农村生活垃圾收运设施建设。在前端收集设施设备投入方面，新购买垃圾收集专用车19辆，各种清扫保洁车26辆，电动收集车120辆；设置农村垃圾分类亭3000个，发放垃圾分类桶6400个；在中转设备投入方面，采购一台核载量为5吨的餐厨垃圾车，4月7日正式投入使用。完成乡镇7个垃圾中转站建设，县城垃圾中转站5个。在末端处理设施设备投入方面，对现有垃圾处置场提档扩容升级建设，新建1所餐厨垃圾处理站。加强农村污水处理设施建设。在设施建设方面，完成新建乡镇污水处理厂7座。共建污水收集管网262.52千米，入户管完成约98%，收集处理规模近期6600立方米/日，远期9400立方米/日；在污水处理工艺方面，处理工艺为“生物转盘+微孔过滤器”，排放标准为一级A。农村污水处理设施估算总投资为35279.81万元，建成后污水处理覆盖总户数为19948户。同时，因地制宜推进农村沼气、三格式化粪池等户用污水处理设施建设，农村分散生活污水治理有效展开。

聚焦农村面源污染治理，以推进投入品减量化、生产清洁化、废弃物资源化为重点，加快改善农村生产、生活环境。全面实施化肥农药减量行动。深入推进测土配方施肥，开展有机肥替代化肥试点工作，与上年相比，农药和化肥使用量明显减少，化肥利用率明显提高，农作物病虫害统防统治和以茶叶、水果为重点开展绿色防控覆盖率明显提高。加强畜禽养殖废弃物资源化利用，规模化养殖场治污设施配套率达100%。

【土壤环境保护与治理】按省环保总站相关要求，完成土壤污染详查复合农产品样品100个，其中，农产品协同样点80个，复合样点20个；土壤重金属污染国控点例行监测样点76个，其中，土样76个、农产品样品104个；农业污染源数据采集347个；土壤污染详查农产品协同样点499个；土壤重金属污染加密点监测43个，取土样43个、复合农产品样43个，已制作完成并按时送省厅化验；按时完成全县第二次土壤污染源普查及省农业污染源数据信息系统填报。

**【农业执法】** 加强农资经营市场监管，建立农药购销台账“可追溯”制度，规范精准用药，农业产地环境质量得到改善。全县169家农资经营门店已全部纳入电子信息化动态管理，实现限用农药定点经营及平台可视化监控100%，限用农药定点经营、农药处方及台账制管理实现100%覆盖。加强专柜药经营管理，建成标准化店面89家，实现茶叶（蔬菜）、卫生用农药严格实行分柜销售并建立进销货台账。全年签署《危化品安全承诺书》169份，张贴《告农民朋友书》300多份，下达《农资经营市场检查通知》289份，建立检查记录台账9本。累计开展农药经营门店专项检查258家次，责令整改10次；开展农资经营市场巡查32次，办理农药经营案件5起，结案4起；处理州局交办农药匿名举报案件1起。

**【农药零增长行动】** 制定宣恩县2019年农药零增长行动目标任务、技术途径、工作措施。按照“少用药、用好药、会用药”总要求，围绕“控、替、精、统”四字方针，加强政策宣传引导，开展农作物病虫监测预警，推广专业化统防统治，大面积推广普及生物农药和高效低毒低残留农药。全年开展农药减量电视宣传1次，张贴挂图400多张、印发宣传资料3000多份；发布植保情报10期，开展专业化统防统治作业面积近26667公顷次。按照农作物病虫对象防治统计，通过灯诱、性诱、食诱、色诱、生物农药等绿色防控措施，完成专业化防控面积近66667公顷次，其中，草地贪夜蛾防控覆盖全县9乡镇122个行政村，发生面积1967公顷，累计统防统治面积1433公顷，农药用量在上年基础上减少7吨，同比减少5.5%。

**【化肥减量增效】** 根据《湖北省农业农村厅关于印发2019年化肥减量增效工作方案的通知》要求，推进全县“耕地质量保护与提升行动”和“到2020年化肥使用量零增长行动”，完成全县74个野外取土及化验工作。全年全县化肥减量推广面积4000公顷，化肥施用量在上年基础上减少16吨，化肥利用率达到39%，测土配方施肥技术覆盖率达到90%。

**【秸秆资源利用】** 2019年全县农作物种植面积25966.67公顷，理论秸秆资源总量14.55万吨；完成农户秸秆分散利用量调查（120户）及市场主体（企业）回收利用量调查（5家），完成系统填报。做好夏秋季农作物秸秆回收利用工作，印发《2019年全县农作物秸秆综合利用实施方案》，坚持“农民自主利用为主，企业主体回收利用为辅”，加强宣传引导，鼓励农民自主进行农作物秸秆回收利用，同时结合2019年中央部分财政转移支付资金农作物秸秆综合利用项目实施，利用中央专项投资5万元，以“以奖代补”方式，组织燃料、肥料等生产企业及规模化畜禽养殖场对农作物秸秆进行集中回收并建立相关台账，引导秸秆综合利用。组织5家企业完成秸秆回收3937.85吨，其中，德和新型能源有限公司1921.85吨，恩施神力生物科技有限公司800吨，宣恩诚信养殖专业合作社90吨，宣恩青月家庭农场960吨，实创新型能源有限公司166吨。全县秸秆综合利用总量达13.82万吨，综合利用率达到95%。其中肥料化7.50万吨，占比51.58%；饲料化4.27万吨，占比29.41%；能源化2.02万吨，占比13.89%；基料化0.175万吨，占比0.12%。

**【畜禽规模养殖场排查】** 通过发放《畜禽养殖污染防治告知书》，签订《畜禽养殖污染防治承诺书》等方式，督促存在环境污染隐患的养殖场从设施配套、基础设施改造升级方面进行重点突破，解决规模化养殖场粪污处理难问题。逐户上报养殖场畜禽养殖废弃物资源化利用情况，对面上养殖废弃物资源化利用进行评估，畜禽废弃物资源化利用率达89.44%，进入直联直报系统的养殖场48家（其中3家因在禁养区内已关闭）。认真开展环保督察信访件“回头看”，对2018年中央环保督察2个反馈意见、省环保督察交办畜牧方面5个信访件和龙洞水源保护区畜禽养殖污染问题进行自查自纠，做到已整改、已销号、未反弹；办理信访件3件、州人大交办件4件。完成禁养区内3家畜禽规模养殖场的关闭搬迁工作。顺利实施养殖废弃物资源化利用项目，建立以“养殖户截污建池、第三方收运还田”的社会化服务机制，调动农民使用畜禽粪肥的积极性，实现畜禽粪污减量化、无害化。已完成47个项目户（养殖场、有机肥厂、种植基地等）粪污处理设施设备提档升级和改造的验收工作，新建成三级化粪池3770立方米、堆粪场3771平方米、排污暗沟（管）1482米、翻抛机1台、漏缝板224立方米等，共拨付资金201万元。全县畜禽养殖废弃物资源化利用率达75%以上，规模养殖场粪污处理设施装备配套率达95%以上，大型规模养殖场粪污处理设施装备配套率、畜禽废弃物资源化利用达100%。

**【减少农药农膜危害】** 制定《宣恩县农药包装物、农膜等废弃物回收方案》，预算补贴资金2万元，委托宣恩县金友农资配送中心及其下设分店，建立12处农药包装等废弃物回收点，开展农药包装物、农膜等废弃物回收工作并进行集中无害化处置。完成农药包装废弃物回收1049千克。其中，塑料瓶、袋、膜1009千克，玻璃瓶40千克，兑付奖补资金1.4万元。建立农膜回收站13处，2019年完成烟区农膜回收面积3100公顷，回收农膜65.23吨，回收率达80.16%。

**【水域生态环境保护】** 在洞坪、龙洞、桐子营库区全面取缔所有的网箱及附属设施，禁止投肥（粪）养殖，加强监管巡查，建立举报制度，发现一起查处一起；严格执行贡水河一级饮用水源“两禁止三不准”管控措施，加强水生态环境修护，确保饮用水源地免受污染。加强“电、毒、炸”等破坏水域生态环境等违法行为专项整治，严厉打击非法捕捞行为。维护水体生态平衡，以完善设施、调优品种、优化布局、生态养殖、循环利用等方式为抓手，改变传统养殖模式，推广水产健康养殖新技术。全年累计开展饮用水源环保检查15次，电站水库巡查8次，单位联合巡查9次，处置非法电鱼违法行为23次，白水河大鲵种子资源保护区定期巡查4次，发放禁止电毒炸鱼宣传资料680份，答复群众信访非法电鱼处理情况1起，群众满意度达到100%。全年淡水养殖水产品产量突破100吨，产值1500万元；专业合作社附带水产养殖24家，原生态健康养殖小龙虾基地面积达12公顷；先后开展鱼类人工增殖放流2次，增殖放流鱼苗120万尾。5月21日，县钓鱼协会到龙洞库区投放鲫鱼、鲤鱼、草鱼以及翘嘴鲌近10万尾。6月19日，州、县农业农村局到宣恩龙洞库区投放草鱼、鳊鱼、鲢鱼、鳙鱼四类鱼种共计100万尾鱼苗。开展责任河段巡查，确保河流水质免受污染。按照县域河流治理责任划分，县农业农村局巡河职责，加强高罗责任河段巡查与监管。全年开展巡河4次，发现责任河段沿河树上白色垃圾、农户操办喜事后厨余垃圾倾倒入河等问题3处，已及时通知相关责任人进行处理、整改到位。

**【精准扶贫】** 2019年4月29日，省政府批准退出贫困县。全年减贫166户451人，完成年度减贫计划100.8%，综合贫困发生率下降到0.013%；残疾人减贫46人，残疾贫困人口减贫率为100%；农村常住居民人均可支配收入增长10.2%；县级自查群众认可度达98.5%。各项扶贫工作成效考核指标均达到标准。

建立防贫联防联控机制，以乡镇为落实主体，整合现有的教育、民政、人社、卫健、团委、医保等部门资源，统筹低保救助、特困救助、就业援助、医疗救助、临时救助等政策，完成救助政策碎片化整合，形成救助防贫合力，对致贫或返贫群众结合政策联合进行救助，确保

"脱贫不落一人"。创新行业防范返贫机制。在持续抓好减少贫困存量的同时，聚焦因病因灾因意外事故等致贫返贫的关键因素，在各行业加强"未贫预防、返贫先防"安排部署，在防返贫和产业防贫方面，制定出台《宣恩县"农业产业扶贫一揽子保险"实施方案》和《宣恩县"防贫保"工作实施方案》，通过政府统一购买保险的方式，为贫困群众抗风险、增效益，2019年，为全县1387户贫困户赔付补贴资金157.7万元；在司法援助方面，制定出台《宣恩县人民检察院宣恩县人民政府扶贫开发办公室深入开展脱贫攻坚领域国家司法救助工作的实施办法》，对致贫或因案返贫的群众及时予以救助，办理司法救助案件7件17人，帮扶救助资金23万元；在医疗救助方面，与中国扶贫志愿服务促进会合作，免费为建档立卡贫困户白内障患者救治，并建立医疗费用补贴长效机制，已补贴费用2.7万元。

**【易地扶贫搬迁安置点社区服务机制】** 在"1+6"配置和"6个1"跟踪服务的基础上，秉承"以人为本"的理念，在社区治理上实行"6有"后续管理，即有领导重视、有服务班子、有办事场所、有运行资金、有完善制度、有成型机制。大中型安置点社区服务中心选配国家干部和安排公益性岗位人员加强服务与管理，每年安排180万工作经费保障社区正常运行。全县9个安置点组建社区服务中心并挂牌服务9个，新增加93个村民小组，依托安置点所在村管理的有45个，选派国家干部20人，选聘公益性岗位管理人员180人，易地扶贫搬迁安置点社区治理机制体制建设纳入全省试点。8月22—23日，全国发改系统易迁工作现场会在恩施召开，宣恩县提供龙河、松坪、伍家台、椒园（二期）4个安置点作为参观现场。人民网、新华网、《湖北日报》等多家媒体多次报道和推广宣恩易地扶贫搬迁安置点社区服务管理模式经验。

**【产业扶贫发展模式】** 产业深度融合促脱贫。以"万亩贡茶经济带"和"百里贡水白柚经济走廊"等特色产业为基础，依托"两节三会"创新"农旅、文旅"发展模式，拉伸特色产业链，推进一、二、三产业融合发展，建成以茶产业为底蕴的AAAA级茶文化休闲旅游景区，以白柚、黄金梨为基础的观光走廊。同时，2019年开展"脱贫攻坚战星光行动"助推全县特色产业品牌再上新台阶，为产业扶贫释放品牌红利，惠及广大贫困群众。"领头雁"创业促脱贫。加强致富带头人队伍建设，以产业政策扶持、培训指导等方式全年培育致富带头人155人，"带头人"在发展产业的同时通过土地入股分红、基地务工等方式与贫困户建立长效利益联结，带动贫困户收入持续增长。涉及茶叶、白柚、柑橘、蔬菜、养蜂等多种产业，辐射贫困群众5万余人，诞生"花椒姐"卢云、"蔬菜哥"蔡立勇等多个创业带贫典型人物。以扶贫产品消费促脱贫。与杭州市西湖区持续开展"硒品入杭"活动，全年在杭销售伍家台贡茶、硒土豆、富硒贡米、富硒菜籽油等生态特色产品1883.6万元，取得良好经济、社会效益，助力贫困群众稳定增收。

**【省农业农村厅帮扶宣恩】** 宣恩县是省农业农村厅"联县驻村"、定点扶贫的对口县、联系点。2019年，有领导、专家106人次到宣恩调研、指导。制定《湖北省农业农村厅驻农村工作队（扶贫工作队）日常管理办法》，工作队吃住在村时间人均超过280天。开展"送技术、送农资、送政策、送温暖"活动，对全村260户茶农进行茶叶田间管理、采摘技术培训，详细讲解采茶机购机补贴政策，为茶农免费发放茶用有机肥21吨，提升石马村茶叶产量和质量。投入帮扶资金50万元，硬化、拓宽石马村4组、5组茶叶产业路和11、12组烟叶产业路3740米，方便村民生产生活，促进石马村茶叶、烟叶产业发展。筹集帮扶资金30万元，在石马村开展连户路支线建设，对产业路主干道两旁农户，同主干道连接线及集中居住点户与户之间道路进行硬化，按照村民自愿、自发修建，“先建后补、以奖代补”方式进行补贴，方便村民出行和生活。开展“最美院落”“文明家庭”“致富带着人”“优秀共产党员”评选、表彰活动。石马小学撤销后合并到龙井小学，龙井小学80%学生来自石马村，投入10万元为龙井小学维修厕所、新建操场主席台、改建与美化围墙，以及添置LED显示屏、学生活动舞台音箱功放等设备。组织社会力量协力开展定点帮扶工作，对接省直部门，加大对口帮扶力度，对宣恩农业、畜牧、水产等行业项目支持资金突破1亿元。省农业农村厅组织召开“结对帮扶宣恩县定点扶贫工作联席会”，武汉科技大学帮扶资金50万元建设一个化学实验室，每年定向录取宣恩一中少数民族上线考生30名；省盐业公司引进资金60万元，帮扶金龙坪村新建茶叶加工厂，发展村级集体经济；武汉市白沙洲农贸大市场有限公司、湖北庄品健实业（集团）有限公司等爱心企业，到晓关侗族乡晓关中心小学、椒园镇石马村开展“我为精准扶贫办实事”活动，募集社会资金8.6万元。

**【县委农业农村体制改革专项小组会议】** 7月18日，县委农业农村体制改革专项小组会议召开。会议听取县农业农村局关于农业供给侧结构性改革推进情况的汇报，听取县扶贫办关于建立后续相对贫困帮扶机制改革项目推进情况的汇报，听取县文化和旅游局关于完善旅游扶贫机制改革项目推进情况的汇报。县供销社书面汇报供销社综合改革项目推进情况，县农经局书面汇报完善农村土地所有权、承包权、经营权分置运行机制改革项目推进情况和农村集体产权制度改革项目推进情况的汇报，县农业农村局书面汇报农业综合行政执法改革项目推进情况，县卫生健康局书面汇报完善健康扶贫机制体制改革项目推进情况，县自然资源和规划局书面汇报运用增减挂钩政策支持易地扶贫搬迁改革项目推进情况。

## 种植业

**【粮食生产】** 2019年，全县粮食播种面积30830公顷，比上年减少2.6%，总产119558吨，比上年减少1.1%，单产258.4千克/亩，比上年增加1.6%。夏粮播种面积6890公顷，比上年增加5.4%，总产17610吨，比上年增加13.1%，单产181.7千克/亩，比上年增加5.5%。其中马铃薯播种面积7353公顷，比上年增加5.2%，总产20084吨（折主粮），比上年增加11.0%，单产182.1千克/亩，比上年增加5.4%；蚕豌豆播种面积40公顷，比上年减少20%，总产65吨，比上年减少15.6%，单产108.3千克/亩，比上年增加6.2%。秋粮播种面积23940公顷，比上年减少4.7%，总产101948吨，比上年减少3.1%，单产282.7千克/亩，比上年增加1.7%。其中水稻播种面积5233公顷，比上年减少2.6%，总产41677吨，比上年减少2.4%，单产530.9千克/亩，比上年增加0.2%；玉米播种面积11477公顷，比上年减少5.7%，总产38999吨，比上年减少4.4%，单产226.5千克/亩，比上年增加1.3%；大豆播种面积2086公顷，比上年减少3.1%，总产3212吨，比上年增加4.3%，单产102.7千克/亩，比上年增加7.7%；杂豆播种面积97公顷，与上年持平，总产126吨，比上年增加3.3%，单产86.7千克/亩，比上年增加3.1%；红苕播种面积4548公顷，比上年减少5.6%，总产15395吨（折主粮），比上年减少3.5%，单产225.7千克/亩，比上年增加2.3%。

**【油料生产】** 全县油料作物播种面积3750公顷，比上年增加2%，总产6811吨，比上年减少1.8%，单产124.8千克，比上年减少0.8%。其中，油菜播种面积2500公顷，与上年持平，总产3800吨，比上年减少4%，单产106千克，比上年减少4%；花生播种面积1250公顷，比上年减少2.8%，总产3011吨，比上年增加1.1%，单产160.6千克，比上年增加 3.9%。

**【蔬菜生产】** 全县蔬菜播种面积 11129 公顷，较上年增加 0.9%，总产量 149447 吨，较上年增加 6.4%，单产 895.2 千克，较上年增加 5.4%。其中叶菜类面积 1041 公顷，总产 10020 吨；白菜类面积 2909 公顷，总产 55490 吨；甘蓝类面积 523 公顷，总产 6788 吨；根茎类面积 1640 公顷，总产 28923 吨；瓜菜类面积 1230 公顷，总产 12054 吨；豆菜类面积 1120 公顷，总产 6823 吨；茄果菜类面积 1440 公顷，总产 13205 吨；葱蒜类面积 999 公顷，总产 8332 吨；水生菜类总产 3569 吨；其他蔬菜面积 227 公顷，总产 4210 吨；食用菌总产 33 吨。

**【测土配方施肥】** 推广测土配方施肥、化肥减量增效技术，开展化肥减量试验示范 1 个（万寨乡茶叶），辐射带动周边 165 公顷茶园科学配方施肥。完成全县 9 个乡镇 74 个野外取土及化验工作，检测土壤养分 561 项次。

**【马铃薯主粮化建设】** 建立马铃薯种薯扩繁基地 53 公顷，生产脱毒种薯 1000 吨；兴办马铃薯示范样板 333 公顷，全县推广鄂马铃薯系列品种 5333 公顷；培育马铃薯主食加工企业，恩施州亚麦食品有限公司生产销售马铃薯主食加工产品 1000 多吨。

**【土壤酸化治理】** 全县投入项目资金 451 万元进行土壤酸化治理，其中农业部门投入项目资金 33 万元，烟草部门投入项目资金 418 万元，采取撒施生石灰、牡蛎硅粉、增施生物有机肥等多种措施治理酸化土壤 3440 公顷。

**【病虫预测预报】** 对全县农作物 24 种病 21 种虫进行长期趋势预报和短期矫正预报，对 7 种病 6 种虫进行大面积普查，对 3 种病 4 种虫进行系统观察。完成全国农技推广中心安排的《茶叶病虫危害损失率试验》以及农业部农情定点监测任务。全年共发布《植物病虫情报》10 期，累计印发 5000 余份，发生程度预报准确率 94.44%，发生期预报准确率 100%，向省站和全国农技推广中心填报模式电报以及各类报表近 900 余份。经调查统计，夏粮油病虫累计发生面积 6533 公顷次，防治后挽回损失 3350 吨，实际损失粮食 685.90 吨，油菜菌核病、马铃薯晚疫病属中等偏轻发生年份；秋粮病虫累计发生面积 20853 公顷次，防治后实际损失 119.15 吨。

**【惠农政策】** 落实稻谷种植补贴面积 1799 公顷，兑付补贴资金 185.75 万元；落实耕地地力保护补贴面积 44210 公顷，兑付补贴资金 4566.05 万元；水稻政策性保险承保面积 1803 公顷，兑付水稻受灾赔付资金 14.36 万元。

**【“大棚房”问题专项清理整治】** 2018 年以来，根据省州关于“大棚房”问题专项清理整治工作的部署，共排查设施农业项目 605 个、28.97 公顷，核查疑似图斑 2998 个、234.74 公顷，涉及违法违规问题 1 个，占用耕地面积 0.053 公顷。按照整改要求于 2019 年 3 月 10 日整改到位，3 月 12 日通过州核查验收组验收合格。

**【“两区”划定工作】**《湖北省人民政府关于建立粮食生产功能区和重要农产品生产保护区的实施意见》下达宣恩县粮食生产功能区和重要农产品生产保护区划定任务 14000 公顷，其中，粮食生产功能区水稻 7333.33 公顷、玉米 6666.67 公顷。宣恩县于 2018 年 4 月中旬启动“两区”划定工作，截至 2019 年底已划定粮食生产功能区 14158.86 公顷，完成任务面积 101.13%，其中水稻 7403.13 公顷、玉米 6755.73 公顷，相关成果资料已通过省级核验。

**【茶叶生产】** 年末全县茶园面积 15079 公顷，其中，采摘园 11467 公顷，无性系良种茶园 12800 公顷，有机认证茶园 1096 公顷，绿色认证茶园 520 公顷，出口备案基地 2667 公顷。全年茶叶产量达到 18230 吨，农业产值达到 94248 万元。4 家出口企业直接出口干茶 2440 吨，出口额 678 万美元。茶园主要分布在万寨、晓关、长潭河、珠山、椒园五个万亩以上茶叶重点乡镇，继续实施“北茶南移”工程，2019年，高罗镇龙潭河村在中国铁塔公司的帮扶和支持下，新建高标准无性系良种茶园33公顷，打造茶旅融合休闲旅游茶叶专业村。实现茶园标准化管理13200公顷，创建核心示范基地4333公顷，样板示范基地667公顷。

**【茶叶生产基地标准化管理】** 组织开展茶园标准化管理技术培训，全面推广并落实茶园科学施肥、清沟排渍、及时采摘、物理防控、生物防治、茶园“四机”等集成技术，在全县8个茶叶乡镇57个重点村，累计集中开展茶园管理技术培训200余场次，培训农民近1万余人次，发放技术资料1万余份。开展茶园无人机统防统治工作，推广无人机统防统治示范面积67公顷。采用台刈、重修建、改植换种等方式改造中低产茶园333.33公顷，高标准管理茶园13200公顷。

**【茶叶生产全域绿色化】** 编制《2019年州级茶叶全域绿色化示范乡镇建设项目实施方案》，完成新建地方茶树良种示范园4公顷，建立恩施苔子茶种质资源保护区20公顷，建立绿色化集成技术示范基地333公顷，组建茶叶“四机”专业化服务组织4个，开展有机或绿色认证申报200公顷；项目区茶农亩均增收750元以上。

**【茶网蝽防治】** 5月10日，万寨乡报告辖区茶园突发严重虫害。州茶科所病虫防治专家、县特产技术推广中心、万寨乡农业技术服务中心、万寨乡政府相关部门，第一时间赶赴现场调查确认，该虫害为前两年在恩施爆发的茶网蝽。根据现场调查情况，紧急启动重大病虫害防治预案。由万寨乡政府协助重点村组搞好统防统治操作人员，县特产技术推广中心负责落实防治用药及设备。次日中午12时，药剂、机动喷雾器以及防治的人员全部到位，展开茶网蝽统防统治的歼灭战。县融媒体中心“民生110”栏目以《千亩茶园突遭病虫害，相关部门积极应对解民忧》进行现场报道。茶网蝽统防统治共在万寨乡芷药坪村、向家村、长堰沟村、石心河村、千师营村、大河坝村实施统防统治面积430公顷，投入机动喷雾器4台，投入统防统治资金20余万元，及时控制住茶网蝽的蔓延。

**【麻阳寨片区茶产业基地建设与管理】** 高罗镇麻阳寨片区是宣恩县实行“北茶南移”的重点区域，总面积133公顷。但存在几个主要问题：茶园管理粗放，大部分茶园未进行管理，杂草丛生，且部分茶园没有按标准进行三次定型修剪，无丰产树冠，间作套种极不合理，高密度种植玉米等高干作物以及红薯等藤本作物，有的甚至在同一地块，同时套种玉米、黄豆、红薯等多种作物，导致争肥争水十分严重，且荫蔽度过大，茶树长势很弱，且缺苗严重。部分农户因劳力不足而采用化学除草剂除草，化学除草剂既破坏土壤结构，对茶苗的生长有一定的抑制，影响茶苗正常生长；同时化学除草剂在土壤的残留期较长，对投产后的茶叶品质也会产生不良影响。茶园积水较重。据实地查看，该区域内大部分茶园为水稻田改种，种植前只是用微耕机将表层土壤疏松，未全园深翻，水稻田的泥底层并未打破，因此田间积水难以渗漏，且沟渠规划与建设不足，导致田间积水严重，部分茶苗根系发黑，失去吸收功能，造成茶苗生长缓慢直至慢慢死亡。茶农依赖性强。建园时基本上都是由政府统一整地、种植，且部分区域还承诺前三年由政府给予资金扶持，经营主体统一管理，三年成园后交由农户自行采摘，导致建园过程中农民主体作用没有充分引导和发挥，农户的依赖思想严重，政府包办较多。针对以上问题，县农业农村局多次组织省州专家亲临现场开展技术指导培训。省农业农村厅果茶办主任鲍江峰亲自到基地进行调研指导。特邀州农科院茶叶所到基地一同开展土壤、鲜叶等取样检测。制定《高罗镇麻阳寨片区茶叶基地管理技术实施方案》，并向省农业农村厅呈报

《宣恩县高罗镇麻阳寨片区茶叶基地相关问题的解决方案》。

**【茶叶全域绿色化示范乡镇建设】** 成功申报2019年州级茶叶全域绿色化示范乡镇建设项目。建立地方茶树良种示范园，对马鞍山村、白虎山村部分低产茶园进行改植换种，新种植宣莕65号地方茶树良种母本园4公顷。建立恩施苔子茶种质资源保护区，对白虎山、马鞍山一线20公顷恩施群体种种子直播茶园，通过改树（深、重修剪）、改土（增施有机肥）等措施，实施健身栽培，全面提升茶园质量。建设绿色化集成技术示范基地，推广有机肥替代化肥333公顷；开展冬季清园333公顷；安插粘虫黄板（色板）267公顷；安装LED杀虫灯40盏；铺盖防草布示范园4公顷。开展生态茶园建设，通过茶园栽植桃、李等水果，适当种植部分厚朴等林木，改善和优化茶园生态环境，促进生物多样性，改进茶叶品质，提高茶叶产量。建立专业化服务组织。加强农机农艺结合，以项目实施主体为依托，组建机采、机防、机剪、机耕“四机”专业化服务组织4个，提高茶园管理效率和管理水平。开展有机（绿色）认证，组织项目建设主体申报茶园有机（绿色）认证面积200公顷。

**【水果生产】** 年末全县水果总面积14933公顷，新增998公顷。其中贡水白柚9723公顷、新增97公顷，蜜柑及椪柑1775公顷，晚熟杂柑373公顷、新增278公顷，脐橙256公顷、新增79公顷，梨678公顷，桃582公顷、新增197公顷，猕猴桃145公顷、新增47公顷，葡萄14公顷，李子791公顷、新增234公顷，枇杷522公顷、新增66公顷，柿20公顷，樱桃5公顷，石榴20公顷，八月札12公顷，树莓17公顷。设施栽培39公顷（大棚西瓜37公顷、草莓1公顷、火龙果1公顷）。总投产面积8267公顷，新增81公顷。其中贡水白柚投产面积5907公顷、新增73公顷，猕猴桃34公顷、新增7公顷。因受夏秋季高温干旱影响，全年水果总产量为111508吨，比上年减产8630吨。其中贡水白柚产量77996吨、减产8666吨；蜜柑及椪柑产量26262吨，梨产量6370吨，小水果产量518吨，大棚设施栽培产量1400吨。全年水果总产值27748万元，比上年减少2679万元。

**【特色水果基地】** 贡水白柚、“宣恩早”蜜柑和黄金梨等特色水果是宣恩的主导产业之一。2019年，结合精准扶贫工作，组织各驻村“尖刀班”对全县14933公顷特色产业水果基地实行网格化管理，推行标准化生产，责任到人，落实到丘块，加强技术指导，并按季节开展检查和督办。全年共组织、指导果农完成特色水果清园、病虫害防治12867公顷、整形修剪11400公顷、保花保果6600公顷、施肥10800公顷。全县水果样品在农残检测中，均无农残超标现象，确保“舌尖上”的安全。加大物质资金投入，全年共筹集黄金梨果袋1000万个、白柚果袋700万个，维修太阳能杀虫灯19盏。强化基地管理，积极引导、组织果农开展果园管理，克服高温干旱天气等不利因素的影响，全县水果产量、产值降幅保持在可控范围内。

**【特色水果核心示范基地和水果苗圃基地建设】** 利用特优区项目和中央现代农业资金60万元，建立特色水果核心示范基地533公顷，其中在高罗镇建立贡水白柚示范基地167公顷（板寮村、黄家河村、埃山村、甘溪村）、沙道沟镇贡水白柚示范基地66公顷（洗白溪村、乐坪村、当阳坪村、栏杆坪村）、李家河镇贡水白柚示范基地200公顷（青龙嘴村、干坝村、贾家沟村、波洛河村、二虎寨村、金陵寨村），在椒园镇黄坪村建立黄金梨核心示范基地67公顷，在晓关乡野椒园村建立枇杷核心示范基地33公顷。高罗镇和李家河镇共建立水果苗圃基地7公顷，可出圃合格苗木120万株，保障2019年秋冬季特色水果产业基地建设苗木需求。

【水果全域绿色化建设】 根据全域绿色化工作安排，水果产业链结合实际情况，利用中央现代农业资金项目60万元，在李家河镇二虎寨村、晓关乡野椒园村和椒园镇黄坪村三个村选点开展全域绿色化示范村建设，完成全域绿色化特色水果100公顷示范样板建设，其中在晓关乡野椒园村新建绿色生态。结合农产品质量安全县创建工作，协助县农安办组织全县特色水果主产村、相关企业开展绿色、有机生产标准化技术培训，培训生产技术管理人员200余人次，发放技术资料150份。宣恩县富源农业发展有限公司、巴硒生态农业有限公司、宣恩县信德农业发展有限公司、清江源农业开发有限公司完成217公顷贡水白柚、33公顷枇杷基地和17公顷黄金梨基地有机认证基地的再认证工作。

【水果科技培训和技术推广】 组织驻村精准扶贫尖刀班对特色水果种植村逐村开展技术培训和指导，特色水果种植农户均有1—2人参加相关专业技术培训，全年累计开展技术培训300余次，培训特色水果生产技术管理人员3.5万人次，发放技术资料1.2余份。利用新型职业农民培训和科教体系建设，对全县特色水果种植大户、科技示范户、生产技术骨干开展特色水果生产技术培训，培训生产管理技术骨干260人。结合全国农产品质量安全示范县创建工作，对特色水果生产企业、主产村组开展绿色、有机生产技术培训，培训生产技术管理人员200余人次，发放资料80份。为宜昌市、巴东县、建始县等市县的领导和学员300多人到宣恩县参观学习介绍特色水果产业发展情况、理论培训授课。邀请华中农业大学、省农业厅、省农科院果茶研究所、州农业局等领导、专家和教授到宣恩开展特色水果生产调研和技术培训，指导生产。

## 农业机械推广

【概　况】 2019年，全县拥有各类农机具16万余台，农机固定总资产2.6亿元，农机总动力25.57万千瓦，耕整、起垄、开沟、培土等小型耕作机械快速发展，排灌、植保、收获、脱粒生产机械基本普及，大中型拖拉机和高性能联合收割机增长较快，农作物（茶叶）综合机械化水平达到65%。农机作业服务总面积16333公顷，其中机耕面积5333公顷，水稻机收（含分段式收获）面积2333公顷，机械植保面积8667公顷。全县农机化作业服务组织3个，农机户3834户，其中农机化作业服务专业户760户。农机作业总收入3420万元。

【农机购置补贴】 2019年，省下达购机补贴资金计划200万元，当年完成补贴资金200万元。共补贴各类农机具1447台，其中耕整地机械319台，农产品初加工机械287台，畜牧水产养殖机械24台，收获机械542台，田间管理机械275台。带动农民自筹投入550万元，直接受益农户1193户。

全县共设置购机补贴受理窗口9个，县市民之家1个、乡镇农业服务中心8个。乡镇农业技术服务中心自2016年5月设立购机补贴受理窗口以来，添置购机补贴专用录入设备，安排专人负责购机补贴受理、核实及政策宣传工作，方便农民购机政策咨询、购机补贴手续办理。

【农机报废更新补贴】 2019年，宣恩被定为农机报废更新补贴试点县。制定农机报废更新操作程序，对提出申请的报废农机进行严格审核，看是否达到报废标准；对符合要求的拖拉机填写报废档案、回收牌证；让申请人到报废回收企业进行报废处理；农机手凭借报废回收企业出具的报废手续到农机部门购买农机具时优先享受购置补贴政策；安排专人，确保报废政策规范实施。

【农机安全监督管理】 成立农机安全生产月工作领导小组，下设办公室在县农机安全监理站，具体负责安全生产月活动的组织实施，指导协调全县农机系统开展安全生产月活动。全年按规定共登记注册拖拉机5台，拖拉机年度检验36台，拖拉机驾驶证（G 照）到期驾驶证换证业务 16 件。

针对事故多发、易发路段和重要时段以及采石场等农机作业场所，采取重点监控、兼顾面上的方法，加大路检路查力度，严格查处拖拉机道路交通违法行为，检查各种违法违纪行为，全年共出动农机执法人员 95 人次，检查拖拉机 125 台次，查处无驾驶证操作驾驶 2 人次，驾驶证未带 5 人，无行驶证生产操作 7 台次，未参加年检车辆 22 台次，安全生产形势进一步好转。与农机手签订农机安全生产责任状 1236 份，现场排查拖拉机安全隐患 14 起，下发《农机执法告知书》21 件。

## 农业产业化

**【概　况】** 2019 年，宣恩县农业产业化工作以实施乡村振兴战略和精准扶贫为统领，按照“政府引导，市场主导，多方参与，共建共享”工作机制，以优化农业结构和增加农民收入为目标，突出“绿色、有机、富硒”农业发展方向，推行良种化、标准化、规模化、集约化、有机化生产，促进宣恩特色农业向高质量方向发展。

新增规模以上企业 2 家：恩施神力生物科技有限公司、湖北亿得来茶业有限公司。新增省级龙头企业 1 家：湖北宣恩维民实业有限公司。新培育州级龙头企业 1 家：湖北贡易德茶业有限公司。

有 50 余家农产品加工企业先后参加首届世界大健康博览会、2019 上海中食展、2019 杭州第三届中国国际茶叶博览会、北京春茶采购会、武汉春季推介会、上海博览会、武陵山区贫困地区农产品产销对接会、2019 浙江省农博会、第十七届中国国际农产品交易会、第十三届中国国际有机食品博览会、第五届中国茶业大会等国内各大展销活动 15 场次，展示展销宣恩县特色优质农产品。开展气象爱心扶贫活动，推荐宣恩县绍荣园艺、宣恩县伍台昌臣茶业有限公司的优质产品，向省扶贫办、北京市扶贫办推荐宣恩县伍台昌臣茶业有限公司作为扶贫产品供应商。

实施宣恩县农产品新零售供应链基地建设项目，改善七里优选公司在马铃薯加工、分拣、包装及可视化质量追溯条件。实施宣恩县 2019 年农产品产地初加工设施补助项目，新增组装式冷藏库 41 座，通风库 8 座，热风烘房 11 座。

宣恩恩航生态农业观光园、宣恩逛氧吧乡村旅游区、宣恩绍荣园艺休闲农园、宣恩福寿山家庭农场园 4 家被湖北省农业农村厅认定为“湖北省休闲农园示范点”。年末，全县有休闲农业企业 13 家。

开展东西部协作扶贫工作，借助杭州市西湖区营销优势，宣恩优质农产品在杭州市古墩路展销中心占据一席之地。杭州市西湖区人民政府在龙坞茶镇为伍家台贡茶免费提供 80 平方米的商铺。宣恩县绿安农业有限公司、七里优选供应链（宣恩）管理有限公司相继落户宣恩，通过产销对接，直供直销，把宣恩贡米、伍家台贡茶、富硒马铃薯、富硒菜籽油等优质农产品销往商超、农贸市场以及千家万户的消费者，全年宣恩县硒品入杭完成销售额 1883 万元，销售贡米、鸡蛋、皮蛋、鸭蛋、茶叶、蛇酒、萝卜干、霉豆腐、木瓜丝、蜂蜜柚子茶、花生、腊肉、核桃、土豆、糍粑、菜籽油、粽子等农产品共 2000 余吨。

**【茶叶加工企业】** 新建清洁化茶叶加工厂 9 家，新建茶叶加工厂房 6769 平方米、清洁能源加工设备 184 台套、结对帮扶贫困户 298 户，吸纳解决贫困人口就业 33 人。开展技术培训 200 余场次，培训茶农 1 万余人次。举办“浪漫宣恩 · 茶贡天下”2019 年中国宣恩春季茶旅融合旅游宣传营销系列活动以及 2019 年北京首届春茶采购节、伍家台贡茶春茶武汉品鉴及产品推介会、湖北地理标志大会暨品牌培育创新大赛等大型品牌宣传推介活动。推广一、二、三产业融合发展模式，开展茶叶绿色生产模式集成示范园项目建设，伍家台贡茶茶旅融合产业园成功通过“全国绿色食品一二三产业融合发展示范园”验收。湖北维民硒产品开发有限公司承建的“伍家台贡茶文化及产品展示厅项目”在椒园工业园区建成并通过验收。宣恩被授予“2019中国十大生态产茶县”“2019中国茶叶百强县”称号，恩施州伍家台富硒贡茶公司荣获“中国茶叶行业百强企业”称号。

全县有茶叶加工企业307家（规上企业12家）。按照《宣恩县市场主体参与产业扶贫以奖代补实施方案》，经全面验收合格以奖代补清洁能源茶叶加工厂新型经营主体9家，奖补资金160.4万元，新建茶叶加工厂房6769平方米、清洁能源加工设备184台套、结对帮扶贫困户298户，吸纳解决贫困人口就业33人。拥有自营出口权企业4家（宣桃茶叶、富硒贡茶、昌臣、宜红），产值过亿元企业4家（宣恩椒园采花茶叶专业合作社、宣恩县伍台昌臣茶业公司、恩施州伍家台富硒贡茶有限公司、湖北维民实业有限公司），全县有机茶认证企业13家；省级农业产业重点龙头企业2家（2019年新增1家：湖北维民实业有限公司），州级产业化龙头企业12家。

**【伍家台贡茶】**“伍家台贡茶”是宣恩茶叶区域公共品牌，已获得“中国驰名商标”和国家地理标志保护产品称号，有湖北名牌产品1个（皇恩宠锡），湖北省著名商标4个（皇恩宠锡、昌臣、皇贡、维民）。2019年4月4日，宣恩伍家台贡茶产业协会在武汉徐东茶叶市场举办“浪漫宣恩·茶贡天下”宣恩伍家台贡茶春茶武汉品鉴及产品推介会，人民网、新华网、湖北卫视等20多家媒体关注。活动现场轮番上演以“茶”为主题的歌舞表演，《请喝一杯宣恩茶》《茶乡茶香》，三棒鼓表演等极具宣恩民族特色的节目。在拍卖环节，伍家台贡茶制茶传承人现场手工制作的1千克伍家台贡茶，经过三轮竞价，1千克贡茶拍卖成交共35400元，拍卖所得款捐赠给宣恩县第一中学贫困学生。4月15日至5月5日，宣恩县宣桃茶叶有限公司、宣恩宜红茶有限公司、恩施州伍家台富硒茶叶有限责任公司、湖北童话工艺礼品有限公司4家公司参加在广州举办的第125届广交会，现场成交金额约100万元美元。4月27—30日，宣恩伍家台贡茶受邀参加第十一届中国（北京）国际茶业及茶艺博览会暨第一届北京春茶采购节，我国台湾地区、斯里兰卡、澳大利亚等地的茶叶协会代表，到宣恩伍家台贡茶展区品尝伍家台贡茶。

**【茶叶质量安全】**抢抓国家农产品安全县创建的机遇，大力支持龙头企业和专业合作组织，推行“加工企业+农户”的茶叶质量安全联合管控模式，强化加工企业主体责任，完善责任茶区农业化学投入品、鲜叶收购台账，建立农残管控追溯制度和利益紧密联结机制。企业与茶农签订安全鲜叶生产协议，加工企业负责组织茶农进行技术培训，统一配送绿色防控物资，保证高于市场价格全部收购合格鲜叶；农户按照企业生产要求科学管理茶园，保证向加工企业出售无农残的茶鲜叶，并缴纳鲜叶质量保证金。

**【茶叶科研】**中国茶叶学会、中国茶叶研究所、省州茶叶专家多次到宣恩开展病虫害绿色防控技术指导及茶树种质资源调研。参与省果茶办、省果茶所、州农科院果茶所等科研单位组织的各项试验示范，结合宣恩茶业实际，制定2019年度宣恩县茶叶科研方案，开展鄂茶10号、宜茗65号等茶树良种辐射诱导新品种选育、宜茗65号（恩茶红）良种扩繁科研课题。新建宜茗65号无性系良种母本园4公顷。积极配合国家茶叶技术体系恩施试验站工作，组织各茶叶重点乡镇茶叶专业技术人员参加由体系组织的各项技术培训及会议，完成“国家茶叶产业技术体系2019春茶产销形势调研方案”“产业技术体系茶叶减肥减药调查表”“国家茶产业体系茶园病虫害发生及防治情况调查表”“2019年产业组织调研方案与问卷”等各项茶产业调研调查工作。

**【水果试验示范和新品种引进】** 湖北施瓦茨生物科技有限公司在宣恩县富源农业发展有限公司、宣恩县绍荣园艺有限公司、高罗镇黄家河村的贡水白柚基地建立面积为0.4公顷的聚硒能力试验基地。9月29日，经国家硒检测中心检测果肉硒含量为0.033毫克/千克，较2018年试验增加0.005毫克/千克。结合贡水白柚文化节继续开展贡水白柚单株选优鉴评工作，并对上年在宣恩沙道白柚种植专业合作社繁育的优株株系苗，在沙道沟镇栏杆坪村选点移栽3000株，建立贡水白柚优株株系定点对比观察试验基地4公顷。探索黄金梨栽培管理新技术，开展面积为0.3公顷圆柱形密植早丰及0.2公顷的有机肥试验。在新品引进方面，对前几年在沙道沟镇洗白溪村和晓关乡中村坝村新引进种植的晚熟杂柑品种（春见）开展生物学观察和栽培适应性调查。9月，宣恩县绍荣园艺有限公司于份引进种植沃柑2公顷，均已成活，长势较好，正在开展适应性栽培观察。

**【水果市场主体培育】** 投入60万元，在宣恩县绍荣园艺有限公司建成标准化贡水白柚示范园33公顷。投入资金40万元，在宣恩信德农业开发有限公司建成绿色生态农业循环水肥一体化枇杷示范基地7公顷。投入资金80万元，在宣恩县富源农业发展有限公司新建贡水白柚仓储及产品展示中心600平方米。投入资金60万元，对李家河镇贡水白柚综合服务中心进行完善。投入资金30万元，完善高罗集镇贡水白柚交易市场的基础设施。投入资金40万元在沙道沟镇当阳坪村新建贡水白柚产地交易市场及通风库500平方米。整合、利用中央现代农业、东西扶贫协作、草根计划等项目资金120余万元，培育宣恩县康宇农业有限公司、黄家河村农业有限公司、宣恩县安园林果专业合作社、恩施木木生态农业发展有限公司、宣恩县谷润生态农业有限公司等一批新型市场经营主体。

**【水果产业融合发展】** 2019年水果产业链积极推动产业融合工作。李家河镇二虎寨贡水白柚长廊生态观光园、李家河镇金陵寨—二虎寨—贾家沟—波洛河和高罗镇板寮—埃山—九间店的两贡水白柚休闲农业观光农业带已初步建成。王家坳至板寮老209国道百里桃花走廊完成规划，正在组织实施。椒园镇黄坪村以黄金梨为主阿尼阿兹休闲度假观光旅游区建成。

**【水果品牌创建推介】** 宣恩富源农业发展有限公司、宣恩绍荣园艺有限公司参加全国贫困地区产销对接会、全国农产品质量安全县及企业产品产销对接会、武汉农博会参展，开展农超、农商对接，稳定线下销售，拓展线上营销。投入资金10万元支持宣恩湖北贡水白柚研究院申报中国地理标志产品，相关标准经制定，样品已经检测，相关资料已提交县质监局。举办黄金梨梨花节和贡水白柚文化周活动，邀请湖北省柑橘体系首席专家、华中农业大学教授刘继红教授参会和鉴评，宣传推介黄金梨和贡水白柚品牌。6月28日，中央电视台第6频道黄金时段由县长习覃和演员杜江、霍思燕共同代言，现场直播推介贡水白柚，提高贡水白柚、黄金梨的品牌知名度和影响力。

**【农产品质量安全监管】** 全县开展农村假冒伪劣食品专项整治，共出动执法人员484人次，检查食品生产主体104家，检查食品经营主体183家，检查批发市场、集贸市场等场所11家，收缴假冒伪劣食品382.6千克，查处假冒伪劣食品案件10件、立案8件、货物标价6129元、罚没金额2050元。开展食品生产经营者培训次数23次、宣传活动次数37次。抽样检测农产品样140批次。

开展“食品安全问题联合专项整治行动”和节假日农产品质量安全专项整治活动。落实226家种植业农产品生产经营主体和19897个养猪场（户）监管名录，签订质量安全承诺书。对农产品生产过程和疫病防控开展检查，出动执法人员940人次（其中畜牧700人次），立案20起（其中畜牧19起），结案18起，累积罚款21960.4元；责令整改9起（其中畜牧5起）。无害化处理病死猪3392头，其中申报无害化处理补贴有390头；屠宰环节无害化处理病害不可食用产品（血口肉及淋巴）14.0381吨。实施产地检疫生猪217012头，牛4863头，羊11345只，禽531476羽；屠宰检疫生猪173708头，牛2829头，羊6393只，禽531476羽；储藏后检疫动物产品13588.78吨；跨省调运检疫监管生猪42710头，牛1947头，羊4847只。对全县19897个养猪场（户）135689头生猪进行非洲猪瘟排查监督管理，坚持每星期巡查一次，未发现可疑病例或不明原因死亡情况。举办安全生产培训40场次，培训人数2218人次。

开展种植业农产品质量安全例行抽检和监督抽检。例行抽检企业65家，检测农产品样品95个，抽检样品合格率达到98.95%。其中农业部农产品质量安全司抽检生产主体9家，抽检农产品样品26个，合格产品25个，外来香蕉检测不合格。省农业农村厅抽检生产主体8家，检测农产品样品9个，抽检样品合格率达到100%。州农业农村局例行抽检和保健食品检查抽检企业48家，检测农产品样品60个，抽检样品合格率达到100%。监督抽检有机、绿色产品16个，合格率100%（有机11家企业14个产品）。

农产品质量安全风险监测，完成定量检测782个，合格率100%，其中种植业抽样141个、水产品5个，畜牧抽样636个；完成定性检测27134个，合格率99.8%，其中种植抽样22259个，畜牧抽样4875个。

**【农产品质量安全品牌建设】** 企业开展绿色、有机食品申报工作，完成11家有机认证企业产品认证的申报，并对“三品一标”认证企业的基地管理、质量管理体系、台账建立及“三品一标”标识使用情况进行检查，对检查不合格的经营主体已督促整改。创建的“湖北省绿色食品原料（茶叶）标准化生产基地”于8月10日通过省农业农村厅评估考核，考核评估分值94.5分。农业农村部正式命名宣恩为“国家农产品质量安全县”（农质发〔2019〕9号）。开展国家农产品质量安全监管平台的建设工作，有机和绿色食品认证企业全部纳入国家管理平台。

**【科技示范户培育】** 全县围绕茶叶、水果等产业主导品种和主推技术，择优遴选培育科技示范户260户，辐射带动周边520户农户共同发家致富。2019年茶叶平均亩产值测产：示范户4880元、辐射户4320元、普通户3788元；白柚平均亩产值测产：示范户5660元、辐射户4558元、普通户3475元。加速科技成果的转化应用，全县的主导品种应用率达到95%，主推技术到田率达到98%，农业科技贡献率达到60%以上。

**【农村实用人才培养】** 遴选38名大学生参加恩施州职业技术学院进行专科学历培育，为贫困村输送后备年轻干部。组织新型农业经营主体负责人、返乡下乡创业人员、农村实用人才带头人参加省级培训75人。结合培训主题，重点解读乡村振兴战略、中央脱贫攻坚决策部署、乡村基层组织建设及质量兴农、绿色兴农、品牌强农等有关精神进行培训。全县开展茶叶生产标准化栽培管理、白柚生产标准化栽培管理、特色小水果生产标准化栽培管理、土壤酸化治理与测土配方施肥、农产品质量安全、农机操作技术等实用技术的不同形式各种农民培训14719人次。

**【白柚试验示范基地】** 建成宣恩县硒柚季贡柚专业合作社1个。2019年，硒柚季贡柚试验示范基地面积20公顷，辐射带动周边14个白柚种植专业村，柚农1500余户增收，带动贫困户及农民工900余人从事白柚产业。全年开展3次以上新品种新技术的示范展示活动，观摩人数分别达1000人以上。

**【2019年伍家台贡茶文化节】** 3月29日，2019中国宣恩春季茶旅融合旅游宣传营销活动在伍家台举行。上午9时，在位于伍家台茶旅文融合

示范区的综合文化广场，以“感恩茶祖·茶贡天下”为主题的民俗活动中开幕。伍家台贡茶非遗传人、企业代表及伍氏后人在《伍昌臣功德赋》的颂词下，向贡茶先祖感恩示礼。随后，进行伍家台贡茶茶艺展示、伍家台贡茶2019新品发布，并宣布鉴评（斗茶）大赛结果，举行《中国故事——浪漫宣恩专刊》首发式。在贡茶文化广场上，10余家贡茶企业展示优质茶叶产品，手工制茶师傅现场向游客教授制茶。开园节活动不仅沿袭往年进茶园、采茶叶等活动，还增设“茶园探秘”环节，以游客互动形式，在茶园里增设各个关卡，通过抖音、微信等方式提升活动的趣味性和参与性。集齐6个以上关卡通关印章，便可兑换茶皂、茶叶等礼物。

**【2019年黄金梨采摘节】** 8月9日，椒园镇黄坪村举办“美梨乡村·收获金彩”黄金梨文化活动。活动内容有黄金梨猜重比赛、吃梨比赛等。

**【第二届农旅结合体验周】** 5月18日，以“西水蓝·贡米香”为主题的宣恩县沙道沟镇第二届农旅结合体验周在木笼寨村、二台坪村开幕。近千名游客到贡米之乡木笼寨，欣赏梯田风光、品尝贡米佳肴、体验农事乐趣。在沿袭首届活动以农事体验为主的基础上，2019年在木笼寨村设有开秧门、插秧比赛、抓鸭比赛、徒步比赛等活动，在二台坪村设有知识竞答、贡米宴、策马体验等项目。木笼寨村是“贡米”原产地，当地人为保障大米的品质，坚持原始种植方法，不使用化学肥料和化学农药，良好的耕作习俗保证木笼寨“贡米”的品质。木笼寨优质“贡米”种植面积达70多公顷。木笼寨村有“九堡十八沟”“寨上贡米梯田”等自然景。在与木笼寨接壤的二台坪村，开展以体验策马、滑草、民俗美食等为主题的农旅活动。海拔近1400米的二台坪村是个三面临崖的高山乡村，在实施精准扶贫过程中，于2018年修通进村水泥路。随着交通条件的改善，加之全域旅游的不断延展，当地村民联合成立旅游经营公司，推进以绿色生态为底色的“多彩乡村游”，吸引着不少人休闲观光。两个村分别还进行原生态文艺节目和土家歌舞表演。

**【新型职业农民培育】** 2019年，县农广校依托新型职业农民培育项目，全年共培育职业农民371人，其中专业技能和社会服务型165人（农药经销员63人、职业有机药农102人），贫困村贫困户专项生产技能培训206人。

**【斗茶暨茶叶职业技能大赛】** 9月17—19日，恩施硒茶斗茶大赛暨茶叶职业技能大赛在湖北民族大学科技学院举行。比赛分为茶王竞赛和技能竞赛。在茶王竞赛中，宣恩县伍台昌臣茶业有限公司、贡易德茶业有限公司2家茶企生产的“伍家台贡茶”分别获绿茶金奖；在评茶员竞赛中，县农业农村局参赛选手张倩获一等奖，湖北宣恩伍家台贡茶研究院郭梦仪获二等奖；茶艺组项目，宣恩伍家台贡茶产业协会林恩获二等奖。

（陈亭光　杨锦宏）

## 蔬菜种植

**【概　况】** 2019年全县蔬菜种植坚持“稳面积、调结构、保供给、增效益”的原则，全县蔬菜产业基地8533.33公顷，其中，高山蔬菜3000公顷，巩固发展666.67公顷城（镇）郊区精细蔬菜，总产量18.6万吨，产值近2亿元。

**【蔬菜产业化经营】** 发展蔬菜产业中，坚持转变发展方式，由抓“田间地头”转向抓“企业龙头”。在全县大力培植和扶持龙头企业、专业合作合作化社、蔬菜生产家庭农场等新型经营主体，合理流转生产要素，适度发展规模经营。在全县努力推行“公司+基地+农户、公司+合作社+农户”等产业化经营模式，使全县蔬菜生产质量稳中有升。2019年，椿木营乡富旺专业合作社在长槽村、白果坪村、挖断山村发展蔬菜153.33公顷，明礼农业公司在珠山镇东门关村发展60公顷高山蔬菜，宣浙农公司在椿木营勾腰坝村种植蔬菜66.67公顷。

（孙庆玲）

## 烟叶种植

【概　况】2019年，全县签订合同面积3079.2公顷，完成指导性计划面积3100公顷的99.33%，共签订种植户2207户，户均面积1.39公顷。实际收购烟叶10.085万担，较2018年增加850担，完成目标任务10万担的100.85%，其中，上等烟比例68.4%，中等烟比例31.6%，中部烟比例80.16%，中部上等烟比例58.85%；收购金额1.499亿元，同比增加285万元；收购均价29.73元/千克，同比增加0.32元/千克；烟叶税收3297.8万元，同比增加62.7万元，烟农户均收入6.79万元，同比增加1.52万元。总体来看，烟叶生产与收购达到预期目标，实现“收得进、卖得出、零库存、不亏损”和工业、商业、烟农、政府“四满意”目标。

2019年，县烟叶分公司联合政府为烟叶种植农户购买商业保险，75元/亩的保费（政府出资25元/亩，烟草出资50元/亩），共计兑现140余万元。全县共购进大宗物资5516.6吨，其中复合肥2430.85吨，硫酸钾635.75吨，“三合一”新饼肥2050吨，硝铵磷肥196.2吨。烟用物资实现零库存。

【科研项目】2019年完成各级科技创新和技术研发项目19大项，涉及各类示范、技术研发30小项。其中，自主创新项目10项、协作项目3项、工作专项3项、工业企业项目3项，涉及国家烟草专卖局2项、省烟草专卖局10项、州烟草专卖局2项。全年在《中国烟草科学》《中国土壤与肥料》核心期刊发表科技论文2篇，获得实用新型专利授权3项：植烟土壤垄体疏松装置，专利号ZL 2019 2 0121423.7；链霉菌LC-7菌株极其产生的抗生素在防治烟草青枯病中的应用，专利号ZL 2015 1 0937911.1；一种异色瓢虫人工大量繁殖饲养室，专利号ZL 2018 2 0563408.3。

【烟叶生产投入】全年投入项目资金340.9896万元，其中水池修复2口5000立方米，资金投入35.2064万元；沟渠3条387.4米，资金投入8.4763万元；田间道路4条1220米，资金投入11.5363万元；新建育苗大棚11处33个，资金投入63.7974万元；育苗设施修复9处30个，资金投入14.1309万元；新能源烤房改造20座，资金投入13.944万元；土地整理项目1处594.28亩，资金投入193.8983万元。

（叶屈环）

## 林业经济

【概　况】2019年，全县林业旅游与休闲产业收入合计18175万元，其中林业旅游收入15975万元，林业疗养与休闲收入2200万元；直接带动的其他产业产值20365万元。全年林业总产值为195391万元，其中第一产业产值为114916万元，占58.81%，同比增加0.03%主要产业为林木育种育苗、木材竹材采运、经济林产品、花卉产业及野生动物繁育与利用；第二产业产值为62300万元，占33.69%，同比增加0.03%主要产业为木材竹材加工和木、竹、藤、棕、苇制品制造；第三产业产值为18175万元，占9.83%，同比增加74.76%，主要产业为林业旅游与休闲服务。

（李明恩）

【林业特色产业】宣恩林业产业特色集中体现在森林培育业、木材生产业、果茶品业、中药材业、涉林产品加工业、花卉产业及森林旅游业。在抓好高标准、高质量的造林绿化的同时，进一步加强新造林地的抚育管理，森林面积稳步增加；继续抓好林业产业，以市场为导向，调整林业产业、产品结构，提高林产品的附加值，林果业、中药材业健康发展；积极培育林产品加工业，扶持壮大涉林加工企业，努力培植第二产业培长点；

充分利用和开发现有林业资源，大力发展第三产业，森林旅游业稳定起步。目前全县林业产值中，第一、二产业占主要比重，第三产业发展潜力巨大，应采取有效措施，充分合理利用现有林业资源，加大第三产业的开发力度，促进全县林业一、二、三产业健康协调发展。

**【贡水白柚】** 贡水白柚是由宣恩地方良种柚的变异单株选育而成，因其果实成熟后果皮呈黄白色，俗称“白皮柚”。全县有贡水白柚基地973.33公顷，产量9万吨，产值2.13亿元。已经形成宣南百里贡水白柚产业带，有机贡水白柚基地333.33公顷。南三镇海拔700米以下90%以上的农户从白柚产业发展中直接受益，人平贡水白柚收入3000元。

（李明恩）

## 畜牧业

**【概　况】** 2019年，全县猪、牛、羊、家禽分别出栏（笼）44.33万头、0.89万头、3.81万只、105.64万羽。全年生猪饲养量75.35万头，能繁母猪存栏2.77万头。肉类总产量39507吨，禽蛋产量3673吨。畜牧产业产值达10.77亿元。重大动物疫病免疫注射密度达100%，免疫抗体检测合格率达80%以上，免疫标识佩戴率、免疫档案规范填写率达100%，产地检疫率达100%，定点屠宰检疫率达100%。实现“三个确保”，即确保不发生区域性重大动物疫情，确保不发生重大畜产品质量安全事故，确保高质量完成脱贫攻坚巩固提升工作任务。

**【畜牧产业扶贫】** 加强新型养殖市场主体培育，13户通过验收，共拨付以奖代补资金65万元。扶持189户建档立卡贫困户新建猪舍，共拨付补贴资金56万元。做好技术扶贫，多形式加强对贫困户的养殖技术指导。做好畜牧产业保险工作，能繁母猪参保率达100%，保险公司全年对贫困户因病因灾死亡畜禽共理赔资金144万元。

**【畜牧业生产】** 全县共有备案畜禽规模养殖场56个，其中按设计规模年出栏生猪500头的养殖场33个，出栏牛50头的养殖场8个，出栏羊100只的养殖场8个，蛋鸡存笼5000只的养殖场6个，出笼肉鸡1万只的养殖场1个。

湖北大派食品集团有限公司共屠宰生猪50076头，筹备猪肉600吨（其中冷冻猪肉100吨），精深加工肉食品1050吨，实现畜产品加工销售产值1.4亿元。

**【畜牧科技推广】** 10月11日，省畜牧技术推广总站在宣恩举办家禽养殖技术培训班，站长蔡传鹏，黄京书研究员，宋云峰和蒲跃进博士授课，恩施州各县市畜牧系统技术推广人员，从事蛋鸡、生态鸡养殖的贫困户及相关从业者共100余人参加。县畜牧兽医局与县农广校联合举办2次养殖技术培训班，共培训100余人次。抓好农技推广示范县项目，20名畜牧技术指导员指导75户养殖大户。组织参加省、州业务部门举办的养殖技术、非洲猪瘟监测等技术培训200余人次。

**【重大动物疫病防控】** 非洲猪瘟防控按照“一个封住七个管住”的要求，落实落细监测排查、消毒灭源、应急处置、泔水管控、屠宰管理、执法监管等联防联控措施。全年共排查生猪养殖户18277户、生猪356770头；开展实验室检测420头份；发放张贴宣传资料5万余份，落实《宣恩县规模场（大户）动物防疫监管明白卡》271户，签订《村级动物防疫员（乡村兽医）规范从业承诺书》98份；累计消毒检查58110车次。驻村“尖刀班”和村组干部对230个村8365户养殖场（户）开展猪圈及场所“大清洗，大消毒”专项行动，累计冲洗猪圈296885.5平方米，消毒猪圈及场所319605.5平方米。

2019年全县共免疫注射猪口蹄疫疫苗42.67万头、牛口蹄疫疫苗3.31万头、羊口蹄疫疫苗2.89万只、禽流感疫苗109.41万羽、猪蓝耳病疫苗42.67万头、猪瘟疫苗42.67万头、鸡新城疫疫苗134.62万羽、小反刍兽疫疫苗2.89万只（春季免疫注射猪口蹄疫疫苗20.72万头、牛口蹄疫疫苗1.32万头、羊口蹄疫疫苗1.27万只、禽流感疫苗38.195万羽、猪蓝耳病疫苗20.72万头、猪瘟疫苗20.72万头、鸡新城疫疫苗65.68万羽、小反刍兽疫疫苗1.27万只；秋季免疫注射猪口蹄疫疫苗21.95万头、牛口蹄疫疫苗1.99万头、羊口蹄疫疫苗1.62万只、禽流感疫苗71.21万羽、猪蓝耳病疫苗21.95万头、猪瘟疫苗21.95万头、鸡新城疫疫苗68.94万羽、小反刍兽疫疫苗1.62万只），牲畜口蹄疫等六种重大动物疫病免疫注射密度和耳标佩戴率均达到100%，全年鸡新城疫、禽流感、猪瘟、猪口蹄疫、牛口蹄疫、羊口蹄疫、羊小反刍兽疫免疫抗体合格率分别为95.76%、96.15%、97.31%、97.31%、牛口蹄疫97.5%、羊口蹄疫97.5%、羊小反刍兽疫95.5%。全年未发生区域性重大动物疫情。

修订完善《宣恩县重大动物疫病防控应急预案》，成立应急救援队，建成县级重大动物疫病防控应急储备库。

**【动物疫病监测】** 2019年全县完成羊布病净化采样检测4783只，完成年度任务100%。启动实施宣恩县老熊坡畜禽养殖家庭农场重点动物疫病净化工作，净化猪口蹄疫和猪伪狂犬病。2019年落实62个养殖场、17个行政村的动物疫病监测点，全年检测鸡血清260份、猪血清260份、牛血清80份、羊血清200份。其中，春季采集36个养殖场9个行政村养殖户的鸡血清130羽份、猪血清130头份、牛血清40份、羊血清100头份，秋季采集26个养殖场8个行政村养殖户的鸡血清130羽份、猪血清130头份、牛血清40头份、羊血清100头份。

**【防疫物资管理】** 全县统一实行专人、专室、专账管理防疫物资，严格执行管理规章制度，县、乡两级按程序审核上报疫苗申报使用计划，乡镇畜牧兽医服务中心与规模养殖场（大户）签订自主免疫承诺书，2019年全县回收疫苗空瓶64478个，无害化处理63897个。其中，春防回收疫苗空瓶33501个，无害化处理33171个。秋防回收疫苗空瓶30977个，无害化处理30726个。

**【养殖污染防治】** 巩固“三区划定”成果，完成沙道沟镇瞿绍文、奚柏平两户养殖场的关闭搬迁任务，拨付补偿资金163.814万元。落实新建及改扩建养殖场用地备案管理。以养殖大户为重点，实施养殖废弃物资源化利用项目，畜禽养殖粪污资源化利用率达90%，规模养殖场粪污处理设施装备配套率达100%。对2018年中央环保督察反馈意见、省级环保督察交办畜牧方面5个信访件办理情况和龙洞水源保护区畜禽养殖污染防治存在问题整改情况进行自查自纠，确保已销号、已整改问题不复发、不反弹。及时办理信访件3件、州人大交办件4件。

**【招商引资】** 山坡生态农场新建2万只蛋鸡场房，达到4万只养殖规模。陈发芝投资1200万元的李家河生猪定点屠宰场竣工投产。

**【畜产品质量安全监管】** 全年车辆和动物经纪人备案管理219人，实施产地检疫生猪245294头、牛5553头、羊12676只、家禽587861羽；屠宰检疫生猪200941头、牛3245头、羊7154只、家禽587861羽；储藏后检疫动物产品14588.78吨；跨省调运检疫监管生猪43760头，牛2176头，羊5417只。

无害化处理病死猪5672头、不可食用产品（血口肉及淋巴）15.44吨。

向全县10个动物诊疗点、2个兽药经营部、2个饲料生产厂、160个规模养殖场发放《质量安全告知书》，组织签订《守法生产经营使用投入品承诺书》和《安全生产经营使用投入品责任书》。

生猪定点屠宰监管，落实屠宰环节两项制度，督促指导湖北大派食品集团有限公司自2019年2月1日起落实非洲猪瘟自检制度，取缔屠宰点3个。

快速监督检测瘦肉精违禁物3073批次，企业自检3012批次；非洲猪瘟防控抽样检测631批次。抽样比例达标，检测结果合部呈阴性，检测合格率达100%。

查获未经检疫运输猪肉500余千克；没收销毁过期饲料2575千克，过期兽药518盒（袋）；下达整改通知书5份，并责令整改到位；立案19件，查处19件，结案18件，累计罚款2万余元。

**【惠农政策落实】** 能繁母猪保险工作做到应保尽保，应赔尽赔，保险公司共理赔死亡能繁母猪690头，理赔资金69万元。落实重大动物疫病强制免疫死亡补偿政策，春秋两季共拨付补偿资金3.08万元。严格落实无害化处理补贴政策，拨付养殖环节无害化处理补贴资金2万元、屠宰环节病害猪损失补贴及无害化处理补贴资金17.86万元。

**【重要项目】** 完成2018年石漠化综合治理项目及恩施州畜牧产业发展中蜂养殖项目的验收，分别拨付项目资金20.39万元、15万元。2019年度石漠化综合治理项目建设进展顺利。着力推进乡镇屠定点宰场（点）建设，3个乡镇屠宰场（点）完成主体工程，其中通过验收的1个。加快推进畜禽养殖废弃物资源化利用项目，47个项目户通过了验收，共新建三级化粪池3770立方米、堆粪场3771平方米、排污暗沟（管）1482米、翻抛机1台、漏缝板224立方米，按合同共拨付项目资金201万元。扶持湖北大派食品集团有限公司新建肉食品精深加工项目，帮助解决资金100万元。向省畜牧兽医局申报3000万元的畜禽养殖废弃物资源化利用整县推进项目，已通过省农业农村厅评审公示。

（曹厚俊）

# 工　业

## 综　述

**【概　况】** 全年实现工业增加值8.22亿元，比上年增长5.5%。全县规模以上工业企业33家，规上工业增加值增长1.4%。全年规模以上工业产销率为90.7%。每百元营业收入中的成本82.37元，比上年增加1.78元；营业收入利润率3.9%，下降2.8个百分点；每百元营业收入中的费用14.81元，减少1.06元；单位成本费用97.18元，增加0.72元；每百元资产实现的年营业收入104.20元，减少3.60元；资产负债率54.5%，上升2.9个百分点。

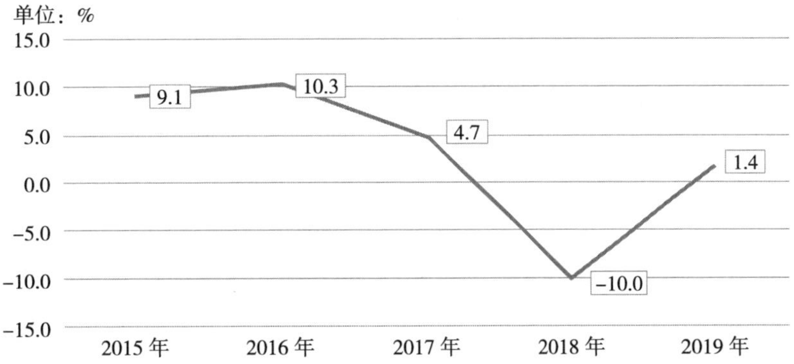

图5　2015—2019年宣恩县规模以上工业增加值增长速度

全年建筑行业实现增加值3.65亿元，比上年下降19.2%。全县具有资质等级的总承包和专业承包的建筑企业8家，完成建筑业总产值4.44亿元，比上年下降26.9%。

2019年全县规模以上工业企业33家，同比减少25家。规模以上工业总产值12.52亿元，同比增长−11.2%。分类型看，国有及国有控股企业0.2亿元，增长−52.4%；股份制企业1.22亿元，增长16.2%；其他经济类型企业11.10亿元，增长−12.1%。分行业看，农产品加工业8.61亿元，增长−7.4%，占规模以上工业比重68.8%；矿产及其他行业3.76亿元，增长−18.4%；电力、热力、燃气及水供应业0.85亿元，增长18.3%。实现出口交货值0.74亿元；全年规上工业企业实现利润0.51亿元，同比增长−31.1%。全县产值过亿元企业达到3个（分别是大派集团、一正药业、均尧建材），比上年增加1个。

**【重点企业选介】** 湖北宣恩洞坪水电有限责任公司（简称洞坪水电公司）位于宣恩县境内清江支流忠建河下游，坝址距宣恩县城42千米，下距清江入口 11 千米，是一座以发电为主，兼有防洪、库区航运、旅游等综合效益的Ⅱ等大（二）型水电枢纽工程。拦水坝高 135 米，坝址控制流域面积 1420.5 平方千米，水库总库容 3.43 亿立方米。由湖北能源集团股份有限公司控股，有员工 56 人，按现代企业制度进行规范化管理，电站运行实行“无人值班，少人值守”模式。2019 年发电 17843 万千瓦时，完成工业总产值 5759.7 万元，缴税 1212 万元。

宣恩县伍台昌臣茶业有限公司成立于 2006 年 11 月，位于湖北省宣恩县万寨乡伍家台村，主要从事茶叶加工、销售、旅游开发及外贸进出口。资产总额 8349.59 万元，自有有机茶基地 240 公顷，现代化先进加工生产线 5 条，产品有昌臣绿针、昌臣毛尖等九大系列 18 个品种，其品质熟栗香郁，玉液清绿，清甘滋醇，回甜爽口，耐冲泡。生产以欧盟标准为主的产品，主要出口至德国、法国等国家。2019 年，完成工业总产值 8796.6 万元，生产茶叶 3487 吨，提供就业岗位 98 个，完成出口交货值 3855 万元，缴税 390 万元，其中出口退税 378 万元。

（胡柏安）

## 工业园区

**【概　况】** 2019 年，湖北宣恩工业园区共有入驻企业 101 家，其中高新技术企业 7 家、规模以上工业企业 21 家。椒园生态产业园培育重点企业 2 家，即湖北一正药业有限公司、湖北昌园建材有限公司。湖北一正药业有限公司是一家专业从事中药精加工、深加工的现代中药企业，公司产品主要为直接口服饮片、冻干粉、配方颗粒，2019 年产值达 2.89 亿元；宣恩昌园建材有限公司是一家集商品混凝土生产、销售为一体的工业企业，2019 年产值达 0.96 亿元。

**【园区招商引资】** 2019 年园区围绕恩施州“四大产业集群”以及承接沿海地区产业转移谋划项目 18 个，入库项目 7 个。成立招商引资专班，分小队招商，到杭州、武汉、厦门、泉州、乐清、深圳、重庆等地进行招商考察 8 次，接待客商考察共计 32 次；修订完善《宣恩工业园区入园项目政策清单》。已签约项目 10 个，亿元以上投资项目 7 个，亿元以上新开工项目 1 个，签约资金 12.1 亿元，省外到位资金 1.88 亿元。分别是：总投资 1.6 亿元的装配式建筑（PC 构件）生产项目，总投资 1 亿元的缬草加工项目，总投资 1000 万元的杭州搜影共享经济项目，总投资 1 亿元的湖北杰跃鞋业加工项目，总投资 1000 万元的中国邮政宣恩分拣中心项目，投资 3000 万元的湖北广电宣恩大数据中心一期项目，总投资 8 亿元的电子电器产业集群项目。

**【园区项目建设】** 园区双创产业园建设项目和其他重点产业项目建设有序推进。推进政府投资项目建设，宣恩县创新创业（返乡创业）产业园北部厂区已顺利完工并投入使用，一期项目建设总投资约 2.6 亿元，总建筑面积约 13 万平方米，其中厂房面积约 11 万平方米，宿舍及食堂面积约 2 万平方米，已入驻企业 9 家，所有厂房、宿舍及食堂均已投入使用。加快社会类投资建设项目进展，椒园店子坪装配式建筑（PC 构件）生产建设项目完成土地的增收和报批工作，县自然资源和规划局组织场地平整工作，实施净地出让；茂源玻璃建设项目总占地面积约 1.582 公顷，总建筑面积 9956 平方米，项目从土地挂牌、项目实施到投入使用仅用一年时间，采用保姆式服务帮助企业帮办、代办相关手续，项目实施过程中，邀请相关职能部门及电力服务部门上门服务并跟踪指导，促使项目 16 个工作日取得施工许可，帮助企业一年内完成项目建设并顺利投入生产；沈氏面条建设项目总占地面积 32951 平方米，总建筑面积 34588 平方米，项目从土地出让、规划许可到开工建设，全程采用帮办、代办服务，在全州范围内第二个实施“先建后验”审批取得施工许可；缬草加工项目进行设备定制，杭州搜影共享经济项目，正在注册公司；湖北杰跃鞋业加工项目投入生产，招聘生产工人120人；电子电器产业集群项目共正在进行公司注册，同步进行厂房装修设计。

**【园区管理服务】** 2019年，园区继续做细做实企业服务，对企业进行分类施策，助力企业解困。协调各相关部门深入企业走访调查，就企业存在的具体问题进行分析梳理，找准措施，制定《园区企业解困方案》，开展精细化服务；按照企业的成长性、产品竞争力、债务偿还和化解能力，总结共性，突出特性，进行企业分类；从孵化、过渡期监测、扶持三方面着手，按照“一企一策”实施企业服务工作。协调银行对流动资金短缺的企业进行贷款，对无还本续贷、降息调息，符合条件的企业均采取无还本续贷的模式，并下调贷款利率，综合贷款利率下降20%以上；协同金融机构、担保公司对接园区优质客户，新增企业流动资金，达成新坤电子、博今电器等公司新增贷款，助力企业扩大生产规模。对接县教育局和县职业技术学校，就实习学生实习实训资源配置进行优化，对口补充新坤电子等企业用工缺口近200人；对接县就业就才局，组织各乡镇开展企业招工服务工作，为杰跃鞋业招聘员工60人以上，缓解企业用工难的问题。对接国土部门，为佛恩佳建材公司生产性原材料设立合法矿权，缓解企业原材料短缺的问题。

（向 毅）

## 电力工业

**【概 况】** 2019年全县中小水电站40座，中型电站1座，小型电站39座。全县投产运行电站35座，总装机23.70万千瓦，其中民营电站31座，总装机容量10.77万千瓦，占全县投产装机容量的45.4%。在建电站3座、修复扩建2座，总装机3.86万千瓦，其中有两座电站处于停建状态；在建总装机4.89万千瓦。

全县有6座小型水电站涉及“七姊妹山国家级自然保护区”（5座位于缓冲区、1座位于实验区）。所涉自然保护区为2008年1月14日（批准文号：国办发〔2008〕5号文）批准设立，6座电站均在自然保护区设立前建造，其中3座（鱼泉电站、双溪电站、观音坪电站）电站涉及防洪、调峰调频、供水、灌溉等功能中的一种或多种功能，1座（风车口电站）为小水电代燃料项目。

**【国家能源集团恩施水电有限公司宣恩县管理处】** 2019年末管辖2座电站装机容量3380千瓦，其中，龙头沟二级电站装机2×630千瓦+2×500千瓦，龙头沟三级电站装机1×800千瓦+1×320千瓦。2019年共完成发电量1597.233万千瓦时。关口计量1561.1242万千瓦时。平均设备利用小时4726小时。

（张 超）

# 金　融

## 银行业

【概　况】2019年全县有银行业金融机构8家，政策性银行1家，国有商业银行4家，股份制银行3家，营业网点分布在全县9个乡镇，共31个，小额贷款公司2家。

2019年，全县各项存款呈现下滑，年末全县银行业金融机构各项存款余额1000665万元，比上年末减少4749万元，下降0.47%。存款结构出现“一增两降”，全县金融机构住户存款余额674378万元，比上年末增加61300万元，增长10%；非金融企业存款余额116859万元，比上年末减少47300万元，下降28.81%；广义政府存款（包括财政性存款和机关团体存款）余额209419万元，比上年末减少18747万元，下降8.22%。

工商银行宣恩支行存款余额38643万元，比上年末减少7718万元，下降16.65%；农业银行宣恩支行存款余额111256万元，比上年末增加561万元，增长0.51%；建设银行宣恩支行存款余额68752万元，比上年末减少3005万元，下降4.19%；农业发展银行宣恩支行存款余额116277万元，比上年末减少24013万元，下降17.12%；农村商业银行存款余额324077万元，比上年末增加21775万元，增长7.2%；邮政储蓄银行宣恩支行存款余额248130万元，比上年末增加2171万元，增长0.88%；兴福村镇银行宣恩支行存款余额48617万元，比上年末增加11835万元，增长32.18%；湖北银行宣恩支行存款余额40369万元，比上年末增加2431万元，增长6.41%。

年末，全县银行业金融机构各项贷款余额677929万元，比上年末增加65043万元，增长10.61%，高于存款增幅11.08个百分点。贷款结构为：住户贷款余额296611万元，比上年末增加37857万元，增长14.63%；非金融企业及机关团体贷款余额381304万元，比上年末增加27192万元，增长7.68%。工商银行宣恩支行贷款余额21834万元，比上年末减少31万元，下降0.14%；农业银行宣恩支行贷款余额70475万元，比上年末减少9712万元，下降12.11%；建设银行宣恩支行贷款余额56885万元，比上年末减少1556万元，下降2.66%；农业发展银行宣恩支行贷款余额217520万元，比上年末增加47300万元，增长27.79%；农村商业银行贷款余额196767万元，比上年末增加14176万元，增长7.76%；邮政储蓄银行宣恩支行宣恩支行贷款余额50077万元，比上年末增加4752万元，增长10.48%；兴福村镇银行宣恩支行贷款余额35321万元，比上年末增加7126万元，增长25.27%；湖北银行宣恩支行贷款余额29046万元，比上年末增加2984万元，增长11.58%。年末，全县各银行业金融机构共办理“无还本续贷”业务127笔，金额28925.69万元；办理纳税信用贷款业务71笔，金额3733.6

万元，基本实现纳税信用贷县内金融机构全覆盖；在中征应收账款融资服务平台成交金额8.62亿元，有效缓解企业融资难题。

**【货币信贷】** 2019年11月，人民银行宣恩县支行向宣恩农商行发放扶贫再贷款7000万元，用于支持贫困农户和带动贫困农户发展产业或就业的农业产业经营主体发展。

根据人民银行总行定向降准政策，从2019年5月开始，连续3个月分三次分别降低地方法人金融机构存款准备金率0.5个百分点，释放宣恩农商行流动性共9600万元，加强监测，引导、督促宣恩农商行将释放出的流动性全部投放民营小微企业及个体经营大户。从5月1日至6月末，宣恩农商行实际投放民营小微企业及个体户贷款9978万元。

利率市场化改革，提高利率传导效率，推动降低实体经济融资成本，改革完善贷款市场报价利率（LPR）形成机制。自8月20日起，指导宣恩农商行建立健全实施贷款市场报价利率相关体制机制建设，并从四季度开始正式推动实施贷款市场报价利率，将宏观货币政策直接传导至实体经济。

**【金融扶贫】** 对全县70个重点贫困村和209个非重点贫困村分别确定一家帮扶银行，明确“行”“村”帮扶的工作目标和措施。通过入户走访、约时进村定点集中办公等形式，联合开展贫情摸底，帮扶银行与村支两委、驻村“尖刀班”共同完成对贫困户的“精准画像”，评级授信摸底27290户贫困户，占贫困户总数的100%，其中61.32%的贫困户获得授信。对满足扶贫小额信贷准入条件的贫困户，由村支两委出具推荐函，贫困户持推荐函向帮扶银行申请贷款；对不符合条件的贫困户实施“涉农经营主体＋建档立卡贫困户”方式带动支持，村支两委或驻村尖刀班向帮扶银行推荐，帮扶银行根据企业带贫情况合理确定贷款额度，通过支持涉农主体带动贫困户发展产业增收。自2015—2019年，全县累放扶贫小额信贷7916笔，1.9亿元，向1206户带贫企业发放金融精准扶贫贷款近3亿元，带动近15000户贫困户脱贫。

**【实体经济信贷政策】** 开展“百名行长进民企”和“万名干部进万企”活动，建立规上企业主办银行制度，分四批次率各金融机构负责人深入辖内民营企业进行实地调研，入企现场办公，帮助企业有针对性地制订纾困计划。并按月组织召开金融联席会议，对各金融机构支持民营小微企业情况进行调度，掌握支持进度，督促金融机构加大支持力度。通过“百名行长进民企”活动，先后协助博今电器、钧尧建材、新坤电子、昌臣茶叶等企业新增贷款153笔，40918万元；对暂无还款能力的企业提供无还本续贷支持，共办理82笔，总额12621万元。还针对德诚建材抵押物过期面临贷款悬空问题，督促建行采取同步办理解除抵押登记与重新评估延长抵押期限方式，帮助企业解决实际难题。指导6家金融机构成立小微金融专营机构17个，优化信贷人员配置，专职从事小微金融业务人员48名，邮储银行宣恩支行成立小微专营团队，配备10名专职人员从事小微金融业务。引导银行为小微企业量身定制个性化金融服务，通过挖掘企业所处产业链的核心企业信用、纳税、订单等基本信息，对应匹配应收账款、纳税信用、库存商品质押等融资产品，并利用“线上金融＋大数据”手段便利企业获贷。宣恩农商行针对宣恩县茶叶企业库存商品占有资金量大因素，创办库存商品质押贷款产品，发放贷款0.24亿元；建行宣恩支行借助“线上金融＋大数据”累计为152户小微企业发放贷款0.32亿元，有效满足小微企业多元化需求；自2017年以来，小微企业贷款呈现持续增长态势，每年贷款投放量保持在6亿元左右。

**【金融管理与服务】** 组织各金融机构加大金融服务产品创新推进力度，各金融机构根据自身的特点，针对企业的不同情况，分别推出以账户资金流量为依托的小微企业“快贷”、以纳税额为依据的“银税贷”、面向辖区内农村新型经营主体的“农e贷”的三大类信贷产品，同时进一步推进完善应收账款质押融资平台建设，增加对企业有效信贷投入。2019年累计投放中小企业贷款303笔，金额115375万元。其中，投放纳税信用贷50笔，金额2219万元；应收账款质押贷款7笔，金额8.6亿元。企业获得信贷位列全州第一。

建立政银企对接会制度。6月14日、7月30日和12月20日，先后组织三次政银企对接会，双方围绕“讲问题、剖原因；讲困难、互理解；讲诉求、探解决”主题，开展广泛的交流沟通，增进银企双方彼此解和信任，取得显著成果，通过此平台签订融资意向协议金额1.17亿余元。自2019年5月20日起，完全取消企业银行账户开户许可，将企业开立银行人民币结算账户由人民银行核准制改为备案制，指导和督促各银行金融机构制定规范、科学的账户开立工作流程，使企业开立银行结算账户仅在承办银行办理即可完成，办理开户时间由原平均4个工作日缩短为0.5个工作日。

农业银行宣恩支行在2个乡镇恢复网点，兴福村镇银行建立“兴福驿站”3个，将涉农金融服务特别是信贷服务前移至乡镇、村，截至2019年末，全县各乡镇金融服务网点均达到2家以上，97.13%的行政村实现信贷服务覆盖。宣恩农商行在70个行政村推行“整村授信＋微贷”，依托村支两委对全村农户批量进行信用评级，在此基础上实施授信3525户，发放信用微贷1.8亿元。引导邮储银行发挥“普惠金融事业部”功能，小额涉农贷款余额达到2.38亿元。“两站一点”为依托，打造农村支付环境升级版。组织银行联合辖内村支两委，在全县70个重点贫困村筹建金融精准扶贫工作站，在209个非重点贫困村筹建惠农金融服务工作站；依托农村商户筹建1058个助农取款联系点。在金融服务需求活跃的4个中心村分别安装1台自动存取款终端机；为35个村配置具有假币识别功能的A类点验钞机。组织各金融机构依托“两站一点”开展移动支付进农村、扫码支付一条街等活动，为农户及农村新型经营主体提供小额取现、转账、扫码支付、普及金融知识等多种金融服务。2019年，全县农村手机银行、扫码等非现金支付笔数达到357万笔，交易量近20亿元。

2019年，全县建立农户信用档案7.55万户，信用农户占比达到83%；建立企业信用档案1200户，信用企业占比达到88.62%；融资增信贷款增幅达到5.77%；小微企业贷款增幅达到35.15%；金融胜诉案件执行资金归行率100%；不良贷款占比仅1.91%。宣恩县连续13年荣获湖北省金融信用县称号。

**【防范金融风险】** 建立金融重大事项报告制度，出台《宣恩县银行业金融机构重大事项报告清单化管理制度》，针对银行业金融机构业务经营过程中发生的可能对其经营有重大影响，对区域金融和社会稳定形成冲击，存在着系统性金融风险隐患的特定事件或事项，按照时限要求进行条目化分解、明细化分工，流程化管理，厘清责任，做到风险事件早发现、早预警、早处置。

于5月和9月先后两次联合组织开展防范化解金融风险、普及金融知识宣传月活动。与市场监督管理局联合组成风险排查组，于6月、7月开展金融风险排查工作。开展非法金融广告的排查清理，出动执法人员、车辆20次，现场检查各类广告经营发布者5家，检查广告信息80条，进行非现场监测各类金融广告和资讯信息50条，采取行政措施约谈1人次，查处清理各类非法金融广告和资讯信息40条。开展企业非法集资风险排查，先后对湖北维民硒产品开发有限公司、谭家村酒业有限公司、狮子关水电有限责任公司等企业重点风险线索进行排查、约谈，遏止非法集资，做到对非法集资的早预防早治、源头治理。

各银行机构采取续贷、代偿、核销、起诉处置等方式消化不良贷款26962万元，银行机构全年完成无还本续贷业务82笔，金额12620万元；加强督办检查。先后5次组织召开不良贷款化解专题会议，督促各金融机构加大处置力度，确保不良贷款控制在有效范围之内。截至12月末，全县金融机构不良贷款12919.78万元，占比1.91%。

2019年11月，联合人民银行利川市支行、人民银行咸丰县支行完成对宣恩农商行的央行评级。通过非现场信息监测、存款保险现场评级等措施重点监测评估地方法人金融机构法人治理、资产质量、流动性等风险指标变化情况，及时做好预警提示。

对接新型担保机制，县政府筹资1.69亿元设立贡水融资担保公司，分别与湖北省农业担保公司、湖北省再担保集团合作，建立省农业担保公司＋县担保公司＋合作银行4∶4∶2风险分担机制，以及省再担保集团＋县担保公司＋承贷银行＋地方政府4∶3∶2∶1的风险分担机制。建立风险补偿机制，地方政府筹资建立5115万元风险补偿基金，创设1个县级、9个乡级，259个村级金融扶贫互助社，为贫困户和带动贫困户就业、创业涉农小微企业提供融资增信服务。全县乡镇保险机构实现全覆盖。2019年度全县保费收入2.7亿元，增长10.93%。全县保险密度853元；保险深度33.29%；筹资400万元设立小额贷款保证保险风险基金，建立“保险公司＋承贷银行＋风险基金”的增信机制。截至2019年末，覆盖县、乡、村各类客户群体的风险分担和补偿机制逐步建立。宣恩县三级金融扶贫互助社、县贡水融资担保公司、小额贷款保证保险三大增信平台累计办理的增信贷款接近10亿元。

对全县28家投资、理财、咨询、寄卖、担保类公司进行摸排清理。开展“非法校园贷”风险防控，利用开学季组织高中生观看打击非法校园贷宣传片微电影《不可取贷》，确保“非法校园贷”危害入脑入心。对全县企业进行排查，建立风险台账，制定《园区企业生产经营情况调查表》《宣恩工业园区企业精细化服务方案》，按照企业帮扶方案，落实帮扶措施。

聘请第三方审计机构对县内3家类金融机构进行审计，对审计发现问题的类金融机构股东及负责人开展约谈，要求其合规经营，及时整改；联合县市场监管局、人行宣恩县支行、县科经局、县公安局开展类金融机构清理规范检查，3家类金融机构主要存在自身经营风险，无非法集资情况。按照州金融工作局对类金融机构有序清理的要求，协调做好丹峰小贷公司、鸿鑫小贷公司的清退工作。宣恩贡水融资担保有限公司已实现国有独资，针对代偿率超过15%的警戒线及担保能力不足等主要风险问题，经县十八届人民政府第35次常务会议审议，原则上同意《宣恩县金融扶贫互助社划归宣恩贡水融资担保有限公司统一管理的工作方案》，增强政府性融资担保机构资本实力。

（唐　叶）

**【宣传工作】** 5月、9月在华鑫广场人员聚集区集中开展防风险宣传教育活动，发放宣传资料、张贴海报并安排人员现场为群众宣讲答疑；通过云上宣恩开设《防范金融风险 远离非法集资》专栏推送专题信息、中国宣恩网发布相关信息；在宣恩电视台滚动播放打击非法集资广告并利用屏幕下方游走字幕开展宣传；利用全县金融系统电子显示屏、人民广场LED大屏开展防范打击非法集资宣传。同时，向社会大众消费保健品发出消费警示，警惕所谓的返点、提成、虚构高额回报的消费陷阱；警示广大群众警惕有人利用以投资光伏电站、光伏链、数字库等为名目，以高额回报诱导投资陷入骗局，群众风险防范意识得到明显提高。

**【政府性融资】** 2019年12月底，建设银行股份有限公司宣恩支行的“助保贷”业务，累计发放贷款92笔、53868万元，贷款余额8518.03万元，13笔；工商银行股份有限公司宣恩支行“政银集合贷”业务，累计发放贷款48笔、21832万元，贷款余额2271万元，5笔；湖北省农业信贷担保有限公司及部分商业银行合作的“楚农贷”业务，累计发放186笔、金额9447万元，在保余额4146万元，100笔；宣恩贡水融资担保有限公司已实现国有独资，全年共办理担保业务18笔，金额11794.7万元，年末在保余额16698.76万元，18笔；共办理过桥业务23笔，金额7625万元。

**【金融服务】** 6月14日，在万寨乡伍家台村举行金融服务乡村振兴试点暨征信乡村行启动仪式，湖北宣恩农村商业银行股份有限公司与伍家台村、伍家台村企业代表及茶叶加工大户现场签约，还为首批获得“农e贷”授信的村民代表授牌。7月30日，召开7月金融工作调度会暨政银企对接会，促成3家企业与3家银行签约，签约金额720万元。12月20日，宣恩县召开政银企对接会暨企业恳谈会，县“四大家”相关领导、各乡镇、县直相关部门、县内商业银行及全县规上工业企业、限上商贸企业、拟进规企业、拟进限企业相关人员共170余人参加会议，恩施州伍家台富硒贡茶有限责任公司等14家企业与工行宣恩支行等8家商业银行签订银企合作协议，签约金额达9785万元，宣恩县新景添购物广场有限责任公司、宣恩县富源农业开发有限公司等10家企业签订产销对接协议，推动全县工业商贸经济高质量发展。

（覃淑华）

**【资本市场建设】** 8月27日，组织县内9家企业参加2019年宣恩县企业挂牌上市培训，邀请长江证券恩施营业部相关人员向企业讲解多层次资本市场的概念，宣传挂牌政策，引导企业规范财务制度，通过挂牌等方式拓展融资渠道，提升品牌价值。12月20日，湖北博今电器有限公司、宣恩九发科技有限公司、湖北鹏博生态农业有限公司在武汉股权托管交易中心挂牌。至年末，全县四板挂牌企业数量达到18家（四板交易板挂牌企业1家），共托管股本33965万股。

（覃淑华）

## 中国农业发展银行宣恩县支行

**【概　况】** 截至2019年末，中国农业发展银行宣恩县支行贷款余额217519.52万元，较年初增加47300万元，增幅27.79%；日均贷款余额200269.65万元，较年初增加80496.17万元，增幅67.21%。存款余额118646.85万元，较年初减少24866.29万元，降幅17.33%；日均存款余额129051.98万元，较年初减少8318.92万元，降幅6.45%。继续保持不良贷款为零。党风廉政建设、安全保卫、综合治理、计划生育、“四无”创建等量化考核指标全部达到创优标准，继续保持无经济案件、无治安刑事案件、无违法违纪、无安全责任事故发生。

**【业务发展】** 突出支持长江大保护，投放1.4亿元污水处理贷款，主要用于宣恩县8个乡镇污水处理厂及配套管网工程项目，涵盖建档立卡贫困人口25334户84138人，贫困人口占比28.1%。支持棚户区改造，投放2.6亿元珠山镇城镇棚户区改造贷款，用于兴隆大道片区、长茅岭片区、白鹤井片区棚户区安置。支持旅游产业扶贫，审批彭家寨旅游扶贫项目贷款2.3亿元，并实现1亿元投放，支持实体经济，完成湖北大派公司1500万元、伍家台茶叶公司700万元流动资金续贷。同时，根据考核要求及发展指标，新增市场化粮油企业1家，向宣恩启航粮油商贸公司发放20万元流动资金贷款。

**【信贷风险防控】** 2019年，迎接内外部检查5次，开展自查10次，对发现问题及时建立台账、全部进行整改。严格资金支付程序，严格把关支付申请资料的完整性、规范性、真实性、有效性，确保信贷资金合理、合规、合法使用。在经济整体下行的形势下，于2019年2月13日收回大派食品集团有限公司剩余贷款，在落实抵押担保的前提下，根据企业抵押物评估值合理确定贷款额度，于2019年6月向大派食品集团有限公司发放1500万元产业化流动资金贷款，较原贷款额度减少400万元；于12月全额收回恩施州伍家台富硒贡茶有限责任公司到期贷款800万元，并根据银监会流动资金限额测算方法，合理确定贷款额度，在原抵押物不变的情况下，于12月再向恩施州伍家台富硒贡茶有限责任公司发放700万元产业化流动资金贷款，较原贷款额度减少100万元，有效化解企业还款风险。

（谭　丹）

## 中国农业银行股份有限公司宣恩支行

**【概　况】** 2019年12月末，中国农业银行股份有限公司宣恩支行各项存款余额111256万元。其中储蓄存款余额为58023万元，对公存款余额为553233万元。各项贷款余额为70475万元。其中三农服务公司类贷款52768万元，个人类17663万元。

（胡国武）

## 中国建设银行股份有限公司宣恩支行

**【概　况】** 2019年，中国建设银行股份有限公司宣恩支行全口径一般性存款时点余额68756万元。其中，对公存款时点余额19952万元，个人存款时点余额48804万元。贷款余额56888万元，其中，对公贷款16105万元，个人贷款40783万元。中间业务收入606万元，较上年同期上升82万元。不良贷款主要为对公贷款，本年度共核销小企业不良贷款11户总金额7011万元。小企业不良贷款有6户总金额4057万元；个人不良贷款412万元。转型业务及战略性产品持续发展，裕农通拓点达到363个，实现全县全量覆盖和精准覆盖；普惠金融贷款稳步推进，小微企业快贷客户发展到49户；ETC新签约1798户；信用卡净增发卡932张，信用卡分期2713万元；对公账户达到958户，本年实现账户净新增118户。

（袁庆华）

## 中国工商银行股份有限公司宣恩支行

**【概　况】** 2019年，中国工商银行股份有限公司宣恩支行（简称工行宣恩支行）各项存款余额38775万元，其中，储蓄存款比年初净增2551万元，对公存款比年初下降1.02亿元（上划职业年金1亿元）。

**【贷款业务】** 各项贷款余额21833万元，年投放额6924万元，年收回额6955万元，余额较年初持平。其中，公司贷款余额5068万元，全年累计投放2289万元，余额比上年下降2746万元；个人贷款余额16765万元，全年投放额4635万元，较年初净增2716万元；信用卡消费分期余额1749万元，全年投放额2380万元，较年初净增388万元。

个贷剪刀差23万元，个人贷款不良额380万元，法人客户贷款不良额991万元，信用卡不良额95万元，均在分行控制范围内。法人客户不良核销2070万。全额收回“西部现代农业”不良贷款400万元。

全年共完成中间业务收入378.9万元，较去年同期增加100.74万元，增幅36.22%。

（刘向东）

## 湖北宣恩农村商业银行股份有限公司

**【概　况】** 2019年12月末，湖北宣恩农村商业银行股份有限公司各项存款余额32.41亿元，各项贷款余额19.68亿元。全年共有30余人次受到省、州、县级表彰。全年纳税额在全县8家金融机构中继续领先同业。按照统一规划，对7个网点进行网点改造、五小建设、规范服务全方位的改造升级，办公和居住环境明显改善，网点形象得到提升。2019年7月，营业部成功晋升为“四星”级网点。

**【支持经济建设】** 开展“春天行动”，利用春季资金流、物资流最集中、最活跃的时机，金融支持各行各业开门红、工业企业尽早开工、农业春耕备耕、重大项目早投产。支持茶叶产业建设，新增发放茶叶产业贷款8646.24万元，余额1.2亿元，惠及963户茶叶产业链客户。通过创新运用“仓单质押+重要关联人保证”的组合担保方式，在一周之内为伍台昌臣茶业公司、宣桃茶业公司两家茶叶龙头企业完成单户1200万元的贷款投放。

支持民营企业发展，针对民营和小微企业主研发的“税e贷”纯线上微贷产品，2019年已申请114户，目标客户对接面达43.5%；审批授信385万元，用信190万元，用信率达49.35%；完全实现线上申请、循环授信、随用随还，贷款比存款还方便。建设“阳光信贷”，实施“1371”限时办贷服务，全年审批发放民营和小微企业贷款平均用时2.7天，切实提高办贷效率，让客户不久等。开展减费让利工作，全年共承担不动产登记费7万余元，惠及680余户；通过自评间接节约评估费80万余元，惠及750余户。开展党建互联、金融互联、扶贫互联和文化互联“四个互联”活动，充分发挥“党建+金融”对乡村振兴的引领作用。已签约岩堡、伍家台等13个“村银党建互联互助”示范村，启动“村银共建活动室”的建设，完成村内农户的评级授信，评级面达100%。通过整村授信模式为乡村振兴拓宽增信客户，2019年共建立整村授信示范村70个，评级面达100%；授信3525户，授信面达40%，用信率达49%，全行微贷余额突破2亿元。

**【智慧银行建设】** 2019年，宣恩农商行实行“4+1”基础客户拓展战略，特别是在个体工商户拓展中逐步实现扫码付市场全覆盖、行业场景全覆盖。4个“100”行动取得实质效果，即个体户100%入户率、100%覆盖率、100%活跃率，辐射附近100米。以营业部为例仅附近100米范围走访商户135户，扫码121户，配备云喇叭62户。实现辖区内所有个体户100%建档，6000多户个体户建档验收已经完成，入户率达100%，建档率达85%，立牌率达78%，扫码活跃率达到62%。基层支行创新工作方式，利用“钉钉”办公软件和微信小程序“钉图”，对商户进行实时定位地图管理，区别化标记，真正实现商户网格化管理。

**【管理与合规】** 加强制度建设，开展制度清理活动，规范制度管理。落实案防合规责任，宣恩农商行与12个支行、13个部门签订《案防责任状》，并组织全县166名在岗员工签订《岗位案防承诺书》，签订面达100%。发挥纪委和审计部门的职能作用，坚持对违规违纪行为“零容忍”，惩处上动真格、不手软，增强对制度的敬畏之心，提高制度约束力。以创建“平安银行、平安行业”为目标，在全县扎实开展安全生产大排查，排查面达100%，对排查出来的问题做到彻查彻改，不留死角。全力推进安全意识教育的提升，有力保障全年的安全合规运行。

按照商业银行信贷管理运行机制和“三个办法一个指引”，全面规范信贷管理制度、标准和流程，突出“三个面向”，提高信贷管理水平，信贷管控向合规化转轨。严把新增贷款出口关，监控不良贷款新生源头；强化新增贷款“三查”，杜绝冒名贷款、违规贷款的发生；从严控制信用贷款，提高抵（质）押担保率，根据客户行业特点合理确定贷款期限，调整贷款结构；加大追责力度，杜绝各种违规贷款，狠抓到期贷款清收。严把费用支出关，真正把费用用在“刀刃”上，尽量降低经营成本，保证费用开支的科学性与合理性。时刻紧绷防案控险弦，坚持“依法、合规、安全”经营原则，各部门之间相互配合，齐抓共管，全面系统地抓好风险防范工作。

（周　兰）

## 中国邮政储蓄银行股份有限公司宣恩县支行

**【概　况】** 2019年，中国邮政储蓄银行股份有限公司宣恩县支行（简称邮储银行宣恩县支行）新建约20个左右信用村，在产业基础好、交通方便、信用较好、村支两委工作负责的村，择优建立信用村，与扶贫贷形成互补，推动农村小额信贷的健康发展。加大业务的联动发展，加快创新业务落地，全力拓展民生类贷款的发展，继续加大农民工保证金项目的发展。年末，邮储银行宣恩县支行存款余额达到24.81亿元，全年净增0.22亿元；贷款余额达到5亿元。

**【安全管理标准化建设】** 做好银行业金融机构第6轮安全评估工作。继续巩固安全管理不规范行为整治成果，加强履职检查，严防整改不彻底，与平安邮储创建活动相结合，推行精细化管理工作机制，狠抓安全保卫各项制度的落实，提升安保队伍的履职能力，确保安全生产平稳运行。坚持邮银协同，在风险控制上统一要求。严格落实代理金融机构管理办法，共同做好案防管理工作，着力解决邮银双方在案防管理、内控合规、反洗钱、客户投诉、消费者权益保护等工作存在的问题。

（胡 瑛）

### 恩施兴福村镇银行股份有限公司宣恩支行

**【概 况】** 2019年，恩施兴福村镇银行股份有限公司宣恩支行人民币各项存款余额45248万元，其中单位活期存款余额3311万元，个人活期存款余额3458万元，个人定期存款余额37143万元。发卡1635张，手机银行1046户。实现各项收入1555万元。贷款余额35260万元，有余额贷款户2115户，余额较年初增长7066万元。

（袁 丽）

## 保险业

**【概 况】** 2019年，全县保费收入26404.20万元，比上年同期增加4857.9万元，增长22.5%。其中财险收入7637.89万元，比上年同期增长20.13%；寿险收入18766.31万元，比上年同期增长23.56%。

由县财政继续出资200万元为贫困户购买产业扶贫保险，保障贫困户的种养殖业；由县财政出资100万元，购买“防贫保”，为农村容易返贫的低收入户提供保障；由各级财政全额出资或部分补贴267万元，购买能繁母猪、水稻、烟叶、农房、精神病人第三责任险等保险，落实保险惠民政策。

**【签订暴雨洪涝巨灾保险保单】** 6月25日，宣恩县正式签订暴雨洪涝巨灾保险保单，由政府全额为辖区居民购买保险，对相关人身伤亡和财产损失给予基本经济补偿。宣恩巨灾保险年保费支出近113.6万元，由省、县财政按6∶4比例分担。巨灾保险是指对突发、危害严重的暴雨洪涝等重大灾害引发的财产损失和人身伤亡，给予切实保障的风险分散制度。巨灾保险的保障范围为：因暴雨、洪涝灾害造成的人身伤亡（失踪）、农房倒塌、大宗农产品绝收或死亡，以及政府可能面临的巨额财政支出等。凡县辖区内一旦发生橙色预警级别的暴雨、洪水自然灾害、州县政府启动Ⅳ级以上自然灾害救助应急响应后，如发生人身死亡（失踪），每人最高可获赔10万元；农村居民住宅倒塌，每间全倒房屋赔偿6000元，每户最高可获赔5万元；水稻、玉米根据不同生长阶段及受灾程度分段赔付，每亩最高可获赔200元，生猪每头最高可获赔150元。在承保和理赔上，明确由人保财险、太保产险、平安产险、国寿财险等8家公司组成共保体承保，其中人保财险为首席承保人，负责牵头共保体公司做好宣传发动、承保签单、查勘定损、赔款支付及防灾防损等工作，并建立灾害准备金。

（覃淑华）

**【中国人民财产保险股份有限公司宣恩支公司】** 2019年中国人民财产保险股份有限公司宣恩支公司保费收入4175.32万元，同比增加733.93万元，增速21.33%，利润477.75万元，同业市场占比

54.67%。其中承保的车险业务保费收入 2479.15 万元，同比增减 265.52 万元，增速 11.99%，同业市场占比 45.52%；农险（含政策性水稻保险、能繁母猪〈牛〉保险、政策性农房保险等、全县贫困户产业保险湖北省巨灾保险）保费收入 723.32 万元，同比增减 254.42 万元，增速 54.26%，同业市场占比 98.70%；非车险保费收入 972.71 万元，同比增减 214.28 万元，增速 28.25%，同业市场占比 66.67%。

截至 2019 年，中国人民财产保险股份有限公司宣恩支公司已开办中央和省级补贴政策性“三农”保险品类有水稻、能繁母猪、“两属两户”农房保险，地方政策性保险有能繁母牛、产业扶贫保险、全县普通农房保险、湖北省巨灾保险。水稻种植保险、两属两户农房保险，共计签单保费 723.32 万元，其中水稻保险：承保数量 27050.12 亩，保额 400 元 / 亩，保费 24 元 / 亩，签单保费 64.92 万元，其中农民自缴保费 16.23 万元，中央、省级、县级财政补贴共计 64.92 万元；两属两户农房保险：承保数量 16056 户，保额 3000 元 / 户，保费 9 元 / 户，签单保费 14.45 万元，其中本级财政补贴 4.34 万元，省级财政补贴 10.12 万元。产业扶贫保险面对全县贫困户，为全县贫困户的种植、养殖产业提供风险保障，保费由县级财政全部承担，保费收入 200 万元，保额达 5568.67 万元，共计支付保险赔款 198.7 万元。烟叶种植保险共承保全县烟叶面积 3080 公顷，保费收入 346.41 万元，理赔总额 141.59 万元。

**【服务网点建设】** 构建辐射全县所有乡镇的服务网点体系，有纳入乡镇政府管理序列的“三农”保险办公室 9 个，有单独门店的乡镇“三农”服务网点 6 个，配备专职负责人和内勤，负责当地政策性“三农”保险的落地工作，分别为城区本部（辐射万寨、椒园）、高罗、沙道、李家河、长潭河（辐射椿木营）、晓关。其中晓关乡服务部 2019 年获评省级示范服务网点。

（唐　玲）

**【中国人寿保险股份有限公司宣恩支公司】** 2019 年，中国人寿保险股份有限公司宣恩县支公司（简称中国人寿宣恩县支公司）保费总收入 6158.8 万，市场份额占比 41.78%，同比下降 0.68%。其中新单保费 2040 万元，同比下降 16.65%；长险首年保费 1373.5 万元，其中十年以上期交 853.8 万元，同比增长 58.48%，长险首年标准保费 815.5 万元，完成率 116%，短险保费 666.2 万元（其中意外险 307.2 万元，健康险 359 万元）。其中个险渠道 5138 万元，团险渠道 441.94 万元，银保渠道 553.3 万元。办理各类理赔 18197 件（结案），赔给付金额 2109.65 万元。纳税总额达 18.5 万元。

个险渠道总保费 5138 万元，同比增长 8.14%，其中期交保费 1104 万元，同比增长 2.78%，短险保费 203.1 万元，同比增长 49.57%，业务指标呈现上升发展趋势。团险渠道总保费 441.94 万元，同比增长 24%。银保渠道总保费 553.3 万元，同比下降 45.83%，长险首年保费 268.8 万元，首年期交 268.8 万元，同比增长 31%，首年标准保费 66.6 万元，完成率 102%。2019 年末，中国人寿宣恩县支公司营销从业人员 415 人，个险渠道营销员 389 人，团险渠道销售人员 22 人，银保渠道销售代理网点 13 个，客服经理 4 人。解决就业 415 人。

（胡　敏）

**【中华联合财产保险股份有限公司宣恩支公司】** 2019 年，中华联合财产保险股份有限公司宣恩支公司实现保费收入 1104 万元，其中，车险保费 975 万元，责任险保费 48.1 万元，财产险保费 7.94 万元，意健险保费 66.7 万元，农险保费 2.86 万元。同比增长 2.13%。全年赔付支出 409.45 万元。上缴税收 150.91 万元。

（左文敏）

# 交通　邮政　通信

## 交　通

**【概　况】** 年末全县公路通车里程达到2811.7千米，其中高速公路120.1千米。全年公路运输货物333万吨，运输旅客125万人次。全县公路总里程6682千米，其中高速公路120.1千米、一级公路17.02千米、二级公路268.41千米、三级公路54.58千米、四级公路1778.47千米、4.5米以下硬化公路2266.03千米、未硬化公路2177.39千米。

全县共有通航水域6个，通航总里程120余千米，乡镇公益性达标渡口17处，客渡船17条（其中含经营性客渡船5艘），各类持证船员52人。

全县客运企业6家；在营客运站5个，其中，二级客运站1个，五级客运站4个；有出租、公交企业各1家；机动车综合性能检测站1所；有机动车维修企业105家，其中，三类以上机动车维修企业99家（一类维修企业1家、二类维修企业11家、三类维修企业97家）；有驾校4所，其中，一类综合驾校1所，三类单项驾校3所；有候车亭（招呼站）127个遍布乡村。完成100千米“四好农村路”创建，完成1个省级“四好农村路”示范乡镇申报。

全年完成交通固定资产投资15.016亿元，其中，高速公路11亿元，普通国省道1.8351亿元，农村公路2.0009亿元，城建项目0.18亿元，与去年相比基本持平。

**【高速公路建设】** 宣鹤高速公路全长55.628千米，宣恩段30.6千米，2015年12月18日开工，2019年12月底通过交工验收，达到通车条件，累计完成投资355787.8万元，占宣恩段计划总投资额359266.7万元的99.03%。2019年共完成临时用地复垦完成285户30公顷；红线外补充征地完成47宗29.53公顷；利用农村道路12条20千米，高标准恢复11条13.2千米；需要“三改”（改水、改路、改电）43处，已完成22处；协调处理矛盾纠纷696件798人。宣咸高速公路，工程可行性研究报告已获批，施工图设计基本完成。

**【国省道建设】** 2019年，国道351椿木营至长潭河段改扩建工程全长51.35千米，完成路基12.8千米；国道209宣恩绕城公路和平大道5.5千米全面完工，高罗绕镇公路全长6.96千米，完成路基6.4千米、路面6千米、桥梁5座；国道242恩施大集场至宣恩晓关段公路工程全长18.278千米，已启动征地工作。省道233太山庙至椿木营改扩建路基完工，路面完成50%工程量，万寨隧道全面贯通。

**【农村公路建设】** 长潭河集镇至椿木营集镇段、长潭河洗马坪至沙道沟药铺段、七眼泉至染坊湾段等总里程120余千米重要农村公路项目处于施工中；自然村通畅提升工程完成330千米，占省计划数110.74%；通组硬化路实际完成364.9

千米，占省计划123.7%；省下达公路安防计划771.776千米全部完工；官千水库铁索桥复建项目桥面及桥梁附属工程完工；农村公路危桥修复年度计划完成。

**【城建项目建设】** 2019年，宣恩县城果茶厂至西门沟段路基完工，和平至上卸甲坝段路基、路面基本完工，三河沟桥（二桥）下构完成、接线工程进行路基施工。

**【旅游公路建设】** 2019年，全县共建设旅游公路3条。年末，彭家寨段正进行桥梁和隧道施工，伍家台旅游公路椒园一碗水至万寨板场段完成初设评审和监理招标文件编制，宣恩县首条盘山彩色旅游公路蒙家湾至板寮段建成投用。盘山彩色旅游公路是在原209国道基础上改扩建而成的乡村旅游公路，起点在宣恩县珠山镇封口坝村，终点在高罗镇板寮村村口，全长27.001千米，2018年8月开工建设，总投资5223.8149万元。路基宽度6.5米，路面宽度5.5米。路面结构采用旧路面处置加水泥稳定碎石基层，中粒式普通沥青混凝土，细粒式橡胶改性沥青混凝土建成，公路一侧用细粒式橡胶改性彩色沥青混凝土铺装2米宽的山地自行车赛道。

**【水运建设】** 宣恩县洞坪库区贫困地区中间河旅游渡运码头获得批复，清江支流洞坪库区航道整治工程项目已纳入湖北省综合交通“十三五”规划中期调整项目库。

**【客货运站场建设】** 全县已建成客运站5个，其中，二级客运站1个在县城，五级客运站4个，分别在高罗镇、长潭河侗族乡、晓关侗族乡、李家河镇、椒园镇。2019年，在建一个三级客运站为沙道沟客运站，已完成场地平整，正进行主站楼建设。力争2020年完成建设投入运营。

**【运输服务】** 2019年末，全县共有营运车辆814辆，其中，班线及旅游客车367辆，从业人员410余人；出租车64辆，从业人员72人；公交车34辆，从业人员40人；全年完成客运量125万人次，旅客周转量19647.3万人/千米。全县开通客运班线264条，通村率100%。

全县物流行业有总质量4.5吨以上载货汽车349辆、吨位3338.58吨、从业人员510人。在营物流企业12家，其中大型物流园1家、物流公司11家，营业面积1300平方米，从业人员110人，配送车辆38辆/200吨。全年完成货运量333万吨，货物周转量49950万吨/千米。

**【国省道养护】** 路面大修工程209国道梅木椏至椒园完成总工程量90%、245省道沙道至当阳坪段完成总工程量40%。完成28座桥梁栏杆防护加固、预防性养护和过渡性警示桩设置，危桥改造工程全面启动，完成40%工程量。东门关隧道危隧改造工程及出入口整治全面完工并通过交竣工验收。2019年，公路日常累计清扫路面12100千米、清理水沟2620千米、疏通涵洞715道、整修边坡3.1万平方米、路面灌缝53.2千米，路面坑槽修补2.3万平方米、增设警示柱690个、钢护栏修复5350米，诱导标志加装987套、视距改善7处、铺装彩色防滑路面2780平方米。更新千米桩164块、百米桩1484块，防撞墙涂装警示漆7700平方米，补植通道绿化树苗300棵，修剪、刷白行道树220千米。2019年10月，启动公路专业化养护改革，国、省道市场化养护全面推进。209国道代表全省迎接部检取得高分，得到肯定。国省道养护检查位列全省第19名、全州第2名。

**【农村公路养护】** 2019年，完成2099千米农村公路日常养护，累计清扫路面2099千米，清理边沟1500余千米、桥梁220余座、涵洞800余道，排查安全隐患112处，已整治103处。做好公路扫雪防滑：2019年，累计投入资金36万余元，投入融雪剂60吨、炭灰500立方米、融雪剂撒布机56台班，人员480余人次，巡查车辆197台班，抢通公路934千米。汛期投入装载机260台班、人员350人次，工程车330台次，清理垮方7000余立方米。

**【水上运输】** 港航海事工作全州领先，海事“六型”窗口创建走在全州前列，水上安全监管“宣恩经验”在全省海事系统学习推广，水上运输持续保持34年无事故。

**【行政执法与依法治交】** 严格规范行政执法，着力提升行政执法水平，落实“谁执法谁普法”责任制。组织开展“七五”普法、“法律六进”、“5·12”减灾防灾日、“路政宣传月”等教育活动。全面落实无纸化学法用法，在线学员56人学分达标全覆盖。全面推行行政执法公示、执法全过程记录、重大行政执法决定法制审核。建立健全法律顾问制度，完善内部重大决策合法性审查机制，降低重大行政决策法律风险，确保行政决策合法合规。

落实行政审批“三集中三到位”，严格规范审批程序，优化审批流程，提升审批质量。深入开展“减证便民”，政务服务事项进驻大厅“应进必进”。全面落实“双告知”“证照分离”“多证合一”和权责清单、负面清单等制度，行政服务实现“只进一扇门、只跑一次路、一次就办好”。全面推广运用“双随机一公开”监管平台，切实加强事中事后监管。深入巩固“红顶中介”整治成效，完善政府公共服务平台，服务事项从“最多跑一次”向“一次不用跑”升级。

全年共拆除违章建筑27处217平方米，拆除违法非标共406处。其中，路政清理广告牌109块、横幅297条，清理公路及用地范围内堆积物176处4957平方米，清理占道经营104处452平方米，查处违法采挖及其他违法行为共23起。加大路损行为查处力度，积极查处路损行为和路政案件，维护公路路产路权。共查处路政案件37起，共收取罚款0.1万元，收取赔/补偿费14.132万元。加强道路运输车辆稽查，共检查运输车辆291台，查处违反经营许可案件7起，罚款5万元。加强超限治理，开展路面抛洒治理，维护道路安全畅通。全年共检查货车429台次，共卸货602.93吨。

**【交通工程质量监督】** 全年共巡查农村公路项目221条次，对在建农村公路进行强度抽芯检测31条次，现场下达返工整改令39条，下达整改通知书5份，工程建设违法行为得到有效打击，工程建设质量明显提升。

**【科技与信息化】** 持续推进智慧交通综合管理平台建设，全面完成城市公交车生命防护装置和4G监控安装，道路客运、城市公交出租、水运船舶、重点项目建设、长大隧道、危险品运输等领域4G监控实现全覆盖。

加快推进“绿色交通”建设，11条城市公交线路34辆公交车全为部纯电动车，发放公交车IC卡4960张。加快客运行业转型升级，完成客运车辆更新53辆，其中新能源车辆7辆。全县11个千人以上大型集中安置点农村客运公交化运行实现全覆盖，公共交通服务能力得到提升。

有序开展“车容车貌”整治和“垃圾分类”处置，长期保持“清洁、舒适、环保”的乘车环境。认真开展环境污染治理，从严惩治渣土车运输路面污染，全县9家二类以上在营维修企业完成喷漆房改造，17艘船舶全部配备水污染处理设施。

**【安全应急管理】** 全年共出动人员进行安全检查565人次，完成周报42期，发现隐患86起，整改79起，7起正在整改中；完成挂牌督办隐患整改6起。抓好安全教育，不断强化红线意识和底线思维，全年无重特大事故发生。

**【交通改革】** 探索推进“专班制”改革，坚持“以事为中心”，探索构建“专班制”推动“大交通”体制改革，本着不打乱对上业务对接、不改变人员编制身份，按照“人随事走、费随人走、规范制度、统筹使用”原则，对交通各二级单位（高路办除外）实行人员统筹管理、资金统筹使用、工作统一安排。大交通“专班制”运行两年多来，交通队伍人才优势和专业特长得到充分发挥，广大职工人尽其才、各尽其能，各块工作亮点纷呈，队伍活力全面激发。

截至2019年底，《宣恩县交通综合执法改革工作实施方案》已通过宣恩县委编委会议审定，同意设立宣恩县交通运输综合执法大队，明确为副科级公益一类事业单位，拟划转执法人员名单已上报宣恩县编委待审定。

为全面提升宣恩县公路养护质量和管理水平，解决公路养护临时用工遗留问题，积极推进公路养护专业化改革，经反复研究和多方考察，集中审定《宣恩县公路养护专业化养护实施方案》，以国省道既有养护管理站国省干线分布为基础，对境内国、省、县道分四个片区进行养护管理，以公开招标方式确定养护企业，将全县国、省、县道养护全面推向市场化，实行专业化养护管理。

**【ETC推广发行】** 全县ETC推广发行应用工作自2019年7月启动，截至2019年9月28日，宣恩县在全州率先完成既定年度目标任务。宣恩县ETC发行应用工作的好经验、好作法得到恩施州副州长张勇强的重要批示，并在全州推广。恩施州推进高速公路ETC发展应用工作领导小组办公室、恩施州交通运输局关于ETC工作发来贺信。至2019年10月底，全县26584辆车安装使用ETC。宣恩县交通运输局调剂资金110万元，用于奖励已完成目标任务的5乡镇。全系统ETC推广应用专项竞赛活动中，131干部职工参与推广动员434辆汽车安装ETC。

**【全州公路安防设施建设现场推进会】** 1月18日，全州公路安防设施建设现场推进会在宣恩县召开。参会人员先后到长潭河侗族乡凉风台，椿木营乡晒坪、神州台等地，现场参观防撞软墙、交通劝导站、挡车器等建设情况。在随后召开的座谈会上，椿木营乡主要负责人介绍全乡在公路安防设施建设方面的工作经验。

（李　瑜）

## 邮　政

**【概　况】** 2019年全县邮政业务收入4642万元，比上年增长6.5%。其中快递业务收入0.04亿元，增长72.1%。全县邮政行业业务总量1.32亿元，增长10.2%。

**【经营管理】** 2019年宣恩县邮政分公司实现业务收入4642万元，完成全年计划的95.7%，同比增长6.49%。

代理金融全年实现收入3346万元，同比增长3.57%；储蓄年化综合收益率160元/万元；保险综合收益率406.65元/万元，同比提升8.28%，期缴规模达1510万元；理财收入30.73万元，同比增长88.64%，理财收入增幅居全州第二。新增综合资产25643万元，储蓄4956万元、保险16783万元、理财3905万元；储蓄活期占比37.63%。全年新增中邮趸缴494万元、中邮期缴805万元，沙道沟邮政支局荣获“中邮期缴标杆网点”。新增万元客户1152户，占比全年新增客户总数的23.91%；储蓄到达余额市场占有率24.09%，年度新增余额市场占有率8.11%；新增收单商户1947户、注册邮储食堂会员1230户，新增手机银行有效户6930户，累计43338户，电子银行替代率92.94%；新增移动支付绑卡10705户，累计结存62820户。开展信用卡、ETC、云闪付“一客三绑”联合营销，新增ETC卡1116户，新增云闪付有效户4762户；开发椒园征地补偿项目，代发资金1000余万元。

全年出口邮件22.4万件，县市行业占比31.36%，件量占比行业第一。

在农村电商三级运营体系建设的基础上，以“五个结合”，从“建维运管”四个方面推进平台建设与运营，探索“1+2+N”综合服务平台建设路径。全年新建升级版村邮站10个、累计达到40个。常态化推进批销业务发展，实现分销额374万元、批销额910万元，分销商品毛利率

18%；开展“邮政919·丰收欢乐购”、电商扶贫等活动，注册宣恩邮政“仙恩贡品”品牌。

开展生肖贺岁季、集邮文化季、建国70周年、世界邮展等重点项目营销，实现集邮收入142万元。开发《仙山贡水，浪漫宣恩》系列明信片（宣恩城区、伍家台、狮子关），精选旅游路线做大旅游明信片项目，实现函件收入123万元。做好报刊大收订、校园报刊、图书文创营销，完成收订流转额436万元，实现报刊收入129万元。

税邮项目代征税款675万元，收入24.3万元，争取到5万元免税票补贴，1万元寄递类补贴政策。简易险从无到有，实现保费32.39万元，形成收入11.11万元。

**【综合管理】** 新增转型网点3个，打造特色标杆网点2个，实现8个金融网点转型全覆盖。新增投递转型站点9个，打造投递转型标杆站点1个，转型覆盖面达到100%，全面提升投递服务水平及邮路经营效能。转型站点快包（当日）及时妥投率、信息实时反馈率、外勤监控采集率三项重点指标均排前列。破解邮政支局管理难点，在高罗支局开展“三互三问”活动1场，梳理问题清单29条，整改问题29项，整改率100%。

**【幸福邮政】** 高罗支局建成“省级示范职工小家”、省级“职工书屋”。“第十届全州邮政系统职工篮球赛”，宣恩邮政获第二名。开展企业文化征文、主题教育演讲、随手拍摄影等活动。陈祖章被表彰为2019县级劳动模范，田甜、刘美财、冯菊桃被州分公司授予“2019年度树标夺旗先进生产（工作）者”荣誉称号，杨长江获“州级督导精英奖”，曹琳获“理财经理精英奖”，曹琳、李昱洁、冯菊桃、田琴被州分公司授予“中邮期交销售精英”荣誉称号，快递包裹部、渠道平台部、集邮与文化传媒部获2019年全州“效益争先”竞进奖。沙道沟（第六名）、李家河（第十六名）获全州农村二十强支局，长潭、李家河获“2019年度农村支局对标进位优胜单位”。借助行业优势开展电商扶贫，帮助销售茶叶、土鸡蛋、黄金梨、土豆、白柚等众多农产品，宣恩邮政电商扶贫被《湖北日报》《恩施日报》等多家媒体报道。

（汤祚健）

## 通　信

**【概　况】** 2019年末，全县固定电话用户9674户，移动电话用户259761户，固定宽带接入用户64138户。电话通村率100%。

**【中国电信股份有限公司宣恩分公司】** 2019年，中国电信股份有限公司宣恩分公司固定电话容量3万门，宽带网络容量6.8万端口。新建村村通、CDMA、3G、4G基站532座，移动信号覆盖率达到97%以上，国际互联网出口达到80G，县到乡（镇）达到20G，传输全部实现光纤化、环网化、数字化、高带宽大容量化，用户网络接入全部升级为FTTH（光纤到户模式），光缆传输总长度达到17900千米，全县279个行政村通光纤。固定电话用户数达到0.84万户，宽带用户达到3.23万户，电信移动电话达到5.06万户。

**【重要项目建设】** 2019年，投资1500万元，以全县4G网络信号弱覆盖区域进行补盲。投资680万元，对全县原有光纤宽带覆盖区域进行扩容，对各个乡村住户较集中的区域进行光纤宽带深度延伸。投资600万元，对各个行政村原附挂在电力杆上的有线接入宽带光纤进行迁改，降低安全隐患，提高宽带网络质量。投资300万元，对全县教育系统涉及各学校FIRST专网改造建设，光纤网络通达到每个教学班。投资1500万元完成全县“雪亮工程”建设，全县共有平安监控点位达3000个。投资400万元，执行政府决策，完成各扶贫安置点的线路迁改及FTTH覆盖项目。

（郭千生）

**【中国移动通信集团湖北有限公司宣恩分公司】** 2019年，中国移动通信集团湖北有限公司宣恩分公司（简称宣恩移动公司）有4G基站684个，小区宽带383个，宽带端口3万余个，4G基站投资总额超3.5亿元，宽带总投资超3000万元。4G整体覆盖率达到98.4%，宽带覆盖行政村275个，覆盖率行政村98.9%。完成主营业务收入9200元，实现纳税总额50157.57元，带动近500人团队就业问题。

**【信息化项目】** 2019年，宣恩移动公司信息化项目发展继续坚持以满足集团单位信息化办公需求为工作目的，以各个集团单位年度工作报告内容为工作发展主线。通过与集团单位深入探讨达成“智慧经管”“国土云”“七姊妹山云监控”、三大信息化项目。宣恩县智慧民生服务平台项目（简称智慧民生）完成整体建设及测试运行。配合宣恩市政建设、安置房建设、省道改扩建等项目的建设，投入300万元对被毁通信杆路和通信管道实施修复和迁改。

（孟孚嘉）

**【中国联合网络通信有限公司宣恩县分公司】** 2019年，中国联合网络通信有限公司宣恩县分公司（简称宣恩联通公司）各经营单元收入利润完成率均排名全州前列，KPI考核位居全州八县市第一位。湖北省联通公司将恩施州作为信息化扶贫建设及应用推动重点区域，宣恩联通公司积极参与“信息扶贫行动计划”。投资新建179个4GL900基站，州脱贫攻坚信息基础设施建设领导小组办公司组织第三方测试机构进行测试验收，宣恩联通的4G网络全域覆盖项目建设顺利通过验收。

**【5G和光纤宽带建设】** 宣恩联通公司在县城华鑫广场区域开通2个5G基站。12月7日，举行5G开网仪式，标志着宣恩县迈入5G时代。新建固网宽带FTTH项目2个，BTO投资项目4个，新铺设城区光纤管道80千米，县城光纤宽带小区实现全面覆盖，全县宽带可用端口达到31194个，宽带接入能力达到100兆。

（王　琴）

# 商贸　旅游

## 商　贸

【概　况】2019年，全县社会消费品零售总额51.6亿元，比上年增长10.5%。其中，批发零售业零售额42.3亿元，增长10.6%；住宿餐饮业零售额9.3亿元，增长10.1%。

新增限上商贸企业14家，退出8家；全县限额以上商贸企业达35家。累计完成社会消费品零售总额51.4亿元，比上年增长10.5%。新增外贸出口备案企业5家，全年完成外贸进出口1129.81万美元，同比增长44.7%。

2019年，全年批发和零售业增加值9.19亿元，比上年增长4.7%；交通运输、仓储和邮政业增加值3.42亿元，增长8.3%；住宿和餐饮业增加值2.69亿元，增长12.0%；金融业增加值5.45亿元，增长11.5%；房地产业增加值8.96亿元，增长4.9 %；其他营利性服务业增加值5.25亿元，增长11.4%。实现第三产业总产值46.27亿元，同比增长7.0%，三次产业占比为23.9∶15.0∶61.1，第三产业占比同比增长3个百分点。服务业固定资产投资占全社会固定资产投资比重为83.6%，位列全州第三。服务业市场主体同比增长6.82%，服务业新增市场主体占全社会新增市场主体比例达73.71%。

新增商贸流通服务企业210家，全县经营户总数达8895家。完成外贸出口额1129万美元，超出年度任务41.13个百分点。开通客运班线261条，全县行政村通客车率100%。在伍家台村等70个试点村推行开展金融整村授信服务，为3525户农户授信1.8亿元。举办武陵山区龙舟争霸赛、元宵灯会、伍家台贡茶开园节等文旅活动，县城“仙山贡水”旅游区成功列入国家AAAA级景区创建名单，全年共接待游客300.88万人次，累计旅游综合收入14.85亿元，同比分别增长24.2%、26.5%，增幅均位列全州第一。在全省2018年度服务业发展考评中，获“全省服务业发展贡献单位”称号。

地方财政预算专项资金300万元，进一步引导和鼓励全县服务业企业调整和优化产品结构。2019年，落实《宣恩县服务业引导资金分配方案》《县人民政府办公室关于印发〈宣恩县专利申请奖励办法〉的通知》《关于鼓励和扶持商贸流通企业加快发展的实施意见》《宣恩县旅游业发展优惠奖励暂行办法》《宣恩县2019年度农家乐精准扶贫创业项目实施方案》和《关于支持外贸企业发展的若干意见》等相关奖励政策，为100家服务业企业发放奖补资金465.3万元。

（李世亚）

【出口创汇】2019年，恩施州下达宣恩县外贸进出口目标任务1100万美元，全年完成外贸进出口1129.81万美元，完成全年任务的102.71%。比上年同期780.74万美元，增幅44.7%。其中，伍台昌臣茶业有限公司605.72万美元，湖北童话工艺礼品有限公司464.23万美元，宜红贡茶56.3万美元，宣恩县福翔商贸有限公司3.57万美元。下达宣恩县新增外贸进出口企业任务2家。当年新增外贸出口备案企业5家（宣恩县宣安茶业有限公司、湖北赛邦新型装饰材料有限公司、湖北恩美工艺品有限公司、湖北华贡商贸有限公司、湖北美绘工艺品有限公司），年末自营出口企业达到25家。

**【国内贸易】** 2019年，恩施州下达宣恩县社会消费品零售总额任务52亿元，增长11%的目标，实际完成社会消费品零售总额51.4亿元，占州下达任务的98.85%，同比增长10.5%。全年新增限上商贸企业14家：宣恩宏鑫商贸有限公司、宣恩县新欣商贸有限责任公司、宣恩县新欣商贸有限责任公司新欣大酒店、宣恩县裕丰农资有限公司、宣恩大辉商贸有限责任公司、宣恩县文锋汽贸有限公司、宣恩县亿成商贸有限公司、宣恩冰冰商贸有限公司、宣恩县椒园镇佳茗茶厂、恩施优赞食品有限公司、宣恩县福卉源生态农业有限公司、宣恩县峰润茶业有限责任公司、宣恩云泉居餐饮管理有限公司、恩施自治州华瑞商贸有限公司宣恩县三合庙加油站），退出8家，年末全县限额以上商贸企业实有35家。

**【电子商务】** 2019年，国家级电子商务进农村综合示范县项目全面启动，完成县电商公共服务中心、县级物流仓储配送中心建设，县、乡、村三级物流配送体系已成体系，已开通10家天猫店、300余家淘宝店在线运营，宣恩产品在京东、拼多多、苏宁、本来生活等多家电商平台销售，60家生产型企业转型电商营销。全县2019年电子商务交易额达24425亿元，农产品上行交易额完成8076万元，累计完成收件量4570046万件，寄件量609470万件，全县电商从业人员超过4500人，已带动近5000户贫困人口增收。

（胡柏安）

## 供销合作社

**【概　况】** 2019年5月，宣恩县农合电子商务有限公司注册成立，宣恩县供销合作社联合社资产管理中心占股51%。6月30日，新宇烟花爆竹有限公司清退聘用职工，停业转型。7月，副县长李家锦，对供销社综合改革工作开展调研；9月，县政府常务会议专题研究深化供销社综合改革工作，形成《政府常务会议纪要》(〔2019〕9号)，对供销社综合改革工作的组织机构、改革经费保障工作形成会议决定。按照省农业厅、省供销社通知对领办的84个农民专业合作社进行专项清理，3个专业合作社被全国供销社统计直报系统清除。新建专业合作社1家。申报全国总社和省级供销合作社示范社各1家。

**【社有企业经营】** 新宇烟花爆竹有限公司实行停业转型，在6月30日辞退聘用职工3人。补偿6.68万元，盘存存货160万元、欠供货厂家货款263万元，公司债权192万元。公司留2人处理存货。宣恩宜红贡茶有限公司茶叶购进2674万元，销售收入3180万元，其中出口283.6万元，实现税收13万元。

（尹绪程）

## 粮食流通

**【概　况】** 2019年纳入流通统计的粮食经营主体购进粮食6465.5吨，其中，国有粮食企业购进粮食5670.6吨。纳入统计范围粮油加工企业实现工业总产值1.35亿元；落实优质粮食订单面积440公顷；完成4000吨的县级储备粮轮换入库任务；原粮出入库检验率、涉粮举报案件查处率均达100%，安全粮油比例达95 %以上。

**【粮食宏观调控】** 持续巩固放心粮油市场体系建设，推进“放心粮油”一张网建设，全面实现规范化管理。4月1日，组织开展全县放心粮油ERP信息系统操作使用培训。全县共建成15家

“放心粮油”连锁店，1 个“放心粮油”配送中心，为全县城乡居民提供质量安全、品种丰富、价格合理的粮油产品，让百姓“买得放心、吃得安心”，粮油储存、生产、消防安全零事故，安全粮油比例达 95% 以上。建立 19 处应急点，确保严重自然灾害或紧急状态的粮食供应，形成应急网络。与粮食应急主体签订粮食应急供应保障协议 100%。

**【粮食产业化】** 发展富硒粮油产业，与湖南水稻研究所合作，开发优质高端富硒稻米基地，开展“公司 + 基地 + 村级组织 + 农户”的经营管理模式，实现企业增效，农民增收的“双赢”。全县发展包括稻谷、马铃薯在内的优质订单基地 440 公顷，其中富硒粮油示范基地 40 公顷。制定《宣恩县富硒粮油产业发展奖励资金管理办法》，对发展较好的粮食企业进行奖励兑现，实施产油大县奖励资金项目和粮食一、二、三产业融合发展项目，用于支持粮食企业基地建设、加工设备投入、品牌宣传、电商平台和物流设施建设，培育壮大龙头企业。年底组织珠山粮食购销公司、湖北土家爱食品开发有限公司参加第二十一届荆楚大地——湖北粮油精品展示交易会，并获组织奖。

**【监督检查】** 2019 年 4 月下旬，完成辖区内政策性粮食库存数量和质量大清查自查、督导阶段的工作，经过检查，宣恩县政策性粮食库存账账相符、账实相符，库存粮食的温度、水份、杂质、色泽、气味、出糙率、整精米率、脂肪酸值等均在正常范围之内，粮食安全储存情况达 100%，粮食质量达到国家标准，稻谷质量达到三等稻谷以上标准，国库储粮数量真实、质量良好、储存安全。

**【仓储安全】** 全县有 1 个中心库，3 个收纳库，总仓容 16920 吨，包括集机械通风、电子测温、环流熏蒸于一体的现代化粮库 3 栋，仓容 9720 吨，有仓储信息化建设达标的 1 个库点，能够满足全县粮食储存需要。坚持对各级储备粮进行每月一次的“一符四无”检查（账实相符、无害虫、无鼠雀、无事故），加强公司仓储规范化管理。全年全县粮油储存、生产、消防安全零事故。

（田自红）

## 烟草专卖

**【概　况】** 2019 年销售卷烟 8170.45 箱，完成年度目标任务 8150 箱的 100.25%，同比 8154.87 箱增加 0.19%。省产卷烟累计销售 5302.97 箱，完成全年目标任务 5224 箱的 101.51%；低焦油卷烟累计销售 812.761 箱，完成全年目标任务 786 箱的 103.4%；潜力品规累计销售 574.912 箱，完成全年目标任务 511 箱的 112.51%；低价位卷烟累计销售 1847.284 箱，完成全年目标任务 1840 箱的 100.4%。重点品牌累计销售 7754.645 箱，占总销量的 94.94%，比目标任务 95% 差 0.06 个百分点；中高端雪茄累计销售 28.6173 万元，虽然只完成全年目标任务 49 万元的 58.4%，但同比增加 26.77 万元。

县烟草专卖局联合福建中烟打造现代零售终端形象店 5 户，联合湖南中烟完成终端整店改造 3 户，联合福建中烟及四川中烟、重庆中烟协助建设零售客户守法经营自律小组之家 16 个，州营销中心投资授权安装现代终端标识 3 户。开展卷烟营销在基层及终端客户信息推广维护活动，开展“走一遍”“讲一遍”“考一遍”及“查一遍”活动，进一步提升基层基础工作质量。推广终端客户云 POS 扫码系统，扫码质量逐月提升，客户卷烟及非烟商品管理更加高效，客户经理移动 APP 系统得到广泛使用，使用率达到 100%。建成并投入使用吸烟室 2 个、吸烟亭 4 个、消费体验区 10 个、吸烟点 156 个。

**【专卖管理】** 在全县范围内，推进自律小组建设，建成 1 个理事之家、3 个会员之家、26 个高质量小组，理事群、组长群、小组群活动正常开展，成功将自律小组会员打造为烟草“五员”

（卷烟营销的“销售员”、市场监管的“协查员”、案件信息的“情报员”、规范经营的“监督员”、基础管理的“维护员”），实现“两好两升两降”（良好的市场秩序、良好的市场状态；卷烟主渠道市场控制率提升、市场净化率提升；涉烟案件下降、非法卷烟下降），全县卷烟市场客户毛利率大幅提高，客户满意度增加。

2019 年查处的宣烟〔2019〕“1 · 3”涉烟网络案件，涉案金额 10.8 万元，刑拘 2 人，判刑 1 人。抓好卷烟违法案件的审核、监督和案卷检查工作，严格按照行政执法自由裁量权的规定规范办理所有案件，确保每件行政处罚案件程序完备、事实清楚、依据正确、处罚适当。

围绕年度市场净化率目标，结合“双随机一公开”，密切关注市场动态，把握市场发展趋势。全年共开展“双随机一公开”市场检查抽查 12 次，抽查零售客户 1325 户次，月均抽查比例 11.74%。共开展楚天 7 号、楚天 8 号、新型烟草制品、烟叶市场维护专项行动 4 次。全年预警发生率 5.46%，100% 入户调查。

全年对全县 465 到期的卷烟零售许可证进行延续换证工作，新办卷烟零售许可证 226 户，均实现“一周办结”。

（*石云辉*）

## 石油销售

**【概　况】** 2019 年，中国石化销售有限公司湖北恩施宣恩石油分公司（简称宣恩石油公司）全年完成成品油销售总量 34831 吨，完成计划 88.29%，其中汽油 20486 吨，柴油 14345 吨，市场份额 87.74%，其中汽油 86.84%，柴油 88.55%，市场份额位居全州系统前列，全年实现利润总额 1689 万元，非油实现销售总额 1179 万元，非油毛利 204.3 万元，综合损耗率 0.92‰，其中汽油 1.57‰，柴油 -0.26‰，加油湖北 APP 累积注册量 21047 张，绑卡量 10381 张。

**【资源供应】** 宣恩石油公司作为全县成品油经营主渠道，与物流部门沟通，多方协调资源，全县 11 座加油站未发生大面积长时间脱销，保障全县工农业生产和交通物流用油，在建重点工程用油，作为宣恩县“应急救援指挥平台”项目成员单位，确定西门加油站为保供加油站，做好全县的成品油资源供应。

**【安全环保】** 2019 年，宣恩石油公司全年未发生任何安全事故和违规经营行为。完成全年预案编制备案工作，组队参加省安监局举办、县委、县政府协办安全生产月启动活动。对凤山、高罗、长潭、椿木营 4 座加油站的油罐及工艺管线进行防渗漏改造，统筹安排对各站的形象、加油区布局、员工生活区及厕所进行功能提升改造。组织人员参加恩施州安全生产管理监督局的安全资格培训取证工作，培训合格率 100%；参加抗洪抢险应急预案演练、高层建筑火灾应急演练、防恐演练；与县安监局、县商务局、特警大队、县消防大队开展联合消防应急预案演练。围绕绿色企业创建“一方案两清单”，推进绿色企业创建活动，在公司机关、加油站分区域粘贴节能环保标识，在加油站 LED 大屏不间断播放绿色企业创建宣传标语，购置分类垃圾桶，在办公楼、加油站等区域，摆放分类垃圾桶，推进垃圾分类并开展垃圾分类知识宣传，建立危废识别清单，规范危废物分类管理。全员参与绿色企业创建，践行绿色发展理念，打好“污染防治攻坚战”。

（谭　丽）

## 贸易促进

**【概　况】** 2019 年 5 月，组织宣恩县宣桃茶叶公司等 3 家茶企和湖北童话工艺公司参加第 125 届广交会，湖北童话工艺公司会上签订产品订单 100 万美元。12 月 6—8 日，第一届长沙“一带一路”绿色国际博览会在湖南长沙国际会展中心举行，宣恩县组织富源农业有限公司、七里优选公司、兴朝恒合有限公司、三五六建筑公司、李家河白柚互助合作社5家企业参展观展。富源农业的白柚、七里优选的慢土豆受到联合国绿色生态学会国际专家委员会主席塔克范索梅仁和荷兰蒙特佛兰市市长彼得·德巴特的一致赞扬。

（徐 萍）

## 招商引资

【概 况】亿元以上新开工产业项目任务11个，向县统计局提交入统资料5个。其中4个项目经省统审核通过（国家级科技孵化器项目、民生天燃气乡镇管网建设项目、准者体育服装生产项目、武陵山花卉产业园建设项目、杰耀精品鞋业生产项目11月底申报）；工业项目任务5个，申报入统4个（其中3个已通过省统审核：准者体育服装生产项目、武陵山花卉产业园建设项目、民生天然气乡镇管网建设项目；杰耀精品鞋业生产项目11月底才申报）；10亿元以上新开工产业项目任务1个，为零。亿元以上新开工产业项目投资完成率30%，全年完成300万元。亿元以上新投产产业项目任务6个，7月完成1个（双创产业园建设项目），因项目调界，11月又成为在建项目。省外资金到资任务21亿元，实际到资21.24亿元，完成目标任务的101.14%。

2019年，到位资金45.24亿元，完成目标任务的98.29%，其中省外资金到资21.24亿元，完成目标任务的101.14%；新签约固定资产投资亿元以上项目12个。新签约项目有：国家级科技孵化器项目投资1.2亿元、准者体育服装生产项目投资1.034亿元、二台坪松果社区建设项目投资1.034亿元、武陵山花卉产业园建设项目投资2亿元、民生天然气乡镇管网建设项目投资1.6亿元、钻头加工项目投资1.06亿元、缬草研发及深加工项目投资1.02亿元、茶多酚生产及康养项目投资1.2亿元、城市生态环境提升项目投资13亿元、沙道沟区域风能发电项目投资8亿元、杰耀精品鞋业生产项目投资1亿元。电子信息智能制造产业项目投资5亿元。举办中国宣恩2019（第四届）中秋恳亲大会招商引资恳谈会。其间现场签约《茶多酚生产及康养中心项目》《搜影共享经济项目》《五金工具产业链配套项目》《邮政电商仓储中心项目》《恩美工艺品加工项目》等11个，项目投资总金额7.89亿元。

（王 娟）

# 旅 游

【概 况】2019年，宣恩县累计接待游客300.88万人次，同比增长24.2%；累计旅游综合收入14.85亿元，同比增长26.5%。2019年，全县共有旅行社及网点9家，其中AAA级旅行社1家；星级饭店5家，其中四星级饭店1家；旅游景区2家，其中国家AAAA级旅游景区1家；农家乐432家，其中五星级农家乐2家；乡村客栈和民宿110家，银宿级民宿1家，县城及周边床位数超过5000张；认定绿色旅游饭店3家，银叶级旅游饭店3家，特色旅游商品获得国家驰名商标1个，国家地理标志性保护标志4个，省级著名商标8个。

编制《宣恩县国民经济和社会发展第十三个五年规划纲要》及《宣恩县全域旅游发展规划》，编制完成《恩施伍家台贡茶文化旅游区修建性详细规划设计》《中国土家泛博物馆（彭家寨）总体规划》等各类规划120余个。举办贡茶文化节、全国内陆河水上运动会、中秋恳亲商贸洽谈会、全国山地自行车邀请赛、椿木营高山露营节等系列节会活动。10月18日，以“休闲城市，美好生活”为主题的2019世界休闲发展高峰论坛在杭州国际博览中心举行。宣恩县城“仙山贡水”旅游区荣获“中国文旅融合创新奖”。12月5日，由省文化和旅游厅二级巡视员刘晗带队的验收组到宣恩创建“湖北旅游强县”工作进行最终评定。

与会人员观看宣恩县创建“湖北旅游强县”侧记片《在河之洲》，刁覃在汇报会上向验收组汇报宣恩县创“湖北旅游强县”工作开展情况，实地查看县城“仙山贡水旅游区”标识系统、旅游综合购物场所、车站景区专线、旅游咨询设置、旅游厕所、贡茶文化旅游区等旅游业态、功能发展情况。12 月 25 日，湖北省文化和旅游厅公布 2019 年湖北旅游强县、旅游名镇、旅游名村、旅游名街名单，宣恩县入选湖北旅游强县。

**【旅游项目建设】** 中国土家泛博物馆（彭家寨）项目一期工程建设进展顺利，彭家寨古建筑群修缮工程、消防工程全部完工。冲天塔、游客中心主体工程正在建设，国际研学营正在进行“三通一平”，截至 10 月底，本年度累计完成投资 9232 万元。锣圈岩足球场项目完成投资 250 万元。新博物馆、图书馆、剧场建设完工，博物馆、图书馆已免费对公众开放；文化馆装饰装修工程正在进行；鼓楼，大平台完工；总投资 1.8 亿元、建筑面积 47150 平方米的体育馆主体工程完工，完成项目投资 1.2 亿元。投资 1197 万元建设的全国重点文物保护单位彭家寨古建筑群修缮工程和消防工程竣工。伍家台贡茶小镇项目正在编制设计建设方案和招商引资工作。由城市执法管理局建设的莲花坝变电站城市旅游厕所和福利院旁城市旅游厕所完工并投入使用，完成旅游厕所系统和百度地图上线工作。部分精品城市民宿（望心阁、寻味等）、阿尼阿兹（黄坪）休闲旅游区的高端民宿（石头院子）、车洞坪世养 · 硒都养生谷民宿客栈（彭家湾）建成开门营业。

**【2019 中国宣恩旅游推介会】** 3 月 12 日，2019 中国宣恩旅游推介会在武汉举办。推介会围绕“浪漫山水、浪漫乡村、浪漫风情、浪漫美食、浪漫礼道、浪漫节庆”，通过播放专题片，向武汉市民展示浪漫宣恩的秀美风光和风土人情，介绍伍家台茶旅融合系列活动。有 30 多家旅行社和 40 多家媒体重点关注“浪漫宣恩 · 茶贡天下”2019 年中国宣恩春季茶旅融合系列活动。宣恩旅游委及狮子关景区分别与湖北广电国旅签署合作框架协议。

（张子家）

**【贡水河国家湿地公园】** 湖北宣恩贡水河国家湿地公园以宣恩县忠建河流域为主体，由桐子营水库、双龙湖水库、忠建河河道等最高洪水位线内的湿地资源及外围部分山体组成，全长约 36 千米，地理坐标介于北纬 29° 52′ 28″ —30° 0′ 28″，东经 109° 22′ 31″ —109° 31′ 42″，总面积 560.05 公顷。东至万寨乡金龙坪村，西至晓关乡桥塘村，南至晓关乡干家坝村，北至珠山镇莲花坝村。湿地公园的湿地类型为库塘湿地和永久性河流湿地，湿地总面积为 450.29 公顷，湿地率为 80.40%。

公园内动植物资源十分丰富，是全球 200 个生物多样性重要区域之一，据调查，湿地公园内共有植物 113 科 232 属 370 种。其中国家一级珍贵树种 3 种，国家二级珍贵树种 7 种。共有野生动物 29 目 84 科 257 种，其中国家一级保护动物 3 种，国家二级保护动物 22 种，省级重点保护动物 76 种。

2019 年 12 月 25 日，《国家林业和草原局关于 2019 年试点国家湿地公园验收情况的通知》（林湿发〔2019〕119 号）公布 2019 年国家湿地公园试点验收结果，湖北宣恩贡水河国家湿地公园通过验收。

**【湿地公园建设】** 依托专业力量，持续开展监测。委托环保、水利、水文、农业、气象等部门，对湿地公园内的水资源、土壤、气象等进行监测。与相关大专院校和科研机构合作，开展水质净化、湿地生态系统保护等研究。建设了观鸟亭，固定桃花水母观察带，对鸟类、两栖动物、水生植物等进行长期定位监测并记录分析。构建宣教体系，聘请专业机构，在位置、内容、形式等方面对科普宣教展示区进行设计。建设临时的湿地公园宣教中心，计划待“仙山贡水，浪漫宣恩”国家 AAAA 级旅游景区游客接待中心建成后再实施搬迁。制作入口标示牌、大型展示牌、服务设施解说牌、园内道路指示牌、警示牌、社区湿地科普知识宣传牌等，拍摄湿地公园宣传片 2 部。利用湿地公园内举办水上运动会、七夕河灯、元宵灯展、湿地日等节会赛事，进行湿地科普宣传。引导和鼓励群众利用生态资源，种植生态茶、贡水白柚、宣恩早柑橘等，开展生态大鲵养殖、生态养蜂，开发农家乐、民宿等。在湿地公园外围区域，修建四星级酒店 1 家，大型停车场 1 个，新增小型停车场 10 个。采取“拆墙行动”，增加停车位 1500 个，修建公厕 17 座，完善休闲健身木栈道、自行车道及亲水走廊建设。县域内（湿地公园外围）新建宝塔山森林公园、观景台、露天游泳池、水车、民族文澜桥、侗族钟楼、土家族亭楼、墨达楼等，满足游客的基本需求，为湿地公园开展生态旅游提供基础设施和旅游设施支持。宣恩贡水河国家湿地公园既是鄂西南山区唯一的一个国家湿地公园。全策全力推动，开展试点建设验收。严格按照《国家湿地公园试点验收办法（试行）》和《试点国家湿地公园验收评估评分标准（试行）》，积极推进项目建设，认真收集整理湿地公园建设以来规划建设、保护管理、影像资料等大量工作资料，2019 年 12 月顺利迎接国家林业和草原局验收。

（曾凡晋）

# 住房和城乡建设

## 综　述

**【概　况】** 2019年建筑行业实现增加值3.65亿元，比上年下降19.2%。全县具有资质等级的总承包和专业承包的建筑企业8家，完成建筑业总产值4.44亿元，比上年下降26.9%。

全年商品房施工面积78.18万平方米，比上年增长76.2%；竣工面积0.69万平方米，下降17.9%；销售面积19.16万平方米，下降18.3%；待售面积0.89万平方米，增长111.9%。全年商品房销售额9.61亿元，增长6.2%，其中住宅销售额9.0亿元，下降0.5%。

**【城市建设】** 2019年，县住房和城乡建设局组织实施7个重点工程。分别是宣恩县生态环境综合提升PPP项目、宣恩县城污水处理厂提标扩容工程（与广西博世科环保科技股份有限公司签订合同，总投资约7158.1万元。2019年8月25日开工）、宣恩县上湖塘老旧小区改造项目（与中国一冶集团公司签订合同，总投资13亿元）、宣恩县兴隆安置小区基础设施建设项目（二期）、宣恩县棚户区改造（莲花坝城中村片区）莲花三路道路及管网工程、宣恩县棚户区改造（农场片区）人民一路道路及管网工程和党校至凌云路（桐子坳）连接线道路工程。4个临时性工程，分别是宣恩县商贸城北西侧地质灾害治理抢险工程、宣恩县人民广场至党校电缆沟工程、宣恩县市政道路维修工程和宣恩县万和幼儿园市政配套工程。

**【房地产业】** 全年共批准预售房地产项目6个，共计12批次，纳入房产销售资金监管账户资金总额79793.54万元。完成12个开发企业资质年检，完成商品房买卖合同备案1363套。全年共划拨预售资金245笔6.02亿元，其中工程款4.66亿元；归集住宅专项维修资金165.56万元，使用33.41万元。

受理完成7个企业物业管理区域备案，3个企业前期物业管理招投标备案及中标人资料备案，4个企业前期物业合同备案，全县共实施物业服务项目29个，其中老旧住宅区2个，实施物业管理面积约163万平方米，其中老旧住宅0.95万平方米。

2019年，全年新建商品房批准预售面积23万平方米，同比增长18.8%。其中，新建商品住房批准预售面积19.47万平方米，同比增长9.4%。全年商品房销售面积16.25万平方米，同比增长42.7%。其中，商品住房销售面积16.11万平方米，同比增长45%。库存商品住宅15.18万平方米，消化周期11个月，低于县人民政府报备省住建厅的商品住宅消化周期16个月以内的控制目标，非住宅库存16.51万平方米。全年住宅销售均价4032元/平方米，其中县城住宅销售均价4343元/平方米（含精装5292元/平方米），低于县人民政府报备省住建厅的新建普通住房均价

4400元的控制目标。

2019年底，全县在建商品房开发项目17个（县城10个，乡镇7个），完成投资110722.8万元，累计完成税收6906万元。施工面积112.25万平方米，其中住宅76.26万平方米，非住宅35.99万平方米。

**【燃气管理】** 宣恩县城（乡）燃气安全生产专业委员会办公室组织消防、市场监管等部门，对全县燃气市场开展2次多部门联合检查及多次日常安全生产巡查。开展安全生产法律法规、燃气安全使用常识宣传，提高安全生产能力。2019年，全县共有天然气经营企业2家，液化气经营企业2家。天然气用户15787户，液化气用户3500户，全年天然气用气量达4721290万立方米，液化气用气量达230吨。

**【村镇建设】** 巩固脱贫成效，实施农村危房改造提升工作。制定《宣恩县脱贫攻坚农村危房改造巩固提升工作方案》，针对建档立卡贫困户等四类重点对象因灾导致房屋成C、D级危房的，对其进行农村危房改造，保障其住房安全。进一步规范农村危房改造工作，印发《关于进一步规范四类重点对象农村危房改造工作的通知》，对危房改造的面积、改造方式、农户自筹等方面做更详细的要求。在2018年“危房清零”的基础上，2019年再次开展“横向到边、纵向到底”的大排查三次，县住房和城乡建设局、县扶贫办、县民政局、县残联等部门对全县四类重点对象住危房情况进行全面摸排，完成建档立卡贫困户等4类重点对象危房改造任务。共开展4批次验收，共计完成验收53户，拨付资金97.19万元。

**【污染防治】** 2019年，乡镇公共厕所建设目标任务14座，已经全部完工。其中，沙道沟5座，万寨1座，椿木营1座，晓关3座，长潭河1座，李家河2座，珠山镇1座。

总投资35279.81万元的宣恩县乡镇生活污水治理项目，前期手续办结。7个乡镇污水处理厂（沙道沟镇、高罗镇、李家河镇、晓关侗族乡、万寨乡、长潭河侗族乡、椿木营乡）全部完成设备安装、道路硬化、办公设备用房、绿化苗木种植、在线监测装置安装及联网，2019年6月底进入试运行，监测数据正常上传。设计主支管94.73千米，入户管185.78千米全部完成，接入用户20377户，接户率100%，实现宣恩县乡镇生活污水治理全覆盖。

**【传统村落保护】** 聘请专业机构编制传统村落保护发展规划。完成椒园镇庆阳坝村、沙道沟镇两河村、晓关乡野椒园村、长潭河乡两河村、高罗镇大茅坡营村、长潭河乡白果村“传统村落保护发展规划”的编制，并按照项目需求表进一步落实。列入国家第五批传统村落名录的9个村，初步完成专项保护规划的编制并与乡镇及村开展对接修编。椒园镇黄坪村2019年完成省级美丽宜居乡村示范创建培育期工作，获得奖补资金78万元。

**【建筑业管理】** 2019年，共计受理房屋建筑工程监督116项，计202.08万平方米，309772.47万元。其中2018年接转工程68项，计152.82万平方米，209707.02万元；2019年新增工程48项，计49.26万平方米，100065.45万元。2019年全年共计受理市政工程监督10项，计47827.51万元。

全年办理施工许可证49项。共巡查4次，其中，专项巡查商砼站1次、检测中心6次。抽查工程项目事项582次。共下发整改通知书21份，局部暂停通知书9份。9月10日正式实施检测样品二维码技术，至年底，全县受监工程已基本实现检测样品二维码技术，杜绝“假试块”现象。

针对全县易地扶贫搬迁安置点进行两轮检查，共计排查问题隐患528条，较大隐患5条。全年共进行质量安全、市场综合巡查4次，宣传贯彻落实质量安全手册4次，查处较大问题隐患122条。针对商品混凝土站专项检查一次，查处问题25条，针对本地检测企业专项检查6次，查处问题8条。

【优化营商环境】2019年，县住房和城乡建设局对事项应进窗口进行持续整改，应进事项均实现一窗通办。对社会投资项目取消合同备案、招投标、节能备案、资金证明、工程监理等共计5项审批备案事项；在施工许可环节上进一步整合，将工程质量监督、工程安全监督合并至施工许可环节合并办理，共整合环节4项；在审批施工许可资料提交方面，从原有13项资料提交要求精简至5项资料内容；通过流程优化，制作新的施工许可流程、人防办理流程，实现程序精简、审批限时100个工作日办结。工业建设项目实行联合审批，专窗办理，在25个工作日内取得施工许可。工业企业提供合格的图纸、合格的监理队伍和施工队伍，审批窗口3天内下发施工许可通知单，在建设项目开工后30个工作日内补正资料及办理建筑工程施工许可证。截至年底，行政审批（窗口）共受理办理事项3362件，办结3118件，退回244件。

【宣恩县9个村被列入第五批中国传统村落】6月6日，住房和城乡建设部、文化和旅游部、国家文物局、财政部、自然资源部、农业农村部决定将椒园镇水田坝村、沙道沟镇大白溪村、沙道沟镇药铺村、李家河镇中大湾村、高罗镇腊树园村、高罗镇清水塘村、万寨乡金龙坪村、晓关侗族乡中村坝村、晓关侗族乡骡马洞村等列入第五批中国传统村落名录（建村〔2019〕61号）。此前，宣恩已有沙道沟镇两河村、晓关侗族乡野椒园村、椒园镇庆阳坝村、长潭河侗族乡两河村、长潭河侗族乡白果村、高罗镇大茅坡营村入选中国传统村落，至此，宣恩县中国传统村落达到15个。

（崔名鑫）

## 电力供应

【概　况】2019年，宣恩县境内建有500千伏变电站1座、220千伏变电站1座、110千伏变电站2座。500千伏线路5条172.9千米，220千伏线路7条145.7千米，110千伏线路5条107.3千米。拥有35千伏变电站11座，配电站7座，主变21台，变电容量152.3兆伏安；35千伏线路21条251.9千米；10千伏线路98条2534千米；配电台区3014台（专变652台、公变2364台）。国网湖北省电力有限公司宣恩县供电公司（以下简称国网宣恩县供电公司）共有用电客户12.3万户，全社会最大负荷7.09万千瓦时。全社会用电量3.4亿千瓦时，其中第一产业0.09亿千瓦时，第二产业0.99亿千瓦时，第三产业0.85亿千瓦时，城乡居民生活合计1.48亿千瓦时。全口径综合线损率7.95%，售电均价615.97元/千瓦时，完成售电收入19160万元（含税），纳税585.77万元，全口径劳动生产率48.20万元/人。

1月9日，国网宣恩县供电公司被中共恩施州委恩施州人民政府授予“恩施土家族苗族自治州民族团结进步先进集体”。3月11日，获省总工会2018年度“五一劳动奖状”。9月6日，国网宣恩县供电公司组织开展第七届职工技能运动会，各乡镇供电所，营销部等8支代表队共70余名队员参加竞技。响应省公司“大练兵，大比武”技能竞赛号召，宣恩公司从各基层供电所和支撑机构抽调5人参加省公司技能大比武。10月，国网宣恩县供电公司保电人员在武汉沌口二战区参加武汉参加世界军人运动会保电工作，连续13天高强度的蹲岗坚守，圆满完成保电任务。

【行业扶贫】国网宣恩县供电公司所在的辖区属于国家级贫困县的供电区域范围。供电可靠率99.91%，综合电压合格率99.23%，户均配变容量为2.17千伏安/户，2019年按照脱贫攻坚指挥部“贫困村通动力电”要求，国网宣恩县供电公司共投资0.48亿元，持续实施农村电网改造升级，优先保障光伏接网、易迁配套供电，重点解决低电压、供电卡口民生热点问题。

**【营销服务】** 2019年，更换09版智能表9005只，采集成功率明显提升。强化异损台区整治，公变台区线损合格率提升至83%。优化营商环境，专项整治漠视侵害群众利益问题，“三省”“三零”服务要求不断落地落实，实施“零费用”项目184个，客户满意度不断提高。全年新增用电户3704户，报装容量4.41万千伏安。电能替代电量1709.83万千瓦时。开展优质服务，组织“千名党员进千企”“保春供”等专项行动，提供节能降费建议，降低企业用电成本125万元，强化服务投诉管控，全州投诉管控县市排名第2位，2个供电所实现零投诉。

**【电网建设】** 2019年，宣恩电网投资1.419亿元，其中完成10千伏及以下配电网投资2033.4万元，农网改造升级项目巩固提升。修编电网布局规划，完成城区配电网网格化及配电网项目规划。属地化协调进展顺利，全州范围内率先取得白鹤滩—江苏、白鹤滩—浙江 ±800千伏特高压直流输电线路工程宣恩境内路径复函。完成宣恩—鹤峰220千伏输电线路工程线路函复及生态补偿前期工作，落实220千伏黔张常供电工程宣恩境内输电线路建设属地协调和配合停电。110千伏李家河输变电工程顺利开工。35千伏彭家寨配电站投运，35千伏黄草坝、黄家坪、洗草坝配电站项目开工建设。35千伏栏杆坪变电站综合自动化改造完工投运。

**【基础建设】** 全面梳理、核查现有小型基建类房产、土地资源及现状情况，建立小型建设项目库。共投资878.28万元，沙道供电所新建工程投资404万元，已按期完成，李家河、长潭河、椿木营供电所整修完成，投资额为182.37万元，高罗供电所建设有序推进，投资额为208万元。集体企业供电服务生产基地项目通过可研评审。

**【安全生产】** 安全生产局面持续保持稳定，成功应对迎峰度夏高温大负荷、黔张常铁路配套供电调试期间造成的三级电网风险、电网改造点多线长、军运会保电任务繁重等多重挑战，认真贯彻落实上级安全工作部署，着力推进“本质安全·三年登高”计划，实现“八不发生、三减少”工作目标，开展“春、秋检”“防风险保平安护军运迎大庆”等专项活动。宣恩电网安全运行19年。

**【电网建设改造标准化安全作业现场会】** 5月16日，恩施供电公司配电网建设改造标准化安全作业现场会暨2019年网改扶贫调度会在宣恩召开。参会人员先后到椒园业主项目分部、施工项目分部、白果树标准示范台区、西门沟标准化作业现场进行现场观摩交流，并对《国网恩施供电公司配电网建设改造标准化安全作业指导手册》进行集中培训。会议肯定配电网建设前期工作所取成效，客观分析工作中存在的短板，对如何以问题为导向落实省供电公司配电网标准化安全作业工作和行业扶贫进行部署。

**【恩施州楷模黄兆锋】** 黄兆峰，湖北建始人，2007年7月进入电力行业工作，国网湖北电力有限公司宣恩县供电公司椿木营供电所所长、椿木营供电所吊脚楼共产党员服务队队长。参加工作以来，联守椿木营供电所。黄兆峰先后荣获省公司“鄂电追梦人”、鄂电群英、恩施州楷模、感动恩施人物、恩施州最美家庭。2019年1月，获国网恩施供电公司恩施供电公司2018年度安全生产标兵；2019年4月，获恩施州委宣传部恩施州2019年第一季度恩施楷模；2019年4月，获州委宣传部、文明办、妇联恩施楷模；2019年5月，获恩施州青年联合会2019年恩施州青年五四奖章；2019年5月，获共青团宣恩委员会、人力资源和社会保障局、宣恩文明办宣恩青年五四奖章；2019年6月，分别被中共国家电网有限公司党组、中共国网湖北省电力有限公司恩施供电公司委员会表彰为优秀共产党员；2019年9月，获湖北省委宣传部、文明办、妇联2019年9月荆楚最美家庭提名奖；2019年9月，获州委宣传部、文明办、妇联2019年9月恩施最美家庭；2019年12月，获州委州政府恩施劳模范。

**【最美供电所】** 晓关供电所位于晓关集镇。承担着晓关侗族乡四百多平方千米的供电服务职能，是一支“又专又能”、一心为人民的电力员工队伍。晓关供电所曾获“先锋党支部”“湖北省工人先锋号”、湖北省电力有限公司“一流班组”、湖北省电力有限公司“四星级供电所”、湖北省电力有限公司“十佳企业文化建设示范点”等荣誉称号。2019年11月28日，在北京召开的全国基层供电所建设经验交流研讨会暨“寻找最美供电所”活动中，晓关供电所被中国电力传媒集团有限公司授予第五届“中国最美供电所”称号。

**【“爱如电”雷锋传承队】** 2019年4月，国网宣恩县供电公司“爱如电”雷锋传承队荣获“青年文明号”荣誉称号，并于6月入选2018年度“团建优品汇”项目。

（张　波）

## 供　水

**【概　况】** 截至2019年12月，公司资产总额7106.6万元，负债总额3818.2万元，资产负债率53.73%。2019年全年收入总额1606万元（其中水费收入1187万元），账面利润-18.06万元，上缴税金94.15万元。自2018年6月起，取消安装服务费，每年减少收入200万元左右；用户水表轮换费用不再由用户承担，水价调整时费用未计入水价，每年增加支出30万元左右。给珠山镇、椒园镇、万寨乡的缺水村民供水，战线长，成本高，造成亏损。供水最远的地方是椒园镇荆竹坪村，输水管线长度超过30千米，海拔1200米左右，经过8次加压才能送达。供水模式电费成本高、维修成本高、管理不便。

（王海燕）

## 城市管理

**【概　况】** 2019年3月，成立宣恩县城市管理执法局，为正科级县政府工作部门，主要职能是负责城市市容和环境卫生、市政公用设施、园林绿化、应急管理等方面的工作，行使城市规划管理、环境保护管理、户外广告设置、交通管理等方面的行政处罚权。

**【城区环境洁净工程】** 2019年，落实环卫清扫保洁五级责任制，明确环卫局长—各股长—路段长—班组长—环卫工人各级职责，定岗定责分时分片落实清扫保洁责任，实现城区16小时无缝保洁。采取“机扫＋人工＋洒水除尘”三位一体保洁方式，推进城区深度保洁，主城区坚持每天两次机洗机扫同步作业，机械化清扫面积达71万平方米，机扫率达86.6%。对椒园镇红岩卡生活垃圾填埋场进行二期扩容及整改，并新增一套日处理能力为60吨的渗滤液处置设备1套，垃圾日处理量由70吨增至120吨。明确每日8：00至16：30为作业时间，采取单元填埋作业方式将作业区控制在60平方米内，随填随覆盖，并对库区及周边采取定时喷洒生物除臭杀虫剂药物消毒灭蚊和除臭。县城区生活垃圾无害化处理率100%。

**【市容秩序综合治理】** 全年开展“一周一整治”42次，针对发现的乱搭滥建、广告杂乱、占道经营等突出问题，依法有序开展集中整治行动。在风情街划定区域，对流动商贩进行统一规范管理，疏堵结合，实现城市治理与经济发展双赢。规范城区静态停车秩序，进一步强化城警联动机制，城管执法局连结交警车辆违法数据库，对人行道、广场违章停车张贴罚单，维护城区人行道上车辆停放秩序。全年共纠正出店经营10130次，劝离流动摊贩28320人次，拆除违规搭建雨棚50顶，拆除破旧喷绘广告、横幅、路灯广告等500处，清理乱堆乱放物品300处，拖离僵尸车21台，规范停车1540次，恢复高速公路至县城连接线护栏425米，制止露天焚烧54次，处理各类电话投诉、网络问政事宜217起，发放各类《责令改正通知书》251份。

**【“两违”整治】** 对县城规划区内持续采取“5+2”巡查模式，全天候、无缝隙的巡查监管，全年巡查45878千米，发现新建“两违”建筑34起，总面积5532.57平方米，依法强制拆除3起，面积728.3平方米；督促自行拆除8起，面积321.23平方米；督促自行整改8起，面积2717.54平方米。2019年彭家寨“两违”中队在彭家寨旅游规划区发现新建“两违”建筑41起，总面积3517.26平方米，督促整改1233.36平方米。城管同供水、供电、市场监管局等部门协作，严防“两违”户水、电、气、网立户包装，严控个体工商户在“两违”建筑中实行经营行为，全年共审核提供证明材料1227份，严厉打击各类新增违法建筑，逐步消除历史遗留形成的违建存量。

**【园林市政管护】** 实施城市“双修”和“三绿”工程，建成贡水河南岸沿河绿道一期景观看台及紫藤走廊项目。实施椒园工业园区、高速公路出口26.3万平方米的裸土覆绿工程。相继建成贡水花园至五把车、莲花坝变电站、福利院桃树林三处城市微公园。全年共在县城区补植各类绿篱近1万株，新建绿地面积约8000平方米，城区绿地面积达2601475平方米，绿地率达37%，公园绿地面积达905008平方米，人均公园绿地面积达14.98平方米。同步跟进精细化管理措施，建立市政设施管护“一周三巡”和“36小时”工作制。对全城石狮子、休闲座椅、路灯进行编号管理。鼓励环卫工人参与市政设施管理，发现并及时报告市政设施损毁或安全隐患，按5元/次予以奖励。始终保持城区主次干道和背街小巷路灯、景观灯亮化率分别达98%、95%以上，实现市政设施安全隐患立查立改。

**【基础设施建设】** 按照旅游城市标准，兼顾实用与美观，完成7座公厕建设，县城区共有公厕29座。启动餐厨垃圾集中收运处理，投资500余万元，建设一座日处理量15吨的厨余垃圾处理站，还用高温好氧微生物处理技术，将全县垃圾资源化利用率提高12%—15%。完成贡水河大桥、莲花坝大桥亮化工程及城区灯光节点建设，建成河滨广场大阶梯3D彩绘农耕风景画。县城管执法局代表恩施州参加湖北省第二届（荆州）园林博览会，承担荆州园博园恩施馆建设。恩施馆位于湖北省园博会的“楚韵”主题片区，占地面积3100平方米，重点项目有代表宣恩县特色的鼓楼、九子抱母银杏林、酉水源头瀑布、七姊妹山群山及各种民俗吹奏乐器小品等。恩施园获“室外展园综合奖大奖”“展园设计大奖”“优质工程金奖”“建筑小品金奖”“文化创意银奖”5项奖。

**【城市环境保护】** 购置清洗转运车40辆，保洁车210辆；设置农村垃圾分类亭3000个，发放垃圾分类桶6400个。城管、环保、工商、食药监等相关部门联合，办理中央、省、州、县环保督查所有交办问题，开展城区餐饮油烟治理。全县登记的有3个及3个以上灶头餐饮单位共98家，全部整改完成，整改率100%。超州县大气污染防治2019年目标指数。每季度组织城区内所有建筑工地负责人及渣土运输车司机代表召开建筑工地管理座谈会，严守“五不开工、六不上路”标准。全年共处理建筑车辆带泥上路、垃圾遗撒违法案件9件，办理发放建筑垃圾准运证1105个，城区范围内所有施工单位已逐步按要求进行材料密闭运输、进出口道路硬化、出场车辆清洗，带泥上路现象得到有效控制。

**【污水处理厂提标扩容改造EPC工程】** 8月25日，宣恩县城污水处理厂提标扩容改造EPC工程及县城餐厨垃圾处理站建设破土动工，开工仪式在县城污水处理厂举行。工程建设投资5505万元，主要建设内容为改造污水处理厂原有建筑物，使处理标准由一级B提升为一级A；新建污水处理单元，处理规模由1.5万立方米每日扩容到3万立方米每日。预计2020年9月30日前竣工验收。县城餐厨垃圾处理站建设项目厂房占地面积700余平方米，投资600余万元，规划设计日处理餐厨垃圾规模为30吨（其中一期日处理15吨）。针对山区特点增设加热系统，破解山区冬天因温度低油水分离不彻底的难题，具有垃圾资源化处理、生物质能源开发和节能减排等综合示范效果。

**【生活垃圾分类】** 12月31日，宣恩县城乡生活垃圾分类工作推进会议召开，会前，与会人员共同观摩半智能化垃圾分类投放演练及办公场所垃圾设施摆放，并学习垃圾分类方法及相关设备的使用。在县城区及7个乡镇建成垃圾中转站12个、垃圾填埋厂1处、厨余垃圾处理站1处。可处理县内所有行政村的垃圾，处理率达100%。户分类、村收集、镇转运、县处理体系基本建成。

（谭　琼）

# 中国共产党宣恩县委员会

## 综 述

【概　况】2019年，中共宣恩县委在中共恩施州委的领导下，带领全县上下众志成城、克难攻坚，坚持以习近平新时代中国特色社会主义思想为指导，全面贯彻党的十九大和十九届二中、三中、四中全会精神，坚持稳中求进工作总基调，聚焦州委七届六次全会确定的六大重点任务，持续补短板、强主板、固底板，统筹推进党的建设、特色产业建设、民主政治建设、城乡建设和民生建设等五项建设，脱贫攻坚质量提升、乡村振兴开局良好、县域经济稳中有进、社会大局平安稳定、党的建设全面进步，为决胜全面小康奠定坚实基础。全年完成地区生产总值79.05亿元，同比增长4.6%；实现财政总收入5.78亿元，同比下降2.8%，其中公共财政预算收入3.96亿元，同比增长3.2%；固定资产投资增幅2.0%；实现社会消费品零售总额51.6亿元，同比增长10.5%；城镇常住居民人均可支配收入29446元，同比增长9.25%；农村常住居民人均可支配收入11396元，同比增长10.21%。

【党的建设】坚持把抓好党建作为最大政绩，引领、推动和保障各项工作落地见效。完成18个党员群众服务中心、128个综合服务文化中心升级，22个软弱涣散党组织晋位升级。按时完成机构改革，出台关爱激励基层干部30条具体举措，严格落实干部选任“凡提四必”要求，公务员职务职级并行基本完成，东西部协作人才扶贫培训等项目顺利实施。牢牢掌握意识形态工作主导权，举办“不忘初心、牢记使命·讲好宣恩故事”主题演讲比赛、向张富清同志学习等系列活动，推进新时代文明实践中心建设，开展“出彩”评选等文明创建活动，全县有中国好人3人、全国最美孝心少年8人、湖北好人2人、荆楚楷模5人。以整治形式主义、官僚主义，切实为基层减负为重点，深入推进“十进十建”活动。严格落实“鄂纪励十二条”，重新启用7名表现好的干部。全面完成“不忘初心、牢记使命”主题教育规定动作，组织领导到一线、学习教育到一线、检视问题到一线、整改落实到一线等“四个到一线”工作法得到中央、省委、州委三级指导组肯定，“24小时不打烊服务区”在全省推介。

【经济建设】推动农业供给侧结构性改革，成功创建国家农产品质量安全县、2019中国茶叶十大生态产茶县、2019中国茶业百强县、省绿色食品茶叶原料基地。入统工业投资项目26个，总投资过亿元工业项目达6个，新进规工业企业5家，园区入驻企业101家。伍家台贡茶文化体验游入选中国第二届茶乡旅游发展大会20条精品线路；县城“仙山贡水”旅游区被列入国家AAAA级旅游景区创建名单，获中国文旅融合创新奖。全年入省“三库”项目70个，计划投资100.44亿元；

推行主要领导领衔招商、分管领导定期招商、5个招商小分队常年招商模式，签约固定投资亿元以上项目12个。超额完成省定“放管服”改革刚性任务，868项县级服务与审批事项全部进驻市民之家，工业项目“先建后验、边建边验”模式在全州率先推行，全州市场监管系统“一窗通办”“一事联办”推进会在宣恩召开。

**【民主政治】** 全面支持人大、政协、工商联和人民团体依法依章程履行职能，最大限度凝聚宣恩发展合力。支持县人大及其常委会依法决策重大事项、行使人事任免权、监督权，对县人大全年工作要点、“代表行动”方案、民生实事代表票决制方案进行审定。支持政协围绕易地扶贫搬迁后续发展等重点课题，深入一线调研、视察、协商，共谋发展；支持政协加强提案办理协商，县政协九届三次会议51件提案全部得到回复。加强同工商联、党外人士的团结合作，全力支持工青妇等群团组织依法依章程履职。巩固全国民族团结进步示范县创建成果，1名同志被评为全国民族团结进步模范个人，8个单位和10名个人受到州委、州政府表彰。4月11日，宣恩成为全国民族经济工作暨民族地区经济形势分析现场会唯一现场点。

**【城乡建设】** 4月29日，省政府批准宣恩退出贫困县，县委坚持“一摘四不摘”原则，全年统筹资金3.8亿元直接用于精准脱贫成效巩固。编制完成《宣恩县美丽乡村建设五年规划（2019—2023年）》，全县新增中国传统村落9个、“全省美丽乡村建设示范村”13个。持续推进“仙山贡水·浪漫宣恩”国家AAAA级旅游景区县城创建工作，省级森林城市创建成功。全县7个乡镇污水处理厂全部上线试运行，平台综合评价居全州第一；建成乡镇垃圾中转站7座；超额完成“厕所革命”年度任务；县城污水处理率达95.52%；8个重点集中式饮用水水源水质均达标。宣鹤高速公路基本建成，351国道椿木营至长潭河段改扩建工程、209国道高罗绕镇公路等7条国省道项目快速推进，100千米“四好农村路”全部完成。

**【社会发展】** 坚持以人民为中心，集中财力保障民生，群众获得感幸福感安全感不断增强。养老金发放率、养老保险参保率均达100%，发放最低生活保障金、特困人员供养金、孤儿养育资金等超过1.2亿元，基本保障兜底做到“应保尽保”。新建3所公办幼儿园，改扩建县民族实验小学、县民族实验中学。县残疾人康复中心、民族医院整体搬迁等项目主体验收，县域医疗服务共同体建设稳步推进。完成县城新博物馆陈列布展、新图书馆装饰装修和数字化图书馆建设，水上运动会暨武陵山区龙舟争霸赛获2019中国大三峡最具影响力节事活动50强。严格落实“五个一”要求，重要时间节点实现“六个不发生”；扫黑除恶专项斗争查获涉黑涉恶案件115起，查办“保护伞”2人，查扣冻结涉案资产近1200万元；9个乡镇综治中心投入运行；宣恩被评为全省“七五”普法中期先进县，连续9年被评为“省级平安县”，椒园司法所被评为全国先进司法所。

**【外事工作】** 2019年，根据机构改革需要，原政府办公室外侨办外事工作职责划转至县委办公室。机构改革以后，中共宣恩县委外办及时理清各项工作，确保工作的连续性和顺畅性，有效保障机构改革期间外事工作秩序不乱、工作不断。县委常委会上专题学习外事工作相关精神，审议通过宣恩县2019年外事工作要点、细则、规则，完善各项工作制度，确保工作规范开展。2019年报备并接待土家盐道古村的再生——国际四校联合研学营开营暨研学，配合州委外事办接待塞尔维亚执政党前进党副主席马尔科·久里奇一行以及古巴农业研修班考察。借助“宪法日”活动印制领事保护宣传画、宣传手册。到有进出口贸易的企业拜访，送“学”上门，多平台多渠道加强领事保护宣传。

**【中共宣恩县委十五届七次全体（扩大）会议】** 8月9日，中共宣恩县委十五届七次全体（扩大）会议在宣恩市民之家召开。县委书记刘智勇做题为《统一思想 担当有为 奋力推进新时期宣恩高质量发展》的讲话。全会听取珠山镇、椒园镇、万寨乡、长潭河侗族乡、椿木营乡、晓关侗族乡、高罗镇、沙道沟镇、李家河镇、宣恩工业园区管委会、县发改局、县科经局、县招商服务中心就上半年经济工作进展情况的汇报；邵爱华就宣恩县上半年主要经济指标和有关工作完成情况进行通报。

**【中共宣恩县委十五届八次全体（扩大）会议】** 12月20日，中共宣恩县委十五届八次全体（扩大）会议在宣恩市民之家召开。全会听取县委常委会书面工作报告和县纪委书面工作报告；审议通过《中国共产党宣恩县第十五届委员会第八次全体（扩大）会议决议》。

## 主题教育

**【概　况】** 9月12日，宣恩县召开“不忘初心、牢记使命”主题教育工作会议。在主题教育期间，中央第一巡回督导组、省委第七巡回指导组、州委第三指导组分别到宣恩县进行督导检查，给予充分肯定。在学习强国、湖北日报、恩施日报等媒体上发表宣传报道文章32篇，省委主题教育简报推介2条、州委主题教育简报推介4条经验做法。全县县级领导班子和领导干部以及对照实施的领导班子，对主题教育开展情况进行“回头看”。

**【组织领导】** 县委按照中央部署和省委、州委要求，成立“不忘初心、牢记使命”主题教育领导小组，领导小组下设办公室于县委组织部，抽调人员集中办公，先后组织召开2次业务培训会、5次工作督办会和2次现场推进会，安排部署主题教育工作。各级党委（党组）严格落实主体责任，相应地成立领导组织和办事机构，负责各乡镇各部门的主题教育。

紧扣主题教育的总要求和目标任务，聚焦主题主线，针对不同领域、不同对象特点，制定全县主题教育实施方案时采取“1+5”的架构，对每一类型、每一层级的党组织和党员干部开展主题教育做出制度安排，分门别类明确目标任务、提出具体措施。在具体实施过程中，县委主题办每周下发各领域的主题教育重点工作清单和工作提示，加强主题教育精准化、差异化指导；县委组建10个指导组，制定每周工作清单，采取明察暗访、实地抽查、信息反馈、工作通报等方式，对各领域各行业开展督导；各行业党委（党组）按照“管业务管党建”的原则，对归口管理的医院、学校等加大督促指导力度。

在县级媒体开设“不忘初心、牢记使命”主题教育专栏，广泛宣传主题教育的重大意义和目标任务，宣传本地开展主题教育的好经验、好做法，宣传英雄张富清、“愚公支书”王光国、“全省优秀共产党员”邹炜等先进事迹。编印主题教育应知应会知识“口袋书”4000余本，发放到各基层党组织，并运用已有的宣传栏、电子显示屏、微信公众号等推送“每周一学”“每日一学”。

多渠道征求意见，畅通“线上＋线下”意见收集渠道，线上主要运用网络问政、民生热线、微信工作群等平台，广泛收集“指尖上的民情民意”，线下向党员、群众发放《“不忘初心、牢记使命”主题教育征求意见建议表》2000余份，召开主题教育征求“两代表一委员”意见座谈会，在醒目位置设立意见箱开门“求谏”。各级领导班子和班子成员多渠道征求到有针对性的意见建议2000余条。将群众反映强烈的水电、路、气等重点整改事项，通过支部主题党日让党员提事、议事、监事、评事，充分运用新闻媒体、电子显示屏、宣传栏等平台向社会公开。县纪委监委向社会公布1批5项专项整治成果，专题通报漠视损害群众利益典型案例3期，形成惩治群众身边不正之风和腐败问题的有效经验做法。

**【学习教育】** 党员干部按照要求制定学习计划，围绕《中国共产党章程》《习近平关于“不忘初心、牢记使命”重要论述选编》《习近平新时代中国特色社会主义思想学习纲要》等规定内容，通过组织中心组理论学习、举办专题读书班、开展专题研讨等方式，以“三会一课”、支部主题党日、“学习强国”平台等为载体，静下心来读原著、学原文、悟原理。9月21日，县委举办为期一周的主题教育读书班，组织研讨交流9次，交流发言38人次；在10—11月，开展理论学习中心组集中学习3次，把学习教育贯穿主题教育全过程。各级党委（党组）举办100余个主题教育读书班，聚焦主题进行集中学习研讨。9月19日，以习近平新时代中国特色社会主义思想、党中央关于开展“不忘初心、牢记使命”主题教育部署要求等为主要内容，分两期对全县522名基层党组织书记进行集中轮训。

针对不同类型党员，采取不同形式组织学习教育，建立网上党支部，为流动党员推送应知应会知识，寄送学习资料；组织理论宣讲员进村入户，召开屋场会、院坝会1000余场次，用群众喜闻乐见的语言开展宣讲；开展结对帮学，为500余名年老体弱和行动不便党员，采取分片集中、上门走访等形式送学；选派25名党建指导员指导“两新”组织开展学习教育。利用本地红色资源开展革命传统教育，依托板栗园大捷纪念碑、烈士陵园等红色资源，开展革命传统教育、爱国主义教育，组织广大党员干部开展探寻一段红色记忆、聆听一个红色故事、重温一遍入党誓词、再走一次红色道路等“四个一”活动，让党员干部接受精神洗礼，切实增强学习教育的针对性、实效性和感染力。

及时将党的十九届四中全会精神纳入学习内容，做到学习党的十九届四中全会精神全覆盖。县级党委（党组）坚持以上率下，通过理论学习中心组进行2次专题学习，原汁原味学习十九届四中全会公报和全会决定，班子成员进行研讨发言。各级党委（党组）组织集中学习研讨，主要负责人带头发言，班子成员人人发言；各基层党支部依托“三会一课”“支部主题党日”进行交流学习。及时把学习贯彻全会精神作为干部教育培训重要内容，举办2期专题培训班，100名县直单位班子成员和乡镇新提拔任用领导干部、230名村党组织书记后备干部参加培训。构建“县级领导干部带头讲、结对帮扶单位入户讲、专业理论宣讲员深入讲、驻村‘尖刀班’一线讲、党建指导员分类讲”的“五讲”格局，大力宣讲习近平新时代中国特色社会主义思想和党的十九届四中全会精神，累计开展集中宣讲500余场次。利用“村村响”“文艺轻骑兵”“土家三棒鼓”等群众喜闻乐见的方式，进村入寨进行宣传。

县委主题教育指导组和各单位主题教育办公室严格督学，采取个别访谈、座谈交流、随机抽查等方式，“一对一”“面对面”谈话了解党员干部学习情况，开展理论知识测试，及时发现问题，防止跑偏走样。编印主题教育应知应会知识“口袋书”，组织开展理论知识竞赛，有力推动学习走深走实。

**【调　研】** 推行“调研在一线开展、责任在一线落实、问题在一线解决、成效在一线检验”的一线工作法，引导党员干部阵地下沉、岗位前移，深入到基层一线发现问题、解决难题。各级领导干部根据中央安排部署和省委、州委、县委工作要求，结合承担的职责任务，着眼解决实际问题，到一线了解民情、掌握实情，拿出破解难题的实招、硬招。县级领导干部结合自身的工作职责任务，坚持日常调研与集中调研相结合、到分管领域与到主题教育联系点调研相结合，围绕绿色发展、乡村振兴、污染防治、干部担当、工业经济、民生改善、社会稳定等重点领域，深入开展调研 151 次，形成调研报告 28 篇，在调研的基础上讲党课 40 余次。各级领导班子成员立足本单位本系统工作实际，深入开展调研 1600 余次，形成调研报告 406 篇，并在调研基础上讲专题党课 499 次。

**【检视问题】** 各级领导班子和班子成员按照“四个对照”“四个找一找”要求，通过广开言路群众提、班子成员集体议、对表对标自己找、诚恳请求上级指等方式，深刻检视反思，积极主动全面查找自身存在的问题，全县各级领导班子和班子成员检视问题 726 个。同时，基层党支部组织党员认真检视反思，查找差距和不足，一条一条列出问题清单进行整改，并在党员大会、支部主题党日上进行说明。11 月 21 日，县委常委会召开对照党章党规找差距专题会议，各位常委逐一报告对照党章党规找差距问题查摆情况，并接受大家的批评帮助。其他各级领导班子在 11 月底陆续召开对照党章党规找差距专题会议。12 月 9 日，县委常委会召开“不忘初心、牢记使命”主题教育专题民主生活会后，其他各级领导班子积极组织，相继召开领导班子专题民主生活会 90 场和支部组织生活会 540 余场。

**【整改落实】** 在中央、省委、州委明确的 18 项专项整治工作的基础上，结合实际新增 1 项专项整治，即招商引资突出问题专项整治。全县 19 项专项整治共发现问题 169 个，已整改到位 165 个，完成率 97.6%，问责处理 54 人，其中党纪政务处分 16 人，涉及金额 95.2 万元。其中涉及整治违反中央八项规定精神及省委六条意见、州委、县委实施细则的 1 个突出问题和整治对群众关心的利益问题漠然处之，空头承诺，推诿扯皮；办事不公、侵害群众利益的 1 个问题，处于整改中。另外 2 个问题属于整治对黄赌毒和黑恶势力听之任之、失职失责，甚至包庇纵容、充当“保护伞”的问题，计划在 2020 年 1 月前完成整改。另外，涉及“景观亮化工程”过度化等“政绩工程”“面子工程”问题专项整治内容，已明确责任领导、牵头单位和责任单位，通过自查未发现这方面的问题。

反对形式主义、官僚主义，整治层层加重基层负担、文山会海突出、督查检查考核过多过频的问题 15 个，县纪委问责处理 7 人；在各乡镇实施“净墙行动”，集中清理“挂在墙上的形式主义”，清理标语、制度 2400 余条（块）；出台为基层减负 16 条具体措施，将 68 个督查检查考评项目精简为 16 个，同比减少 76.4%，确保全县督查检查考评事项减少 50% 以上。整顿软弱涣散党组织，县级领导深入村（社区）走访排查 22 个整顿对象，落实“四个一”整顿机制（1 名县领导联村、1 名乡镇班子包村、1 名第一书记驻村、1 个县直及以上单位结对），严格按照“一村一策”要求，落实整治措施 58 条，召开支委会、党员大会、群众会 230 场次，开展谈心谈话 119 人，化解矛盾纠纷 98 起，为群众解决各类困难 156 个。

解决群众反映强烈的问题，加强垃圾分类前端收集、中转、末端处理设备建设，新购买各类车辆 165 辆，设置农村垃圾分类亭 3000 个，发放垃圾分类桶 6400 个，采购核载量为 5 吨的餐厨垃圾车 1 台，完成 7 个乡镇和 5 个县城垃圾中转站建设，对垃圾处置场提档扩容升级，安装渗滤液处理设备，新建厨余垃圾处理站，初步实现垃圾分类投放、分类收集、分类运输、分类处理。落实安全生产责任，全力做好安全生产领域安全隐患问题整改，开展非煤矿山安全体检、交通运输行业隐患排查、在建工程和重点项目安全隐患整治。

攻克制约改革发展的难题，狠抓“一门一网一次”改革，梳理出台一次办、网上办、马上办、就近办的“四办清单”，印发高频事项“最多跑一次”事项清单，建成“24 小时不打烊服务区”，省委主题教育简报推介宣恩县的这一经验做法。开展“千名干部进千企”“局长进窗口”活动，建立“发现问题、制定清单、整改落实、回访跟踪、督查考评”的循环工作制度，以企业需求为工作导向，多措并举破解企业发展难题，采取担保贷款方式补充企业流动资金，融资担保费率降至1%；培育帮扶重点企业促发展，帮扶28家规模以上工业企业和12家“进规”培育重点企业，解决企业困难112个。开展多层次多频次裸土覆绿督办，完成27家关闭矿山、11宗供而未用土地、48个在建项目裸土覆绿。

按照上级点、上下联动的方式，全县共排查化解民生领域信访突出问题12个。全力推进平安宣恩建设，组建工作专班，成立治安联防队伍，对校园及周边、医院等重点领域进行全面排查，发现问题、现场交办、限期整改。在县城成立50支联防队伍，全面开展巡逻、护校等工作。针对校园安全隐患突出问题，组建工作专班进行校园及周边安全大排查，对学校保安进行清理清退、更换增补，全县校园保安总数达到144人，在全县中小学、幼儿园安装“可视对讲一键报警器”102个，新建和维修43所学校围墙，实现校园封闭式管理、专职保安配备、一键式报警设备“三个全覆盖”。

采取“县领导带头访基层、职能部门下沉一线、普通党员发挥先锋作用”的形式，推动解决涉及教育、医疗、住房、饮水、环境改善等多方面的民生问题。各级领导班子和领导干部把群众最急最忧最盼的紧迫问题，列入问题整改项目清单，一个个解决，逐项落实。共列入项目清单1935个，已完成整改1848个，整改完成率95%。比如，为全县22.68千米农村公路实施生命安全防护工程，为全县544名乡村医生落实养老保险及退休生活补助。县级领导干部结合自身职责和分管工作，领办事关群众切身利益的民生实事33件，已经完成30件，其他3件已阶段性完成。通过优化公交线路，新增公交车辆，解决靠近县城及乡镇集镇大型易地扶贫搬迁安置点2万余名群众出行问题。各乡镇领导班子成员结合分管工作，针对群众关心的入学、就医、饮水、用电、出行、如厕、通信以及困难家庭帮扶等问题，领办民生实事249件。各级党员干部积极参加“不忘初心担使命，我为群众办实事”活动，参加志愿服务6848人次，为身边群众办实事好事3310件。

**【建章立制】** 建立“思想引领、学习在先”机制。召开县委常委会会议研究工作和解决有关问题之前，安排专门时间，坚持学习习近平总书记有关重要论述、重要讲话和重要指示批示精神，对表对标，学习后再进行讨论和决策，推进习近平新时代中国特色社会主义思想落实落地落细。主题教育启动后，召开县委常委会会议7次，集中学习习近平总书记重要讲话、重要指示批示36篇（项）。

建立专项工作“五个一”工作机制。针对党建、招商引资、城市建设、工业经济等重点工作，严格执行“一个重点项目、一名县级领导挂帅、一名部门领导负责、一套专门班子落实、一个细化方案实施”的“五个一”工作机制，切实抓好重点工作的跟踪督导和责任落实，及时协调解决工作中的困难和问题。

建立激励关爱基层干部机制。结合宣恩实际，印发《宣恩县贯彻落实〈关于进一步激励关爱基层干部的具体措施〉的工作方案》，从积极引导优秀人才向基层聚集、大力选拔使用敢于担当作为的干部、畅通基层干部交流渠道、全面提升干部能力素质、保障干部福利待遇、表彰奖励向基层一线倾斜、切实为基层干部减压减负、健全关怀帮扶机制、改善干部工作生活条件、关爱干部的身心健康等十个方面细化30条重点任务，明确牵头部门和责任单位，进一步加大激励关爱基层干部力度。

（向群英）

## 组　织

**【概　况】** 2019年，全县共有基层党组织587个，基层党委18个，党总支24个，党支部545个，其中村（社区）党支部292个，乡直机关党支部82个，县直机关党支部141个，两新党支部30个。全县共有党员12845名，其中女性2846人，占比22%；农民党员7183人，占比56%；在岗职工党员3620人，占比28%;（其中党政机关1470人，事业单位人员1678人，企业人员168人，工勤技能人员21人，非公企业人员131人，社会组织人员154人）离退休党员1288人，占比10%；其他党员754人，占比6%。

**【干部选拔任用】** 贯彻落实《党政领导干部选拔任用条例》，规范干部选拔任用工作流程。坚持新时期“好干部”标准，围绕稳步推进机构改革、打好“三大攻坚战”，选优配强领导班子。2019年共调整干部5批次304人次（其中提拔65人、重用23人、交流35人、免职29人、兼职5人、机构改革135人、转任职级8人、挂职1人、其他3人）。贯彻落实各级关于激励关爱基层干部有关精神，结合实际，出台《宣恩县贯彻落实〈关于进一步激励关爱基层干部的具体措施〉的工作方案》，切实为担当者担当，为有位者鼓劲。深入实施“新时代年轻干部成长工程”，建立年轻干部成长档案。注重一线培养，选派20名优秀年轻干部到杭州市西湖区挂职锻炼，选派6名干部到省州机关挂职锻炼，继续选派876名干部驻村开展精准扶贫工作。

**【干部监督管理】** 落实“凡提四必”（讨论决定前，对拟提拔或进一步使用人选的干部档案必审、个人有关事项报告必核、纪检监察机关意见必听、线索具体的信访举报必查，坚决防止“带病提拔”）要求，加强选人用人全程监督、节点把关，用好“12380”举报平台，对2名因征求意见、信访举报、档案存疑干部暂缓提拔任职，敢于“亮红灯”，筑牢防止干部“带病提拔”的组织防线。坚持抓早抓小抓预防，注重用好提醒、函询、诫勉等手段，对干部存在的问题，及时咬耳扯袖，防止小毛病演变成大问题。全年共对领导干部提醒谈话26人，函询1人，诫勉1人。正确对待被问责和受处分处理干部，做好影响期满考核评价工作，形成全覆盖、全链条的跟踪帮助机制。结合“不忘初心、牢记使命”主题教育，开展领导干部配偶、子女及其配偶经商办企业，领导干部不担当、不作为专项整治，并取得成效。对领导干部在企业兼职（任职）和违规多占政策性住房清理进行“回头看”，持续巩固整治成果。

**【干部教育】** 加强干部思想政治教育，制定《宣恩县关于贯彻落实〈2018—2022年全国干部教育培训规划〉的实施方案》和《宣恩县2019年干部教育培训计划》，实施“习近平新时代中国特色社会主义思想教育培训计划”。推动党的十九届四中全会精神走深走实，构建“县级领导干部带头讲、结对帮扶单位入户讲、专业理论宣讲员深入讲、驻村‘尖刀班’一线讲、党建指导员分类讲”的“五讲”格局，突出关键少数抓示范、绝大多数抓覆盖、专题辅导抓质效。全年会同有关部门共举办5个主体班次、16个专题班次和8个东西部协作培训班，培训共计3800人次。

**【人才工作】** 不断创新机制，夯实高质量发展人才支撑。突出多路径引才，实施“一村多名大学生计划”，组织38名贫困村后备干部顺利入学。探索建立技术支持型、科研开发型、人才培育型等3种类型，共7个县级人才工作室，柔性引进4名县外高层次人才作为主持人或特聘顾问，帮带培育创新技术团队和人才梯队，精准引领产业或专业快速发展。坚持高素质育才，借助西湖区和省委党校的教育资源，把专家教授请到宣恩“传经送宝”，将中青年干部送至省委党校学习。加大培训力度广度，完成主体班次培训班5

个、532人次，专题班次培训班12个、1834人次，东西部协作班次培训班11个、526人次。力求全方位聚才。打造升级版“贡水人才计划”，制定出台《宣恩县“贡水人才”和“贡水英才”认定和管理办法（试行）》，将引才模式转变为认定模式，拓展人才引进范围，续聘10名、认定6名“贡水人才”。持续加强“双创”平台建设，组织亚麦公司成功申报验收为“2019年州级优秀双创平台”；组织20名选手参加首届恩施州创新创业大赛，其中，荣获州二等奖1名，优胜奖2名，组织部获得组织奖，“双创”环境进一步优化。

**【“两学一做”学习教育】** 持续推进“两学一做”学习教育常态化制度化，优化完善支部主题党日活动。将精准扶贫、党员服务等嵌入特色实践活动，切实发挥党员先锋模范作用，不断密切党群关系。依托板栗园大捷纪念碑、烈士陵园等红色资源开展革命传统教育，组织党员干部开展探寻一段红色记忆、聆听一个红色故事、重温一遍入党誓词、再走一次红色道路等“四个一”活动。

**【基层党组织建设】** 补齐基层党组织建设短板，对18个党员群众服务中心、128个综合服务文化中心实施提档升级建设，完成284个村（社区）活动场所形式主义挂牌清理。严抓基层带头人队伍，调整优化村“两委”班子53人，组织村“两委”班子成员、驻村第一书记集中轮训16场1800余人次。落实村级后备干部“三定四个一”举措，逐步建成县级统筹、择优选聘、财政保障的村级后备人才选拔机制，全县70个贫困村储备乡土人才300人，动态培养村级后备干部199人。健全在职干部待遇保障、政治激励等保障机制，核定定补干部职数890名，整合扶贫、计生、综治等资金“一揽子”使用，列支3421万元经费保障村干部待遇，村副职定补干部待遇达30000元/年。巩固脱贫攻坚成效，全面整顿软弱涣散基层党组织，建立县级领导带头抓、党委书记主动抓、帮扶单位协作抓、第一书记具体抓、支部书记直接抓的“5+1”工作模式，选派31个单位86人组成22个工作专班派驻蹲点，召开党员群众会230场次，如期实现22个软弱涣散党组织晋位升级。持续推进“组织引领、党员帮带、群众参与”的党建扶贫机制，82个机关单位2781名党员落实“1+N”支部结对共建行动，开展支部联建、党员联户、活动联动、文明联创、发展联手、纠纷联调等党建“六联”活动，举办各类培训2000余场次，组织慰问关爱活动420场次。

**【直属机关工委】** 2019年，因全县机构改革调整设置机关党组织14个，撤销党组织6个，指导58个基层党组织及时进行换届、改选、增补、更名，把素质好、有能力、热爱党务工作的青年党员充实到班子中来，确保党组织班子的完备性和正常运转。组织县直机关96名发展对象参加培训，县直机关2019年共发展预备党员73名。举办党务干部业务培训班，县直基层党组织110余名党务工作人员参训。

**【发展党员】** 2019年，全县共发展党员300人，其中，产业工人15人，占发展总数的5%；农牧渔民151人，占发展总数的50.33%；35岁及以下农牧渔民68人，占农牧渔民发展总数的45.03%；少数民族166人，占发展总数55.33%；非公有制企业和社会组织18人，占发展总数6%。

**【公务员日常管理】** 按照机构改革的总体要求，全县公务员管理业务划转到县委组织部，2019年6月，县委组织部顺利承接全县公务员管理业务。贯彻落实新修订的公务员法，把加强党对公务员工作的集中统一领导作为一项重要的政治任务抓落实。严把进人关，做好公务员招录和遴选工作，充实公务员队伍、优化干部队伍结构。2019年，全县新招录公务员考察工作突出政治标准，从源头上保证新进公务员政治过硬、品质过硬，全县新录用公务员（含人民警察）共30名。2019年县直机关（单位）公开遴选工作完成11个机关

（单位）共21名遴选计划。开展公务员日常管理工作，完成公务员转正、任职、交流、调配、调任、登记、退休等工作，共完成公务员转正登记和任职89人，交流调动173人，调任登记19人，退休32人。严格执行公务员工资政策规定，落实工资待遇，按照人均增幅300元的标准，提高乡镇工作补贴，严格执行带薪年休假、加班补休、误餐补助等制度，对确因工作需要不能安排年休假的按规定支付工资报酬。

**【职务与职级并行】** 县委把“双职”并行制度实施列入重点工作项目，县委常委会先后2次专题研究审议实施方案、职级套转、职级设置方案、职数核定原则等事项。成立由县委常委、组织部长担任组长，宣传、编办、财政、住建、卫健、人社、医保、机关事务等部门负责人为成员的县“双职”并行制度实施工作领导小组，并组建工作专班。制定《宣恩县公务员职务与职级并行制度实施工作方案》，围绕“政策宣讲到位、人员身份确认到位、思想稳定到位”，县级层面先后开展2轮培训，强化制度宣讲和业务培训。认真做好职数核定备案，按照“全口径、到单位”的原则向州报备全县职级职数设置情况，并获批全县较高职级职数设置方案。全面完成职级套转，在从严审核把关的基础上，按照干部管理权限，全面完成原非领导职务人员、享受县以下职级待遇人员的职级套转工作，全县有864人套转职级，实现“应套尽套”。有序开展职级晋升，拟定并印发《宣恩县公务员职级套转和晋升工作基本流程》，严格按照规定的范围、资格条件和程序开展职级晋升工作，共完成全县38个机关（单位）共56人职级晋升，全面转入日常管理。整体推进分类改革，完成县法院、检察院原员额法官、检察官、司法辅助人员、综合管理人员和司法警察职位编制划分、人员定岗等基础工作，全员入轨对应职级。统筹推进公安机关和法院、检察院司法警察实施执法勤务、警务技术警员职级制度。对城市管理局等改革单位，在理顺机构人员编制的基础上，入轨行政执法类职级。

**【老干部工作】** 2019年末，全县共有离退休干部3823人，其中离休干部17人，副县级以上退休干部65人。围绕落实好老干部“两个待遇”做到“四个坚持”：坚持定期学习和参观考察制度；坚持走访慰问制度，加强感情联系；坚持动态管理，加大关爱力度；坚持全面落实离退休干部生活待遇。强化离退休干部党组织建设和思想政治建设，对全县离退休党支部建设进行梳理统计，建立离退休干部党员台账以及流动党员管理台账。指导乡镇和县直单位完成“湖北省老干部信息化平台的管理”的操作及年报工作。做好老年大学常规教学及管理工作，为老同志做好服务，让他们“老有所为、老有所乐”。2019年老年大学招收学员400余人，专业授课教师15名。开设舞蹈、音乐等13个专业共计17个教学班。参加州老干局组织的“讴歌新中国、点赞新时代、助力新发展”正能量主题活动。在庆祝中华人民共和国成立70周年全州离退休干部书画摄影展”中，共有6幅书画作品获奖；在全州离退休干部象棋比赛中，共4名选手参赛，团体荣获组织奖。县人大常委会原主任唐松林等5位退休干部被州老干局授予“风范长者”称号。同时引导老年朋友发挥余热，服务社会，为县委、县政府中心工作助力。2019年7月，全州关工委工作现场会在宣恩召开，以宣恩老年大学“五老”团队为基础，组织展示老年大学“五老”风采的展演。

**【关心下一代工作】** 县关工委按照州委办对关心下一代工作的“四纳入”“四到位”“四统一”工作要求各项工作得到全面落实。不断强化思想引导，做好社会主义核心价值观教育。积极开展特色活动，营造青少年健康成长良好环境，在州关工委组织的“中华魂”的主题演讲和征文活动中，宣恩县荣获“先进集体奖”，其中演讲和征文40人获奖。加大宣传推介力度，做实贫困留守儿童关怀帮扶工作。坚持办好《关心下一代》期刊。在办好双月刊的基础上，第四期增设“祖国辉煌70年”专栏，向全县教师、学生、社会人士广泛征稿10余篇征文，歌颂祖国70周年的伟大发展、沧桑巨变。

（向群英）

## 精神文明建设

**【概　况】** 2019年末，全县有国家级文明村1个，省级文明单位13个，省级文明乡镇2个，省级文明村8个，州级文明单位72个、州级文明乡镇8个、49个州级文明村、2个州级文明社区。

**【精神文明创建】** 深化农村精神文明创建，广泛发动村民完善优化乡规民约，发挥村民议事会、红白理事会等群众组织的作用，引导农民自我管理、自我提高。全县279个村均已完善村规民约、红白理事会全覆盖。按季度印发关于2019年乡镇党委宣传思想文化重点工作完成情况通报，以规范红白理事会管理、成立乡风文明理事会、清洁户评选、成立志愿服务队等措施为抓手，推进乡风文明建设。广泛开展美化村镇环境、“无事酒”专项整治、群众性文体活动、“十星级文明户”“最清洁户”创建等活动，推进移风易俗，提高农村文明程度。全面开展全民素质提升工程“出彩宣恩人、出彩家庭、出彩乡村（社区）”系列评选活动，形成全民深度参与、全县比学赶超的良好态势。开展文明村镇创建，成功创建1个国家级文明村（万寨乡伍家台村），2个省级文明乡镇（李家河镇、高罗镇），8个省级文明村（椒园镇黄坪村、水田坝村，万寨乡伍家台村，长潭河侗族乡两河村，高罗镇埃山村、九间店村，沙道沟镇两河村，李家河镇川大河村），8个州级文明乡镇（珠山镇，椒园镇，万寨乡，长潭河侗族乡，椿木营乡，高罗镇，沙道沟镇，李家河镇），49个州级文明村（珠山镇卸甲坝村、珠山镇封口坝村、珠山镇甘溪村、珠山镇狮子关村、珠山镇茅坝塘村、椒园镇黄坪村、椒园镇庆阳坝村、椒园镇水田坝村、椒园镇石马村、椒园镇锣圈岩村、椒园镇店子坪村、万寨乡伍家台村、万寨乡向家村村、万寨乡芋荷坪村、万寨乡板场村、长潭河侗族乡两溪河村、长潭河侗族乡诺西村、长潭河侗族乡兴隆村、长潭河侗族乡芭叶槽村、长潭河侗族乡大坨村、椿木营乡甘竹坪村、椿木营乡范家坪村、椿木营乡施家坪村、晓关侗族乡大岩坝村、晓关侗族乡中村坝村、晓关侗族乡牛场村、晓关侗族乡野椒园村、晓关侗族乡小溪村、高罗镇埃山村、高罗镇九间店村、高罗镇麻阳寨村、高罗镇清水塘村、高罗镇向家坪村、高罗镇下坝村、高罗镇黄家河村、高罗镇甘溪村、沙道沟镇两河村、沙道沟镇当阳坪村、沙道沟镇木笼寨村、沙道沟镇白水河村、沙道沟镇上洞村、沙道沟镇松坪村、李家河镇川大河村、李家河镇塘坊村、李家河镇柏子坳村、李家河镇金陵寨村、李家河镇上洞坪村、李家河镇车道湾村、李家河镇二虎寨村），5个州级文明社区（珠山镇兴隆街社区、珠山镇上湖塘社区、珠山镇工农街社区、珠山镇白鹤井社区、珠山镇双龙湖社区）。

扎实推进文明县城创建，以培育社会主义核心价值观为主线，开展全民素质提升工程“出彩”评选活动，文明风尚深入人心，城市面貌明显改观，发展环境得到优化，文化民生逐步改善。县委常委会审议通过从2018年开始设立100万元的宣恩县全民素质提升工程暨精神文明建设专项基金，每年纳入财政年度预算，建立起领导挂钩联系和机关单位结对共建制度，通过完善基础设施、实施专项整治行动等措施开展创城攻坚。2018年度县域文明指数测评成绩为85.767分，全州排名第一，2019年县域文明指数测评成绩为85.857分，全州排名第二。按照2017年占15%，2018年占25%，2019年占60%的得分比重分配，宣恩县2017—2019三年县域文明指数测评综合成绩在80分以上，达到申报省级文明县城资格。

稳步推动新时代文明实践中心试点建设，做到以机制建设为基石，以队伍建设为抓手，以资源整合为保障，以资金投入为支点，以品牌项目为重点，打通“宣传群众、教育群众、关心群众、服务群众”的“最后一公里”。探索建立新时代文明实践中心试点，成立1个新时代文明实践中心、9个新时代文明实践所、21个新时代文明实践试点站，各试点努力建设“一村一品”，引导开展文明实践活动。建立县乡村三级志愿服务队伍，建设志愿者人才库，全县有专业志愿服务人才2000余名、乡镇志愿服务人才1000余名。建成5个社区、21个村（含易地扶贫搬迁安置点）文明超市，通过群众履行文明行为累计积分在超市兑换奖励的形式，引导群众遵德守礼、遵规守约。

持续开展文明单位创建工作，集中抓好一堂（道德讲堂）、一队（志愿服务队）、一牌（“遵德守礼”温馨提示牌）、一桌（文明餐桌）、一传播（网络文明传播）、一献（义务献血）“六个一”建设，引导各单位把建设社会主义核心价值体系的要求落到实处。各级文明单位都建立志愿服务队和网络文明传播志愿队伍，开展道德讲堂、文明餐桌、文明交通、义务献血、“六城”同创卫生清扫包片活动、精准扶贫帮扶等一系列创建活动。在《关于做好2019年度县级（最佳）文明单位申报推荐工作的通知》中，增加淘汰、警告、降级事项申报程序，保持文明单位先进性。2019年12月上旬，县委文明办组织6个县直单位检查组、9个乡镇直单位检查组，对县级最佳文明单位75个，县级文明单位73个进行检查验收。县委、县政府对县人民政府扶贫开发办公室等73个县级文明单位、县文化市场综合执法大队等75个县级最佳文明单位予以命名。2018年，完成州级文明单位届中测评工作，对全县72个复查州级（最佳）文明单位和7个拟申报州级（最佳）文明单位的创建工作，进行业务指导。成功创建2017—2018年度州级最佳文明单位34个，州级文明单位45个。

**【思想道德教育】** 坚持用先进典型引导人，以“践行文明我出彩”为主题，开展全民素质提升工程“出彩”系列评选活动，评选出马东升等10名“出彩宣恩人”，田远汉家庭等10组“出彩家庭”，椒园镇店子坪村等10个“出彩乡村”。积极向上级推荐先进典型，黄兆峰、向胜元、黄海艳、陈其胜等4人荣获恩施楷模，向胜元获评“中国好人”，王凌云、刘顺入选全国最美孝心少年。

坚持用理想信念培育人，加强青少年理想信念教育，在全县各中小学校开展“双读”教育、好家风进校园、“戏曲进校园”等活动。在2019年全省乡村学校少年宫项目建设骨干人员培训班暨经验交流会上，高罗镇中心小学作为恩施州唯一代表以“少年宫里学非遗、活态传承非遗文化”为主题作典型发言。加强群众性宣传教育，广泛开展社会主义核心价值观“六进”和“文明交通”“道德讲堂”“我们的节日”等活动，举办“不忘初心、牢记使命·讲好宣恩故事”演讲比赛、向张富清同志学习活动，选送民警朱田崀参加“共和国故事汇——湖北省红色故事宣讲大赛”获业余组二等奖。

（侯　彬）

## 宣　传

**【概　况】** 2019年，共组织县委中心组集中学习20次，编发舆情报告11期;《宣恩新闻》发稿1576条，中国宣恩网网站发稿1673条，在《恩施日报》发稿750条，在恩施电视台发稿2468条，在省级以上主流媒体发稿452条，云上宣恩发稿5212条，少儿节目《七彩乐园》播出45期。

**【意识形态工作】** 不断压实意识形态工作责任，严格执行意识形态“五纳入三报告”，以及季度联席会议、月研判、适时工作提醒等制度，不断完善“一盘棋”格局。全年县委专题听取意识形态工作汇报4次，召开联席会议4次，开展督查2次。

不断规范意识形态阵地管理，印发《宜恩县党委（党组）中心组学习和思想文化类论坛等管理办法》，切实加强对思想文化类论坛、讲座、报告会的审查。开展文化市场“扫黄打非”“扫黑除恶”，出动执法人员138人次，检查69家次，整改隐患12处。

**【理论武装】** 有序开展理论学习，制定《县委中心组2019年度学习计划》，全年组织集中学习20次，开展集中研讨9次，专家讲课7次。推广使用“学习强国”学习平台，截至2019年12月底，全县注册11743人，占全县党员93.07%，活跃度和人均积分位居全州第三。

深入推进宣讲工作，建立健全县、乡“双宣讲”队伍，围绕习近平新时代中国特色社会主义思想、庆祝中华人民共和国成立70周年、三大攻坚战等重大主题，组织“我和我的祖国”“决战脱贫攻坚 献礼七十周年”“老干部讲好中国故事”等宣讲活动。

**【新闻宣传】** 组建宣恩县融媒体中心，下设策划、采集、编播发、运营、后勤保障五大中心，关停宣恩电视台新浪微博等平台，管好做强宣恩新闻网、云上宣恩APP、中国宣恩网微信公众号等平台，实现平台有机融合。

聚焦巩固脱贫成果、加强污染防治、推动经济发展等中心工作，做好重点宣传，围绕学习贯彻习近平新时代中国特色社会主义思想、庆祝中华人民共和国成立70周年等做好主题宣传，《宣恩新闻》发稿1576条，中国宣恩网网站发稿1673条、微信公众号推文843条，云上宣恩发稿5212条，少儿节目《七彩乐园》播出45期。

央视电影频道“脱贫攻坚战星光行动”首期聚焦宣恩，全网直播观看量达到437万次，短视频全网播放量超过1789万次。《人民日报》一版多次聚焦宣恩发表重要宣传文章。全年在中央级主流媒体发稿380条（幅），在省级主流媒体发稿72条；恩施电视台用稿2468条，位列全州第二，《恩施日报》用稿750条，位列全州第一。

**【网络安全和信息化】** 设置县委网信委，理顺网络意识形态管理体制，配齐网信工作人员。编发舆情报告11期，整体积极向上。

开设“贡水时评”专栏，组织精干网评力量，针对国家政策、县情民情，社会热点及实际情况撰写网络评论。全年共刊发189篇评论文章，其中《四点半学堂要有名堂》评论文章获湖北省网络宣传季度好作品奖。

开展网络工作群组清理行动，签订文明上网承诺书3000余份；组织关键信息基础设施网络安全风险全覆盖排查、32个重点行业检查；开展网络安全宣传周活动，精心开展校园日、电信日、法制日、金融日、青少年日、个人信息保护日6个主题日活动。

**【“学习强国”推送苗语版《我和我的祖国》】** 10月14日，“学习强国”学习平台发布由高罗镇组织党员干部、高罗镇中心小学师生用苗语歌唱《我和我的祖国》短片，获得大量点赞及转载。高罗镇拥有湖北省唯一保留苗语的苗族村寨——小茅坡营村，被称为苗族语言的“活化石”。宣恩县在该村开设苗语课堂，让更多的苗族同胞和年轻一代规范使用苗语。利用苗语翻唱《我和我的祖国》，表达对祖国的热爱，为祖国献上最美好的祝愿。短片通过“湖北学习平台”推送，在“学习强国”学习平台发布既引起宣恩县党员干部的共鸣，也获得全国各地党员干部的关注。

（丁　杨）

## 统　战

**【概　况】** 2019年，完善大统战工作格局，建立完善全县统一战线工作领导小组，召开联席会议，县委中心组组织学习习近平总书记关于加强和改进统战工作的重要思想和《统战工作条例》以及新修订的《宗教工作条例》。组织全县统一战线成员学习宣传贯彻习近平总书记关于加强和改进统战工作的重要思想。制定《中共宣恩县委统一战线工作领导小组成员单位职责分工》等规范性文件，统战工作“大格局”形成。贯彻上级对台工作会议精神，部署落实对台工作任务；对涉台“大陆新娘”的资料进行补充和完善，努力为台胞台属办实事。

**【基层统战工作】** 运用各种宣传工具和手段加强统战知识、统战工作的宣传，及时传达党的政策方针，增强统一战线的凝聚力和影响力，形成工作合力。进一步强化统战工作的组织领导，责任到人；加强教育培训，引导广大统一战线成员积极投身统战工作，不断提高乡镇统战干部的理论水平和工作能力。把统战工作任务分解到各乡镇，明确职责，强化目标责任考评，把统战工作情况列入年度考核范围，做到奖罚分明，培育先进典型。建立健全基层统战工作机制，把统战工作列入党委工作重点，一级抓一级，层层抓落实。

贯彻落实《中国共产党统一战线工作条例》，持续加强县、乡、村三级“横向到边、纵向到底”的统战工作网络，构建起基数清楚、对象明确、联系密切、服务完善、工作有力的“大统战”工作格局，实现基层统战工作有人管、有人抓、有人干的良好谋事创业局面。县委成立中共宣恩县委统一战线工作领导小组，将统战工作列入全县综合考核和县委日常研究内容，实行目标管理。明确各乡镇党委书记为统战工作第一责任人，党委统战委员主抓统战工作、配备一名统战干事，要求各行政村一名党支部委员或村委委员担任统战工作联络员，并兼任宗教工作协理员，同时将乡镇统战工作阵地建设纳入年度工作考核目标。进一步强化基层统战工作硬件建设和阵地建设，推动基层统战工作的规范化、网格化、制度化。

**【党外干部培训】** 2019年5月13—17日，在浙江省社会主义学院举办党外干部培训班。全年召开党外科级干部和党外知识分子座谈会2次。在机构改革中，重用1名党外干部，1名乡镇班子成员进入县直单位班子成员，调整2名党外科级领导，新提拔使用1名党外干部。县委统战部、县委组织部，组织专班对全县党外后备干部、副科以上实职干部进行履职考核。举办党外人士座谈会，听取他们对经济社会发展情况的意见建议。充分发挥党外代表人士参政议政、民主监督的作用，引导民主人士和无党派人士围绕脱贫攻坚领域扶贫落实情况、干部驻村帮扶、项目推进等工作积极开展脱贫攻坚民主监督。10月9日，在“统战之家”开展无党派人士“不忘合作初心·继续携手前进”主题教育工作，讲形势教育课、上党课。努力提升党外代表人士能力素质。9月1—6日，与杭州西湖区委统战部联合办学，在浙江大学举办全县非公经济及新社会阶层代表人士综合能力提升培训班。

**【新的社会阶层人士工作】** 10月30日，宣恩县新的社会阶层人士联谊会成立大会召开，并在民政部门完成注册登记。在新的社会阶层人士工作中，着重围绕统战系统开展的“不忘初心、牢记使命”主题教育工作，举办一系列教育培训。9月，在浙江省杭州举办新社会阶层人士能力提升培训班，对50名新的社会阶层人士进行政策和实务培训。10月底，邀请县委党校在宣恩“统战之家”举办全县新的社会阶层人士政治培训。举荐新的社会阶层人士担任人大代表、政协委员。通过宣传、培养典型、座谈交流等形式，继续加大“千企帮千村”工作力度，为全县脱贫攻坚贡献力量。宣传报道有关新的社会阶层人士工作的方针政策、工作动态、先进事迹，向社会各界充分展示新的社会阶层人士的生机与活力，提高全社会对新的社会阶层人士的认知度和认同度。

通过举办异地商会座谈会、中秋恳亲会、走访调研等形式，引导和吸引在外创业成功人士、农村实用人才回归家乡，投资兴业，支持家乡建设，形成人才回归、技术回乡、项目回归、资金回流、信息回馈的良好态势。做好东西部协作帮扶对接。7月17—19日，浙江省杭州西湖区委统战部携民革、致公党一行到宣恩县开展帮扶活动，与县中等职业学校开展校企合作，与宣恩县农特产品经销商签订电商销售协议。11月7日，致公党杭州市委再次到宣恩开展“明志·悦读”活动暨“‘明志·悦读’杭州致公图书角”授牌仪式，捐赠10万册图书，同时开展“同心”助学7人。

**【民族宗教】** 巩固全国民族团结进步示范县创建成果，建立民族团结进步工作长效机制，继续深入推进民族团结进步创建工作。推进兴隆街社区外来少数民族流动人口示范区建设，贯彻落实《湖北省关于创造良好环境进一步促进新疆少数民族群众在鄂交融发展的实施意见》，关怀外来少数民族流动人口工作联席会议召开。贯彻党的宗教工作方针，召开宗教工作领导小组会议，压紧压实各级党委政府和有关部门宗教工作主体责任，印制《宗教政策法规读本》2000本、《宗教工作应知应会》1500套，下发各乡镇及县直各部门，营造宗教工作方针政策宣传氛围。针对中央、省委宗教工作督查，中央第二巡视组脱贫攻坚专项巡视反馈的问题，逐项抓好整改落实，坚持举一反三，全面推动解决工作中的重点难点问题。完成县级宗教工作领导小组调整，刘智勇任组长，完善县、乡（镇）、村（社区）三级宗教工作网络调整。

（刘　洋）

## 巡　察

**【概　况】** 2019年，根据县委巡察工作领导小组统一部署，共开展4轮常规巡察，2轮巡前培训，1轮巡后总结，主要通过“以干代训”“以老带新”的方式开展巡察工作。1月3日至2月2日，县委启动2个巡察组对涉改部门县安监局、县移民局、县国土资源局开展巡察。4月9日至6月15日，县委启动3个巡察组以“巡乡镇带村”的方式对9个乡镇党委及所辖村（社区）党组织开展巡察，将“政治”贯穿巡察始终，围绕党中央安排部署及县委中心工作，把扶贫领域作风和腐败问题、形式主义、官僚主义、意识形态、扫黑除恶、“农地非农化”等问题作为巡察重点监督内容。8月6日至9月5日，县委3个巡察组对县科协、县经信局、县发改局、县统计局、县住建局、县自来水公司6个单位及所属单位开展巡察。10月8日至11月7日，对县林业局、县交通局、县妇联、团县委、县总工会5个单位及所属单位开展巡察。

**【推进巡察全覆盖】** 制定巡察监督“路线图”，对照县委《巡察工作五年规划》，结合机构改革实际情况，重新分年度编制巡察工作计划表，明确5年内完成县委管辖的县直机关、县直属企事业单位、乡镇党委及村（社区）等党组织的全覆盖任务，确保心中有数、有的放矢。在巡察县直单位时，对其所属管理的党组织一并开展巡察，同步延伸到基层站所，切实将全面从严治党向基层延伸落到实处，做实“最后一米”。已开展的7轮巡察，对17个县直部门（以机构改革后计算）、3个县直属企业党组织、9个乡镇党委、284个村（社区）党组织开展巡察，含村（社区）折算后的巡察覆盖率为89.68%。

坚持用好《巡视工作条例》《市县党委巡察工作流程》等规定的方法，统筹安排常规巡察、专项巡察和巡察“回头看”等方式，采取“一托N”的方法，有序推进全覆盖任务。印发《中共宣恩县委巡察工作领导小组规则》，通过县委巡察办会同相关职能部门保障回访督查工作，将听取巡察汇报时间固化下来，有力保障巡察组稳步推进年度巡察工作计划。

2019年，正式全面推行巡察报告底稿制度，从问题来源、概述、了解情况、支撑材料、组长审阅等方面作出要求，确保巡察组发现的每个问题都有出处，都有证据支撑，进而提高巡察问题质量。通过在“每周一学”中穿插巡察业务专题学习、“谈巡察心得”、“话巡察体会”、“讲巡察故事”等方式，不断提高巡察干部政治素养，提高辨别政治与业务的关系，提高政治巡察质量。

**【巡视巡察整改】** 将中央巡视、省委巡视、州委巡察反馈问题的整改情况纳入本级巡察监督重点。建立月报告制度，对未销号问题按月上报进度，采取电话联系、工作群提醒等方式加强日常沟通指导。制定《中共宣恩县委巡察工作督办制度》《宣恩县巡察反馈问题整改销号暂行办法（试行）》等制度，逐步建立起纪检监察机关、组织部门、县委督查部门和巡察机构对落实巡视巡察整改的日常监督联动机制。

探索总结巡察整改“七步工作法”，结合“四大审核标准”指导抓好巡视巡察反馈问题整改工作，对整改不力的单位下发《巡察督办》《巡察整改（立行立改）建议书》，全年共下发《巡察督办》1期，《建议书》14份。结合“不忘初心、牢记使命”主题教育，以“促进问题整改到位”为工作的出发点，对巡察机构牵头的巡视巡察整改及县委前三轮反馈未销号问题开展督导，坚持“反馈＋立行立改”模式共计交办《督查督办清单》30份，明确督查督办意见反馈相关单位，扎实推进巡视巡察整改工作。

通过专项整治及日常督导工作，州委第一巡察组反馈的县级层面91个问题，已整改完成91个；反馈乡镇及村问题1539个，已整改完成1530个，阶段性完成8个，整改中1个；移交的问题线索10件（原会议反馈交办7件，后通过州纪委信访渠道反馈3件），已办结9件；移交的95件信访件，剔除重复件后92件已全部办结。县委1—3轮常规巡察反馈面上问题398个，整改完成395个，整改率99.25%；县委4—5轮巡察反馈面上问题521个，通过回访督查，整改完成406个，整改率77.9%；共移交县纪委监委问题线索69件，已办结59件，办结率85.5%。县委巡察办主要领导带队到长潭河侗族乡中坝村、万寨乡中台村等指导巡视巡察整改工作，对整改方法有误区、整改工作不深入的问题提出指导意见30余条，要求各村即知即改，提高整改质效。

县委第四、五轮巡察反馈问题，通过被巡察单位的整改、回访督查等，被巡察单位各项制度进一步完善、干事创业的精神得以提振。2019年通过整改，被巡察单位建章立制53项、修改制度6项，追缴资金和挽回经济损失共计485029元，运用第一种形态批评教育、警示性约谈、提醒谈话78人。移交县纪委监委问题线索立案1人，移交被巡察单位有关扶贫领域信访件立案2人，切实发挥巡察“显微镜”“探照灯”作用，帮助被巡察单位发现并解决工作中存在的问题，着力发现群众身边微腐败问题和不正之风，夯实党的执政基础。

（李双艳）

## 深化改革

**【概　况】** 2019年，宣恩县确定78个重点改革项目，其中承接中央项目4个、省委项目71个、州委项目3个，涉及“五位一体”总体布局、“四个全面”战略布局的方方面面，改革项目工作责任主体涵盖到全县各乡镇和各单位，形成全面抓、抓全面的改革工作格局。持续开展“出彩”评选活动，针对“十星级文明户”出台9项奖励措施，持续激发干部群众内生动力。全县有中国好人3人，全国最美孝心少年8人，湖北好人2人，荆楚楷模5人。2019年11月，沙道沟镇孝心少年王凌云登上中央电视台《2019寻找最美孝心少年颁奖典礼》。推动新时代文明实践中心建设，成立1个县级实践中心，9个乡镇实践所，5个社区实践站，13个村级实践站，8个易迁安置点实践站，投入100万元精神文明创建专项经费建设实践中心，投入14万元在26个实践站建立第一批“文明超市”试点。2019年4月11日，全国民族经济工作暨民族地区经济形势分析现场会与会人员到宣恩参观；4月29日，省政府批准宣恩退出贫困县；8月22日，全国发展改革系统易地扶贫搬迁工作现场会的部分与会代表到宣恩实地考察；10月21日，宣恩县城“仙山贡水”旅游区荣获“中国文旅融合创新奖”，全省唯一。

**【责任落实】** 县委、县政府始终坚持将改革工作作为全县重点工作，与其他重点工作同安排同部署。通过县委全会、县委常委会会议、县委中心组学习会议、县委深改委会议等形式，认真组织学习贯彻习近平总书记关于全面深化改革的重要论述，《湖北省全面深化改革促进条例》，各级党委、政府、深改委关于改革的相关会议、文件精神，听取全县改革工作汇报，研究解决重大改革事项。共提请县委常委会研究改革事项14次，在县委常委会上学习传达上级会议、文件精神7次，县委改革办开展改革项目专题调研9次，顺利迎接省委改革办检查2次，州委改革办督察1次。

县委改革委主要领导始终坚持贯彻习近平总书记关于“一把手”亲自抓改革的工作要求，主动部署重要改革、把关重大方案、协调关键环节、督察落实情况；及时签批上级下发的改革工作相关文件；带头领衔完善旅游扶贫机制改革项目，并多次到改革项目现场调研督办，推进旅游与脱贫攻坚深度融合；带头完成“关于加快建设鄂西绿色发展示范区的路径探索”的调研课题；组织召开农业农村体制改革专项小组专题会议，加快推进改革项目的落地落实。

宣恩县贡茶专业合作社入选中国农民合作社500强榜单，排名全国第280名，全州唯一；鼓励创品牌和国家高新技术企业，累计发放383.83万元奖金，其中专利奖65.1万元、工业经济考评奖75万元、商贸奖142.83万元、外贸出口奖100.9万元。

**【工业园区入园政策】** 修订完善《工业园区企业入园政策清单》《招商引资管理办法》。投入资金2.4亿元的创新创业产业园一期完成建设，标准厂房达11万平方米，已有5家企业开工建设，另有4家企业已签约，其中，坤鹏生物科技有限公司签订的缬草加工项目投资过亿元。落实优惠政策吸引企业入驻，对入驻企业实行1—3年免租，4—5年减半收取租金；对固定资产一次性投资3000万元以上且投资强度不低于200万元／亩的企业，项目用地按所在地土地等别相对应《全国工业用地出让最低价标准》的70%执行，低于土地成本的按土地成本价供地。

**【农村改革】** 2019年，宣恩县被列为全州唯一的省级农村住房建设试点；被列为全国农村集体产权制度改革试点，完成279个村的清产核资和清人分类，完成率100%；被列为省农民合作社质量提升整县推进试点县，累计注册农民专业合作社971家，较上年度新增113家；家庭农场550家，较上年度新增47家。全县土地流转面积6546.67公顷，占家庭承包面积的14.8%。高罗镇麻阳寨村、长潭河侗族乡小卧龙村被评为2018年度全省村级集体经济发展进步村；苏宁拼购承包2000公顷富硒黄豆基地和2000公顷富硒贡茶基地，在全国建立第一个“拼基地”，全年合作金额达3亿元。向中宣部争取资金2072万元支持259个村级综合文化服务中心建设，第一批129个村已进入验收阶段；农家书屋数字化阅读机已实现乡镇全覆盖；与湖北省楚天视讯网络有限公司签订《“智慧宣恩”（广电数据中心）建设项目框架协议》，投资2亿元推进“智慧家园”“智慧社区”“智慧城管”“智慧旅游”等系统平台建设。

**【金融改革】** 宣恩县被评为全省最佳金融信用县。

出台16个具体实施细则，对金融扶贫贷款具体操作流程、贴息、风险补偿、评级授信、激励约束进行规范，统筹1000万元，用于支持县域龙头企业发展；54户企业获得授信贷款2414.7万元；在全省率先成立小微企业发展促进会，为民营企业提供担保1.5亿元。统筹近亿元资金与宣恩农商行合作，采取基金管理模式，放大贷款规模；注入财政扶贫风险补偿基金5000万元，由县金融扶贫互助社统管，县扶贫互助社对乡（镇）、村扶贫互助社实行授信管理；村级金融扶贫互助社初始增信基金为15万元，乡（镇）级互助社初始增信基金为15万元至100万元，合作银行按最高1：10的比例放大贷款；支持推动企业直接融资，对在“新三板”市场挂牌企业奖励200万元，在武汉股权托管交易中心“四板”交易板市场挂牌企业奖励20万元；对500万元以下的担保贷款业务降低融资担保费率，担保费按1%收取；从2019年4月起，在企业生产经营正常信用记录良好、反担保物足值且担保风险可控的前提下，不收取客户担保风险保证金，不再收取担保评审费。

**【政务服务改革】** 落实“三集中三到位”，县级公共服务和行政审批进驻实体大厅事项868项，进驻比例达到100%，除车管业务和婚姻登记业务外实现一站式服务；落实“一门、一网、一次”工作要求，实现200个高频事项“最多跑一次”，企业和群众办事提供材料压减70%以上；在实现税务、公安、工商等部门部分便民事项全天候自助办理的基础上，增设发票申领、工商全程电子化、社保卡相关信息查询等多个事项，成功打造24小时“不打烊”政务服务区，受到省委“不忘初心、牢记使命”主题教育第二期简报推介。10月，超额完成省政府提出的“3550”刚性改革目标，实现“2325”，即把企业开办时间、不动产登记时间、工业建设项目取得施工许可证的时间分别压缩至2个工作日、3个工作日、25个工作日；推行工业项目“先建后验，边建边验”模式。全州市场监管系统”一窗通办”“一事联办”推进会在宣恩县召开；珠山镇市场监督管理所被评为全国市场监督管理系统优秀市场监管所。

（陈映宏）

## 财　经

**【概　况】** 县委成立县委财经委员会，并及时落实机构运行相关事项。及时制定《中共宣恩县委财经委员会工作规则》和《中共宣恩县委财经委员会办公室工作细则》，明确县委财经委的职责任务是负责全县经济领域重大工作的总体布局、统筹协调、整体推进、督促落实，根据工作需要，定期或者不定期进行专题调研，总结推广经济工作经验。确定财经办为县委财经委的常设办事机构，直接受县委财经委员会领导，负责处理县委财经委员会日常事务。

确定全年主要经济指标的预期目标为：地区生产总值增长7%；公共财政预算收入增长7%；全社会固定资产投资增长11%；社会消费品零售总额增长10%；城镇常住居民人均可支配收入增长8.5%；农村常住居民人均可支配收入增长9.5%。确定总思路。将全县年度经济工作的方向定为：坚持稳中求进工作总基调，坚持以供给侧结构性改革为主线，落实“六稳”工作部署，在“一芯两带三区”“一谷两基地三示范区四大产业集群”战略布局中抓机遇、争进位，聚焦州委七届六次全会确定的六大重点任务，坚决打好全县脱贫大决战、全面开启乡村振兴新征程、奋力打造县域经济升级版。确定打好三大攻坚战、提升产业质量、狠抓品质提升、突出项目引领、推进改革创新作为年度重点工作安排，将产业发展作为第一要务来统筹部署。继续将脱贫攻坚作为全县重点工作一体推进，确定年度精准扶贫工作分三个阶段统筹推进，并提出“一聚焦一围绕六提升”工作措施。

**【宣传工作】** 湖北省人民政府机关刊物2019年第5期刊发宣恩县新时期人大工作经验推介文章《奋力书写“人大代表在行动”的合格答卷》；湖北省人民政府机关刊物2019年第6期刊发宣恩县易地扶贫搬迁后续帮扶工作经验文章《坚持“三化”提升“三感”——宣恩县着力将易地扶贫搬迁集中安置区建成乡村振兴示范区》；中共湖北省委党校、湖北行政学院《党政干部论坛》（2019年第9期）刊发宣恩县委书记刘智勇的署名文章《坚持“三化”提升“三感”——宣恩县着力将易地扶贫搬迁集中安置区建成乡村振兴示范区》，推介宣恩县易地扶贫搬迁工作经验；州委州政府机关刊物《今日恩施》2019年第3期刊发宣恩县巩固提升脱贫攻坚成效典型做法文章《巩固提升脱贫攻坚质量，确保同步全面小康》，第5期刊发宣恩县在助力民营企业发展方面的做法文章《切实解决具体问题，着力助推民企转型升级》；中共湖北省委办公厅《工作简报》2019年第26期，以《宣恩县探索“住和谐小区、进企业园区、创小康社区”易地扶贫搬迁路径，聚焦解决近万户突出问题》为题，专题推介宣恩县易地扶贫搬迁工作经验；《农村新报》以《着力解决搬迁户最烦心最担心最关心的事》为题专题推介宣恩县易地扶贫搬迁工作经验。

**【统筹督办】** 县委财经委根据全县经济发展实际情况，重点推进招商引资、项目工作、工业经济等工作，在统筹力量、强化措施、跟踪督办上下足功夫聚焦省、州对县的考核，将“比抓强促”的具体指标和目标任务压实到县领导、各乡镇、县直相关单位和5个招商小分队，县乡党政主要负责人齐上阵，带头抓工业、抓招商、抓项目，形成齐抓共管的格局。增强抓工业的过硬本领，配齐配强统计、发改、科经等县直部门领导班子，开展统计、金融、工业等专业知识培训。对园区企业建立“一企一策”台账，帮扶28家规模以上工业企业和12家“进规”培育重点企业解决困难112个。围绕海关监管场所、新一轮“铁公机”项目、产业转移和产业升级，着力深度谋划和积极争取一批10亿元以上的重大项目，利用“双创”产业园建成投产的优势，注重建链、补链、延链、强链，精准招商、以商招商。根据全县实际情况积极组织专题调研，县委财经委主任、副主任分别带头外出考察工业经济、特色产业建设、全域旅游建设等工作，县委财经办牵头组织农业、经管等部门就村集体经济发展作专题调研。

**【县域经济发展情况】** 2019年，县域经济发展呈企稳回升态势，工业经济、固定资产投资等指标5月触底后持续回升，一般公共预算收入、地方税收收入和财政八项支出增幅持续向好，政府债务风险可防可控，省财政厅对宣恩县的财政债务风险预警标志为绿色。

坚持“绿色、有机、富硒”发展之路，加强“湖北省特色农产品优势区”建设；全县土地流转面积6546公顷、占家庭承包面积的14.8%；新发展“一长两短”特色产业基地6546.67公顷、覆盖农户29618户；实行基地标准化管理25333.33公顷，新建茶叶生产全域绿色化示范乡镇1个、示范村15个，水果生产全域绿色化示范村3个，蔬菜生产全域绿色化示范村2个；5家公司被评为省级农业产业化重点龙头企业，成功申报湖北省休闲农业示范点4个，伍家台贡茶产业园入选2019省级现代产业园创建单位；成功创建为国家农产品质量安全县、2019中国茶叶十大生态产茶县、2019中国茶业百强县、省级绿色食品茶叶原料基地。工业经济持续回升向好。入统工业投资项目达26个，总投资过亿元工业项目达6个，洞坪公司、巴楚风公司等工业企业技术改造项目进展顺利，新进规工业企业5家，工业园区入驻企业达101家；新引进一批投资较大、成长性较好、带动力较强的企业，2020年全县规上工业增加值、工业固定资产投资和工业技改投资增速将明显加快。以生态文化旅游业为龙头的服务业蓬勃发展，望心阁等城市民宿、阿尼阿兹石头院子、车洞坪养生谷等乡村民宿开门营业；成功举办“两河口：土家盐道古村再生——国际四校联合研学营”，填补宣恩县高品质研学旅游产品空白；伍家台贡茶文化体验游入选中国第二届茶乡旅游发展大会20条茶乡旅游精品线路；县城“仙山贡水”旅游区成功列入国家AAAA级旅游景区创建名单，获中国文旅融合创新奖。

坚持“项目为王”“招商为要”，项目“三库”质量明显提高，形成谋划一批、签约一批、开工一批、投产一批、增资一批的格局，入省“三库”项目70个，其中储备库项目22个，计划投资100.44亿元。全年谋划建设项目150个、总投资187亿元、年度计划投资53亿元。中国土家泛博物馆（彭家寨）、梦巢小镇、今典国际、宣鹤高速等重点项目顺利推进。招商引资力度加大，实行主要领导领衔招商、分管领导定期招商，组建5个招商小分队常年招商，新签约固定资产投资亿元以上项目12个，新引进的杰耀精品鞋业等5个亿元以上的产业项目开工建设；全年到位省外资金21.24亿元，超额完成州委分配的任务。

实施“放管服”改革成效明显，超额完成省政府提出的“3550”刚性改革目标，实现“2325”目标，企业开办时间、不动产登记时间、工业建设项目取得施工许可证的时间分别压缩至2个工作日、3个工作日、25个工作日；县级公共服务和行政审批进驻实体大厅事项868项，进驻比例达到100%；全年预计减免税收超过7000万元；43户企业获得授信贷款2144万元；对43家成长性好的规下工业企业实行梯级培育，对园区企业建立“一企一策”台账，精准帮助解决困难；在全州率先推行工业项目“先建后验、边建边验”模式，全州市场监管系统“一窗通办”“一事联办”推进会在宣恩县召开。发展平台承载力和吸引力明显增强，修订完善《工业园区企业入园政策清单》《招商引资管理办法》；“双创”产业园现已达到企业入驻条件，新增标准厂房11万平方米，已有5家企业签约入驻，正在与多家有意愿入驻的企业深度洽谈。

（陈映宏）

## 政策研究

**【概　况】** 2019年3月19日，宣恩县委政研室挂牌成立，成为县委工作机构，县委改革办、县委财经办设在政研室。2019年，完成县委重要材料154篇，约62.9万字。

**【宣传工作】** 湖北省委党刊《政策》《党员生活》等专题推介宣恩县推进政治建设具体化常态化制度化的做法。湖北省委办公厅《工作简报》2019年第26期刊发《宣恩县探索“住和谐小区、进企业园区、创小康社区”易地扶贫搬迁路径，聚焦解决近万户突出问题》，推介宣恩县易地扶贫搬迁工作经验。省委办公厅《党办工作》2019年第2期的《坚持“三高”增强“三力”》，推介宣恩县党办政研工作。省政府研究室主管的《咨询与决策》2019年第5期《奋力书写“人大代表在行动”的合格答卷》，推介宣恩县人大工作；2019年第6期《坚持“三化”提升“三感”——宣恩县着力将易地扶贫搬迁集中安置区建成乡村振兴示范区》介绍宣恩县易迁后续帮扶工作；2019年第7期《在机构改革中书写新时代基层党办政研新篇章》推介宣恩县党办政研系统在机构改革中的典型做法。《党政干部论坛》2019年第9期刊登《坚持“三化”提升“三感”——宣恩县着力将易地扶贫搬迁集中安置区建成乡村振兴示范区》。《湖北日报·农村版》《着力解决搬迁户最烦心最担心最关心的事》推介宣恩县易迁工作。州委州政府机关刊物《今日恩施》2019年第3期《巩固提升脱贫攻坚质量，确保同步全面小康》介绍宣恩县巩固提升脱贫攻坚成效典型做法。《县委每日信息通报》《采取“三贡”措施　提升“三原”质效——宣恩县委政研室在学思用贯通、知信行统一上下功夫》推介政研室主题教育做法;《政研青年：深居幕后亦激情澎湃》推介政研室干部队伍建设;《“四点半学堂”要有名堂》2019年2月被评为湖北省2018年第四次“网络宣传好作品”。

**【提出参考建议】** 对县委重要工作，20余次主动梳理参考资料、提出参考意见或一种以上建议方案。发现十五届七次全会议程最初方案难以达到会议预期效果时，及时将州委全会议程提交县委主要领导参考，领导决定在讨论环节列明讨论的四个具体问题和要求，进一步增强会议“统一思想、凝聚力量，推动宣恩高质量发展”的效果。在全县接受省委“不忘初心、牢记使命”主题教育第七巡回指导组现场检查前，政研室反复建议将县委主要领导一直大力抓的“双创”产业园作为其领办的民生实事，并从巩固提升脱贫攻坚质量、决胜全面小康、推动高质量发展和促进群众就地就近就业、持续稳定增收等角度梳理资料、准备材料，建议得到采纳，省委第七巡回指导组现场检查后给予高度肯定。收到上级《关于整治“景观亮化工程”过度化等“政绩工程”、“面子工程”问题的通知》后，见相关单位未提出具体办理意见，便建议县委“比照之前确定的专项整治事项，明确县领导、牵头单位和参与单位等”，有利于整治工作落实和迎接上级主题教育“回头看”检查，得到采纳。及时梳理县委主要领导统筹推进巩固提升“9+5+N”成效、巡视巡察整改、脱贫迎国检和乡村振兴的要求，归纳为“一聚焦一围绕六提升”，用于指导全县农村面上的工作。针对县委改革委专项小组作用发挥不够的情况，建议县委改革委主要领导把抓自身领衔改革项目与督促自身领衔改革项目所在专项小组切实履责结合起来，进而促进各专项小组更好地发挥作用，得到采纳实施。组织县农业农村局等单位到咸丰县、老河口市调研村集体经济发展路径的成果得到转化，《宣恩县2019年秋冬季农业综合开发工作方案》明确规定市场主体申报实施的经营性农业项目，村集体作为资产持有人，获取固定资产收益。对原县委宾馆职工改制后上访等县委领导交办信访事项办理提出法律意见，并提供最高院案例参考。为县政府工作报告初稿框架及表述提出的意见建议得到采纳。

（陈映宏）

## 机构编制

**【概　况】** 2019年，宣恩县设一级行政机构55个，其中，党委机关10个，政府机关27个，群团机关6个，人大机关1个，政协机关1个，政府派出行政机构1个，乡镇机关9个。全县设事业机构381个（含下级），其中，县委县政府直属事业单位8个，部门所属事业单位368个（教育事业单位99个），其他事业单位5个。

核定全县行政机关行政编制1373名，实有在岗人员1352人。核定全县事业编制4928名，实有人员4260人。

**【党政机构改革】** 2月22日，经省委、省政府批准，中共恩施州委、恩施州人民政府正式印发《宣恩县机构改革方案》。2月28日，习覃主持召开全县机构改革动员大会，对机构改革作动员部署，全县机构改革进入全面组织实施阶段。根据省委、省政府批准的《宣恩县机构改革方案》。全县党政机构限额为37个，涉改行政单位21个，通过对部门机构的整合、撤销、新设，将党政机构个数调整到限额内，党政机构削减20%。设置党委、政府直属事业单位。全县原有党委直属事业单位3个，政府直属事业单位6个，将党委政府直属事业单位个数调整到限额内，党委、政府直属事业单位各4个，直属事业单位削减11%。按照“不立不破、先立后破”和“编随事走、人随编走”的原则，新组建部门和涉及职责、机构、人员编制调整的部门310人完成人员转隶。根据《宣恩县机构改革实施意见》要求，统筹优化县级党政机构设置和职能配置，统一设置37个党政机构，与省、州党政机构职能基本对应。建立健全县委对重大工作的领导体制机制，加强县委职能部门的统一归口协调管理职能，根据上下基本对应和因地制宜相结合的原则，统筹设立11个议事协调机构；单设县民族宗教事务局和县林业局。

**【健全完善体制机制】** 加强退役军人服务保障体系建设，4月成立退役军人服务中心，5月成立乡（镇）退役军人服务站。完善医疗保障经办服务体系，将宣恩县医疗保险局更名为宣恩县医疗保障服务中心，为县医疗保障局所属副科级公益一类事业单位，同时明确乡镇医疗保障经办服务具体工作，采取“县管乡用”方式，由县医疗保障服务中心统一派员承担，确保每个乡镇至少有2名人员承担医疗保障服务工作。以乡（镇）食药监所为基础，整合乡镇工商所职责，设置乡（镇）市场监管所。将乡（镇）社会治安综合治理委员会办公室更名为政法办公室，加挂“应急办公室”和“××乡（镇）社会治安综合治理中心”牌子。明确建设工程消防设计审查验收职责由县住建部门承担。

**【综合行政执法改革】** 坚持党的全面领导原则，部门党组切实担负起综合行政执法改革工作责任。坚持优化协同高效原则，统筹配置行政处罚职能和执法资源，推动执法力量下沉。坚持全面依法行政原则，依法履行职权，完善执法程序，规范执法行为，严格规范公正文明执法。坚持统筹整体推进原则，整合组建文化市场、交通运输、农业、城市管理、市场监管等领域综合执法队伍，实行统一执法。

**【事业单位改革】** 提前谋划，摸清事业单位底数。按照事业单位改革和《宣恩县机构改革方案》《宣恩县机构改革实施意见》同步推进部门所属事业单位改革的相关要求，县委编办会同县机构改革办积极主动、提前谋划，开展深入研究，要求各部门在摸清事业单位家底的基础上，拟订优化设置调整所属事业单位改革工作方案。各部门方案初稿已基本完成，待上级改革政策进一步明确后按程序组织实施。

**【机构编制管理与服务】** 坚持机构编制事项集体审议制度，全年县委编委召开5次会议审议研究机构编制事项，严格按要求落实机构编制管理科学化、法制化。合理配置机构编制资源，撤销各部门所属事业单位7个，科学整合设立事业单位7个，动态调整各机关事业单位机构、职责、编制30余项。控编制总量，严格执行用编核准制度。全年县委编委下达各机关事业单位新进人员用编指标247名，完成新招录、招聘人员的进编工作。做好编制实名制管理，定编定岗到人，做好机构编制基础性管理工作，按要求及时完整准确更新实名制系统数据并完成机构编制年报统计工作。

**【事业单位管理】** 按照机构改革后事业单位设立情况，完成改革单位统一社会信用代码赋码和变更工作。其中新赋码单位4个，变更17个，注销登记2个。做好2018年度事业单位年度报告公示工作。2019年6月30日前，各事业单位基本完成2018年事业单位年度报告公示工作。应公示单位273个，其中已公示253个（涉密单位不公示）、未提交12个，退回3个。做好事业单位登记管理日常工作。依法开展事业单位登记管理，对新设立事业单位进行设立登记，对有信息变更的开展变更登记。截至2019年12月，新设立登记事业单位3个，变更登记45个。以“监管事项目录清单动态管理系统”认领的事项为基础，梳理本单位所有监管事项数据，完善“互联网＋监管”系统数据录入和填报工作。根据法律法规规章立改废释、简政放权及本轮机构改革调整等情况，配合县政务服务和大数据管理局，督促县直单位将行政处罚、行政强制、行政检查、行政征收等依职权类事项在湖北省行政职权和公共服务事项管理系统中调整到位，并将相关要素信息补充完整。开展事业单位法人公示信息随机抽查，选派2名执法人员抽查宣恩县燃气执法大队、宣恩县国有土地上房屋征收管理办公室，抽查结果在湖北省“双随机一公开”监管平台进行公示。

（邱腾蛟）

## 信 访

**【概 况】** 2019年，建立健全信访工作考评机制，将信访工作责任进一步压实到乡镇党委和政府县直单位，强化有权处理机关的主办责任和乡镇稳控的主体责任。强化县信访工作领导小组的统筹协调职能，通过开展领导“三访”“领导双签双交”以及包案化解等方式，及时研究处理一大批疑难信访突出问题。适应新形势、新任务、新要求，全力推动信访问题解决，积极收集社情民意，及时会商研判，主动建言献策，为县委决策提供参考。全年各级各部门共接访896批1755人次。认真总结推广乡镇以及县直部门一些好做法、好经验，信访工作责任目标指标均位居全州前列。

**【领导“三访”】** 按照州委、州政府、州信访工作领导小组及县委、县政府、县信访工作领导小组要求，落实领导“三访”，积极组织开展“领导接访、领导下访、书记陪访”活动。制定《关于认真开展领导干部“三访”活动的通知》，推动领导干部“三访”活动制度化、常态化建设。把“领导三访”作为解决信访疑难问题、减少越级上访的重要手段。工作日及重要节点期间，每天安排一名县领导到县信访接待中心坐班接访，各乡镇以及县直部门的领导干部同步开展接访活动，同时，县直部门及乡镇领导干部要主动坚持带案下访，包保化解信访积案。县、乡领导定期深入问题现场或农户家中下访，落实书记逐级陪访制度，最大限度把问题化解在县内。全年全县各级各部门共接访896批1755人次。29名县领导接访95批180人次，96名乡（科）级领导干部接访1196批1782人次。县、乡镇、县直单位领导下访2377次，接待群众1499批2238人次。县直单位、乡镇、村（社区）书记陪访284次，陪访信访群众284批415人次。推行“阳光信访”模式将信访事项的受理、办理、督办等过程全部公开，缩短办理周期，提高工作效率，以公开促公正，以透明赢信任。利用“互联网+”平台，将部门信箱、视频接访、城乡网格等接入阳光信访平台，开通网上信访主渠道，打造信访大厅升级版。阳光信访平台实行多个前端受理、一个平台办理，做到“信访网上投、事项网上办、结果网上评、问题网上督、形势网上判”。网上信访占比61.04%。进一步完善领导接访制度、接访流程和考评制度，把领导干部接访作为畅通群众诉求渠道、解决信访疑难问题、减少越级上访的重要手段来抓。推行“立体接访”模式，方便群众表达诉求。加强县、乡镇信访接待大厅规范化建设，做到设施齐全、场所规范、人员精干、服务优良。推行网络问政、书记县长信箱、民生热线、视频接访、信访代理，搭建起群众反映诉求的“信、访、网、电”多元化、立体式信访渠道，把群众诉求解决好，把群众权益维护好，把群众情绪疏导好。

**【解决信访突出问题】** 坚持依法分类处理，推动解决信访突出问题。贯彻落实依法分类处理、依法逐级走访、网上受理办理等工作规则，加强业务指导培训，突出工作流程、要求标准化，让责任落细落小，工作有标可对，把好甄别分流、分类受理、依法办理、见面回告等各个环节的规范办理，以程序规范促实体化解。落实首办责任制，加大初信初访办理力度，加强跟踪督办，要求限期办结，避免因答复不及时、处理不到位而造成信访问题上行。对国家信访局交办信访矛盾化解攻坚积案1件，省信访局交办信访矛盾化解攻坚积案2件、信访矛盾化解专项行动信访案件12件，州交办信访矛盾化解攻坚积案3件、州领导包案8件、“双签双交”信访积案5件，县标识信访矛盾化解攻坚信访积案16件、信访积案10件，均化解。群众初信初访一次性办结率达100%，意见建议类信访事项回复率100%，录入率、及时受理率达100%，信访事项按期办结率达100%。

**【信访法治化建设】** 严格执行诉访分离制度，支持政法机关依法处理涉法涉诉信访事项。结合机构改革和职能调整情况，完善各职能部门法定途径清单，依法分类处理信访诉求。持续推进律师进村（社区）、进接访大厅、进疑难复杂案件，不断完善推广律师“三进”工作办法。发挥信访复查复核纠错功能。加强法治宣传教育，引导群众依法理性表达诉求，严格依法处理信访活动中的违法行为。

开展“三无”乡（镇）、村（社区）创建活动，实现进京非正常上访量减位退。推进以“村医村教进班子、法律顾问进乡村、农民办事不出村”为抓手的“三位一体”基层治理模式，探索建立信访调解机制，坚持依靠基层依法依规协调和处理群众诉求，坚持带着感情疏导和化解群众矛盾。坚持依法决策，规范执法行为，推进政务公开。

（孙红玲）

## 党　校

**【概　况】** 2019年，县委党校（县行政学校）充分发挥党校干部培训主渠道的职能作用，共举办干部培训班21期，其中，主体培训班6期，专题培训班15期。

**【党政干部培训】** 党政干部主体培训班主要是加强对县、乡、村基层党员领导干部的理想信念教育、党性党风党纪教育和政策法律法规教育。全年共举办干部培训班21期，培训学员3649人次。其中主体培训班6期，共培训学员811人；专题培训班15期，共培训学员2838人次。3月6—10日，举办全县村（社区）党组织书记培训班，270人参训；3月11—13日，举办全县村（社区）党组织纪检委员和组织委员培训班（第一期），171人参训；3月18—20日，举办全县村（社区）党组织纪检委员和组织委员培训班（第二期），147人参训；3月20—22日，举办宣恩县2019年贫困村“两委”成员及扶贫专干培训班，69人参训；4月3—4日，举办宣恩县政府会计制度软件实务操作培训班，200人参训；4月21日至5月5日、7月8—19日，2019年中青年干部培训班，52人参训；5月13—17日，举办全宣恩县党外代表人士培训班，60人参训；6月，举办2019年驻村第一书记培训班，279人参训；6月16—18日，举办宣恩县2019年发展对象培训班第一期，120人参训；8月12—16日，举办宣恩县2019年办公室主任培训班，207人参训；9月3—6日，举办“不忘初心、牢记使命”主题教育村党组织书记后备干部轮训班，82人参训；9月19日，举办“不忘初心、牢记使命”主题教育党支部书记集中轮训班，228人参训；9月24—26日，举办宣恩县2019年全民科学素质培训班，100人参训，9月27—28日，举办“不忘初心、牢记使命”主题教育村（社区）党组织书记轮训班，289人参训；11月8日，举办宣恩县信访业务培训会，50人参训；11月11—13日，举办宣恩县2019年发展对象培训班第二期，69人参训；11月18—22日，举办宣恩县党政领导干部“学习贯彻习近平新时代中国特色社会主义思想和党的十九届四中全会精神”培训班，62人参训；11月30日，举办宣恩县2019年少年队辅导员培训，106人参训；12月1—4日，举办宣恩县纪检监察干部培训班，99人参训；12月9—13日，举办宣恩县往届选调生暨乡镇公务员培训班，49人参训；12月17—20日，举办十九届四中全会精神宣讲培训，940人参训。

**【部门联合办学】** 2019年共举办社会培训班6期，参训人员413人次。涉及全县行政、企事业单位。培训对象主要为公务员、企事业单位工作人员等。培训内容主要包括岗前培训、业务培训、理论学习培训和法律法规等。

**【校外理论辅导】** 围绕县委县政府的中心工作，发挥党校的理论宣讲职能作用，学校领导和理论宣讲骨干教师累计在全县各乡镇、机关事业单位、农村社区等宣讲45场次，受众人数达2971人次。宣讲重点突出十九大精神、习近平新时代中国特色社会主义思想和“不忘初心、牢记使命”主题教育等内容。在宣讲过程中，紧扣时事政治、紧密结合县情，发挥全县理论宣讲主力军的作用。

**【科研工作】** 2019年，参加全州党校系统州课题研究6个。其中，完成全州党校系统科研合作课题申报6个，立项5个。组织全体教职工积极参与“恩施州改革开放经验交流暨恩施州党校系统第30届理论研讨会。共呈报论文13篇，其中获一等奖3篇，二等奖2篇，三等奖4篇，并选派2名骨干教师参加理论研讨交流会。组织单位教职工筹备《习近平新时代中国特色社会主义思想学习纲要》总论、《习近平新时代中国特色社会主义思想三十讲》《习近平总书记视察湖北重要讲话精神》等新课题的教学研究工作。

（刘华玲）

# 宣恩县人民代表大会

## 综　述

**【概　况】** 2019年，宣恩县人大常委会举行主任会议11次，常委会会议6次，听取审议专项工作报告18个，作出决议决定9项、审议意见3个，任免国家机关工作人员54人次；开展执法检查2次，专题视察调研7次；审查规范性文件3件；认真组织开展“代表行动”等重要活动。

**【代表工作】** 2019年5—8月，开展“聚力脱贫攻坚人大代表在行动”活动，主要聚焦脱贫人口“回头看”主题，对州委“八个到村到户”持续推进和“六个清零、六个全覆盖”任务落实情况进行监督，突出“是否脱真贫、真脱贫，扶贫政策是否落实，脱贫成效是否可持续，巡视巡察问题整改是否落地”四项重点；对照“两不愁三保障”的国家验收标准，结合宣恩县脱贫攻坚工作实际，将活动内容具体细化为到村“十看”、到户“十看”，突出监督重点、统一监督标准，便于人大代表精准监督。活动期间，全县114名全国、省、州、县人大代表，分乡镇编成9个活动小组；乡镇辖区的县人大代表和乡镇人大代表编为55个代表小组，实行“两集中一分散”开展活动。以2015年以来已脱贫人口中的受灾户、大病户、边缘户和存疑户为重中之重，深入农户和田间地头，与群众交心谈心，逐项核实，既不吊高胃口，也不降低标准。9个县人大常委会活动小组、55个代表小组全部开展活动，1名全国人大代表、5名省人大代表、35名州人大代表、195名县人大代表、514名乡镇人大代表参加，参与率达98%，走访脱贫户26873户、覆盖率达99%。共收集问题640个，其中，“两不愁三保障”类136个，占21.3%；“政策落实”类78个，占12.1%；“巩固提升”类359个，占56%；“其他”类67个，占10.6%。对640个问题、140条建议，以问题清单、代表建议形式进行交办。至活动结束时，已解决问题515个，正在解决79个，暂时无法解决或无法解决46个；办结建议96条，正在办理34条，暂时无法办理10条。“代表行动”工作得到上级认可，全州推广到村到户“双十看”经验，全省推进会在宣恩县召开。

以“代表行动”为契机，持续推进人大代表之家和代表小组活动室建设，高标准推动软硬件提档升级，实现代表学习有场所、活动有阵地、履职有平台的目标。乡镇人大以此为依托，定期组织代表开展学习交流、联系选民、服务群众，切实发挥阵地作用。

通过实地察看、座谈了解、电话催办等多种形式，把督办工作贯穿于建议办理全过程。对群众反映强烈、承办单位答复不及时、办理答复基本满意和不满意的意见建议会同县政府进行重点督办。听取县政府关于代表意见建议办理情况的报告，承办单位现场回答提问，推动河道水草治理、集镇防洪、安全出行等一批民生实事落实落地。

## 重要会议

**【第十六次常务会议】** 3月28日，县十八届人大常委会第十六次会议召开，会议审议通过县人民政府关于提请柯高峰任职的议案，任命柯高峰为县人民政府副县长，挂职时间为2年。审议通过县人民政府关于提请唐刚等职务任免的议案，任命唐刚为县财政局局长，肖赋生为县科学技术和经济信息化局局长，覃道斌为县民族宗教事务局局长，熊龙享为县城市管理执法局局长，黄舜卿为县水利局局长，姚金超为县农业农村局局长，涂先绪为县文化和旅游局局长，刘军为县卫生健康局局长，唐辉树为县应急管理局局长，谢昌勇为县市场监督管理局局长，李新为县人民政府扶贫开发办公室主任，黄祥林为县医疗保障局局长，赵诗学为县政务服务和大数据管理局局长；决定免去黄光华的县财政局局长职务，肖赋生的县民族宗教事务局局长职务，覃道斌的县商务局局长职务，黄舜卿的县水利水产局局长职务，姚金超的县农业局局长职务，涂先绪的县文化体育新闻出版广电局局长职务，刘军的县卫生和计划生育局局长职务，唐辉树的县安全生产监督管理局局长职务，谢昌勇的县食品药品监督管理局局长职务，李新的县扶贫开发办公室主任职务，赵明金的县工商行政管理局局长职务，康纪全的县经济和信息化局局长职务，奚泽辉的县科学技术局局长职务，龙昌明的县质量技术监督局局长职务。审议通过县人大常委会主任会议关于提请赵明金等职务任免的议案，任命赵明金为县人大常委会预算工作委员会主任，康纪全为县人大常委会城乡规划建设和环境资源保护工作委员会主任，郑强为县人大常委会农业农村工作委员会主任；免去李华生的县人大常委会预算工作委员会主任职务，周平的县人大常委会城乡规划建设和环境资源保护工作委员会主任职务，谭柏生的县人大常委会农业农村工作委员会主任职务。审议通过县人大常委会主任会议关于提请接受李华生辞职的议案，接受李华生辞去县人大财政经济委员会主任委员职务。审议通过县人民检察院关于朱涛任职的议案，任命朱涛为县人民检察院检察委员会委员。审议通过县人大常委会2019年工作要点。审议通过县人民政府关于调整2019年财政预算的议案，决定批准2019年财政预算调整方案。听取县人民政府关于2018年部门预算执行情况，批准2019年部门预算。审议通过县人民法院关于提请任命人民陪审员的议案，任命谭代魁等86人为县人民法院陪审员。

**【第十七次常务会议】** 5月31日，县十八届人大常委会第十七次会议召开，会议听取县人民政府《关于宣恩县国民经济和社会发展第十三个五年规划纲要实施情况中期评估工作的报告》，同意报告提出的各项措施、建议及部分指标的调整。听取县人民政府《关于全国民族团结进步示范县创建工作情况的报告》《关于全县农民专业合作社建设情况的报告》。审议通过县人民政府关于提请戴恩高任职的议案，任命戴恩高为县自然资源和规划局局长。审议通过县人大常委会主任会议关于提请接受徐海涛等委员辞职的议案，决定接受徐海涛、朱昌顺辞去县第十八届人民代表大会常务委员会委员职务。审议通过县人民法院关于提请何威等职务任免的议案，任命何威为县人民法院副院长，免去罗军的县人民法院副院长、审判委员会委员职务。审议通过县人民检察院关于提请向晓东任职的议案，任命向晓东为县人民检察院副检察长。

**【第十八次常务会议】** 7月31日，县十八届人大常委会第十八次会议召开，会议听取和审议县人民政府《关于宣恩县2019年上半年国民经济和社会发展执行情况的报告》《关于宣恩县2019年上半年财政预算执行情况的报告》《关于宣恩县民族医院整体搬迁项目实施情况的报告》。听取县人民法院、县人民检察院《关于司法体制改革工作情况的报告》。

**【第十九次常务会议】** 10月12日，县十八届人大常委会第十九次会议召开，会议审议通过县人民政府关于提请免去柯高峰副县长职务的议案，决定免去柯高峰县人民政府副县长职务。审议通过县人民政府关于提请张亚丹等职务任免的议案，任命张亚丹为县发展和改革局局长，杨长安为县审计局局长，张继选为县统计局局长；决定免去张亚丹的县审计局局长职务，王明刚的县统计局局长职务，蒋照国的县发展和改革局局长职务。审议通过县监察委员会关于提请谭煜等职务任免的议案，任命谭煜、谢灿为县监察委员会委员，决定免去汪红兵、田晓荣的县监察委员会委员职务。审议通过县人民法院关于提请姚星等法律职务任命的议案，任命姚星为县人民法院审判委员会委员，张云路、黄潇、周颖、秦宸烨等为县人民法院审判员。审议通过县人民检察院关于黄正华等免职的议案，免去黄正华、朱敏锐、李华秋的县人民检察院检察委员会委员、检察员职务，马凯军、丁辉、黄宇的县人民检察院检察员职务。听取和审议县人民政府《关于2018年财政决算的报告》《关于2018年财政预算执行和其他财政收支的审计工作报告》，决定批准县人民政府提出的2018年县级财政决算。审议通过县人民政府关于调整2019年度财政预算的议案，决定批准2019年财政预算调整方案。听取和审议县人民政府《关于〈社区矫正实施办法〉实施情况的报告》《关于〈中华人民共和国水污染防治法〉实施情况的报告》《关于全面提升教育教学质量工作情况的报告》《关于县十八届人大三次会议代表议案、建议、批评和意见办理情况的报告》。审议通过《宣恩县人大常委会加强人大国有资产监督工作实施办法》，从2019年10月12日起实施。

**【第二十次常务会议】** 11月29日，县十八届人大常委会第二十次会议召开，会议审议通过县人民政府关于调整2019年公共财政预算的议案，批准2019年县级财政预算调整方案的决议。听取县人民政府《关于全县易地扶贫搬迁安置点产业配套及社区管理与服务情况的报告》《关于全县环境状况和环境保护目标完成情况的报告》。听取和审议县人民政府《关于2018年度企业国有资产管理的专项报告》《关于全县扫黑除恶专项斗争工作情况的报告》。审议通过县人大常委会主任会议关于接受朱昌顺等代表辞职的议案，决定接受朱昌顺、张勇辞去宣恩县第十八届人民代表大会代表职务。审议通过县人大常委会主任会议关于补选县十八届人大代表的议案，决定采取等额选举的办法，在县人大代表缺额的珠山镇县直机关工委选区、人武部选区，晓关侗族乡黄河选区，高罗镇马家寨选区，李家河镇板栗园选区、幺店选区，沙道沟镇白水选区各补选1名县十八届人民代表大会代表，共计7名，选举日为2019年12月18日。会议审议通过县人民检察院关于提请金梦瑶任职的议案，任命金梦瑶为宣恩县人民检察院检察员。

**【第二十一次常务会议】** 12月25日，县十八届人大常委会第二十一次会议召开，会议审议通过县人大常委会关于召开宣恩县第十八届人民代表大会第四次会议的决定，决定宣恩县第十八届人民代表大会第四次会议于2020年2月1—4日在县城召开。建议会议议程为：听取和审查县人民政府工作报告；听取和审查县人大常委会工作报告；听取和审查县人民法院工作报告；听取和审查县人民检察院工作报告；审查县人民政府关于2019年国民经济和社会发展计划执行情况与2020年国民经济和社会发展计划草案的报告，批准2020年国民经济和社会发展计划；审查县人民政府关于2019年财政预算执行情况与2020年财政预算草案的报告，批准2020年财政预算；投票表决2020年县人民政府民生实事项目；补选县十八届人民代表大会常务委员会副主任、委员；审查县十八届人大第三次会议代表议案、建议、批评和意见办理情况的报告；通过县十八届人大财政经济委员会主任委员名单（草案）。审查县十八届人大四次会议主席团和秘书长名单，主席团常务主席、大会执行主席分组、副秘书长名单，议程（草案）、日程（草案），列席人员名单，议案审查委员会名单（草案），代表提出议案截止时间的决定（草案），关于各项议案、决议和决定表决方式的决定（草案），关于代表变动情况的报告，县人大常委会工作报告（草案）。审议通过县人大常委会主任会议关于提请接受姚元文辞职的议案，决定接受姚元文辞去县第十八届人民代表大会常务委员会副主任职务。审议通过县人大常委会主任会议关于提请接受刘海代表辞职的议案，决定接受刘海辞去恩施州第八届人民代表大会代表职务。审议通过县人大常委会主任会议关于补选吕星为州第八届人民代表大会代表的议案，决定补选吕星为恩施州第八届人民代表大会代表。审议通过县人民政府关于提请免去覃正权副县长等职务的议案，决定免去覃正权的县人民政府副县长、县公安局局长职务。审议通过县人民检察院关于李雅免职的议案，免去李雅的县人民检察院检察委员会委员、检察员职务。

## 监督工作

**【概　况】** 开展“十三五”规划执行情况视察调研，听取审议规划实施中期评估报告，督促政府紧盯重点任务，如期实现各项规划目标。关注特色产业发展，听取农民专业合作社发展情况报告，县政府及时研究处理审议意见，制定《宣恩县农民专业合作社质量提升整县推进试点方案》，印发《宣恩县新型农业经营主体高质量发展5年计划》，开展“空壳社”清理整顿，组织业务培训，积极申报省级项目，对新型农业经营主体实施奖补。关注公共财政建设，听取审议财政预决算报告，审查批准预算调整方案，追踪审计问题整改；积极推进人大监督改革，建成预算联网监督平台，推进“阳光财政”，切实为民看好“钱袋子”。关注国有资产管理，制定人大监督实施办法，通过听汇报、座谈、实地查看等方式调研国有资产管理工作情况，首次听取国有资产管理工作报告，推动政府摸清家底，增强管理能力和水平。

听取审议县民族医院整体搬迁项目实施情况报告，助推尽早搬迁使用，让人民群众享有更高质量、更加全面的中医药服务。关注教育教学质量提升，听取全面提升教育教学质量工作报告，提出加快补齐教育教学短板、办好人民满意教育的意见。关注民族政策落实，组织开展“民族团结进步荆楚行”活动，听取全国民族团结进步示范县创建工作报告，巩固民族团结进步成果；视察《省政府关于进一步支持民族乡村加快发展的意见》落实情况，推动民族乡村经济社会发展。助力脱贫攻坚易地扶贫搬迁工作，听取易地扶贫搬迁安置点产业配套及社区服务与管理工作报告，推动政府出台加强和完善易地扶贫搬迁后续扶持的意见，着力构建基本公共服务、培训和就业、社区治理、基层党建、文化服务“五个体系”，提升搬迁群众获得感幸福感安全感。

持续开展“湖北环保世纪行”活动，大力宣传习近平总书记关于长江生态环境保护和打好污染防治攻坚战的重要论述、生态环保相关法律法规，全社会生态环保意识明显提升，助推加快建成全国生态文明示范县。首次听取全县环境状况和环境保护目标完成情况报告，推动环保督察反馈问题整改落实，促进生态环境质量不断提升。

推进司法民主化进程和诉讼制度改革，组织代表参加“两院”公众开放日活动，听取司法体制改革工作报告，任命86名人民陪审员，推行陪审员参加庭审，法院在审理扫黑除恶专项斗争首例涉黑案件时，首次组成有 4 名陪审员参加的合议庭。持续关注扫黑除恶专项斗争，听取法院、检察院、公安局、司法局等部门工作汇报，助力取得阶段性成果，纵深推进平安宣恩建设。检查《社区矫正实施办法》实施情况，带领法院、检察院、公安局、司法局负责人到襄阳枣阳市、荆门东宝区、宜昌宜都市考察学习先进经验，推动解决协调配合程度不高、基层监管力量不足、硬件建设滞后等问题，营造和谐稳定的发展环境。检查《中华人民共和国水污染防治法》贯彻实施情况，督促政府相关部门抓好水污染源头治理，加快县城污水处理提升工程建设，切实整改乡镇污水处理工程缺陷，提高生活污水收集率，努力做好显山露水文章，建设美丽宣恩。

**【审议决定重大事项】** 依法行使决定权，批准 2018 年县级财政决算、2019 年部门财政预算，批准调整 2019 年公共财政预算和县“十三五”规划部分指标预期。依法行使任免权，根据县委提名、“一府一委两院”提请的人事任免议案，严格规范任职对象任前了解、法律知识考试、拟任职发言、常委会表决、颁发任命书、向宪法宣誓等程序，任免国家机关公职人员 54 人次，实现县委意图与人民意愿高度契合。

（王绍文）

# 宣恩县人民政府

## 综 述

**【概 况】** 2019年，坚持把发展作为第一要务，顺利实现整县脱贫“摘帽”，综合贫困发生率从26.48%下降到0.0136%。成功创建湖北旅游强县，全县旅游人次和旅游综合收入同比分别增长24.2%、26.5%。成功创建湖北省森林城市、湖北省生态文明建设示范县，生态优势逐步彰显。超额完成省政府提出的“3550”刚性改革目标任务，实现“2325”，营商环境持续优化。全年实现地区生产总值79.05亿元，同比增长4.6%；地方公共财政预算收入达到3.96亿元，同比增长3.2%；实现社会消费品零售总额51.6亿元，同比增长10.5%；规模以上工业增加值、固定资产投资增幅实现转负为正，分别增长1.4%、2.0%；税收占地方一般公共预算收入比重提高到74.01%；全社会用电量达到3.4亿千瓦时，增长6%；城镇、农村常住居民人均可支配收入分别达到29446元、11396元，分别增长9.25%、10.21%。

**【政府常务会议】** 2019年，宣恩县政府共召开12次政府常务会议。

第24次常务会议。1月30日，县十八届人民政府第24次常务会议召开。

习罩传达湖北省十三届人大二次会议、政协湖北省十二届二次会议（以下简称省“两会”）和恩施州八届人大三次会议、政协恩施州八届三次会议（以下简称州“两会”）精神。邵爱华传达《湖北省领导干部自然资源资产离任审计规定（试行）》。会议要求，各级各部门要认真学习贯彻落实《规定》，牢固树立和践行新发展理念，打好“生态牌”、算好“生态账”，促进自然资源资产节约集约利用和生态环境安全。传达《李克强总理在浙江企业经济形势座谈会上的讲话》精神。会议要求坚持问题导向、精准施策，进一步深化“放管服”改革，积极为全县各类所有制企业打造一视同仁、公平竞争的发展环境，合力帮助企业化解危机、渡过难关，引导各类企业主体不断推进技术创新、模式创新、业态创新、品牌创新，不断提升企业竞争力，实现高质量发展。向建强传达《李克强总理在市场监管总局考察座谈时的讲话》精神。向重臣传达《恩施州2019年脱贫攻坚作战方案》精神。

听取县城市管理局关于宣恩县城乡环卫一体化及生活垃圾无害化处理工作的情况汇报。听取珠山镇人民政府关于对珠山镇原园艺场实施棚户区改造工作情况的汇报。听取县住建局关于《宣恩县人民防空方案》起草情况的汇报。听取县文体新广局关于湖北省楚天视讯网络有限公司宣恩支公司转企改制工作情况的汇报。听取县政府办公室关于《2019年经济工作会议表彰项目设置及奖励方案》起草情况的汇报。

第25次常务会议。3月6日，县十八届人民政府第25次常务会议召开。

听取县住建局关于全县公共租赁住房工作的情况汇报。听取县住建局关于《宣恩县老民贸局—玻璃厂—文工团棚户区（城中村）改造项目国有土地上房屋征收补偿方案（送审稿）》起草情况的汇报。听取县教育局关于《宣恩县民办校外教育培训机构设置标准和管理办法（草案）》起草情况的汇报。听取县发改局关于《宣恩县乡村振兴战略规划编制工作方案》起草情况的汇报。听取县水利水产局关于河（库）长制及水土保持监督执法工作的情况汇报。听取县环保局关于宣恩县创建国家生态文明建设示范县工作的情况汇报。听取县经信局关于《宣恩县脱贫攻坚信息基础设施建设中存在问题的整改方案》起草情况的汇报。听取县旅游委关于《“浪漫宣恩·茶贡天下”2019年中国宣恩春季茶旅融合旅游宣传营销工作方案（送审稿）》起草情况的汇报。传达学习全国、全省“大棚房”问题专项清理整治行动电视电话会议精神，听取县农业农村局、县国土资源局关于全县“大棚房”问题清理整治工作的情况汇报。听取县政府办关于《2019年经济工作会议筹备方案》起草情况的汇报。

第26次常务会议。4月11日，县十八届人民政府第26次常务会议召开。

听取长茅岭棚改工作专班关于《宣恩县长茅岭棚户区（城中村）农场片区改造项目国有土地上房屋征收补偿方案（送审稿）》起草情况的汇报。听取宣恩城市建设投资有限公司关于对宣恩县城市棚户区（城中村）改造项目三河沟安置房建设工程、宣恩县椒园镇三河沟小学新建项目、宣恩县民族实验中学广场改造工程、宣恩县民族实验小学多功能报告厅地下车库及运动场项目工程进行打捆采用全过程咨询服务工作的情况汇报。听取县应急管理局关于安全生产、森林防火、防汛抗旱等工作的情况汇报。听取县农业农村局关于《宣恩县2019年“农业产业扶贫一揽子保险”实施方案》起草情况的汇报。

第27次常务会议。5月14日，县十八届人民政府第27次常务会议召开。

裘凯传达《关于新时代推进西部大开发形成新格局的指导意见》精神。李家锦传达学习《王晓东同志在全省2019年一季度经济运行调度会上的讲话》精神。胡晓洪传达《柯俊书记在〈关于反馈3县退出贫困县专项评估检查报告的通知〉上的批示》及习近平总书记关于退役军人工作的重要论述精神。向重臣传达《恩施州污染防治攻坚战2019年作战图》精神。邵爱华传达《省人民政府办公厅关于一季度全省投资和重大项目专项督查排名结果的通报》精神。陈勇传达《省人民政府办公厅关于对2018年落实有关重大政策措施真抓实干成效明显地方予以表扬激励的通报》精神。听取县自然资源和规划局关于《县人民政府关于加强农村宅基地管理工作的通知（送审稿）》起草情况的汇报。听取县发改局关于《宣恩县2019年度“比招商、抓项目、强产业、促进位”推动实体经济高质量发展工作方案》起草情况的汇报。听取县总工会关于《关于进一步做好城镇困难职工解困脱困工作实施方案》起草情况的汇报。听取县应急管理局关于《县级党委政府领导班子成员安全生产责任清单》及《宣恩县贯彻落实地方党政领导干部安全生产责任制规定实施细则》起草情况的汇报。听取县退役军人事务局关于县退役军人事务服务体系建设工作的情况汇报。听取县委政法委关于2019年严重精神障碍患者管理服务工作的情况汇报。听取县政务服务和大数据管理局关于进一步优化营商环境工作的情况汇报。听取县城建工作领导小组办公室关于县天蓝生态环境建设投资有限公司购买部分公共租赁住房用作棚改安置房工作的情况汇报。听取县住建局关于《宣恩县市政基础设施建设维护管理移交暂行办法（送审稿）》起草情况的汇报。听取县财政局关于《2019年新增政府转贷项目安排方案》起草情况的汇报。

第28次常务会议。5月23日，县十八届人民政府第28次常务会议召开。

向重臣传达《省委办公厅、省政府办公厅关于印发〈湖北省中央生态环境保护督察“回头看”及长江保护与湖泊开发专项督察反馈意见〉和蒋超良、王晓东同志的表态讲话的通知》精神。胡晓洪传达《湖北省关于全面学习浙江“千万工程”经验扎实推进美丽乡村建设的决定》精神。邵爱华传达《王晓东同志在2019年度省政府第一次学习会上的讲话》精神。覃正权传达《中华人民共和国消防法》精神。听取县发改局关于“十三五”规划中期评估工作的情况汇报。听取宣恩工业园区管理委员会关于《湖北宣恩工业园区扩区和调整区位方案》起草情况的汇报。听取宣恩工业园区管理委员会关于《宣恩县工业建设项目25个工作日内取得施工许可审批改革工作方案》起草情况的汇报。听取宣恩工业园区管理委员会关于《装配式建筑（PC构件）生产项目投资协议书》有关情况的汇报。听取县财政局关于县属国有融资平台企业领导人薪酬工作的情况汇报。听取县科学技术和经济信息化局关于电子商务进农村综合示范项目建设工作的情况汇报。听取县科学技术和经济信息化局关于民爆物品储存库迁建工作的情况汇报。听取县住建局关于宣恩县生态环境综合提升PPP项目合同解除工作的情况汇报。听取县扶贫办关于《宣恩县“防贫保”工作实施方案》起草情况的汇报。

第29次常务会议。6月28日，县十八届人民政府第29次常务会议召开。

习覃传达全州扶贫领域、生态环保领域重点问题整改工作推进会会议精神。李家锦传达《关于学习贯彻柯俊同志在州委中心组集中学习要求深化金融供给侧结构性改革精神的通知》《柯俊、柯东海同志在恩施州法院要情专报2019年第3期上的批示》及《2019年恩施州防范化解金融风险攻坚战工作要点》精神。听取县机关事务服务中心关于事业单位公务用车制度改革工作的情况汇报。听取县水利局关于宣恩县小水电清理整改工作的情况汇报。听取县文化和旅游局关于《2019中国（宣恩）内陆河水上运动会暨武陵山区龙舟争霸赛系列活动方案》起草情况的汇报。听取县教育局关于《首届宣恩县功勋教师评选方案》起草情况的汇报。听取县民政局关于珠山镇莲花坝村、宝塔村、猫儿堡村“村改居”工作的情况汇报。听取县民政局关于确认苏学政同志为因公牺牲国家机关工作人员的情况汇报。听取县考核办关于全县2018年度目标管理责任制考核相关工作的情况汇报。听取县公安局关于《2019年宣恩县“雪亮工程”建设实施方案》起草情况的汇报。听取邵爱华关于全县2019年上半年经济运行情况的介绍和下一阶段重点工作的安排部署。

第30次常务会议。8月5日，县十八届人民政府第30次常务会议召开。

县发改局传达全省易地扶贫搬迁后续扶持工作现场推进暨业务培训会精神，并就《新时期易地扶贫搬迁工作百问百答》进行解读。听取州生态环境局宣恩县分局关于宣恩县城市区域环境噪声功能区划分和高排放非道路移动机械禁止使用区划定工作情况的汇报。听取沙道沟镇人民政府关于宣恩县中西医结合医院业务综合大楼及急救通道建设项目工作情况的汇报。听取县应急管理局关于全县上半年安全生产和应急管理工作情况的汇报。听取县总工会关于宣恩县县级、州级劳动模范评选工作情况的汇报。听取县农业农村局关于《宣恩县乡村振兴战略2019年度实施方案（送审稿）》《宣恩县美丽乡村建设五年规划（2019—2023年）（送审稿）》《宣恩县美丽乡村建设2019年度实施计划（送审稿）》起草情况的汇报。

第31次常务会议。9月12日，县十八届人民政府第31次常务会议召开。

邵爱华传达《恩施州关于严格落实地方党政领导干部安全生产责任制的通知》精神。听取县督查考评办关于《宣恩县2019年度目标管理责任制考核办法》起草情况的汇报。传达恩施州城乡生活垃圾协同处置推进工作协调会精神，听取县城市管理执法局关于宣恩县城乡生活垃圾处置工作进展情况以及《宣恩县生活垃圾处理服务协议》有关情况的汇报。听取县招商服务中心关于《宣恩县招商引资管理办法（试行）》《宣恩县招商引资活动经费管理办法（试行）》《宣恩县招商小分队组建工作方案》起草情况的汇报。听取县住建局关于《宣恩县生态环境综合提升PPP项目合同》和《项目公司股东协议》重新编制的情况汇报。听取县司法局关于宣恩县推行行政执法"三项制度"以及司法体制改革工作相关情况的汇报。依次听取县司法局关于全县社区矫正及安置帮教工作情况、县公安局关于全县禁毒工作和精神障碍患者管控工作情况的汇报。听取县教育局关于校园安全工作情况的汇报。传达《关于深化改革加强食品安全工作的意见》《地方党政领导干部食品安全责任制规定》精神，听取县市场监督管理局关于食品药品安全工作情况的汇报。

第32次常务会议。9月30日，县十八届人民政府第32次常务会议召开。

陈勇传达《中共中央办公厅、国务院办公厅关于做好2019年国庆节期间有关工作的通知》精神。依次听取长茅岭棚户区（城中村）地块二改造项目工作专班关于长茅岭棚户区（城中村）地块二改造项目（原水泥厂片区棚改项目）工作情况、龙洞电厂棚户区（城中村）改造专班关于龙洞电厂棚户区（城中村）改造项目工作情况的汇报。听取县国资局关于珠山镇兴隆老街C地块酒店建设及商业开发项目融资工作情况的汇报。听取县自然资源和规划局关于《宣恩县易地扶贫搬迁城乡建设用地增减挂钩项目实施方案》起草情况的汇报。听取宣恩工业园区管委会关于椒园海关监管场所项目建设工作情况的汇报。听取宣恩工业园区管委会关于工业园区区域性评价工作情况的汇报。听取县科经局关于《宣恩县关于鼓励科技创新扶持工业商贸企业加快发展的实施意见（送审稿）》起草情况的汇报。听取县卫健局关于《宣恩县落实乡村医生养老保险及退休生活补助实施方案（试行）》起草情况的汇报。听取县供销社关于深化供销合作社综合改革有关精神的传达及相关工作的情况汇报。听取县财政局关于调整完善选派干部到县外挂职有关费用开支标准工作的情况汇报。听取县财政局关于县属国有融资平台企业负责人薪酬工作情况的汇报。听取县财政局关于《2018年财政决算和2019年预算调整方案》起草情况的汇报。听取县退役军人事务局关于《2019年度转业士官安置工作方案（送审稿）》起草情况的汇报。

第33次常务会议。县十八届人民政府第33次常务会议召开。听取宣恩工业园区管委会关于《电子电器制造项目投资协议书》起草情况的汇报。

第34次常务会议。11月25日，县十八届人民政府第34次常务会议召开。

县司法局传达《中华人民共和国行政复议法》精神。听取县扶贫办关于中央第二巡视组脱贫攻坚专项巡视反馈意见整改情况、2018年国家对省脱贫攻坚成效考核反馈意见整改情况、2018—2019年扶贫资金使用及项目库建设情况的汇报。听取县民政局关于殡葬领域突出问题专项整治情况、城乡低保及易地扶贫搬迁安置点社区建设情况的汇报。听取县公安局关于驻村辅警增招工作情况的汇报。听取县政管局关于公共资源交易相关文件清理工作情况的汇报。听取县自然资源和规划局关于自然资源和规划工作情况的汇报。听取县招商服务中心关于《2019年重点招商项目落地服务责任清单》起草情况的汇报。听取白鹤井片区棚户区（城中村）改造工作专班关于白鹤井片区棚户区（城中村）改造项目工作情况的汇报。听取县卫健局关于《宣恩县全面推开县域医共体建设工作实施方案》起草情况的汇报。听取县财政局关于《2019年公共财政预算调整方案》起草情况的汇报。

第35次常务会议。12月29日，县十八届人民政府第35次常务会议召开。

邵爱华传达习近平总书记在中央政治局第十九次集体学习上的讲话和中央、省领导在纪念习近平总书记为国家综合性消防救援队伍授旗训词一周年座谈会上的讲话精神。习覃传达国务院副总理胡春华恩施调研讲话精神。向重臣传达《关于印发〈恩施州生态环境损害赔偿制度改革工作实施方案〉的通知》精神。邵爱华传达《关于深化统计管理体制改革提高统计数据真实性的意见》《统计违纪违法责任人处分处理建议办法》《防范和惩治统计造假、弄虚作假督察工作规定》精神。听取县应急管理局、县消防救援大队关于2019年全县消防工作情况的汇报。听取县财政局关于《乡镇工作补贴标准调整方案》起草情况的汇报。听取县财政局关于《宣恩县金融扶贫互助社划归宣恩贡水融资担保有限公司统一管理的工作方案》起草情况的汇报。听取县发改局关于2020年项目谋划工作情况的汇报。听取县招商服务中心关于《宣恩"贡水半岛旅游港"建设项目招商公告》起草情况的汇报。听取宣恩工业园区管委会关于启动"双创"产业园南部厂区建设工作情况的汇报。听取县高路办关于《宣咸高速公路宣恩段工程建设征迁工作方案》起草情况的汇报。听取总工会关于《2019年县级劳动模范、"五一劳动奖章"预备人选名单》评选情况的汇报。

**【2019年人大代表议案、建议和政协委员提案交办会】** 3月29日，宣恩县召开2019年人大代表议案、建议和政协委员提案交办会，邵爱华、史红珍、姚敏参加。县"两会"期间，人大代表和政协委共提出107件建议、提案和转信，全部交由县政府系统承办，其中重要建议2件、一般建议47件、政协提案51件、转信7件。

**【县第十八届人民政府第三次全体（扩大）会议暨廉政工作会议】** 5月31日，宣恩县第十八届人民政府第三次全体（扩大）会议暨廉政工作会议召开。会议的主要任务是坚持以习近平新时代中国特色社会主义思想为指导，认真学习贯彻各级纪委全体会议和各级政府廉政工作会议以及州委中心组学习会议等系列会议精神，聚力优化营商环境，持续推进政府政务服务系统建设，总结分析当前全县经济社会发展现状，按照州委、州政府比、抓、强、促的工作要求，安排部署下一阶段全县重点工作。会议观看警示教育片《重整行装利剑反腐》，通报全县优化营商环境工作情况。

（朱占海）

## 人　事

**【概　况】** 2019年，全县事业单位专项公开招聘19人，考试公开招聘57人，退役军人事务系统考试公开7人，聘用大学生村干部2人。完成2018年度初级职称148人办证工作，并于11月1日正式开展2019年全县的职称评审工作。向中国博士后科技服务团恩施行推荐项目，今博电气有限公司、亚麦食品有限公司、苗仙聚生物科技有限公司等3家企业报送项目需求，推荐2名奉献人才在省里接受培训。开展"吃空饷"集中整治常规工作，各机关事业单位按季度报送"吃空饷"报表，加强防治"吃空饷"长效机制的建设。开展机关事业单位临时人员清理工作，共清理临时聘用人员3036人。

对全县政府系列参公及事业单位人事管理信息进行调查。2019年事业编制人员调整情况。共调出县外27人、调入县内7人；县内部调动75人。全年调动人数109人。招聘"三支一扶"人员13名，2019年8月1日全部到岗位工作。其中扶贫3人，人社2人，支农2人，水利2人，支医 1 人，青年事务 1 人，基层残联 1 人，供销合作社 1 人。

**【事业单位招聘】** 2019 年，宣恩县专项公开招聘计划 23 名，实际完成招聘计划 19 名，完成备案 19 人。全县事业单位考试公开招聘共设置 35 个岗位，计划公开考试招聘事业单位工作人员 58 人，完成备案 57 人（其中沙道沟镇中心卫生院 1 人因孕期体检未完成尚未备案）。全县退役军人事务系统考试公开招聘设置 7 个岗位，公开招聘事业单位工作人员 7 人，完成备案 7 人。按规定组织开展 2019 年乡镇事业单位考核聘用大学生村官工作，完成备案 2 人；县教育局签订 1 名语文免费师范生，完成备案 1 人。2019 年下半年考试招聘共设置 9 个岗位，计划考试公开招聘事业单位工作人员共 12 人，完成备案 11 人（县妇计中心 1 名无人资格复审，计划取消）。做好 2019 年义务教育学校教师的招聘工作，计划招聘义务教育学校教师 50 人（其中新机制 5 人，非新机制 45 人），完成备案 49 人，剩余 1 名招聘计划因无人报考未完成。做好定向委培的招聘工作，定向委培招聘计划共 44 名，通过体检、考核等招聘程序，完成备案 43 人，1 名招聘计划因考生放弃体检未完成。举行 1 次乡镇退役军人服务站选聘，9 个乡镇各选聘一名工作人员。举行 1 次县直事业单位公开选聘，7 家县直事业单位选聘 10 人。选聘的 19 人已经全部到岗。做好 2019 年。计划从县域内乡镇学校选调教师 44 名到城区 5 所学校工作，实际选调 43 名，已全部到岗。

**【事业单位人事管理】** 完成全部机关工勤及事业单位工作人员 2018 年度考核备案工作。完成 63 人的学历备案及档案移交工作。对 6 名干部的违纪立案、处分、解除处分情况进行备案。对陈英等 13 名同志的辞聘解聘相关材料给予审核备案。对事业单位工作人员基本信息、学历、考核、岗位、处分等信息变动情况，及时录入人事信息系统，并审核通过。

**【事业单位岗位设置管理】** 做好州人社局事业单位岗位设置“放、管、服”改革任务承接工作，对教育局、审计局、卫生局人社局所属部分事业单位的岗位设置、实施方案进行审核备案。开展岗位认定工作。对教育、卫计、林业等 10 多个部门 1106 人的岗位进行认定，并对聘用合同进行备案。

**【首批县级人才工作室】** 按照《宣恩县县级人才工作室建设实施方案》要求，通过教育、医疗和农业系统各单位的申报，县委人才办对 20 多个县级人才工作室申报组织开展专家评审，确定 7 个县级人才工作室建设项目。12 月 20 日，首批教育系统 3 个县级人才工作室成立，3 个人才工作室共包含 6 名工作室主持人，近 30 名工作室成员。工作室还邀请到全国著名特级教师张学伟、第八届全国小学语文教师素养大赛特等奖获得者夏芳等专家、学者为工作室特聘专家。12 月 25 日，首批卫生系统 3 个县级人才工作室成立。3 个人才工作室包含 6 名工作室主持人。

（陈晓辉）

## 民族宗教事务

**【民族团结进步创建】** 2019 年，全县贯彻《中共中央办公厅　国务院办公厅关于全面深入持久开展民族团结进步创建工作铸牢中华民族共同体意识的意见》，巩固全国民族团结进步示范县创建成果，建立民族团结进步工作长效机制，继续深入推进民族团结进步创建工作。年初，在全县经济工作会议上套开民族宗教工作会议，周志斌详细安排部署全县民族宗教工作，对民族团结进步工作进行重点安排。要求各单位、各乡镇深入学习贯彻《中共中央办公厅　国务院办公厅关于全面深入持久开展民族团结进步创建工作铸牢中华民族共同体意识的意见》，追加经费、再添措施、创新方法，打造一批国家级、省级民族团结进步示范单位。1月8日，县公安局、民宗局、城投公司、民族实验小学、供电公司、椒园镇政府、伍家台村、巴楚风印务有限公司等8个单位被州委州政府表彰为“民族团结进步先进单位”，向建强、唐猛、熊茂平、朱永华、覃亚玲、曹阳、向路、汪明菊、贵体恩、王真友10人被州委州政府表彰为“民族团结进步先进个人”。2018年12月29日，国务院、国家民委正式命名宣恩县“全国民族团结进步示范县”。2019年9月24日，上湖塘社区书记汪明菊被国务院表彰为“民族团结进步模范个人”，受到党和国家领导人的亲切接见，并受邀参加中华人民共和国成立70周年国庆大阅兵。2019年12月17日，成功申报县供电公司职工吴国军为全省民族团结进步先进个人。

**【“616”对口支援工程和“1+1”帮扶项目】** 2019年，落实对口支援项目29个，支援资金6.1亿元，其中省自然资源厅支持宣恩县参与2019年城乡建设用地增减挂钩节余指标交易，交易面积83.93公顷、交易金额3.8亿元；拨付“616”工程和“1+1”工程工作经费30万元、地质灾害“四位一体”网格化管理运行保障资金84万元；下达沙道沟镇马家凹滑坡治理工程600万元，9个矿山环境恢复治理工程250万元。省财政厅等单位下达环境空气质量生态补偿资金364万元，生态文明建设以奖代补资金82万元，安排中央转移支付资金5048万元用于林业生态保护恢复和林业改革发展。省粮食局落实项目3个，支援资金284万元，主要用于粮食产业融合发展、粮食质量安全检验检测体系建设。省发改委落实项目1个，支援资金350万元，用于加快伍家台茶旅融合项目建设。省文旅厅支援资金1203万元，主要用于乡镇综合文化站提档升级、基层文体广场建设、县城仙山贡水国家AAAA级旅游景区创建和湖北省旅游强县创建工作；对宣恩县5名乡镇文化站负责人进行培训，选派21名文体部门工作人员到北京、浙江等地学习、挂职，协调省图书馆、省博物馆、省非遗保护中心等单位指导开展文化遗产保护工作6次。武汉科技大学选派1名青年博士教师、3名硕士研究生组成科技帮扶团队，长期驻宣恩泛得矿业有限公司，围绕钒资源清洁利用技术开展科技帮扶工作，并为其他项目提供智力支持。水果湖高中及时向宣恩一中通报新高考有关政策和信息；派出5名教师参与宣恩一中新课程教师培训工作；帮助宣恩一中引进北京大学、清华大学优质教育资源；引导社会无偿捐助资金34万元。武汉科技大学利用国家对少数民族地区的优录政策，2019年录取宣恩籍考生6人。

**【民族文化保护传承】** 积极挖掘、整理、保护、利用少数民族传统文化，传承三棒鼓、薅草锣鼓、宣恩耍耍等民族文化遗产，支持民间文艺团体建设，宣恩“三棒鼓传习馆”“宣恩县民间婚俗文化（十弟兄十姊妹）传习展演基地”“幺妹艺术团”“黑猫艺术团”等扎根基层，宣传党的政策，体现少数民族群众文化生活。“三棒鼓传习馆”到北京、武汉、恩施等表演45场次。推进墨达楼布展设计工作，组织2批次5人次外出考察学习土家文化展示典范，借鉴其他地方先进经验，布展设计工作进展顺利。

推进少数民族体育事业发展，建成3个少数民族传统体育运动项目训练基地，使少数民族传统体育运动的开展逐步走向制度化、社会化。全县共投入资金210万元新建村级文体活动广场42个；投入资金16.7万元对全县279个农家书屋补充更新出版物，统筹资金75万元对全县30个易迁安置点新建爱心书屋。

开展民族文化进校园活动，进一步丰富“民族文化进校园”活动的内涵，创新教育载体和方式，提升开展“民族文化进校园”活动的整体质量和水平，不断弘扬中华民族优秀传统文化，打牢各民族学生的“五个认同”思想基础，不断增强各民族学生维护民族团结、祖国统一的坚定性和自觉性。全县各民族学校紧紧围绕民族文化进校园工作，充分发挥广播、宣传展板等作用，广泛宣传民族团结政策及先进典型，通过报告会、知识竞赛等形式的宣传，使广大师生受到民族团结教育，通过升旗仪式、师生专题演讲及主题班会等形式激发学生的民族自信心和自豪感。利用墙报宣传民族常识，从而使学生了解各民族的传统文化。在高罗镇中心学校依托三棒鼓传习馆试点打造民族文化进校园，该校拥有三棒鼓、薅草锣鼓、耍耍等多支民族文化兴趣小组。

**【少数民族特色村寨建设】** 借全域旅游、乡村振兴战略实施之机，主打“民族”“生态”特色牌，将特色村寨提档升级和生态文化旅游产业集群建设紧密结合。以彭家寨为核心规划的中国土家泛博物馆（彭家寨）项目和以伍家台为中心规划的“宣恩县贡茶小镇”项目正在加紧建设。已成功申报晓关侗族乡野椒园村、长潭河侗族乡两河村、兴隆村、椒园镇黄坪村为第三批中国少数民族特色村寨。

**【落实民族贸易企业优惠政策】** 2019年，对全县原有的87家民贸企业进行重新审核认定，并积极组织全县符合条件的企业进行申报，2019年底认定有民贸企业36家。对民贸企业开展财政贴息工作，共发放民贸企业贴息引导资金462万元，涉及全县37家民贸企业159笔贷款1.89亿元，贴息率2.73%。为宣恩伍贡茶业有限公司争取技改资金20万元，带动企业自筹资金200万元，在原精制茶生产车间改扩建珠茶生产车间1000平方米；生产设备20台套，切实提升公司生产力。该项目投产，按照“公司＋专业合作社＋基地＋农户”的方式带动茶农2000户8000人，每年为项目区农民增加收入300万元，安排70人就业。

**【理论学习】** 大力宣传新修订的《宗教事务条例》等法律法规。印制1500套宗教工作应知应会复习题，下发各乡镇及县直各部门，使全体干部充分掌握新修订《宗教事务条例》精髓。县委常委会先后3次组织专题学习《宗教事务条例》及习近平总书记关于宗教工作系列重要论述、新修订《宗教事务条例》以及中央、省委关于宗教工作相关文件进行专题学习。全县556个支部，10000余名党员学习新修订《宗教事务条例》。按照宗教工作“三级网络”机制，及时更新信息员45人，全县有宗教员1386人。

**【精准扶贫】** 争取中央少数民族资金1075万元、省级民族资金400万元、省级财政以奖代补专项资金20万元、州级民族宗教事业发展资金20万元，共计1515万元。整合用于精准扶贫补短板项目。荆州市对口支援宣恩县到位帮扶资金412万元，潜江市帮扶长潭河侗族乡援助资金260万元、枣阳市帮扶晓关侗族乡援助资金263万元。

（廖平川　黄俊敏）

## 扶贫开发

**【概　况】** 2019年是宣恩县脱贫摘帽后巩固提升的第一年。宣恩县先后迎接国家省级间成效考核、东西部协作考核，国家脱贫攻坚成效考核督查及省脱贫攻坚贫困县退出验收。4月29日，省政府批准宣恩县退出贫困县序列。按照省政府对退出贫困县的要求，全县紧扣“三落实”（责任落实、政策落实、工作落实）“三保障”（义务教育有保障、基本医疗有保障、安全住房有保障）“三精准”（精准识别、精准帮扶、精准退出）等重点扶贫工作，坚持“四个不摘”（摘帽不摘责任、摘帽不摘政策、摘帽不摘帮扶、摘帽不摘监管。摘帽不摘责任）“七个聚焦”（聚焦思想站位不动摇、聚焦目标标准补短板、聚焦精准方略不返贫、聚焦“三个落实”不缺位、聚焦考核评估不失分、聚焦信访舆情不发酵、聚焦问题导向抓落实），持续巩固提升脱贫攻坚质量。全年减贫166户452人，完成年度减贫计划100.8%，综合贫困发生率下降到0.0136%；残疾人减贫46人，残疾贫困人口减贫率为100%；农村常住居民人均可支配收入预计增长9.5%；县级自查群众认可度达98.5%。各项扶贫工作成效考核指标均达到标准，圆满完成2019年度脱贫攻坚工作任务。

**【精准扶贫】** 全年发展以茶叶、白柚等为主的长效产业3733.33公顷，达到56400公顷，市场主体带动发展以烟叶、辣椒、马铃薯为主的短期增收作物3466.67公顷，年均出栏生猪达到44万头，惠及279个村，覆盖农户2.96万户，带动贫困户9457户，特色产业累计带动贫困户的比例达到91%。大力培育新型农业经营主体，提高农业经营主体组织化程度，全县740家新农业经营主体参与产业扶贫，辐射带动有劳动能力的贫困户2.2万户发展生产和就近就业，带动贫困户比例达到88%。积极组织企业参加农产品推介会、茶博会、白柚采摘节、春光行动明星代言及扶贫公益广告宣传，举办湖北宣恩伍家台贡茶春茶武汉品鉴及产品推介会，吸引18家媒体和120家客商洽谈对接活动，提高宣恩扶贫产品知名度。依托旅游公司和旅行社与伍家台、两河、水田坝、野椒园等特色村寨对接，合作开发乡村旅游，让更多贫困群众捧上旅游致富“金饭碗”。同时，大力扩张产业链，建立农村网店带贫机制，2019年全县电商产业网上交易额预计超过2亿元，有效带动贫困人口增收。

全年发放兜底保障资金11227.28万元。全面落实临时救助保障政策，充分发挥救急难功能，及时缓解困难群众的突发性、暂时性困难，切实将突发性事件造成的生活困难的群众及时纳入救助范畴，提供方便、快捷的救助服务，着力夯实城乡困难群众社会救助体系。全年救助2477人次，发放救助资金598.79万元。认真落实困难残疾人生活补贴和重度残疾人护理补贴制度，及时向重度残疾人按每人每月100元的标准发放护理补贴，向生活困难的残疾人按每人每月50元的标准发放生活补贴，做到应补尽补。全年发放“两补”资金741.09万元。切实落实“三留守”人员关爱保护措施，整合部门力量，采取多种关爱措施，对“三留守”人员进行台账式动态管理，扎实开展定期巡访、落实关爱联系人、“三帮四查”关爱服务、“爱心妈妈”巾帼志愿服务、“希望”公益项目等系列关爱活动，确保全县每名农村留守人员得到关爱，不掉一人、不落一名。

2019年，共资助37638人次2542.42万元，贫困家庭学生获得教育资助比率达100%；贫困家庭“两后生”参加职业教育技能培训比率为100%；贫困家庭子女参加中、高等职业教育雨露计划覆盖率为100%。

落实2019年度生态公益林补偿105266公顷2136.8万元。

从产业、就业等方面重点着力，助推搬迁群众“搬得出、稳得住、能致富”，易地扶贫搬迁入住率和搬迁帮扶措施落实率达到100%。在安置区周边建设蔬菜大棚、香菇大棚129个，建设茶叶、药材、水果等加工厂49家，带动安置区2000余人通过产业或参与就业增收；建设标准厂房3.7万平方米，利用安置点配套的一楼架空层5.1万平方米，引进服装加工、卫生洁具等劳动密集型企业55家，吸纳1200名易迁对象就业，并出台奖补政策，引导安置区周边65家企业吸纳3000名易迁对象就业；通过设立保洁、保安、河道管理员等公益性岗位，惠及易迁对象253人；着力盘活群众家业，为增加易迁户财产性收入，出台奖补政策，对流转易迁户土地10亩以上市场主体每亩奖补300元，鼓励市场主体流转易迁户土地、山林等；为有能力创业的易迁对象发放扶贫小额信贷196笔、613.69万元；稳妥有序开展拆旧复垦工作，已拆旧7653户，拆旧率和复垦率100%。

**【落实摘帽不摘责任】** 出台《宣恩县2019年脱贫攻坚作战方案》（县精准指挥部1号令），明确在摘帽后继续推进八个到村到户，持续开展“六个巩固提升”，逐步实现“六个清零，六个全覆盖”责任帮扶体系。继续实行县精准扶贫指挥部半月一调度，乡镇前线指挥部一周一调度，村“尖刀班”每周碰头调度制度。县、乡（镇）党政正职基本保持稳定，继续践行各级党政“一把手”负总责，“五个一批”、资金保障、督查巡察等行业扶贫“十大专班”长期驻守，县领导包片、县直单位和乡（镇）领导包村、村“尖刀班”和帮扶干部包组包户责任机制，143名县直单位“一把手”继续到村挂帅蹲点，形成县、乡、村三级层层抓落实的政治责任体系，确保脱贫攻坚责任主体明确。县委书记、县长持续开展遍访贫困村，乡（镇）党委书记、乡（镇）长、村支部书记持续开展遍访贫困户活动，均实现279个行政村、贫困户遍访全覆盖。

**【落实摘帽不摘政策】** 在医疗保障方面，全县91370名建档立卡贫困人口全部参保，全面落实贫困人口住院“先诊疗、后付费”及“一站式”结算制度；为91370名农村贫困人口购买补充医疗保险。2019年，贫困人口住院47234人次，发生总费用18481万元，合规费用17162万元，合计报销16170万元（含二次补偿222万），政策范围内报销比例达97.4%；门诊慢病、大病患者就诊15901人次，发生费用479万元，合计报销费用468.4万元，报销比例达97.8%；贫困人口年度合规费用控制在5000元以内比例100%。全县精准扶贫建档立卡贫困人口60周岁以上人员20572人，全部享受基本养老保险待遇，覆盖率为100%；全县农村兜底保障12893户22428人，发放农村低保金10214.18万元；农村特困供养人员1053人，累计发放供养资金1001.83万元。教育扶贫方面，2019年，共资助37638人次2542.42万元，贫困家庭学生获得教育资助比率达100%；贫困家庭“两后生”参加职业教育技能培训比率为100%；贫困家庭子女参加中、高等职业教育雨露计划覆盖率为100%。金融扶贫方面，2019年全年发放扶贫小额信贷共计803笔2351.1万元，金融扶贫贷款增长率15.78%；扶贫小额信贷贫困户户贷量2.93万元、户贷率3.35%。生态扶贫方面，落实2019年度生态公益林补偿105266.67公顷2136.8万元。

**【落实摘帽不摘帮扶】** 以每村不低于3名国家干部的标准，调整选派279个村级“扶贫工作队”1800余人，选派驻村第一书记257人，实行5天4夜“岗位在村、工作在村、吃住在村”的模式，保证脱贫攻坚一线干部“不断线”，推进扶贫工作落实。制定《宣恩县精准扶贫驻村“尖刀班”管理办法》，进一步促进帮扶干部履职尽责，持续开展驻村帮扶工作。同时，加强基层堡垒建设，打造“永远不走的工作队”，深入推进抓党建促脱贫工作，开展村支“两委”换届“回头看”，筛查软弱涣散党组织27个，重点从贫困村优秀青年农民、退伍军人等群体中发展党员167人，调整村“两委”班子成员48人，培养村级后备干部843人，充实本土一线扶贫队伍，村“两委”工作能力、组织活力和带富能力明显增强。摘帽不摘监管。县委、县政府将防止返贫纳入重要议事日程安排，加强贫困人口动态监管和建立预警机制，利用扶贫数据管理平台、扶贫工作队、村支两委对困难群体进行监控监管，建立返贫预警机制，对脱贫人口、收入略高于建档立卡贫困户的群体实施跟踪和动态监测，第一时间发现返贫现象和新致贫因素，及时将新致贫对象纳入扶贫开发信息系统，对返贫人口和新发现的贫困人口及时落实帮扶措施。2019年10月以来，以动态管理不漏一人，“脱贫即出、返贫即入”，“两摸底一核准”为目标；组织全县279个“尖刀班”进村入户全面摸底排查。新识别贫困户3户7人，摸底锁定“边缘户”372户1186人、“脱贫监测户”341户1037人，无返贫现象，对新识别贫困户在产业、社会兜底等方面及时采取帮扶措施。

**【深度贫困地区脱贫攻坚】** 针对椿木营、沙道沟、长潭河、“桐高李”（桐子营—高罗—李家河）四个贫困片区内沙道沟镇潭子洞村、药铺村、老岔村、辽叶村；高罗镇清水塘村、向家坪村、大茅坡营村；长潭河乡大湾村、九坝村9个深度贫困村，在确保达到国家脱贫标准的基础上，进一步加大扶贫项目资金倾斜力度。按照各深度贫困村的实际和“需要多少钱就筹多少钱”的要求，加快深度贫困村项目规划申报，做到项目资金向深度贫困村倾斜，重点在产业、基础设施、公共服务等领域向深度贫困村延伸覆盖。2019年全县9个深度贫困村投入项目资金3768.34万元，平均每村投入比其他270个村平均投入高71%。对深度贫困群众加大扶持力度，全年对获得低保后生活仍有困难的重点救助对象按困难程度增发补助资金，为特困群体发放物价上涨临时补贴资金928.72万元；突发事件造成群众生活困难临时救助2477户次，发放救助资金598.79万元；对深度贫困村的易迁群众提供公益性就业岗位30余个。

**【“三保障”和饮水安全】** 贯彻落实习近平总书记在重庆主持召开“两不愁三保障”突出问题座谈会讲话精神，以全面实现“两不愁三保障”为目的，结合省、州安排部署，组织全县“尖刀班”开展“两不愁三保障”突出问题摸排解决工作，进一步查漏补缺，巩固脱贫攻坚成效。聚焦农户的住房、产业（就业）、教育、医疗、兜底保障、人居环境、群众情绪和行政村的路、电、网、学校、卫生室、党员群众服务中心、产业、村集体经济收入、易地扶贫搬迁安置点、群众工作等突出问题开展“双十看”，精准排查全县所有行政村和农户。并配套出台《关于解决“两不愁三保障”突出问题实施方案》指导全县开展工作。全县279个村共计摸排出村问题114个，户问题258个，已立行立改全部完成整改，并形成整改台账，有效解决群众因灾因病而导致的实际困难，确保“两不愁三保障”标准，防止返贫致贫。同时，针对宣恩县农村季节性缺水问题，在2018年全面解决安全饮水问题的基础上，县、乡、村三级认真开展农村饮水安全“回头看”、各级检查反馈问题排查等工作，排查问题已全部整改落实，并引导群众逐步形成“谁受益，谁管理”的村民自主管理长效机制，贫困户饮水安全保障率100%。

**【东西部协作和定点扶贫】** 浙江省杭州市西湖区围绕产业发展、劳务和人才合作、补齐民生短板三大方面，帮扶宣恩项目34个4150万元，已全部完工。帮助宣恩开展各类专题和技术培训21期1112人次，促进就业1186人；两地人才交流挂职80人；举办东西部劳务协作专场招聘会4场，通过加强就业协作，到浙江省就业574人，到杭州市西湖区就业95人，新增就业30人，到其他地区（湖北、浙江外）就业120人，通过公益性岗位就业30人，招收应届贫困毕业生到杭就读职业学校25人。通过在安置点建立东西协作“就业扶贫车间”吸纳就业，沙道沟镇松坪及白水安置点、李家河镇塘坊安置点、高罗镇龙河安置点4个“扶贫车间”就业279人（其中贫困户108人）；组织杭州多家企业、社会组织和爱心人士捐资捐物778.54万元。

省农业厅、中国铁塔公司、中铁大桥局等13家单位全面持续对宣恩进行帮扶，涉农项目资金支持超过1亿元。省农业厅筹集部门资金75万元用于石马村产业扶贫和基础设施建设；中国铁塔公司促进22家企业与宣恩企业签订采购协议833万元；人保财险湖北分公司持续帮助长潭河侗族乡两河村通过生态旅游业带动种养殖业发展；中铁大桥局支持30万元帮助驻点村发展冬桃32.33公顷；省盐业公司帮助金龙坪村建立茶厂，发展村级集体经济；省中西医结合医院持续选派6名专家到宣恩坐诊，并举办学术讲座10余次，培训医务人员100余次；湖北生物科技职业学院指导贫困户种植彩色马铃薯，拓展致富路径；武汉市交通学校、洪湖一中、荆州一中持续为宣恩提供教育资源帮助；富源农业发展有限公司投入产业发展资金30万元，培育新型职业农民200余人；

荆州市、潜江市、枣阳市持续帮扶宣恩项目资金965万元。

**【巡视、考核、督查等发现问题整改】** 制定《中央第二巡视组对湖北省开展脱贫攻坚专项巡视反馈意见宣恩县整改工作方案》《关于开展2018年度脱贫攻坚州县联合督战等反馈问题“回头看”全面整改工作的通知》等文件，将整改工作职责细化到各级各部门，组织各乡镇和部门对标对表，按照召开会议研究问题、举一反三查找问题、表明态度处理问题、结合实际纠正问题、建章立制解决问题、撰写报告回答问题、审核把关销号问题的程序推动全县上下形成“横向到边、纵向到底”的整改落实体系，助推全县上下各类问题整改落到实处，实现真整改、真有效、真销号、真清零。经全面自查，举一反三，针对中央第二巡视组反馈湖北省意见的56种表现形式，有13种表现形式在宣恩县不同程度存在，涉及村和单位个性问题902个，对排查发现问题按照“建立台账，逐一销号”的原则进行整改。全国脱贫攻坚专项巡视整改工作电视电话会议通报的突出问题和共性问题4类18种问题表现形式，举一反三自查问题3个与中央脱贫攻坚专项巡视反馈意见一体整改。省委常委班子脱贫攻坚专项巡视整改专题民主生活会反馈共12个问题与中央第二巡视组脱贫攻坚专项巡视反馈问题属同类型，已与中央巡视反馈问题同步完成整改。针对2018年度国家对省扶贫成效考核反馈问题全县共查摆发现5类13个问题，已整改完成12个，涉及产业的1个问题完成阶段性整改销号。针对2018年省对县扶贫开发成效考核反馈问题，举一反三自查问题7个，完成整改6个，按整改方案完成阶段性销号1个。针对宣恩县退出贫困县专项评估反馈问题3个，已按照整改方案阶段性完成整改并长期坚持。针对省委第九巡视组反馈问题全县自查5个问题，已经完成整改，其中产业增收带动效应和与贫困户利益链接两方面的问题长期坚持。其他各级巡视巡察反馈问题、各级党委政府督查检查的问题、各级专项审计反馈的问题同步完成整改。

**【资金投入和管理使用】** 2019年，县本级预算安排财政专项扶贫资金12477万元，较2018年本级预算安排财政专项扶贫资金12435万元增加42万元，增长0.03%。加强扶贫项目资金保障，有序开展2019年项目库巩固提升工作，实现入库项目1072个，资金62785万元，实际用于精准扶贫、精准脱贫的项目980个，资金53345万元（含行业扶贫部门资金）。制定《2019年宣恩县财政涉农资金统筹使用方案》，全县统筹整合以工代赈、生产发展、少数民族发展等涉农资金19517万元，其中直接用于精准扶贫和巩固提升资金19517万元，用于农村公路、产业发展、国土和环境治理等方面。加强扶贫项目资金监管，严格执行《宣恩县精准扶贫项目资金管理规程》《关于开展财政扶贫资金动态监控工作的通知》等制度，覆盖资金分配、使用管理、公示公告、监督全过程，明确部门分工、操作程序、资金用途、监控措施和绩效评价。持续执行财政部门分投向建立台账，主管部门分项目建立台账的双台账管理制度。2019年7月组织县、乡两级专班对9个乡镇开展扶贫资金专项检查全覆盖，就扶贫政策落实、资金统筹管理、资金拨付进度、资金公示公开等情况进行专项检查。

**【基层减负】** 聚焦作风改进，通过“扶贫领域政策落实监察系统”“963888”扶贫领域违纪专项举报电话、扶贫领域信访举报等渠道，对反馈的扶贫领域腐败和作风问题线索建立台账，分类统计，专人专管，按规定交办。对扶贫领域问题线索实行从快从严处置，凡初核了结或立案查处的，经纪委监委审核同意后直接问责。扶贫领域问题线索148条，问责处理225人，其中党纪政务处分22人、诫勉谈话6人。用严厉的问责、典型的通报，促成全县扶贫领域作风整治不断深化。为基层扶贫工作减负，严查扶贫领域形式主义、官僚主义，加强作风建设，对照上级有关文件要求，出台基层减负16条具体措施，开展文山会海专项整治、“净墙行动”、会务和督查统筹等减负行动，取得良好减负效果。据统计，全县全年发文量、会议量同比减少50%以上，督查检查考评项目同比减少76.4%。同时，整合州级暗访督查组、纪委暗访组、县委巡察力量、县级整改督战队等资源，形成合力，更细致做好指导工作，减少督查督办次数，减轻基层迎检负担。

**【关爱基层扶贫干部】** 加大对脱贫攻坚一线干部表彰奖励和提拔力度，在评先评优、年度考核等工作中，适当增加脱贫攻坚一线干部比例，50%评优名额倾向一线扶贫干部；驻村第一书记周玉和、徐涛分别被评为“出彩宣恩人”“出彩家庭”；提拔重用基层扶贫干部20余名。同时，建立容错纠错机制，严管和厚爱结合，给予基层干部更多关怀和关爱，落实轮休、带薪休假等制度，让基层一线扶贫干部有正常的休息时间；在部署扶贫工作时因地制宜，不搞“一刀切”；在考核督查时，不吹毛求疵，把考核重心放在脱贫成效和百姓口碑上，对与脱贫成效关系不大的问题给予免责。

**【脱贫成果巩固】** 全年发展以茶叶、白柚等为主的长效产业3733.33公顷，达到56400公顷，市场主体带动发展以烟叶、辣椒、马铃薯为主的短期增收作物3467公顷，年均出栏生猪达到44万头，惠及279个村，覆盖农户2.96万户，带动贫困户9457户，特色产业累计带动贫困户的比例达到91%。大力培育新型农业经营主体，提高农业经营主体组织化程度，全县740家新农业经营主体参与产业扶贫，辐射带动有劳动能力的贫困户2.2万户发展生产和就近就业，带动贫困户比例达到88%。积极组织企业参加农产品推介会、茶博会、白柚采摘节、星光行动明星代言及扶贫公益广告宣传，举办湖北宣恩伍家台贡茶春茶武汉品鉴及产品推介会，吸引18家媒体和120家客商洽谈对接活动，提高宣恩扶贫产品知名度。依托旅游公司和旅行社与伍家台、两河、水田坝、野椒园等特色村寨对接，合作开发乡村旅游，让更多贫困群众捧上旅游致富“金饭碗”。同时，大力扩张产业链，建立农村网店带贫机制，2019年全县电商产业网上交易额预计超过2亿元，有效带动贫困人口增收。

持续投资2001.67万元，实施83个消除安全隐患和供电卡口项目，通生产动力用电自然村覆盖率100%。巩固提升通信网络设施，累计建成4G基站411个，新开通119个自然村光纤网络宽带，实现光纤宽带通达全覆盖。完善和提升交通运输网络质量，实施20户规模以上村公路硬化工程364.9千米，完成率100%，实施农村公路安防工程771.776千米，完成率100%；县级财政农村公路养护资金到位率102%，养护公路2099.35千米。巩固提升农村危房改造工程，拨付危改资金84.19万元，实施完成2019年因灾新产生的48户危房改造，贫困户住房安全保障比例达到100%。

开展农村人居环境整治，推进村庄绿化、美化、亮化、净化工程，使全县农村生活环境显著提升，获得“省级生态文明建设示范县”称号。7个乡镇垃圾中转站完成建设，已投入使用。进一步健全农村生活垃圾户分类、组保洁、村收集、镇转运、县处理的治理机制，推进农村生活垃圾分量减排、资源化处理进程，实现全县垃圾处理全覆盖。大力实施农村“厕所革命”行动，加快乡镇污水处理设施改造升级，全面推进农村生活污水治理工作。2019年，完成农户无害化厕所建改20594座、乡镇公共厕所修建14座、城市公共厕所建设7座、交通公共厕所建设4座、旅游公共厕所建设4座。7个乡镇污水处理厂全部完工，已投入使用。全县乡镇污水管网铺设主支管90千米，完成率100%；入户管完成接入20376户，接入率达98%。

从产业、就业等方面重点着力，助推搬迁群

众“搬得出、稳得住、能致富”，易地扶贫搬迁入住率和搬迁帮扶措施落实率达到100%。在安置区周边建设蔬菜大棚、香菇大棚129个，建设茶叶、药材、水果等加工厂49家，带动安置区2000余人通过产业或参与就业增收；建设标准厂房3.7万平方米，利用安置点配套的一楼架空层5.1万平方米，引进服装加工、卫生洁具等劳动密集型企业55家，吸纳1200名易迁对象就业，并出台奖补政策，引导安置区周边65家企业吸纳3000名易迁对象就业；通过设立保洁、保安、河道管理员等公益性岗位，惠及易迁对象253人；着力盘活群众家业，为增加易迁户财产性收入，出台奖补政策，对流转易迁户土地10亩以上市场主体每亩奖补300元，鼓励市场主体流转易迁户土地、山林等；为有能力创业的易迁对象发放扶贫小额信贷196笔、613.69万元；稳妥有序开展拆旧复垦工作，已拆旧7653户，拆旧率和复垦率100%。

完成129个村级综合文化中心提档升级，持续开展送戏下乡、送书下乡活动；新建乡镇幼儿园5所，和平中小学、松坪小学投入使用，投资1700多万元为义务教育阶段乡镇学校更换教学设备和图书；李家河镇卫生院、长潭河侗族乡中心卫生院整体搬迁建设项目进展顺利，公共文化服务基础设施和水平持续得到提升。认真做好社会扶贫工作，深入开展“千企帮千村”行动，精准扶贫以来，累计有249家企业和专业合作社对239个村进行结对帮扶，实施帮扶项目896个，投入帮扶资金17176.2971万元；团委、妇联及民政部门持续开展关爱“三留守”活动，建立县乡村三级服务体系，以助学捐款捐物、志愿服务等方式筹集帮扶资金70余万元，覆盖2000余户3000余人。慈善总会、义工者协会等7家社会组织通过教育扶贫、产业扶贫、就业扶持、技术培训、捐款捐物、志愿服务等方式，投入帮扶资金1091.44万元，惠及脱贫人口19918人。全力推广社会扶贫网，全县综合注册用户32671人，2019年增幅29.85%。贫困户累计发布帮扶需求1547条，成功对接1059条，实现捐助资金9.9万元、物资965件。

坚持扶贫同扶志扶智相结合，各级干部深入村组、田间地头开展“流动党课”“板凳课堂”宣讲等活动，入户走访调研，进行扶贫政策宣讲，征集群众意见建议，化解矛盾纠纷，为群众增收出谋划策，最大限度地激发群众“愿脱贫、会脱贫、能脱贫”的内生动力。各行业扶贫部门通过宣传栏、横幅和短信息进行宣传，张贴和悬挂宣传海报、横幅1000余份，发送政策短信3万余条，贫困人口和帮扶干部扶贫政策知晓度达100%。在带领群众发展生产脱贫致富过程中，创新活动载体，挖掘乡贤元素，不断提升群众道德素质和树立村庄文明新风。通过成立乡风文明理事会、红白理事会等，组织开展“出彩家庭”“清洁文明户”等评选表彰活动，让群众身边的“凡人善举”引领村民崇德向善、积极向上、自力更生。宣恩县组织开展县、乡、村三级“出彩系列”评选活动289场，推选出县、乡、村扶贫楷模和道德模范近200人，有效激发群众内生动力，助推老百姓精神脱贫。

**【创新扶贫工作机制】** 创新长效防贫工作机制，建立防贫联防联控机制，以乡镇为落实主体，整合现有的教育、民政、人社、卫健、团委、医保等部门资源，统筹低保救助、特困救助、就业援助、医疗救助、临时救助等政策，完成救助政策碎片化整合，形成救助防贫合力，对致贫或返贫群众结合政策联合进行救助，确保“脱贫不落一人”。创新行业防范返贫机制。在持续抓好减少贫困存量的同时，聚焦因病因灾因意外事故等致贫返贫的关键因素，在各行业加强“未贫预防、返贫先防”安排部署，在防返贫和产业防贫方面，制定出台《宣恩县“农业产业扶贫一揽子保险”实施方案》和《宣恩县“防贫保”工作实施方案》，通过政府统一购买保险的方式，为贫困群众抗风险、增效益，2019年为全县1387户贫困户赔付补贴资金157.7万元；在司法援助方面，制定出台《宣恩县人民检察院 宣恩县人民政府扶贫开发办公室深入开展脱贫攻坚领域国家司法救助工作的实施办法》，对致贫或因案返贫的群众及时予以救助，办理司法救助案件7件17人，帮扶救助资金23万元；在医疗救助方面，与中国扶贫志愿服务促进会合作，免费为建档立卡贫困户白内障患者救治，并建立医疗费用补贴长效机制，已补贴费用2.7万元。

创新易地扶贫搬迁安置点社区服务机制，在“1+6”配置和“6个1”跟踪服务的基础上，秉承“以人为本”的理念，在社区治理上实行“6有”后续管理，即有领导重视、有服务班子、有办事场所、有运行资金、有完善制度、有成型机制。大中型安置点社区服务中心选配国家干部和安排公益性岗位人员加强服务与管理，每年安排180万工作经费保障社区正常运行。全县9个安置点组建社区服务中心并挂牌服务9个，新增加93个村民小组，依托安置点所在村管理的有45个，选派国家干部20人，选聘公益性岗位管理人员180人，易地扶贫搬迁安置点社区治理机制体制建设纳入全省试点。2019年8月22—23日，全国发改系统易迁工作现场会在恩施召开，宣恩县提供龙河、松坪、伍家台、椒园（二期）4个安置点作为参观现场，获得高度评价。人民网、新华网、湖北日报等多家媒体多次报道推广宣恩易地扶贫搬迁安置点社区服务管理模式经验做法。

创新产业扶贫发展模式，以“万亩贡茶经济带”和“百里贡水白柚经济走廊”等特色产业为基础，依托“两节三会”创新“农旅、文旅”发展模式，拉伸特色产业链，推进一、二、三产业融合发展，建成以茶产业为底蕴的AAAA级茶文化休闲旅游景区，以白柚、黄金梨为基础的观光走廊。2019年开展“脱贫攻坚战星光行动”，助推全县特色产业品牌再上新台阶惠及广大贫困群众。“领头雁”创业促脱贫。加强致富带头人队伍建设，以产业政策扶持、培训指导等方式全年培育致富带头人155人，“带头人”在发展产业的同时通过土地入股分红、基地务工等方式与贫困户建立长效利益联结，带动贫困户收入持续增长。涉及茶叶、白柚、柑橘、蔬菜、养蜂等多种产业，辐射贫困群众5万余人，诞生“花椒姐”卢云、“蔬菜哥”蔡立勇等多个创业带贫典型人物。以扶贫产品消费促脱贫。与杭州市西湖区持续开展“硒品入杭”活动，全年在杭销售伍家台贡茶、硒土豆、富硒贡米、富硒菜籽油等生态特色产品1883.6万元，取得良好经济、社会效益，助力贫困群众稳定增收。

（杨　盈）

**【移民后期扶持】** 宣恩县水库移民工作始于修建龙洞电站，大规模移民工作缘起修建洞坪电站。宣恩县共涉及大中型6座水库移民区域，分别是水布垭库区、洞坪水库、狮子关水库、桐子营水库、龙洞水库和观音坪水库，小型水库共有25座。宣恩县因水电工程建设影响人口4.2万人，完成搬迁安置大中型水库移民1248户4402人。2019年开展原迁移民的核减工作，并通过全省的核实稽察验收。全县共有原迁移民2889人，后期扶持补助资金足额发放兑现173.4万元，新增人口16人，用于生产发展补助0.8万元。

2019年，全县共实施移民项目18个，批复资金526.5万元，完成投资497.65万元，完成批复资金计划的94.52%，累计受益移民2607人。完成晓关乡桐子营村官坝索拉桥、珠山镇狮子关村美丽家园建设、椒园镇三河沟公路硬化、长潭河乡田坪村人行梯步工程等项目工程；启动实施万寨乡六堰塘公路硬化项目、长潭河乡中间河移民点管网改造项目、晓关乡蚂蚁洞公路整修等基础设施项目。开展移民产业发展，培植移民产业发展和移民就业技能培训，支持万寨乡红发水产养殖、晓关乡宏源家庭农场种植、长潭河乡中间河茶叶产业园建设。兑现贫困移民家庭救助资金20万元。出台《宣恩县2019年大中型水库农村移民技能培训实施方案》；重点开展移民驾驶证自主培训，C照补2500元，B照补3000元，A照补3500元。

实施洞坪库区滑坡体避让搬迁项目，洞坪库区中间河村共有搬迁户34户129人，签订避让搬迁补偿协议32户125人，兑现762.88万元。

（葛俊宏）

## 政务服务管理

**【概　况】** 2019年，全县有“1家9厅285室”县、乡、村三级便民服务体系。“1家”即县“市民之家”，入驻单位40家，设立服务窗口135个，实现所有行政审批和公共服务事项全部进驻；“9厅”即9个乡镇便民服务大厅，均按照“10+X”模式设置服务窗口，实现所有便民服务事项全部入驻乡镇便民服务大厅；“285室”即全县279个村和6个社区均建成规范化便民服务室；投资1680万元在88个中心村安装了智慧民生终端设备。探索解决群众“上班没空去办事、下班有空没处办事”的困扰，建成“24小时不打烊服务区”，实现部分政务服务事项全天候自助办理。

**【政务服务“一网覆盖”】** 从规范管理入手，制定《宣恩县政务服务中心窗口及工作人员管理办法》，从严执行《湖北省政务服务大厅服务规范（试行）》，为群众提供便捷、优质、高效的政务服务环境。在实现群众办事只进“一扇门”基础之上，全力建设政务服务“一张网”，2018年底实现县、乡、村三级电子政务外网网络全覆盖，县、乡、村三级行政许可和政务服务事项可网办率达到95%以上。持续在“五减”（减事项、减层级、减材料、减环节、减时限）上下功夫，全力提高“一次办好”事项比例，重新梳理“四办”（马上办、网上办、就近办、一次办）清单，提高服务效能。印发《宣恩县高频事项“最多跑一次”事项清单》，实现100个高频事项只跑一次，并向社会进行公开承诺，广泛接受社会监督。

**【政务服务优化提速】** 依据“前台统一受理、后台分类审批”的政务服务模式，整合设立不动产登记区、商事登记区、项目审批区，实现“一个窗口受理、一个窗口办结”，变“一站式”服务为“一窗式”服务。认真梳理“一事联办”事项清单，明确“一事联办”事项24项。注重流程再造，明确“一事联办”事项清单最后一个环节的部门为牵头单位，实行一个事项一次告知、一套表单、一次性收取材料，最多“跑一次”。根据宣恩实际，上线“我要夜间建筑施工”联办事项清单，实现夜间建筑施工许可企业最多“跑一次”。通过联席会审、内部确认等办法，审核相关材料和信息，由“群众提供”转变为“部门共享”；推行收取资料与现场查勘“二合一”，大大缩短审批时限，为当事人节约大量时间和经济支出。

**【优化营商环境】** 认真贯彻《关于进一步优化营商环境的工作方案（试行）的通知》和落实《恩施州优化营商环境分解表》，印发《宣恩县进一步优化营商环境的工作方案（试行）的通知》和《县人民政府办公室关于下达宣恩县优化营商环境工作任务的通知》，组建领导小组和工作专班加强各级各部门的组织协调和指导督办，确保县直部门18项优化营商环境工作任务能在要求时限内完成，确保县委县政府优化营商环境各项决策部署真正落实落地见效。

组建优化营商环境“百日攻坚”专班，对每项指标都制定具体实施细则，明确时间表、路线图，卡表推进，确保按时交硬账。实行月督导、月评估、月通报制度，以时间倒逼进度，以目标倒逼责任。坚持每周一次碰头会议，每月一次调度会议，自“百日攻坚”行动以来，已累计召开3次优化营商环境工作调度会议，确保优化营商环境工作高效推进。以“局长进窗口”为抓手，精准服务，形成“发现问题—任务清单—整改落实—回访跟踪—督查考评”的工作制度，让企业、群众需求成为工作指引。先后研究《宣恩县工业建设项目25个工作日内取得施工许可审批改革工作方案》等一批重点议题，着力打造审批（环节）最少、流程最优、效率最高、服务最优的“四最”营商环境。

在省政府提出的“3550”刚性改革目标任务基础上，宣恩县自我加压，将改革目标锁定为“2325”。企业开办方面，成功实现企业开办压缩至3个工作日；9月，再次将企业开办压缩至2个工作日，并对“食品经营许可、小餐饮经营许可、食品摊贩登记、药品经营许可、医疗器械经营许可”五个事项实行同步申请，并行办理。不动产登记方面，实现3个工作日办结。工业建设项目施工许可办理方面，建立项目审批专窗，实现工业建设项目25个工作日取得施工许可，工业园区企业县茂源玻璃制品有限公司首先享受这个改革红利。在工业园区内，推行工业用地区域性统一评价，完成新增67公顷工业储备用地区域性统一评价工作。9月3日，在李家河镇宣南产业园发出全县首份工业项目“先建后验”建筑工程施工许可通知书，标志全县投资项目“承诺预办、先建后验”改革落地。同时，用电、用水、用气均入驻政务服务大厅。

**【政府信息公开】** 发挥政务微博、微信、移动客户端灵活便捷的优势，做好信息发布、政策解读和办事服务工作，加强政民互动，创新社会治理，走好网上群众路线；突出民生事项，优化掌上服务，推动更多事项“掌上办”。

严格政府信息公开审查工作，规范依申请公开工作，扎实做好政府信息公开工作，指导全县各部门、单位及时公开政务信息1631条。

开展“双随机、一公开”执法检查，对全县2018年度以来工程依法招标项目进行随机检查，共随机检查17个项目，对违法违规行为进行行政处罚。全年共作出行政处罚3份，罚款4.5万元。对不涉及违规违纪的一般不良行为进行约谈，建立“黑名单”并公示。对4家公司受到处理情况予以曝光公示，在处理期限内禁止参加投标。

（胡　蕾）

## 机关事务管理

**【概　况】** 2019年，在县委、县政府的正确领导下，县机关事务服务中心坚持以习近平新时代中国特色社会主义思想为指导，以学习贯彻“不忘初心、牢记使命”主题教育为契机，认真落实习近平总书记系列重要讲话精神，紧紧围绕县委、县政府中心工作，不断完善管理体制机制，着力增强保障服务能力，切实转变机关事务发展方式，努力打造规范、优质、高效、便捷的管理服务保障体系，机关事务服务管理科学化水平不断提高，在2019年全县综合目标管理责任制考评中评定为“优胜单位”，并被授予“综合目标管理责任制先进单位”称号。

**【办公用房管理】** 做好机构改革涉改单位办公用房调配工作，对23家县直单位的办公用房进行及时调配。对县应急管理局等10余家涉改单位办公用房情况进行检查。完成全县党政机关等77个单位办公用房基础数据统计汇总，按单位性质分为四大家4个、党群机构16个、法院检察院2个、政府机构42个、直属事业单位8个、其他机构5个。共使用办公楼108栋，办公用房总建筑面积232566.01平方米，其中：办公用房建筑面积208425.57平方米，技术业务用房建筑面积24140.44平方米。基本办公使用面积80718平方米，其中办公室用房面积46322.84平方米，服务用房面积31326.17平方米，设备用房面积

3068.99平方米。附属用房15358.92平方米。

**【事业单位公务用车制度改革】** 7月5日，宣恩县县委第十一次常委会议审议通过并印发《宣恩县事业单位公务用车制度改革指导意见》；10月18日，宣恩县事业单位公车改革领导小组印发《关于推进事业单位公车改革工作的通知》，明确事业单位公车改革的工作流程和具体要求；12月30日，召开宣恩县事业单位公车改革领导小组第二次会议，审批通过全县事业单位公务用车制度改革的保留车辆、取消车辆、调剂车辆的数量和交通补贴发放、交通费报销额度以及执行时间；12月31日，完成各事业单位方案的批复，实施方案自2020年1月1日施行，后期将按规定完成车辆处置和司勤人员安置工作，事业单位公务用车改革工作全面完成。

全县参改单位共计205个，其中县级直属事业单位8个，部门所属事业单位197个；参改人员共计4141人，其中科级63人、科级以下4078人；改革前车辆206辆，其中特种专业技术用车86辆、一般公务用车7辆、业务用车113辆；改革前公务交通年均总支出2014.58万；司勤人员58人。

全县事业单位公车改革后，取消公务用车24辆，其中一般公务用车7辆，业务用车14辆，特种专业技术用车3辆；因部分事业单位实际工作需要，经县公车改革领导小组研究决定从取消车辆中调剂14辆到县公共检验检测中心、县就业局和县园林局、县林业局下属二级单位及乡镇林业站等单位。改革后最终保留公务用车196辆，其中业务用车112辆，特种专业技术用车84辆。

**【公务用车管理】** 全县公务用车共有420辆。党政机关224辆，其中垂管保留30辆，平级保留194辆；其中执法执勤106辆，特种专业技术用车49辆，应急公务用车56辆，实物保障用车2辆，机要通信1辆，调研用车6辆，接待用车4辆。事业单位196辆，其中业务用车112辆，特种专业技术用车84辆。

2019年6月，经县委编制委员会办公室批准，县机关事务服务中心裁撤宣恩县县级机关综合执法应急用车保障中心。原应急用车保障中心所属应急用车保障平台并入县机关事务服务中心公务用车管理保障股。全力保障公务用车，公车保障平台共调用公务车辆2985台次，保障全县重大活动、重要会议公务用车90次276台。健全公务车辆信息统计台账，安装GPS定位系统，实行公务车辆节假日定点停放、出行报备制度。

**【政务接待】** 按照“重要来宾、重大活动、重要会议，重点接待”的思路，提供精细、周密服务。加强与相关部门、服务供应商的协作、配合，确保接待高效、有序。营造热情、好客的接待环境，突出地方和民族特色，宣传、推介宣恩。贯彻落实中央八项规定精神、省委六条意见、州委实施细则和县委有关决定，严格审批程序，规范接待管理，实现“零违纪、零失误”目标。全年共接待来宾（会议）共93批次，1056人次。

（赖宏伟）

## “六城同创”

**【概　况】** 2019年，宣恩县巩固省级卫生城市成果，启动申报国家卫生城市创建；巩固省级生态文明示范县成果，全面启动创建国家生态文明示范县；省级文明城市创建进入终期考核，成功创建省级森林城市、湖北旅游强县。

**【省级森林城市创建】** 2019年，对照《宣恩县省级森林城市总体规划》查漏补缺，投入750万元，完成椒园、万寨、晓关、珠山4个乡镇29万平方米的“裸土覆绿”。投入420万元，完成城区和乡镇集镇12万平方米的街道绿化、河岸绿化、校园绿化、小区绿化，其中植树4200株。加大对森林城市创建的宣传力度，进一步提高市民的知晓率、支持率和参与率，在城区主要路段，在社区小区，在乡镇集镇定做各种宣传牌1000个，对名树古树的特性进行5000株挂牌解说，对名贵树木进行10000个挂牌认养，认养达到5000人次以上。投入30万元，利用主要街道电子显示屏宣传森林城市知识。投入50万元、人力132人次，进一步完善充实档案资料、画册和专题片。县“六城同创”办与县林业局坚持森林城市创建范围做到城乡一体化，努力做到城区绿化—乡镇集镇绿化—村庄绿化—校园绿化—企业绿化—贡茶经济带—白柚林业基地—林下经济—城市森林公园等全方位建设。县委书记、县长、分管副县长多次到省林业局汇报请示工作，争取省级森林城市专家的实地指导。7月中旬，省林业局派出专家组到宣恩县对考核现场、档案资料、专题片进行调研指导。9月下旬，省绿化委员会和省林业局组织专家组对宣恩县进行三天的考核评估，听取县委县政府主要领导的汇报和表态，专家组以票决形式通过宣恩县创建省级森林城市。11月上旬，省绿化委员会和省林业局向全省公示，宣恩县居全省第二名。11月8日，授予宣恩县“湖北森林城市”。

**【巩固省级卫生城市成果】** 2019年，宣恩县巩固省级卫生城市成果，启动申报国家卫生城市创建。2月中旬，省爱卫办和省卫健委组织专家对宣恩县慢性病防控示范区进行考核评估，专家组认为宣恩县卫健、城管、住建、交通、市场监管等部门的共同努力，达到慢性病防控示范区指标体系。4月，省爱卫办和省卫健委下达对宣恩县为慢性病防控示范区达标文件。抓住省级健康促进县的考核指标体系，集中整治城区农贸市场、职工食堂、车站、学校、企业、“小五”行业、医院、机关的健康教育、健康小屋、健康食堂、健康广场、健康步道等软硬环境，投入资金100万元以上。11月中旬，省爱卫办组织专家对宣恩县进行为期两天的考核评估，专家组认为宣恩县具备健康促进县省级标准。6月，宣恩县确定高罗镇创建国家级卫生乡镇，安排李家河镇和沙道沟镇创建省级卫生乡镇。10月中旬，省州爱卫办专家组以暗访考核的方式进行，受国家爱卫办的委托，省爱卫办到宣恩县暗访考核，结果显示高罗镇达到国家卫生镇标准、沙道沟镇达到省级卫生镇标准。11月中旬，省爱卫办专家组对宣恩县省级卫生城市进行暗访复查，认定宣恩县省级卫生城市复查合格。至此，宣恩县具备申报国家卫生城市的4个前置条件。2018—2019年先后取得除“四害”先进城区、慢性病防控示范区、健康促进县和省级卫生城市复查合格，省爱卫办将于2020年向国家爱卫办提名宣恩县国家卫生城市。

**【省级文明城市创建】** 2019年，宣恩县省级文明城市创建进入终期考核。2月，省文明办通报宣恩县2018年度得分85.67，居全省104个县市区第15位。县“六城”同创办、县委宣传部、县委文明办、县城管局、县卫健局、县公安局、县市场监管局对照省级文明城市考核测评体系，补齐短板，进一步加大宣传力度提高市民知晓率、参与率和支持率，形式多样的宣传引导市民，在兴隆大道、人民广场增设固定宣传牌200个，投入资金10万元。按照城乡一体化的要求，县委宣传部、县“六城同创”办3次召开督办会，督办各单位的创建活动，特别是社会主义核心价值观、公民遵德守礼，志愿者服务岗、禁烟标识、文明言行、便民服务，遵守交通规则、窗口行业服务态度、垃圾分类、商铺诚信经营等方面。10月下旬，省文明办暗访调查宣恩县高罗镇，对宣恩县城乡一体化抓文明城市创建表示满意。

**【巩固省级生态文明示范县成果】** 2019年，宣恩县巩固省级生态文明示范县成果，全面启动创建国家生态文明示范县。2018年10月，宣恩县迎接省环保委办公室组织专家对宣恩县创建省级生态文明示范县进行现场考核评估，2019年上半年，省环保委授牌省级生态文明示范县，获州政府奖励1000万元。县“六城同创”办组织生态环境、城管、林业、卫健、农业、自然资源、水利、交通、住建、教育、市场监管、统计、科技、工业园区等部门在资料上再充实，再聘请第三方机构湖北大学指导，再次对考核现场在垃圾分类、空气质量检测、水源地保护、污水收集处理，垃圾场处置等进行对标对表查漏补缺。

**【城镇环境整治】** 2019年，宣恩县重点抓好县城旅游公厕的修建，新建成7个星级旅游公厕，大型停车场1个，可停放车辆近500台，至此城区公共停车位达到1.2万个以上，健康步道4条4千米，城区通往郊区的绿道达到20千米。机扫机洗缓解环卫工人的劳动强度，县城主次干道机扫机洗一日两次，主次干道保洁时长为16小时，小区和背街小巷保洁12小时，县城30座公厕保洁在12小时以上。县城弱电和管网在主次干道全部进入地下管网，地下管网实行租赁使用。建筑垃圾实行指定填埋，终结随意在城乡结合部倾倒建筑垃圾的现象。垃圾分类已成新时尚，设置垃圾分类投放点全县达到1200个，全县党政机关企事业单位办公区设置垃圾分类桶达到800个，厨余垃圾进入生物技术处理站，全县投入垃圾收集、运输、处置资金达到5000万元。数字城管、交警电子眼、微信、微博相结合，发挥监管作用，加强城市管理。乡镇环境卫生清扫清运市场化。2019年全县乡镇环境卫生清扫清运全部实招投标，政府购买社会化服务，年度总投入资金1000万元以上，实行村清扫收集—乡压缩后转运—县处理模式。城区和乡镇垃圾中转站2019年相继建成投入使用8座，日压缩生活垃圾可达200吨。乡镇污水处理厂相继建成7座，2019年已完成调试运行。新建乡镇中心集镇达标公共厕所7座，2019年末乡镇中心集镇达标公共厕所共23座。全年乡镇中心集镇建成绿化带4万平方米，其中植树3000株。投入资金100万元，增设乡镇公共停车场停车位1000个。河道治理实行河长制，以村委会为主体责任，乡镇政府和水利局监督管理，治理效果明显，河水清澈可饮用。

（余　淼）

# 应急管理

## 综　述

**【概　况】** 2019年，发生各类安全生产事故2起，比上年下降33.3%。死亡人数3人，与上年持平；直接经济损失280万元，比上年下降12.5%。全县自然灾害累计造成直接经济损失0.34亿元，占地区生产总值的0.4%。未发生较大及以上生产安全事故，连续12年被评为“省级平安县”。非煤矿山、危险化学品、烟花爆竹、然气管道、特种设备、食品药品、水利水库、地灾滑坡、医疗卫生、旅游、消防、大型活动及人员密集场所等重点行业领域未发生生产安全事故，“春节”“两会”“中秋”“国庆”“军运会”等重要节假日和特殊时段未发生生产安全事故。

**【落实安全生产责任】** 2019年3月，组建县应急管理局，并在“三定”方案中明确相关部门安全生产工作职责；对16个安全生产专业委员会单位及职责进行调整积极。安全生产工作作为县政府常务会议既定议程。全年在县政府常务会议上专题研究安全生产工作5次，召开安全生产专题会议8次，安委会全体会议4次。制定《县级党委政府领导班子成员安全生产责任清单》和《宣恩县贯彻落实地方党政领导干部安全生产责任制规定实施细则》，形成严密的责任体系，有效保障安全稳定的社会大局。加大考核权重，严格实施“一票否决”，在2019年度综合目标管理责任制考核中，继续把安全生产工作作为经济工作会表彰项目，对先进乡镇、先进单位和先进个人给予表彰。

**【强化安全发展理念】** 严格执行安全生产法律法规，坚持底线思维和红线意识，不断强化安全发展理念，要求政府，企业、所有涉安人员都要深刻学习领会党的十九大和习近平总书记关于安全生产工作重要指示批示精神。2019年，先后在县政府常务会议上专题学习习近平总书记在中央政治局第十九次集体学习时的讲话精神、《中华人民共和国消防法》《恩施州关于严格落实地方党政领导干部安全生产责任制的通知》等多个安全生产重要指示精神和重点内容。组织开展安全生产暨应急管理知识专题培训，300余名干部和企业安全生产负责人参加培训。扎实开展安全生产宣传教育“七进”活动，认真开展“安全生产月”活动，广泛动员干部群众参加“全省网络安全知识竞赛”，进一步增强“生命至上，安全第一”的意识自觉。与此同时，对不认真履行安全生产责任的单位和个人，坚持严格问责、严肃处理、严厉打击，2019年共立案查处安全生产类违法案件28起，临时查封11处，责令“三停”15处，行政拘留1人，罚款73.35万元。

**【安全生产隐患排查】** 开展安全生产大巡查，全年共出动检查组212个，出动执法人员468人（次），排查企业1226家（次），查处隐患1886条，现场整改1842条，限期整改44条，停业整顿或停止建设施工企业单位5家（次）。9月15日至10月20日，县安委会对全县9个乡镇人民政府、16个安全生产专业委员会主任单位安全生产工作职责履行情况进行巡查，先后抽查27个村、186家企业，处理群众来信来访8件，排查各类问题隐患562条，现场整改524条，限期整改38条。对州委州政府第一综合检查督导组发现的224处隐患问题第一时间交办，全部整改，形成闭环管理。投入资金1150万元整治校园安全隐患。全县103所中小学“一校一警”全部调整配备单位，共计聘用保安211人，寄宿制学校配备生活指导教师60名；更换损坏监控探头1216个，“可视对讲一键报警器”实现联网全覆盖。

**【应急保障】** 投入518.16万元建立安全生产专项资金，投入资金400万元建设宣恩县应急指挥中心。新增政府购买安全生产技术服务专项工作经费、宣传费用和隐患整改费用40万元。、采用政府购买服务方式从退伍军人中聘请30名退伍军人，组建宣恩县应急救援大队，主要从事森林防火、自然灾害前期处置和救援工作。

**【防灾减灾宣传周】** “5·12”防灾减灾日及防灾减灾宣传周活动在河滨广场举行，县应急管理局、县气象局、县农业农村局等16个单位的业务骨干和专家们在现场为市民们普及各类防灾减灾知识，县消防大队还进行现场消防演练。邀请现场观众参与体验。活动期间，县减灾委通过短信向公众发布公益信息3万余条，发放各类宣传资料10000余份，现场普及人数1600余人。

**【安全生产月活动】** 2019年6月，开展主题为“防风险、除隐患、遏事故”的安全生产月活动，活动包含开展主题宣讲活动、组织交流研讨、开展“安全宣传咨询日”活动，安全警示教育和科普宣传活动，应急预案演练活动，“安全生产楚天行”活动和群众性安全文化活动等七个方面，突出重点行业领域问题整改、典型宣传、隐患曝光和网络宣传、知识普及、有奖举报等内容。开展安全生产法律法规知识网络竞赛、安全文化下乡活动、发送安全生产公益短信、播报安全生产公益宣传广告等专项活动，当天2000余名群众参与咨询生产安全、生活安全及职业健康事项。安全生产月活动期间，全县悬挂宣传标语1000余幅，发放宣传资料3万余份，开展应急演练10余次，群众受教育10万人次，提高全民安全生产素质。

**【暴雨灾害】** 6月21日8时至22日8时，宣恩县出现大到暴雨，局部大暴雨天气，全县有4站大暴雨、13站暴雨。宣恩县万寨乡、椿木营乡、长潭河侗族乡、椒园镇、珠山镇、晓关侗族乡6个乡镇46个村，受灾人口6720人。农作物受损127.2公顷，成灾86.4公顷，绝收55.8公顷，直接经济损失98.2万元。珠山镇岩堡村养猪场生猪被淹，造成直接经济损失11万元。县内乡、村、组公路多处塌方，万寨乡小姑珠村、长潭河乡中间河至洞坪、椒园镇龙潭溪村等交通干线中断，共计垮方72处16000立方米，村组公路损毁112千米，涵洞损毁4个，30户84间房屋受损。灾害共造成直接经济损失1980.5万元。

（王菊芳）

## 消　防

**【概　况】** 2019年，宣恩县消防救援大队共接警132起，出动车辆164辆次，出动警力1128人次，抢救被困人员18人，疏散被困人员329人，抢救财产价值1440余万元。

**【专项整治】** 县政府先后召开2次常务会议研究消防工作，将消防工作纳入乡镇、职能部门综合目标、综治考核范畴。严格落实“三督三告三制”，8次向相关部门函告火灾隐患，督促整改。全年未发生经营场所火灾事故，火灾起数、直接财产损失同比去年双下降。督促指导彭家寨完成消防整改工程施工，配套建设消火栓系统、火灾自动报警系统；指导庆阳凉亭古街建立了专职消防队。先后开展化危场所、仓储物流场所、居民小区、“十小场所”等专项整治，共检查仓储物流场所26家，化危场所28家，居民小区11处，“十小场所”1535家。分别对相关单位负责人进行约谈提醒和消防培训。开展专项排查，共检查培训机构122家。在宾馆、民宿推广安装独立报警装置351个。指导辖区宾馆让房卡变身为消防安全提示卡，制作54条宣传标语，3.5万份宣传挂历发放到乡镇。租赁广告位，协调城区11辆公交车、63辆出租车成为流动消防宣传平台。

（谭传新）

# 政协宣恩县委员会

## 综　述

**【概　况】** 中国人民政治协商会议宣恩县第九届委员会2019年末有16个界别，委员183名，常务委员26名，有办公室和7个专门委员会。全年共召开常务委员会议4次，因受新冠肺炎疫情影响，未能召开政协全体委员会议。机关选派16名干部开展精准扶贫驻村工作，其中长期驻村干部6名。全套25辑《宣恩文史资料》成功进入国家图书馆，实现电子化。九届三次会议期间，共征集提案60件，立案51件，办复率100%，委员满意率持续上升。

**【常务委员会议】** 2019年，政协宣恩县第九届委员会常务委员会共召开4次会议。

4月12日，政协宣恩县第九届委员会常务委员会第十二次会议召开。会议集中学习《中共中央关于加强党的政治建设的意见》、习近平总书记在全国两会期间系列重要讲话精神、全国两会精神，学习省政协十二届二次会议精神、州政协八届三次会议精神。审议通过《县政协常委会2019年工作重点（草案）》，通报《县政协党组成员联系党员委员、党员委员联系党外委员制度（试行）》，协商通过有关人事事项。

8月8日，政协宣恩县第九届委员会常务委员会第十三次会议召开。会上集中学习《牢记初心使命，推进自我革命》，中组部、中宣部等印发的《关于开展向张富清同志学习的通知》《中共中央关于授予张富清同志“全国优秀共产党员”称号的决定》，传达学习《中共中央政治局召开会议分析研究当前经济形势和经济工作》，学习习近平在“不忘初心、牢记使命”主题教育工作会议上的讲话精神，传达汪洋在全国政协“加强农村基本公共文化服务建设”专题协商会议精神等。特邀副县长刘柏松作《自主创新推进网络强国建设——5G及辐射知识简介》专题讲座。审议并通过县政协经济委所作的《关于易地扶贫搬迁后续发展的调研报告》和科教文卫体委所作的《关于农村人居环境整治的调研报告》。

11月11日，政协宣恩县第九届委员会常务委员会第十四次会议召开。会议集中学习十九届四中全体会精神、《中共中央关于新时代加强和改进人民政协工作的意见》，传达省政协主席徐立全在省政协党建工作座谈会上的讲话精神与省政协庆祝人民政协成立70周年理论研讨会暨理论研讨会年会上的讲话精神。会议审议通过县政协提案委所做的《贡水河流域污染防控调研报告》人口资源环境委所作的《宣恩县农村饮水安全后续管理与服务调研报告》和《我县城市精细化管理的调研报告》及民宗法联委所作的《全县“空心房”基本情况的调研报告》，协商通过有关人事事项。

12月13日，政协宣恩县第九届委员会常务委员会第十五次会议召开。会议集中学习《湖北省委政协工作会议精神》，审议通过《关于召开县政协九届四次会议的决定》和县政协九届四次会议议程、日程等相关文件草案，《县政协九届委员会常务委员会工作报告》《县政协九届三次会议以来提案工作报告》、有关委员变动事项；听取和审议县政协经济委关于《传统村落和少数民族特色村寨保护与发展调研报告》，书面听取各专委2019年工作总结。

**【联谊交流】** 在武陵山片区政协主席联席会澧水流域保护课题组第三次大会上，宣恩县作为澧水流域保护示范县交流《守护头坪河　保护母亲河》的经验。湘鄂黔渝边区县市（区）政协工作联系会第37次会议，县政协集中展示全套25辑《宣恩文史资料》，成为51个县市（区）中提供资料最全的县，并以《传承民族文化　推进旅游发展》为题，推介宣恩文旅融合发展模式。武陵山片区政协主席联系会第四次会议在恩施召开，伍家台生态农业示范区作为会议唯一现场参观点，展现宣恩县生态文明建设成效。全年共接待来自浙江、陕西、河南、广东等省内外政协考察团10余次，重点推介宣恩精准扶贫、生态环境保护、精美城市打造等发展成果。3月4日，省政协副主席彭军一行到宣恩，就准确把握人民政协新时代新方位新使命，切实增强做好人民政协工作的责任感使命感，履行好政治协商、民主监督、参政议政职能，着力打造政协特色工作品牌等，开展“县级人民政协工作研究”专题调研。6月12—13日，浙江省杭州市政协副主席、工商联主席冯仁强一行到宣恩，就东西部帮扶项目到伍家台、椒园、李家河等地进行考察。7月12日，州政协主席刘建平到晓关乡骡马洞村对湖北民族大学艺术学院、华中科技大学建筑学院的专家教授共同编制的骡马洞村民居改造概念性规划设计进行初审。7月19日，县政协就学习贯彻习近平生态文明思想、招商引资与恩施高质量发展等内容，组织开展全县政协委员专题培训会。恩施州商务局党组副书记、局长张远虚做《招商引资与恩施高质量发展》的专题讲座。省委党校教授、副县长柯高峰重点解读《学习贯彻习近平生态文明思想》。7月29日至8月5日，黄玉贤带领部分政协委员和县农业农村局等相关部门，到河南河北等地开展“不忘初心，发展产业”活动，开展红色教育、学习外地乡村振兴、特色产业发展先进经验，推进全县产业发展，巩固脱贫攻坚成果。7月31日，建始县政协主席曾凡忠带考察组考察精准扶贫工作，参观沙道沟镇松坪易地扶贫搬迁点、椒园镇黄坪村农民专业合作社、产业扶贫及乡村旅游发展、万寨乡伍家台村茶旅融合助推精准脱贫情况等。8月22日，广东省惠州市惠城区政协副主席琚雄飞一行到宣恩考察生态文明建设情况，考察伍家台生态农业示范基地和“景城同建、主客共享”的县城“仙山贡水旅游区”生态环境情况。8月27日，李明然带领相关乡镇政协委员、政协相关委室负责人到咸丰县考察学习“协商在一线”工作经验，为建立政协协商与基层协商、社会组织协商相衔接机制提供借鉴。8月28—30日，钟昌泽带队参加武陵山片区政协主席联席会澧水流域保护课题组第三次大会，宣恩作为澧水流域保护示范县交流《守护头坪河保护母亲河》的经验。9月7—9日，李明然带队参加在五峰县召开的湘鄂黔渝边区县（市、区）政协工作联系会第37次会议，会议主题是“聚焦生态文化旅游，合力助推乡村振兴”和做好新时代政协文史工作研讨。会上，宣恩县作《传承民族文化　推进旅游发展》和《让政协文史工作出彩有位》的交流发言，并提供全部25集文史专辑。11月6—7日，河南省政协副秘书长曹金强一行7人到宣恩县考察“历史文化遗存的开发利用”，考察组现场考察庆阳古街、石头院子、农耕民俗博物馆、伍家台贡茶文化、县民族博物馆和老院子非物质文化表演。11月20—22日，浙江省杭州市政协主席潘家玮率市有关部门、余杭区政协和市政协港澳委员、工商界人士到恩施州考察调研东西部扶贫协作和政协工作。在杭州市恩施州两地政协扶贫协作座谈会暨捐赠仪式上，浙江正泰网络技术有限公司向宣恩县沙道沟镇松坪易迁点捐赠价值50万元设备。

## 协商议政

**【民主监督】** 县政协通过会议、视察、提案、专项监督和其他形式对县委政府重大决策意见实施情况、重要工作部署落实情况以及部门工作开展情况进行民主监督，为党委政府科学决策、推进工作提供帮助。政协宣恩县第九届委员会第三次会议以来，共收到提案60件，提出提案的委员有109人次，经提案委员会审查，对4件内容相同，且符合立案标准作并案处理成2件，共立案51件，占提出提案总数的88.3%，不予立案作为转信处理的7件，占提出提案总数的11.7%。全会闭会后，县政协主席会议确定重点提案16件。按照“分级负责、归口办理”的原则，分别交由36个承办单位办理。到2019年10月底已全部办复，委员对提案办理满意率有所提升。

**【参政议政】** 发挥政协人才荟萃、智力密集的独特优势，政协委员们围绕易迁后续发展、贡水河污染防控、县城精细化管理、教师激励机制、传统村落保护、农村集中供水、农村一户多宅“空心房”、农村人居环境整治等8个重点课题，扎实调研、科学论证，提出务实有效的意见建议。《关于易地扶贫搬迁后续发展的调研报告》《贡水河污染防控视察报告》等7个报告，以《宣恩政协参阅件》报送县委、县政府，主要领导及时批转相关部门办理。《关于农村“空心房”基本情况的调研报告》在州政协八届四次会议和省政协十二届三次大会上作为大会发言材料和提案提交；《创新金融扶贫、助力深度贫困地区脱贫攻坚的调研报告》被《湖北政协》2019年第二期登载；台盟湖北省委委员陈浩撰写的《坚定文化自信、提升服务水平——基层公共文化服务体系建设》调研报告在省政协十二届三次会议大会发言和提案提交，并被台盟中央提供给全国政协专题协商会议作为素材采用。

（汤智心）

# 中国共产党宣恩县纪律检查委员会<br>宣恩县监察委员会

## 综　述

【概　况】2019年，宣恩县纪委监委坚持稳中求进工作总基调，围绕中心，服务大局，一体推进不敢腐、不能腐、不想腐，努力推进新时代宣恩纪检监察工作高质量发展，为全县巩固提升脱贫攻坚成果，决胜全面建成小康社会提供坚强的纪律保证。

认真学习贯彻习近平新时代中国特色社会主义思想，跟进学习习近平总书记重要讲话和指示批示精神，用以武装头脑、指导实践、推动工作。扎实开展“不忘初心、牢记使命”主题教育，全体党员干部在理论学习、服务群众、履职担当等方面检视并完成整改问题276个，领办民生实事61件，化解民生领域信访问题48件，解决群众困难问题12个。统筹全县19项专项整治工作，发现问题169个，问责处理54人。

把做到“两个维护”作为首要政治责任，坚持党中央重大决策部署到哪里，监督检查就跟进到哪里，统筹开展理论学习、党内政治生活、管党治党政治责任、意识形态、“三大攻坚战”、巡视巡察反馈问题整改、扫黑除恶等情况监督检查10余次，督促整改问题44个。严明政治纪律和政治规矩，严肃查处违反政治纪律政治规矩问题5人。开展党风廉政意见回复721个单位、2104人次，严把政治关口。严肃查处巡视巡察反馈问题整改不力问题22个，问责处理50人。

坚持日常监督与专项治理相结合，查处违反中央八项规定精神问题24个，问责处理43人。大力整治在安排部署、贯彻执行、整改落实中的形式主义官僚主义，查处问题72个，问责处理104人。

不断深化标本兼治，全年处置问题线索621件，同比上升71.5%。立案165件，结案178件，处分167人。留置6人，移送司法机关7人。深挖彻查涉黑涉恶腐败和“保护伞”，处分8人，留置3人，移送司法机关5人。深入开展党风廉政建设宣教月和“十进十建”活动，努力营造敬畏纪法、崇廉拒腐浓厚氛围。坚持以案示警、以案促改，着力做好“后半篇文章”，下发典型案例通报11期，下达纪检监察建议书22份，推动建立完善相关制度10个。

以扶贫专项巡视巡察反馈问题整改为重点，不断深化扶贫领域腐败和作风问题专项治理。深入开展“两走四见”活动，解决群众诉求问题531个，化解信访积案66件，纪检监察机关受理信访举报同比下降12.2%。

准确把握运用监督执纪“四种形态”，运用第一、二种形态处理占比94.08%，开展“集体反馈”“澄清正名”31件次，开展受处分干部谈话43人次，跟踪回访受处分党员干部56人次，推动一批受处理干部真心认错、悔错、改错，放下包袱、轻装上阵。

全面加强基层基础建设，实现村（社区）纪检委员、监察信息员、村务监督委员会委员“三员合一”，纳入“定补”干部序列。积极探索推进纪检监察工作制度化、规范化、标准化，不断强化纪检监察干部全员培训，坚持“刀刃向内”，问责处理纪检监察干部26人次。

**【中共宣恩县第十五届纪律检查第四次全体会议】** 3月13日，中共宣恩县第十五届纪律检查委员会第四次全体会议召开。县委书记刘智勇出席并作重要讲话，县委常委、县纪委书记、县监察委主任曾志敏作《努力实现纪检监察工作高质量发展不断取得全面从严治党更大战略性成果》的工作报告。会议总结2018年全县党风廉政建设和反腐败工作，安排部署2019年重点工作任务。

**【派出纪检监察机构改革】** 共设置7个派出纪检监察组、1个派出纪检监察工委，每个派出纪检监察组配备干部5名。实现对县直机关党组织和党员干部、行使公权力的公职人员监督全覆盖。制定《派出机构监督管理制度（试行）》，探索加强派出监督。调整配强村级纪检委员，制定《村级纪检委员管理考核办法》，组织编印《纪检委员履职指南》等，探索推进基层纪检监察工作制度化、规范化、标准化。

**【信息化科技化建设】** 大力引进信息化、科技化专业人才4名，配齐配强综合信息中心队伍；新建留置专区进入装修阶段，机关“信创”项目完成55%，乡镇谈话室升级已完成设计和预算，大数据监督平台、案管指挥平台、信访检举举报平台不断完善，预算2020年基层基础工作和信息化建设专项经费370万元。

## 党风廉政建设和反腐败工作

**【“不忘初心、牢记使命”主题教育】** 深入学习领会习近平新时代中国特色社会主义思想。把习近平总书记重要讲话和指示批示精神纳入县纪委常委会、理论中心组和机关干部政治学习必学内容。坚持学思用贯通，在机关干部政治学习中加入专题研讨、读书分享、以案说纪说法等环节，着力在学懂弄通做实上下功夫。2019年，县纪委常委会开展集中学习27次、理论中心组（扩大）学习21次，机关干部政治学习14次。

扎实开展“不忘初心、牢记使命”主题教育，认真学习贯彻落实习近平总书记重要讲话精神，按照“守初心、担使命，找差距、抓落实”的总要求，通过原原本本学、领导示范学、办班集中学、特色教育学、督办推进学五措并举，组织集中政治学习62次，举办读书班5期，开展交流研讨4次，学习测试7次，讲党课11次。到革命传统教育基地过主题党日、上党课1次，现场缅怀革命先烈，坚定共产主义理想信念。县纪委、监委领导班子成员、部室负责人深入定点联系乡镇、村（社区）开展专题调研28次，形成调研报告12个。委主要领导深入“两新组织”、椿木营乡讲党课、作宣讲7场次，受教育党员197人次。组织开展群众涉纪信访问题调研，先后到9个乡镇、26个村进行走访，座谈干部群众132人次。全体党员干部在理论学习、服务群众、履职担当等方面检视问题276个，完成整改265个，领办民生实事61件，化解民生领域信访问题48件，解决群众困难问题12个。开展漠视侵害群众利益问题专项整治，聚焦扶贫、教育、医疗、环保、食品药品安全等民生领域，发现问题8个，整改到位7个，1个正在整改并取得阶段性成果；统筹全县19项专项整治工作，督促各牵头单位综合运用巡视巡察督查反馈、调查研究、接受群众举报、自查自纠等方式，发现问题169个，完成整改166个，问责处理54人，党纪政务处分16人，涉及金额95.2万元。

以纪检监察基层基础工作高质量发展作为调研重点，开展调查研究。建立县纪委监委班子成员、内设机构基层联系点调研指导机制，明确领导班子成员和内设机构定点联系乡镇、村（社区）。县纪委监委班子成员对9个乡镇基层基础等工作开展调研，形成调研报告9个，发现问题27个，提出整改建议7条，整改完成2个。内设部室完成定点联系村（社区）调研指导11次，专题调研15次。开展形式主义、官僚主义问题调研，形成问题清单21个，立行立改18个。组织开展群众涉纪信访问题调研，先后走访8个乡镇、24个村，座谈干部群众121人次，完成专题调研报告并在县委主题教育调研交流会上向省委主题教育督导组汇报。

**【政治监督】** 坚持以党的政治建设为统领，把做到“两个维护”作为首要政治责任，坚持党中央决策部署到哪里，监督检查就跟进到哪里，先后开展10余次统筹政治理论学习、党章党规党纪贯彻执行、意识形态、脱贫攻坚、污染防治、防范化解重大风险、巡视巡察反馈问题整改、扫黑除恶等情况的监督检查，发现问题81个，问责处理121人，发通报9期，督促整改问题44个。加强党内政治生活监督，问责处理15个党委（党组）民主生活会不严肃、不规范问题；严肃查处违反政治纪律政治规矩问题5人。加强管党治党政治责任监督，开展党风廉政建设责任制检查考核，约谈3名党委（党组）书记、1名乡镇纪委书记；改进和加强述责述廉工作，8名党政主要负责人向县纪委全会述责述廉，现场接受评议。将党风廉政建设责任制考核和述责述廉评议结果报告县委，并函通报县委、县政府分管领导，督促落实主体责任。探索推进同级监督，在两个乡镇开展同级监督试点。加强党风廉政状况审查，开展党风廉洁意见回复721个单位和2104人次，否决4个单位14人次，严把政治关口。深化政治巡察，对3个涉改部门、11个县直单位、9个乡镇及所辖284个村（社区）进行政治体检，发现面上问题913个，移送问题线索19件。坚持县领导出席巡察反馈会议并签字背书，探索实行面上问题分类反馈相关主管部门，明确相应整改责任。加大对巡察问题整改回访督查力度，回访督查12个单位，下发整改建议书30余份、督办清单14份，整改销号问题410个。大力推进中央巡视及各级巡视巡察反馈问题整改，开展3轮监督检查、回访督查和督办指导，严肃查处巡视巡察反馈问题整改不力问题22个，问责处理50人，发通报5期，通报典型案例8起24人。

**【日常监督】** 加大群众身边“微腐败”执纪监督力度，紧盯“小微权力”，加大对“小官巨贪”、侵占挪用、克扣强占、吃拿卡要、优亲厚友、违规摊派等侵害群众利益问题的查处和督办力度。运用大数据开展扶贫政策落实情况监督检查，加强指导督办，移交问题线索45条，问责22人，追缴资金27万余元；查处民生领域漠视群众利益等问题35个、问责62人；聚焦教育、医疗、环保、食品药品安全等民生领域，深入开展损害群众利益问题专项整治，查处问题18个，问责处理23人；督促财政部门开展“一卡通”专项治理，发现面上问题3个，追缴资金2.3万元。深挖彻查黑恶势力“保护伞”，办理党员干部和公职人员涉黑涉恶问题线索32件39人，立案审查8件9人，给予一般违纪问题党纪政务处分6人，查处“庸伞”1人，采取留置措施3人；开展非洲猪瘟防控监督检查，督促职能部门自查自纠，推动整改落实问题17个。

**【专项监督】** 紧盯“两不愁三保障”、主体责任落实等方面问题，开展扶贫领域监督执纪问责，受理问题线索148条，问责处理225人，其中党纪政务处分22人。开展“人防系统腐败问题”专项治理，处置问题线索5件，立案调查2件，问责处理4人，下达监察建议书1份，追缴人防费用157万元。开展环保领域专项整治，发现问题10个，问责处理17人，党纪政务处分13人。开展“农地非农化”问题清查整治，发现问题2个。

结合中央、省环保督察反馈问题整改工作，将非煤矿山、龙洞水库一级水源地环境保护等6大问题整改情况纳入“再监督”项目清单，督促主管部门开展监督检查3轮，约谈责任领导2人，问责处理3人，专题通报3期、25个单位、29个问题，并逐一督促整改落实；开展“黄赌毒”问题整治、非洲猪瘟防控等专项监督检查，发现问题8个，问责处理5人；与县委政法委联合，加大对风险防控、综治维稳等工作的监督检查，督促整改问题11个。

**【作风建设】** 印发《落实中央八项规定精神政策制度问答汇编手册》120本，发送廉政短信3.5万条，促进中央八项规定精神化风成俗。坚持重大节假日、重要时间节点监督检查常态化、制度化，采取明察暗访、大数据比对、专项检查、接受举报等方式，发现违反中央八项规定精神问题24个，问责处理43人，其中党纪政务处分21人。通过“四风”随手拍发现问题38个，初核11人、问责5人。开展领导干部利用名贵特产资源类谋取私利问题专项整治，34名县领导、606名科级干部开展自查自纠。

整治安排部署上的形式主义官僚主义，出台形式主义官僚主义整治措施16条，全县督查检查考核事项同比减少76.4%，会议数量同比下降35.6%，下发文件同比减少37.5%。清理整治“挂在墙上、拿在手上”的形式主义，开展“净墙”行动，规范挂牌、清理各种上墙过期牌匾、制度和监督服务“僵尸”电话等2400多个，清理整合微信、QQ工作群857个。整治贯彻执行中的形式主义官僚主义，优化发展环境。重点整治涉企服务中不作为、慢作为、乱作为问题，督促解决问题9个，问责处理服务企业“设门槛、踢皮球”问题2人。整治整改落实中的形式主义官僚主义，加大对“三大攻坚战”、意识形态、扫黑除恶、巡视巡察、环保督察问题整改等领域形式主义官僚主义问题监督执纪问责，查处问题72个，问责处理104人，其中党纪政务处分62人。

**【案件查处】** 加大问题线索处置力度，共处置问题线索621件，同比上升71.5%。立案164件，同比上升1.2%，其中乡镇纪委立案68件，人均立案2.4件。结案177件，同比下降25.3%；处分167人，同比下降21.2%。采取留置措施6人，移送司法机关7人；暂扣收缴违纪违法资金115.506万元，移送后收缴及罚没493.06万元。深挖彻查涉黑涉恶腐败和“保护伞”，办理党员干部和公职人员涉黑涉恶问题线索18件18人，立案审查8件13人，给予党纪政务处分8人，采取留置措施3人，移送司法机关5人。

**【信访工作】** 开展信访“清零”行动，办结信访件278件。开展信访领域形式主义官僚主义问题整治，对2018年以来的268件实名举报进行“回头看”，问责处理在办信中不担当、不负责、敷衍了事等形式主义、官僚主义问题3人。开展“两走四见”活动，变群众“上访”为干部“下访”，76名纪检干部与信访举报人结对，入户入心化解信访矛盾，全县纪检监察干部走访群众14687人次，解决群众问题531个，化解信访积案66件。化解信访问题典型事例被中央纪委信访举报工作纪实片采用。全县纪检监察机关受理检举控告类信访举报230件，同比下降12.2%。

**【审查调查】** 探索完善机制，研究制定《回访教育工作实施办法（试行）》《以案促改实施办法（试行）》《巡察整改销号暂行办法》等多项制度。坚持以案促改，发典型案例通报11期，下达纪检监察建议书22份，督促举一反三抓整改，推动建立完善相关制度10个。开展“集体反馈”“澄清正名”31件次，开展受处分干部谈心谈话43人次，跟踪回访受处分党员干部56人次，推动7名真心认错悔错改错、表现突出的受处分干部重新得到提拔重用。大力宣传“鄂纪励十二条”，在线索处置、审查调查、谈话函询、党风廉政意见回复等方面执行落实“十二条”精神，并把“是否适用十二条”作为县纪委常委会研究审理案件的规定程序，确保“应用尽用”。探索制定《运用“四种形态”实施办法》，防止问责泛化、简单化；下发《关于打击恶意不实举报、诬告陷害行为，鼓励和保护干部干事创业的公告》，营造干事创业良好氛围。

**【党风廉政建设宣传教育】** 将《中国共产党纪律处分条例》和《中华人民共和国监察法》等党纪法规学习纳入支部主题党日学习内容，通过支部主题党日活动、党委（党组）中心组、干部集中培训、专题报告会等形式，以及专家辅学、小组研学、个人自学的方式，组织党员干部和公职人员认真学习条例和监察法。县委常委会带头学习，县委书记亲自讲廉政党课，带动各党组织负责人分别为所在单位党员讲廉政党课。全县8030名党员及公职人员参加全省统一进行的党纪法规网上知识测试，并结合学习强国，干部学习平台、司法学习平台等载体，加强党员干部法纪知识测试。开展以条例、监察法等为内容的廉政知识竞赛活动，努力形成“学”“讲”“考”的浓厚氛围。贯彻落实监察法监察公开的要求，开展“县纪委监委开放日”活动，组织“两代表一委员”、民主党派人士及企业代、社区群众、律师、新闻媒体代表，走进纪检监察机关，零距离探访、全方位了解纪检监察工作，让社会各界能够更好地了解、参与、监督党风廉政建设和反腐败工作。

以学习条例和监察法为主要内容，结合县情实际，县纪委、县委组织部集中对93名提拔重用、交流轮岗、新提拔副科级干部开展集中廉政谈话，并进行岗前廉政承诺；组织4000余名党员干部及家属，通过发放家庭助廉倡议书、家庭助廉签名、恩施州最美家庭事迹宣讲、上廉政党课等有效方式，筑牢家庭拒腐防变堤坝。建设野椒园家风家训教育基地，培养和传承优良家风。采取集中培训、案例剖析、现场参观、交流讨论等形式，加强村干部廉政思想教育，增强勤政为民、廉洁奉公理念。

针对违反政治纪律和政治规矩、搞“七个有之”问题，形式主义、官僚主义问题，违反中央八项规定精神问题，领导干部利用名贵特产类资源谋取私利问题，不担当、不作为问题，集中通报典型案例6期。各级党组织集中观看省纪委拍摄的警示教育片——《重整行装，利剑反腐》和州纪委监委拍摄的警示教育片《蜕变之鉴》共计140余场次，受教育4200余人次。74名新任科级领导干部和家属、部分村支部书记、村纪检委员到恩施州警示教育基地——恩施监狱开展警示教育，通过参观监区、观看警示教育片、观看警示展览、现身说法和撰写心得体会等方式，构建思想防线。各单位开展以案说法说纪活动，学习省、州纪委监委通报的典型案例及各级媒体报道的影响力较大的案例，认真剖析，深刻反省，让党员干部时刻绷紧纪律红线。

开展“颂勤廉典型·扬清风正气”主题征文活动，征集全县党员干部带头廉洁修身、廉洁齐家的廉洁故事作品150余件。开展“护航发展”主题宣传活动，围绕服务和打赢“三大攻坚战”，中央巡视、省委巡视及州委巡察反馈问题整改，“扫黑除恶”专项斗争等重点工作，讲述各级党员干部自觉围绕全县工作大局，忠诚履职、敢于担当，努力为全县改革发展稳定献策献力与保驾护航的故事。县纪委监委护航企业发展的经验做法被恩施电视台新闻九点半栏目进行专题报道。

以“十进十建”活动为载体，突出本地特色，提炼、汇集廉政元素，打造“一地（单位）一品”廉政教育品牌。利用伍家台贡茶及伍家台景区资源，打造廉茶教育基地。按照“拓展普纪平台、畅通信访渠道、延伸监督岗哨、倾听群众心声、弘扬廉洁文化”的理念，各村设置集清风恩施公众号、“四风”随手拍、信访举报方式及纪检委员信息等内容融为一体的村级“微监督”宣传牌，打通群众监督“最后一米”。建设纪法宣传试点12个，以点带面，全面推进；举办廉政文艺演出35场次，播放廉政电影50多场次，拍摄廉政公益宣传片13个。开通“贡水清风”微信公众号，推送文章114期222篇，累计关注8万余人次；发放党规党纪宣传册6万余册，发放《风清气正看恩施》廉政故事汇编400余套，营造党风廉政建设浓厚氛围。

（黄　嘉）

# 群众团体

## 工 会

**【概 况】** 2019年，全县10人被评为县级劳动模范，17人获县“五一劳动奖章”。年末全县有工会组织147个，工会会员9623人，其中，机关事业单位118个，工会会员7770人；产业非公企业、联合组织工会23个，工会会员1391人。

**【帮困解困】** 5月14日，按照省、州总工会的要求，刘智勇主持召开县委常委会，专题研究城镇困难职工解困脱困工作，构建党委领导、政府主导、工会主抓、部门协同的解困脱困体系。印发《宣恩县城镇困难职工解困脱困工作实施方案》（宣政办发〔2019〕10号），以精准识别、因户施策、精准帮扶为工作重点，坚持“统筹协调、突出重点、分级负责、精准聚焦”的原则，落实“六个一批”的要求，精准实施城镇困难职工帮扶解困。在省总工会“送温暖”资金管理办法出台前，县委、县人民政府高度重视，出台相关文件，对“遭遇突发事件、意外伤害、重大疾病或其他特殊原因导致基本生活陷入困境，其他社会救助制度暂时无法覆盖或救助之后基本生活暂时仍有严重困难的非建档困难职工家庭”纳入县总工会县级“送温暖”对象。做好解困脱困工作，全年县总工会共慰问困难职工125人，支付资金35.3万元。其中，生活救助15户，支付资金3万元；医疗救助16户，支付资金4.3万元；金秋助学14户，支付资金4万元；2019年“春风助学”80人，争取“春风助学”援助金24万元；争取浙江省杭州市西湖区总工会支持，对42名符合“春风助学”条件而未受帮扶的农村建档立卡贫困户应届大学生进行帮扶，争取对口帮扶资金12.6万元。为进一步加强各级工会资金管理，县总工会组织专班，对2017—2018年度县总工会本级预算执行情况及13家基层工会经费及会费补缴情况进行专项审计，出具审计报告，相关问题已完成整改。完善解困脱困机制，全年共开展“春风行动”精准扶贫暨恩施立讯专场、东西部劳务协作专场、扶贫车间专场招聘为主题的8场系列招聘活动，累计参与企业125家，提供工种446个，提供岗位28480个，达成意向性求职936人，其中建档立卡人员290个。8月，县总工会开展“夏送清凉”活动，为武警中队、消防大队、人武部、交警大队等单位和建筑工地、民营企业、环卫工人、电力工人、部分“尖刀班”等一线职工500余人送去价值5万余元的防暑降温物品，确保广大职工安度酷暑，安心工作。

**【依法维权】** 加强女职工合法权益和特殊利益法律法规知识的宣传教育力度，依法维护女职工合法权益和特殊利益。3月，县总工会在工业园区规模以上企业开展女职工维权宣传活动，开展为期一个月的“女职工维权宣传月”活动。端午节前夕，开展“粽叶飘香过端午.工会温暖进社区”活动，发放宣传资料3000份。6月14日，县总工会与县应急管理局等单位在河宾广场组织开展“安全生产月”宣传活动，发放各类宣传资料1万份，同时还开展有奖知识问答活动，发放奖品1000多份。县总工会聘请湖北洪渊律师事务所郑桂超律师为县总工会的法律顾问，负责承办县总工会交办的关于维护职工合法权益的法律援助案件。县总工会与县司法局协调，设立法律援助中心，聘请1名律师免费为困难职工和农民工提供全方位的法律援助，形成“党委领导、政府支持、部门配合、工会运作”的社会化帮扶维权格局。

**【“互联网 +”职工服务体系】** 2019年，县总工会在人流集中的车站、市民之家新建2个爱心驿站，解决户外职工饮水、入厕难的问题，爱心驿站标识清晰、场所便利、功能完备、人员稳定、制度健全、台账完备，有人值守。县总工会加大工会会员普惠与特惠服务力度，签约金源国际酒店、恩施电器、宣恩商场等26家有影响、有品质的特惠商家，专门聘请宣恩县电视台对入选的26家商家拍摄专题宣传片，并在电视台进行为期3个月的滚动播出。县总工会还为26家特惠商家制定统一的宣传牌，职工在消费时，只需要扫描宣传牌上的县总工会的微信公众号就可以享受相关的特惠政策，让宣恩县2.2万名职工享受普惠服务。在全县的企业、行政事业单位新建8家职工书屋。创建“互联网 +”职工服务体系，充分使用职工网上服务平台，对工会会员进行实名制管理，实现各项工会业务网上申报。坚持在工会微信公众平台发布原创微信，拉近工会组织与职工群众的距离，为服务企业、服务职工搭建良好的信息平台。

**【职工技能培训】** 县总工会与县人社局、县卫计局、县教育局、国网宣恩县供电公司等部门联合举办全县教育系统职工技能比赛、卫生系统职工技能大赛和国网宣恩县供电公司第七届职工技能运动会，给一线职工提供学习交流、磨练技艺的平台，培养造就技能型、知识型人才，弘扬工匠精神，推动全县技能人才队伍建设。动员广大干部职工参加“网聚职工正能量、争做中国好网民”网络正能量全国职工诵读作品评选活动。10月23日，由县总工会推荐、恩施州总工会选送、国网宣恩县供电公司员工表演的《梅兰竹菊》诵读作品，被中央网信办和全国总工会评为“最佳表演奖”。宣恩县“八月瓜”项目成功进入湖北省工友杯第二届创业创新大赛复赛。恩施州亚麦食品有限公司一线职工、全州技术能手江世华研发制作的“富硒土豆烧”被全国马铃薯产业联盟授予“十大主食”称号、“宫廷桃酥”获得全国马铃薯主食化产业“十大休闲食品”称号、“2018年资溪面包国际旅游文化节”（3188米吉尼斯蛋糕）获得单组制作第一名、2019年全国月饼大赛个人组第二名。

**【基层组织工作】** 加强和引导基层工会组织建设，重点抓非公企业、新社会组织的组建以及农民工入会工作。2019年，全县企事业单位新建基层工会组织14家，新入会职工519人，有7家基层工会组织依法进行改选。5月，开展劳模宣传月活动，对健在的28名省部级劳模进行“关爱劳模送健康”，集中开展劳模事迹宣传，在全社会营造学习劳模、关心劳模氛围。

**【职工活动】** 2019年，举办“职工羽毛球赛”“职工足球赛”“职工趣味赛”“职工长跑活动”系列活动，在“职工长跑活动”开幕式上举行“我和我的祖国”千人大合唱活动，在全县掀起庆祝新中国成立70周年的高潮。开展“不忘初心、牢记使命”主题教育，举办“不忘初心、牢记使命 . 讲好宣恩故事”主题演讲比赛，全县各乡镇、县直各单位干部职工积极踊跃报名参赛，通过层层筛选，共有54个单位79名选手进入决赛，县“四大家”领导及县直各单位党员干部职工，各乡镇组织委员、宣传委员、工会主席等700多人观摩决赛。共选派3名选手参加上级演讲活动，其中2个宣讲故事入选最感人恩施红色故事奖项，县公安局民警朱田崀荣获“共和国故事汇——恩施州红色故事宣讲大赛”业余组一等奖，代表恩施州参加“共和国故事汇——湖北省红色故事宣讲大赛”荣获业余组二等奖。由恩施州总工会主办、宣恩县总工会承办的“激情贡水.浪漫宣恩”2019中国宣恩·内陆河水上运动会暨武陵山区龙舟争霸赛系列活动荣获“2019中国大三峡最具影响力节事活动50强”，省内外50多个县市的2300余名运动员参赛。

**【工人文化宫建设】** 宣恩县职工活动中心（工人文化宫）是宣恩县文化中心综合建筑群中的9个单体建筑之一，项目立项、招标、主体工程修建由县文旅局统一负责，县总工会投入150万元，其余工程款由县政府承担。8月，县政府同意将职工活动中心（工人文化宫）产权单独划归给宣恩县总工会。职工活动中心（工人文化宫）功能布局、装修设计、装修设计效果图、施工设计等已与招标代理公司接洽，按招标程序在组织招标。

**【县总工会第十四届全委（扩大）会议】** 3月29日，县总工会召开第十四届全委（扩大）会议。选举黄新枝为县总工会常务副主席，涂珍云为县总工会经费审查委员会主任，增补吴锦绣、杨尔旭为县总工会第十四届委员会委员。

（杨　慧）

## 共青团

**【概　况】** 2019年末，全县共有18个基层团委，2个基层团工委，16个团总支，663个团支部,6244名团员，其中保留团籍的党员数308个，专职团干部2名，兼职团干部662名，挂职团干部2名。

**【从严治团】** 2019年，团县委着力创新团的组织生活方式，加强团员意识教育，“主题团日、主题队日”活动常态化、规范化。开展“青年大学习”系列团课主题教育活动，自青年大学习第六季开始，参学人数已达6000余人。2019年发展新团员996名，依托全团“智慧团建”系统，集中开展学校毕业学生团员组织关系线上转接工作，团员团干信息录入率达100%。在全县范围内开展违规任命团干部和违规发展团员核查，对信教团员进行摸排与清理。经核查，宣恩县无团员信教的情况。

**【宣传教育】** 2019年是纪念五四运动100周年，少先队建队70周年。椒园镇中心小学、珠山镇宝塔小学组织《我和我的祖国》快闪活动并自制活动视频；高罗镇中心小学用特色苗语唱响《我和我的祖国》；宣恩县清江外国语学校在百米长卷上绘画出五星红旗、天安门、长城、神州火箭等，致敬伟大祖国；晓关侗族乡中心小学开展“我是小小追梦人”合唱比赛。

开展“清明铸英烈·熔铸爱国魂”清明扫墓活动，县直相关单位团组织、县志愿者协会以及城区各学校共青团与少先队等300余名青年志愿者、少年队员、青年团员及青年职工代表前往烈士陵园参与扫墓活动。

开展“不忘初心、牢记使命”主题教育活动，围绕“守初心、担使命、找差距、抓落实”的总要求，团县委组织集中学习6次，开展专题党课1次，形成相关学习笔记近10万字。查找班子及班子成员“即知即改、立行立改”清单4条，已完成整改3条，取得重大进展1条；查找班子及班子成员检视问题清单9条，已完成整改9条，结合业务工作和驻村工作实际，共为群众办实事2件，并组织团县委机关党员到来凤县参观张富清纪念馆，开展“不忘初心、牢记使命”主题教育集中学习。

**【纪念五四运动100周年特色活动】** 4月29日，团县委在宣恩县第一中学举办“青春心向党·建功新时代”五四表彰大会，表彰43名优秀青年和18个优秀集体。其中2019年宣恩县五四青年奖章8名，2017—2018年宣恩县青年岗位能手

15 名，2018 年宣恩县优秀共青团员 10 名，2018 年宣恩县优秀团干部 10 名，2017—2018 年宣恩县青年文明号 10 个，2018 年宣恩县五四红旗团委 3 个，2018 年宣恩县五四红旗团支部（总支）5 个。有 7 名优秀青年和 5 个优秀集体获州级五四系列表彰。

组织开展庆“五一·五四”全民健身长跑活动。团县委、县文旅局、县总工会联合举办的 2019 年庆“五一·五四”全民健身长跑活动。有专业组 184 名、健康组 1090 名运动员参赛。县民中 50 位小朋友在 30 名文工团演员的带领下歌唱《我和我的祖国》。

**【青年创业】** 组织申报 2019 年湖北大学生创业扶持项目、“田园小康”、“草根计划”等各类创业扶持项目。6 月 28 日，2019 年“创青春”湖北青年创新创业大赛农业农村组复赛入围名单公布，椒园艺森源农场“八月瓜笑哈哈”、张关铺食用菌专业合作社“食用菌种植项目”2 个项目入围。

开展“博士服务团基层服务计划”，宣恩县首次争取到“博士服务团计划”名额，中南民族大学和武汉科技大学的 2 名博士将在湖北绿野旅游投资有限公司和宣恩泛得矿业投资有限公司进行为期一年的挂职锻炼。

**【志愿服务】** 团县委、县文明办、县妇联、县总工会、县交警大队、县青年志愿者协会、县义工协会等部门联合开展“青春志愿行　奉献新时代”2019 年春节志愿服务“暖冬行动”活动。在中心客运站为春运旅客们提供引导咨询、秩序维护、重点帮扶、搬运行李等便民利民和应急救援志愿服务。68 名青年志愿者参与服务，服务总时长 460 小时。

开展学雷锋志愿服务月活动，团县委、宣恩县昂立杰睿教育培训学校到晓关中心小学开展捐资助学活动，为 2 名贫困学生捐资 1 万元。

切实提高学生提高禁毒意识和拒毒能力，开展“禁毒宣传月”活动，组织近 2000 名师生参加第 32 个国际禁毒日“健康人生，绿色无毒”宣传教育活动。开展“安全生产月”活动，参与组织 2019 年“安全生产宣传咨询日暨安全生产楚天行”活动。活动围绕“防风险、除隐患、遏事故”主题，团县委、县应急管理局、县文明办组织开展“青年安全生产示范岗”评选活动，在全县范围内评选出 10 个“青年安全生产示范岗”。

2019 年 1 月 22 日，春运暖冬行动志愿者在宣恩县客运站合影　　朱　珀　摄

**【助学项目】** 2019 年，团县委累计发放奖金、助学金、助学物品合计金额达 36 万余元。其中，宣恩商会、伍家台贡茶产业协会向宣恩县第一中学捐款 3.54 万元，援助 41 名品学兼优的学子。申报浙江省青基会资助项目 2.5 万元，惠及 25 名学子。累计申报贡水爱心基金 2.15 万元，惠及 12 人；申报兰里奖助学金 17.74 万元，惠及 193 人；联系良品铺子资助大卧龙小学、覃家坪小学、椿木营中小学每所学校 1 万元。争取国酒茅台、中建三局等企业助学金 8 万余元。

**【服务青少年】** 开展“关爱留守儿童·助力精准扶贫”活动，巩固和完善“双结双促”工作。团县委、县扶贫办、中国电信恩施分公司、县民政局、县老促会联合举办“双节双促”留守儿童智能关爱活动，为全县 600 名留守儿童免费提供智能电话手表 600 个，每部电话手表配套 280 元话费资费。团县委联合爱心商家蓓霓芬 SPA 馆，对全县 17 个深度贫困村的留守儿童进行新春慰问，涉及留守儿童30名，慰问物资及现金共计5000余元；与建设银行携手开展“走出大山建未来”游学实践活动，在全县选取20名留守儿童到武汉游学一周；在和平中小学举行“双结双促”关爱留守儿童活动暨“希望微心愿”礼物发放活动。通过“希望微心愿”众筹活动，筹资58400元，为全县“双结双促”关爱留守儿童系统中的584名贫困留守儿童每人送去一份包括篮球、书籍、文具、护眼灯等在内的“希望微心愿”礼包；组织贡水跑团志愿者们，购买体育用品、文具、书籍等共计价值2600余元，到甘溪安置点与四点半课堂的40余名学生一起过“六一”。争取到全省示范性青少年综合服务平台重点支持项目资金10万元，通过引入市场主体参与县级青少年综合服务平台在珠山镇兴隆街社区场地200余平方米，已在珠山镇兴隆街社区选取场地200平方米。团县委联系中公、华图以及京一教育等培训机构组织开展国考公益培训班、省考公益培训班和农村义务教师面试等公益培训。为有需求的青年朋友提供免费的培训资源，提供免费的培训教材，共惠及青年500余人。

**【中国少年先锋队宣恩县第一次代表大会】** 11月30日，中国少年先锋队宣恩县第一次代表大会召开，审议通过张新欣做的《高举星星火炬　勇担时代使命——为中国梦宣恩篇培育新时代的好少年》的工作报告，选举产生宣恩县第一届少先队工作委员会。主任2名：张新欣（女）、廖锋；副主任2名：江堃（女）、刘远平；委员32名：马姣（女）、万民（女）、孔为（女）、邓啟明、叶爽、刘卫、龙湞（女）、龙可迪（女）、任雪琴（女）、刘敏（女）、刘远平、江堃（女）、刘艳红（女）、刘富远、成慧（女）、孙明国、陈鹏、张新欣（女）、肖润东、张家溢、罗晶月（女）、罗宗恩、赵慷诗、曹佳（女）、符敏、谌洮锐、崔世菊（女）、黄艳华（女）、谢娜（女）、廖锋、廖光新、熊锐。

**【纪念五四运动100周年】** 4月29日，宣恩县开展“青春心向党　建功新时代”纪念五四运动100周年活动，引导广大青年继承和发扬五四精神和爱国主义精神。活动授予方冬香等8人为2019年“宣恩青年五四奖章”获得者，命名宣恩县椒园镇卫生院等10个青年集体为“2017—2018年度青年文明号”，马蓉等10人为“2017—2018年度青年岗位能手”。

（简　维）

## 妇女联合会

**【概　况】** 2019年，全县有9个乡镇妇联，279个行政村妇联，5个社区妇联，52个机关事业单位妇女组织，11个企业妇女组织、9个商会妇女组织和1个社团妇女组织。高罗镇埃山村支部书记、妇联主席李金发被省人社厅和省妇联表彰为省“三八红旗手”。3月7日，在宣恩礼堂举行庆祝“三八”国际妇女节109周年大会暨“丽声颂祖国·辉煌七十年”巾帼颂读启动仪式活动，通报表扬一批在妇女及妇女工作中和在全州城乡妇女岗位建功活动中表现突出的集体和个人，其中，三八红旗集体和维护妇女儿童权益优秀集体等41个、三八红旗手和维护妇女儿童权益优秀个人72人。4月29日，恩施州妇联在高罗镇召开全州现场会。5月，县妇联在全县开展寻找“最美家庭”活动。爱国爱家类黄兆峰家庭荣获恩施州“最美家庭”称号，孝老爱亲类罗美云家庭、诚实守信类卢云家庭荣获恩施州“最美家庭”提名。

**【庆祝中华人民共和国成立70周年活动】** 立足基层“妇女之家”，广泛发动基层干部群众积极参与，开展“我与祖国共奋进，寻找最美芳华·70年70人”主题活动，通过在全县各行业的寻找，7月向州妇联上报候选人2名，分别是岁月留痕类——县融媒体中心记者刘亚丽、巾帼工匠——彭家寨民族工艺有限公司经理周银菊。开展“巾帼心向党·礼赞新中国”群众性宣传教育活动，4月在省级示范妇女之家——珠山镇莲花坝村开展群众性宣传教育活动，莲花坝村妇联组织本村文艺队用歌舞的形式给祖国献礼；7月，省级示范妇女之家椒园镇石马村妇联、锣圈岩村妇联分别举办广场舞比赛，庆祝中华人民共和国70华诞；9月，珠山镇工农街社区妇联组织社区人员共同歌唱歌曲《我和我的祖国》，用歌声表达宣恩儿女对祖国的热爱和歌颂。

**【三八红旗集体工作室】** 县妇联在珠山镇上湖塘社区建设“三八红旗手集体”工作室。宣恩县珠山镇上湖塘社区成立于2004年9月，社区共下辖15个网格，有人口12464人，其中女性居民5681人。社区现有干部19人，其中女性17人，比例达到89%。以党建带妇建工作为抓手，以“凝聚妇女、带动家庭、联动社会”为出发点，紧紧围绕县委政府中心工作，打造服务妇女群众品牌，取得显著成效，2016年获得恩施州“三八红旗集体”荣誉称号，2017年获得湖北省“三八红旗集体”荣誉称号。

**【关爱留守妇女】** 2019年，全县有留守妇女2767人。成立由常务副县长任组长，分管副县长任常务副组长，县直相关单位及各乡镇人民政府主要负责人为成员的县农村“三留守”关爱服务工作领导小组，下设办公室于县民政局，牵头负责全县“三留守”工作的日常工作。制定《宣恩县加强农村“三留守”人员关爱保护工作实施方案的通知》《关于进一步加强农村“三留守”工人员关爱保护工作的通知》《关于开展易迁三留守人员关爱活动的紧急通知》《县妇联行业扶贫2019—2020年度巩固提升计划》。通过在县乡村各级举办的“春风行动”招聘会、“巾帼创业培训班”“农业技术培训班”、“乡村手工技能培训班”“乡村旅游培训班”等各类就业培训渠道为留守妇女转移就业，对就业困难留守妇女实施就业援助，有计划地培训培养一批有文化、懂技术、会经营的新型女性创业者，扶持就近或者在家创业致富，照顾好子女和老人。通过“巾帼创业培训班”“东西部劳务协作技能培训班”等共组织200余名留守妇女参与培训，实现58名留守妇女就业。开展“两癌”查救治健康扶贫行动，组织贫困妇女“两癌”免费筛查。2019年，全县共有5900名贫困适龄妇女参加“两癌”免费检查，其中“留守妇女”2767名。同时，对查出“两癌”患者实施救助，全年有18名贫困妇女享受到每人1万元的贫困母亲救助金。

**【脱贫攻坚】** 推进“2+N”产业发展带动就业脱贫，重点扶持发展特色产业基地（宣恩县红雲果蔬种植专业合作社），合作社以种植生产九叶青花椒和武都红花椒为主，朝天椒、季节性蔬菜为辅，产品销往全国各地。合作社基地辐射长潭河乡、李家河镇、沙道沟镇3个乡镇9个村，共带动368户农户实现就业增收，其中贫困户192户。围绕土苗民族、民间非物质文化发展，重点发展手工业（宣恩县彭家寨民族工艺有限公司）。

开展为贫困妇女购买健康保险活动。10月，县妇联与县扶贫办向全县机关企业是单位驻村帮扶干部和社会各界人士发出倡议，倡议大家为结对帮扶的贫困妇女购买一份“女性特定疾病保险”。

印发《宣恩县关于开展巾帼脱贫“百岗助百村”“百企帮百村”活动的通知》，号召巾帼文明岗、女企业家与结对村建立经常性联系制度，因地制宜开展务实有效，力所能及的帮扶活动，推动“巾帼脱贫行动”和“乡村振兴巾帼行动”落小落实。10月17日扶贫日，“百岗助百村”活动开展有声有色，8个巾帼文明岗和女企业家均与结对帮扶村开展帮扶活动。

**【妇联组织阵地建设】** 加强“妇女儿童之家”阵地建设，在全县9个乡镇和284个行政村（社区）

建立妇女儿童之家，有基本队伍、基本制度、能发挥基本功能。在此基础上，在全县开展“妇女儿童之家”示范创建，每个乡镇创建一个基础条件好、服务功能全、运行机制完善、功能发挥和示范效果佳的示范妇女儿童之家。在创建示范妇女儿童之家的基础上，开展寻找百佳妇女之家活动，9月，推荐珠山镇上湖塘社区妇女之家到州妇联。指导基层妇联组织发挥阵地功能。8月，县妇联联合专业培训机构在全县9个示范妇女儿童之家开展宣讲活动共27场，其中女性健康讲座9场，人居环境整治——家庭收纳整理讲座9场，儿童安全自护教育9场，每场参与人数不低于50人。各级“妇女儿童之家”每年组织适龄妇女至少参加一次“两癌”免费检查等健康服务，每季度开展1次儿童相关活动。组建文艺队伍，经常性地开展文艺活动。州妇联在全县9个村妇女儿童之家顺利开展9家庭教育乡村行活动，全县共有1000余人参与。开展“最美妇联人”评选活动，推荐2名“最美妇联人”到上级妇联。

加强新领域妇联组织建设，全县共有65个易地扶贫安置点，2月，在高罗易迁安置地——歌乐城社区和安置点的展旭服装公司分别成立妇联组织，并作为全州妇联现场会地点。4月29日，恩施州妇联在宣恩县高罗镇召开现场会，州妇联全体干部、各县市妇联主席、州妇联执委等共计30余人参观高罗镇埃山村、歌乐城社区、湖北展旭服装有限公司、高罗镇妇联组织建设以及歌乐城社区妇女儿童之家建设。会后，鹤峰县妇联、来凤县妇联、咸丰县妇联组织妇联执委和部分村妇联主席到高罗镇参观学习

**【妇女议事会】** 2018年11月，宣恩县妇联按照妇女议事会的组成条件及要求，率先在4个省级妇女之家示范点组建妇女议事会。2019年4月，在高罗镇埃山村建立示范妇女议事会。8月，在全县9个州级示范妇女之家建立妇女议事会。至此，全县有妇女议事会13个。进一步规范农村妇女议事会成员构成和工作职责严格农村妇女议事会议事程序，建立妇女议事会试点；制定妇女议事会规章制度，包括议事会学习制度、工作制度、议事规则程序、议题议案、议事成员的权利和义务、考评激励制度以及妇女代表联系制度和机制等；开展各项议事活动，主要包括民主议事、参与村人居环境整治、开展妇女健身等活动。为提高妇女议事参事的能力，最大限度激发广大妇女参事议事的热情，宣恩县以4个省级示范妇女之家和9个州级示范妇女之家为试点，积极探索示范妇女之家的妇女议事会建设工作，并取得初步成效。

**【婚姻家庭纠纷预防化解】** 2019年，宣恩县婚姻家庭纠纷人民调解委员会共受理重大、疑难、复杂婚姻家庭纠纷15起，结案12起，其中离婚纠纷6起，离婚后财产纠纷2起，抚养权纠纷1起，抚养费纠纷2起，继承纠纷2起，家庭共有财产分割纠纷1起，同居析产纠纷1起。争议标的2763487元，协议标的2204247元，已全部按协议履行。全县9个乡镇和5个社区成立婚姻家庭纠纷人民调解室，在部分条件成熟的村成立婚姻家庭纠纷调站（姐妹谈心室），强化基层对婚姻家庭矛盾的排查、化解、调处。协调公安机关贯彻落实《中华人民共和国反家庭暴力法》和《湖北省反家庭暴力条例》，加强家庭纠纷排查。充分发挥各级妇联执委作用，明确妇联执委分工，联动服务督促其认真履职，2019年由执委发现5起婚姻家庭纠纷激化的苗头和隐患。

**【家庭教育指导】** 在全县开展家庭教育主题实践活动，宣传家风家教。5月23日，县纪委监委、县妇联联合开展党风廉政警示教育和“家庭助廉”活动。上午全体人员参观恩施监狱，并听取服刑人员现身说法。下午开展“树清廉家风·创出彩家庭”为主题的家庭助廉活动。县妇联发出“树清廉家风·创出彩家庭”倡议书，全体人员在签名墙上进行签名，随后观看警示教育片，听取恩施州“最美家庭”故事宣讲和”家庭助廉”

专题讲座。开展“弘扬家国情、礼赞新时代”主题活动，县宣恩县实验小学围绕“弘扬家国情，礼赞新时代”主题，开展班级诗歌分享活动；组织全县中小学生在自己的母亲或者祖国母亲写一封信的活动，择优推荐3封到州妇联，并在州县妇联官微进行专题刊登；在“六一”国际儿童节和“6·5”世界环境日期间，县妇联、县教育局在全县53所学校发放“绿色生活　我家最美”倡议书32580份。7—12月，县直机关幼儿园开展“相伴同悦读　共抒家国情”活动。全县9个示范妇女之家开展家庭教育巡讲活动，每场不低于100名家长。县妇联在官方公众号中建立网络家长学校，择优推荐家庭精品课程，通过“你点我送”菜单式服务形式送进广大家庭，在村（居）民微信群中不定期推送家庭教育课程。

**【关爱留守儿童】** 开展“爱心妈妈”巾帼志愿服务，将农村留守儿童和困境儿童关爱保护工作纳入家庭教育工作的总体规划，通过在农村开展家庭教育巡讲等活动，加强对农村留守儿童和困境儿童父母、受委托监护人的家庭教育指导，引导他们及时关注留守儿童和困境儿童身心健康状况，加强亲情关爱，帮助提升家庭抚育和教育能力。自2019年5月起，在全县组织开展“亲情关爱伴成长　爱心妈妈在行动”巾帼志愿服务活动，共动员555名“爱心妈妈”结对帮扶982名留守困境儿童。

（杨丽中　朱忠梅）

## 工商业联合会

**【概　况】** 2019年，按省委、省政府安排部署，有计划，分步骤地推进乡镇商会改革。出台《县工商联所属商会改革实施意见》，推进乡镇基层商会改革。10月31日，成立县非公企业投诉服务中心。全年新发展会员54名，主要分布于电商、商贸、餐饮等现代服务行业。2019年，宣恩县工商业联合会（总商会）有会员1639个，9个乡镇商会的注册登记工作已全部完成，超过州定60%的考核任务。推进“商会+支部”党建工作模式，实现党组织和党的工作向工商业联合会所属基层商会的全覆盖。积极配合州委统战部和州工商联开展“民企名人”“民企献礼建国70周年”等宣传专栏活动，湖北展旭服饰、湖北生态农业等公司负责人接受专题宣传报道。湖北土家爱食品开发有限公司被表彰为全省“千企帮千村”优秀企业。推荐湖北一正药业有限公司负责人增补为州政协委员，推荐广东省湖北宣恩商会、浙江省乐清市宣恩商会和武汉市宣恩商会负责人增补为县政协委员。

**【结对帮扶】** 全县共有248家企业和专业合作社对230个村进行结对帮扶，其中115个企业对全县70个建档立卡贫困村进行结对帮扶，实现企业对建档立卡贫困村帮扶的全覆盖。企业共实施帮扶项目900个，投入帮扶资金16551.21万元，其中产业项目552个，投入14558.2万元；就业项目89个，投入1819万元；公益项目65个，投入116.5万元；技能项目31个，投入57.51万元；其他帮扶26个。加强东西部协作工作，全年与杭州市西湖区工商联互动交流达4次，西湖区工商联组织爱心企业到宣恩捐赠各类资金、设备总金额达2100万元。聘请西湖区民营企业负责人到贫困村担任“名誉村长”，指导村级经济发展。

**【招商引资】** 2019年，工商联主席任县第五招商小分队队长，负责电子商务、物流、县城建设及现代服务业等方面的招商引资工作。先后到广东、浙江，与碧桂园、卓尔、德福资本、中粮集团等大型国有和民营企业进行对接，就推介县旅游集散中心、冷链产业园、原水泥厂片区开发等项目。参与宣恩中秋恳亲会，组织在外创业成功人士回乡考察。中秋恳亲会上成功签约14个项目，招引资金10.05亿元。出台《宣恩县民营经济“回归工程”实施方案》，全力引导在外人才回归、项目回投、技术回输、资金回流、就业回带、产业回迁。已有 30 个企业成功返乡。

**【服务发展】**“政银集合贷”“企业助保贷”两大民营企业融资平台，共向民营企业发放贷款 9000 万元。商业联合会全年走访企业 62 家次，结合企业面临的实际困难和问题，拟定《关于支持和发展民营经济持续健康发展的实施意见》，通过工业经济领导小组专题会议讨论。在县“两会”期间，提交《创新企业融资方式，推动民营经济健康发展》等多项助推民营经济发展的议案和提案。12 月 20 日，组织召开全县政银企对接恳谈会，政府、银行和企业参会人数达 170 余人。推进“千名干部进千企”活动，实行“县领导 + 部门 + 乡镇（或园区）”联系服务企业制度，针对各个企业发展存在痛点、堵点和难点问题精准问诊把脉，做到“一企一策”、因企施策。全年县领导共深入企业调研 34 家次，有力的助推企业的成长和发展。加强非公人才队伍建设。9 月上旬，在浙江大学举办为期一周的全县非公代表人士培训班，50 人参训。邀请县工商业联合会（总商会）法律服务团、湖北夷水律师事务所到工商联开展送法进企业、进商会、进机关活动，就《中华人民共和国宪法》等有关法律知识进行专题讲座。组织县工商业联合会（总商会）机关干部、不驻会副主席（副会长）、各基层商会会长及部分民营企业家代表学习《中华人民共和国监察法》和党规党纪，增强廉洁意识和纪律意识。

（向红碧）

## 残疾人联合会

**【惠残兜底保障】** 严格落实残疾人“两项补贴”政策，上半年全县累计发放困难残疾人生活补贴 1404200 元；累计发放重度残疾人护理补贴 2286700 元。根据《省民政厅、省财政厅、省残联关于调整残疾人“两项补贴”发放工作机制的通知》精神，从 7 月 1 日起，残疾人“两项补贴”由县民政牵头，县残联配合。按照 100 元 / 人的标准为 1872 名一、二级重度残疾人代缴养老保险，1088 名一、二级重度残疾人代缴医疗保险。实施残疾人无障碍改造，对 40 户残疾人家庭进行无障碍改造。落实残疾学生补助政策，资助 0—10 岁学前教育 17 名，每名学生补助 3000 元；对当年参加高考的 8 名残疾大学生按照专科 1000 元、本科 2000 元的标准予以资助，对 16 名建档立卡贫困户、低保户残疾人家庭大学生子女按专科 2000 元、本科 3000 元标准予以资助。

**【残疾人康复】** 按照每人每年 500 元的标准对 93 名精神病患者服药给予补贴。对 26 名 0—10 岁残疾儿童抢救康复给予补贴。组织开展辅助器具适配和假肢安装服务，对有需求的残疾人免费发放轮椅、拐杖、坐便器等辅助器具。联合卫健部门积极开展残疾人家庭医生签约服务，推动全县残疾人精准康复服务向基层延伸和落实。

**【残疾人康复中心及综合服务设施建设】** 宣恩县残疾人康复中心是针对重度肢体残疾人、轻度精神和智力残疾人开展的医疗、康复训练为一体的综合康复服务机构。位于三河沟，距县城中心 5 千米。项目总投资 2062 万元，其中，中央预算内投资 904 万元，地方配套 1158 万元。规划用地面积 4470 平方米，总建筑面积 6875 平方米，建设标准床位 75 张，2018 年 5 月，正式开工建设，2019 年底完成预验收。

**【助残日活动】** 5 月 19 日是第二十九个全国助残日，全县组织开展“自强脱贫　助残共享”系列活动，在全社会营造浓厚的爱残助残氛围。走访建档立卡贫困残疾人，全面了解残疾人的生产生活状况；开展献爱心活动，为县荧屏特殊教育学校 60 名学生赠送价值 3000 元的书包；从残疾人就业保障金中解决 23 万元用于县荧屏特殊教育学校劳动技能教育。

（孟秀杰）

## 老区促进会

【概　况】2019年5月，宣恩县老区建设促进会被恩施州老促会评为2018年度促进老区建设先进单位；12月被湖北省老促会、湖北省扶贫基金会评为2019年度扶贫基金工作先进单位。全年订阅《中国老区建设》杂志183份，在全国老区宣传工作会上获三等奖，订阅2020年《中国老区建设》185份；投稿8篇，其中，被《中国老区建设》杂志采用2篇，中国老区网采用6篇。

【编纂《宣恩县革命老区发展史》】2018年4月，正式启动《宣恩县革命老区发展史》编纂工作。2019年3月，完成资料长编。2019年7月，形成初稿，并请相关部门抽专人分头进行初审。为提高编纂质量，2019年编委会先后三次派专人参加湖北省老促会举办的革命老区县发展史编纂工作培训班；县委副书记王波、刘红艳分别于4月10日、12月27日召开县直相关部门负责人会议，专题研究发展史编纂工作。县老促会先后7次召开理事会专题讨论发展史编纂工作，学习借鉴鄂城、当阳、江夏、安陆等地的经验。12月上旬，形成复审稿，进入复审阶段。

【基金管理】2019年，宣恩县老促会基金管理办公室作为独立的基金管理机构，与湖北省扶贫基金会脱钩，独立运行。2019年11月，获得恩施州第一家“慈善组织公开募捐资格证书”。全年公开募集定向捐赠资金354.5万元，支持沙道、高罗、李家河、长潭河、万寨、椒园等6个乡（镇）13个村改善基础设施和产业发展，2970户、1.3万人直接受益。用好基金增值资金，投入资金34万元，解决老区人民生产、生活条件困难。其中，支持超阳农林专业合作社冬桃产业发展15万元（含州老促会5万元），保护宣恩县苏维埃政府猫子庄旧址投入3万元。利用公开募集资金对因突然灾害造成临时生活困难的家庭实行救助，2019年为县内500名贫困留守儿童每人补助通讯费100元，合计5万元；救助临时困难户7户3.2万元。基金管理工作制度健全，运作规范，发挥效益较好，被湖北省老促会、湖北省扶贫基金会评为2019年度扶贫基金工作先进单位。

（贺振培）

## 红十字会

【概　况】2019年，宣恩县红十字会、县卫生健康局、县妇计中心、县疾控中心等单位，以《中华人民共和国红十字会法》、《中华人民共和国献血法》、艾滋病预防、防灾减灾等知识为主要宣传内容，组织“世界献血日”“世界急救日”宣传活动，为群众提供健康咨询、义诊、初级卫生救护知识宣传等服务。全年共组织4次无偿献血活动，完成无偿献血1183人次38.93万毫升。组织县人民医院、县民族医院医务志愿者参与恩施州人体器官捐献工作培训，掌握器官捐献法律依据、捐献标准及具体流程等相关知识，进一步增进红会器官捐献工作与医疗机构的衔接与沟通。全年接待遗体捐献咨询2人次、电话咨询5人次。争取上级红十字会及社会爱心支持，采取集中发放与上门发放相结合的形式，为向家村、大明山村330户困难家庭发放棉袜330双，价值1.65万元；为3个社区募集人道救助慰问物资75箱，价值1.44万元，并集中发放至75户特困户家中；为30户特困户募集“博爱送万家”活动家庭包30箱，价值8850元。严格物质发放现场登记制度，确保救助物资真正用于困难群众。以健康扶贫“百千万”大型义诊活动为契机，积极配合县人民医院、县民族医院组织医护人员到村寨为村民免费开展义诊活动，累计接诊人数5000人次，免费发放药品价值2万余元，指导义诊对象诊疗方向，通过普及医学常识和健康知识，增强困难群众自我保健意识。

【“博爱家园”建设】实施“博爱家园”和博爱

卫生站建设项目，争取项目资金55万元，建设2所博爱卫生站，其中，投资40万元的沙道沟镇金盆村“博爱家园”建设项目基础设施建设、红会文化项目、生计金项目均严格按照项目指南要求，全部竣工验收并投入使用；投资15万元的晓关乡西坪村博爱卫生站项目已经竣工，并组织验收。

**【医疗救护培训】** 大力普及医疗救护培训工作，开展为期2天的“宣恩县2019年应急救护知识培训班”，通过救护理论与实际操作相结合的形式为82名志愿者及社会群众普及自救互救、逃灾避险知识与技能；组织2批5名医务人员到杭州西湖参加红十字应急救护师资培训；积极参与湖北省红十字会组织开展的财务人员培训，进一步增强基层红十字会工作人员业务水平。

（张　岑）

# 法 治

## 政法委及综治

**【概　况】** 2019年，全县政法工作围绕为中华人民共和国成立70周年、第七届世界军人运动会创造安全稳定环境的总目标，深入推进扫黑除恶专项斗争，坚决打好防范化解重大风险攻坚战，扎实推进基层社会治理现代化和智慧恩施暨政法信息化工程建设，按照年初既定的政法工作思路，切实履行好维护国家政治安全、确保社会大局稳定、促进社会公平正义、保障人民安居乐业职责使命。各项工作有序开展，“迎大庆、保军运”等重要时间节点安保工作完胜全胜，实现“六个不发生”总目标，持续保持“省级平安县市”称号。在省财政厅的指导帮助和支持下，全县上下围绕争创“全国平安县市”工作目标，实施《综治联系点三年工作规划》，已按国家标准建成乡镇综治中心9个，全县所有乡镇已基本完成“雪亮工程”建设，以易地扶贫安置点为重点建成“一统三治”基层社会治理示范点13个。

**【依法治县】** 全面加强组织领导，成立以县委书记为主任，县人民政府县长为副主任，相关县领导为委员，相关责任单位主要负责人为办公室成员的县委全面依法治县委员会。成立县委全面依法治县委员会执法、司法、守法普法3个协调小组，明确相关县委常委为组长，相关责任单位负责人为副组长，相关责任单位分管领导为成员，确保全面依法治县工作有人抓、有人管。

积极参与立法工作，组织建立基层立法联系点，将县城市执法管理局推荐为州人大常委会基层立法联系点，成为全州3个基层立法联系点之一。参加省州修立法工作，按照省州年度修立法工作安排，县人大常委会认真履职，较好的完成年度工作任务。对1983年以来县人大常委会作出的498个决议、决定进行清理，共有11个规范性文件，并进行分类处置，其中涉及生态环境的10个。对涉及生态环境，没有与中央有关生态环境保护文件精神、法律、法规相抵触，无需修改，还适用的规范性文件予以保留。对已过适用期或调整对象已消失的8个规范性文件宣布失效。

全面推进依法行政，严格规范公正文明执法，启用“两法”衔接信息平台，进一步完善行政执法与刑事司法衔接工作，2019年，全县行政处罚案件录入信息平台652件，顺利实现行政执法与刑事司法信息共享、资源共建。加强对行政执法主体的监督管理，全县通过行政执法人员资格考试的工作人员839人，及格率达95.23%。提升依法行政的能力与水平，全年以县政府为原、被告的行政诉讼一审、二审案件共计23件，其中胜诉19件，另外4件正在审理中。受理以县政府为复议机关的行政复议案件18件，原县政府法制办移交旧案3件，共计21件，办结17件，另4件正在办理中。全面推行合法性审查对县政府及其部门的10余件规范性文件进行了审查，做到应审必审。同时，对县政府及其部门合同、常务会议资料30余件进行合法性审查，在审查过程中，充分发挥法律顾问的作用，形成合法性审查长效机制。

全面推进公正司法，深入推进司法体制综合配套改革，全面落实司法责任制，法院、检察院、司法局全面推进内设机构改革。深化公共法律服务体系建设，县公共法律服务中心已投入使用，全县9个乡镇均完成“公共法律服务工作站”的建设与运行，完成284个村（居）“公共法律服务工作室”建设，覆盖面达到100%。

全面推进守法普法，落实国家工作人员学法用法紧紧抓住领导干部这个关键少数，各级党委政府坚持中心组学法制度，全县共2560人参加无纸化学法用法考试，参考率99.96%、及格率99.96%。全面落实“谁执法谁普法”普法责任制，各部门结合行业工作职能和特点，形成全行业、全系统宣传攻势。全县各行政执法部门共开展各类普法宣传教育活动20余次，发放宣传资料5万册，受教育群众3余万人。围绕中心工作开展“三学三知”宣传教育活动，截至12月，“三学三知”活动共开展92次，发放普法资料4万余份，受教育村民达5万人次。精心组织开展“宪法宣传周”活动，12月4日，举行2019年“宪法宣传周”主场活动。活动当天发放宪法宣传书籍3000册，其他各类法治宣传资料4000余册，普法灯笼200对，普法对联400副，普法围裙300条，受教育群众3000余人。打造法治文化阵地建设，6月，县未成年人法治教育基地已经建成，该基地与县禁毒警示教育基地共同打造，建筑面积近600平方米，投资100余万元，作为便民利民公益性教育基地，最大容量为100人/单场次，每年将为全县所有中小学生提供法律教育服务。同时结合美丽乡村建设，县司法局投资2万元，在晓关乡大岩坝村建设法治文化长廊。椒园镇庆阳坝村获第三批“省级法治文化建设示范点”——三星级法治文化建设示范点称号。珠山镇封口坝村获省级“法治建设示范村”称号。

（徐 岗 符 敏）

**【扫黑除恶专项斗争】** 根据中央扫黑除恶督导“回头看”反馈意见，结合全县实际，认真分析问题、明确任务、落实责任，制定“三位一体”整改清单，并多次开展扫黑除恶专项督查抓落实。启动扫黑除恶专项斗争“五个再一遍、四个大起底”专项行动，将扫黑除恶专项斗争向纵深掘进。县纪委监委对2016年以来的896件信访件，党纪政务处分的132件重大案件，查否的723件问题线索进行“大起底”；县公安局已对2016年来办理的1527起刑事案件，3086起治安案件，不起诉处理案件78件和2014年以来打掉的两起黑社会性质组织案“大起底”；县法院已对2016年来审结的600余件刑事案件开展“大起底”。县扫黑办组织专班对中央督导组重点交办线索3条，省交办线索1条，州交办线索44条进行全面复查，通过专项行动向县纪委监委移送腐败问题及“保护伞”线索3条6人，其他违法违纪线索5条12人。根据全州统一安排，结合政法队伍出现的各种乱象，开展以案促改教育整顿活动。

加强侦查打击力量，县公安局抽调精兵强将成立侦查打击工作专班，县法院、县检察院将入额检察官、法官名额向公诉、审判等部门倾斜，配齐配强专业队伍。县纪委监委加大破“伞”力量，明确一个案件审理室专门负责扫黑除恶有关工作，并启动扫黑除恶“惩腐打伞”宣传暨开门大接访活动，广泛收集线索，营造扫黑除恶浓厚氛围。宣传部门围绕“八个一”具体措施强化宣传攻势，宣恩电视台新闻节目中推出“扫黑除恶系列访谈”专栏，对县公安局、县人民法院、县人民检察院相关负责人进行专访。各级各部门在县委统一领导下，严格树立“一盘棋”思想，按照“属地管理”和“谁主管、谁负责”的原则，上下联动、部门联手，对重点领域、重点行业扎实开展线索大排查、大整治，形成齐抓共管的工作格局。

组织开展案件“攻坚清零”行动，逐条梳理中央、省、州交办督办案件线索，确保实现“两个清零”目标。对重大案件、重要线索多次召开“大三长”“小三长”会议进行分析研判。共打掉异地涉黑组织1个，破获刑事案件25起，刑拘13人；打掉恶势力集团3个，破获刑事案件74起，刑拘82人；打掉恶势力团伙5个，破获刑事案件6起，刑拘18人（“6·24”之后打掉恶势力集团1个，破获刑事案件6起，刑拘7人；打掉恶势力团伙1个，破获刑事案件4起，刑拘4人）。一审判决涉黑案件1件12人。收到党员干部问题线索32条39人，立案审查9件14人，给予一般违纪问题处分6人，查处保护伞2人，留置3人（“6·24”之后因涉恶线索留置2人）、移送司法4人。查扣冻结涉黑涉恶资产近1200万元。

**【维护社会稳定】** 持续开展防范化解重大风险攻坚战。聚焦首责主业，强化履职担当，全方位、全覆盖、无死角对5大领域21个小领域开展涉稳风险大排查大化解，对排查出的涉9个乡镇18个行业领域共301件（其中重大风险45起，一般性风险256起）涉稳风险实行销号管理制度，州交办宣恩县涉稳风险隐患均按要求进行化解，对一时无法化解的涉稳风险严格落实“五个一”（一个涉稳风险、一名包案县领导、一套化解工作班子、一个化解方案、一名化解具体责任人）工作要求。把社会稳定风险评估工作作为落实发展“第一要务”、稳定“第一责任”的重要举措，科学制定应对措施，2019年对3起在建项目进行评估并同意实施。严格落实涉稳案事件依法办理的原则，全面提高应对处置重点敏感案件和突发事件的能力和水平。

**【平安宣恩建设】** 创新基层社会治理，全面推行“枫桥经验”，坚持以党建为统领，自治为基础、法治为保障、德治为先导，构建共治共建共享社会治理新格局。在全县范围内建设25个“一统三治六体系”基层社会治理示范点，发挥在基层社会治理中的主导作用。推行椒园镇康庄社区“6+1”模式，在异地扶贫搬迁安置点推行“党建统领、三治融合、六大体系支持”的社区治理新模式，增强社区治理能力。基层综治战线力量全面加强，落实《基层综治中心规范化建设国家标准》，整合基层综治、维稳、公安、司法、城管等力量，高标准完成9个乡镇综治中心建设，中心人员全部达5人以上，基本实现网格化管理综合信息平台、综治视联网和公安“天网”“三网合一”，实行问题集中受理、工作按责落实、事件及时研判、应急联动处置，增强综治中心战斗力。

以开展平安家庭、平安村（社区）、平安学校、平安医院等平安单位的创建为核心，组织动员广大人民群众、干部职工知晓并参与平安宣恩建设。拓宽平安宣传渠道，多措并举开展平安法治“一感一度一率一评价”主题宣传活动，让广大人民群众了解全县的治安状况持续向好、社会秩序和谐稳定、司法机关公平正义、平安建设有序推进等情况，正确引导广大人民群众积极参与并正向评价。推进网格化建设，将农村环保、安监、国土等一同纳入网格，实现“一网打尽”的目标，逐步构建“大网格”工作格局。着力“打、防、管、控、建”五个要素，围绕“车、火、枪、化、危、爆、毒”七个领域，在全县范围内构筑人防物防技防“三体系”、织密天网地网互联网“三网络”的立体化治安防控网络。网格管理基本实现全覆盖，高水准、高质量完成“一标三实”基础信息采集工作。政法信息化建设工作稳步推进，县网格平台顺利接入全州网格化管理系统，县级应急调度指挥中心全面完成改造升级。城区和乡集镇已建9支近150人的治安巡逻队伍，通过治安巡逻和平安宣传，全县治安形势持续见好，群众安全感显著提升。5月，积极开展平安宣传月活动；6月，全县开展禁毒宣传教育月活动；11月，开展平安宣恩创建主题活动；12月，“出彩宣恩”系列评选活动如火如荼，全面掀起平安宣恩建设热潮。

**【覃遵江获2019年度“江苏见义勇为新市民”称号】** 2019年6月6日18时许，无锡市惠山区居民周某步行至洛社镇花苑村陈巷附近时，遭到一名黑衣男子抢夺手提包。无锡市振中园林建设工程有限公司的职工覃遵江（宣恩县长潭河侗族乡中坝村人）以及驾驶面包车经过的本地人徐雪钧、沈云夫妇看到，他们立刻驾驶车辆奋勇对抢包男子展开追堵。最终，徐雪钧和覃遵江在洛社镇新苑二村小区合力控制住抢包男子。9月17日，覃遵江因奋不顾身制止抢劫并成功制服歹徒的英勇事迹，被江苏省公安厅、江苏省见义勇为基金会表彰为2019年度“江苏见义勇为新市民”。10月25日，覃遵江在南京参加第十届苏宁环球杯“江苏见义勇为新市民”颁奖典礼。

（符　敏）

## 公　安

**【概　况】** 2019年，全县公安机关共接处警7070余起；刑事案件同比上升11.7%，破案率39.2%；盗抢案件、八类案件同比下降9.7%、40.7%；连续18年命案全破。实现公安部“三个不发生”和省委“五个不发生”的目标，全县社会大局平安稳定。全县公安机关共有14个集体、56名个人获得各级表彰。县公安局获得全省公安机关践行“命案必破”成绩突出集体、恩施州民族团结进步先进集体荣誉称号，椿木营派出所被授予“全省公安机关群众满意单位”、指挥中心民警滕树华获颁中央办公厅机要密码工作《荣誉证书》，为全州唯一；副局长王海涛被评选为全州劳动模范、“感动恩施十大人物”；看守所辅警徐发意被授予“恩施州见义勇为先进个人”荣誉称号；椿木营派出所被省公安厅记集体二等功一次，沙道沟派出所被州公安局记集体三等功一次；民警陈祥书、胡军、成祖红、张秀臣、向宇分别被州公安局记个人三等功一次；民警朱田崀荣获“共和国故事汇——湖北省红色故事宣讲大赛”决赛业余组二等奖。

**【社会治安】** 全年共执行各类安保任务29场次。9月初至11月上旬，全县公安机关进入战时状态、执行战时纪律，全警取消双休、节假日和轮休，实行“3+4”战时工作机制，实现了“五个坚决防止、三个确保”工作目标，“迎大庆保军运”安保工作取得完胜。12月24日，县公安局圆满完成中央领导到宣恩县视察调研的警卫任务，获得省州各级领导高度认可，被州公安局通令嘉奖。

县公安局党委共接访5次、下访29次，排查各类矛盾纠纷21起。成立领导包案专班21个，化解矛盾19起。通过阳光信访平台收到转交信访件33件、办结33件。

建立“大巡逻大防控”机制，整合珠山派出所、特警大队、保安公司力量71人组成城区巡控队伍，压降城区可防性案件发案率，兑现巡控奖励10万元。在当阳坪增设反恐特警大队二中队，配备12名民辅警，充实南三镇社会面管控力量。2019年全县盗窃案件同比下降4.3%，“两抢”案件仅发生1起，故意伤害案件同比下降50%。全年无命案发生，八类案件大幅下降。按照州委要求，全面落实“一村一警”管控机制，增招38名驻村辅警，实行岗位在村、工作在村、吃住在村。妥当处置非正常死亡事故，全年共处置各类非正常死亡事故57起60人。宣鹤高速2起非正常死亡事故、工业园区田某触电死亡事故、任某输液死亡导致医患纠纷等，均在可控范围内得到及时妥善处置。

县看守所全年超限运行，围绕“压事故、降死亡、保安全”工作目标，克服羁押量持续增长困难，全力推进“铁桶工程”建设。定期召开狱情分析会，开展清监检查，加强值班值守，全年未发生脱逃、自杀、自残等监所安全事故。

严格治安管理，对民爆仓库、烟花爆竹仓库、重点工程等重点行业场所开展安全检查23次，现场整改隐患13处、限期整改4处，无安全责任事故发生。

**【打击犯罪】** 扎实开展“扩线彻查、治非除乱、打财断血、破伞清网”四大战役，抽调业务骨干组建扫黑除恶专班。移送涉黑恶腐败和“保护伞”线索3条7人，移送公职人员或其他违法违纪线索4条11人。县公安局抽调6名领导带队上案，对涉黑恶案件定人员定时限，倒逼增战果出成绩。围绕“飓风扫毒”“肃毒攻坚”“集群打零”三大行动，禁毒工作实现历史性突破，位居全州第一。侦破省督目标案件2起，在册吸毒人员实现“零脱管”“零脱失”目标。毒品预防教育宣传阵地基本建成，禁毒警示教育和青少年法治教育基地、禁毒主题文化公园、禁毒文化长廊先后投入使用，接待社会各界人士参观学习，取得良好的社会效应和宣传效果。共抓获各类逃犯58人，其中包括1名潜逃18年的命案逃犯。抓获8名扫黑除恶“百日追逃”目标逃犯，完成州局下发目标任务；2名藏匿于国外的涉黑恶逃犯迫于强大追逃压力，主动向公安机关投案自首。打好防范化解重大风险攻坚战，对全县8家银行、2家小额贷款公司、6家涉贷企业开展摸底调查，发现并化解风险隐患4个，清理工程领域涉串通投标企业6家，接待各类涉众咨询求助103人次，有效防范化解经济金融风险向社会稳定领域传导。

**【交通安全管理】** 对全县各类重点管理车辆建立管理台账，共查找逾期未报废7座以上车辆731台，对自行解体和实体报废的300台上报注销。成立交警巡逻防控中队，专职全县道路安全巡查，全年现场执法3.5万起，查处酒驾264起（其中醉驾43起）。排查国省道隐患道路65千米，将325省道雪落寨路段作重点隐患上报至省应急部门挂牌督办。共建防撞软墙7.5千米、挡车器105套，制作大型警示牌2套，更新城区的7套大型警示牌和127套交通标志标牌。约谈客运公司及违法驾驶人23人次，家访重点车辆驾驶人1.8万次。全年亡人交通事故数、亡人数同比分别下降53%、56%。

**【宣传教育】** 落实“一校一警”机制，向全县104所中小学幼儿园派驻法治副校长，深入全县校园开展安全大检查、隐患大排查、法制大讲座、治安大防范、实战大培训，进校园宣讲交通安全、消防安全、禁毒、防侵害、反恐防暴、反邪教、反电诈等知识。全年共开展法律及安全知识讲座115场次，发放宣传资料3.5万份，制作法律宣传橱窗、长廊、展板等1500余块。全县104所校园全部安装“一键可视”报警系统，1300余路校园视频监控接入县公安局指挥中心，校园安全可视化调度获得州县领导及教育主管部门的肯定。

2019年1月7日，县公安局到宣恩县职业学校开展110宣传活动　　刘　璐　摄

讲好公安故事，全年向央媒发稿37条、省媒发稿45条、州县级媒体发稿210条。推出高山派出所椿木营、温情执法民警陈韬、舍小家为大家辅警龙指挥等先进集体和个人。11月14日，中宣部“学习强国”平台刊载《马背冰刀上的派出

所》，对椿木营派出所民辅警克服恶劣自然条件、守护一方百姓安宁的故事进行专题报道。

**【服务群众】** 推进“放管服”改革，取消17项证明事项，全面放开建制镇落户限制，启动港澳台居民居住证申领发放工作，落实首次申领身份证免费政策，开通并运用全省印章业信息系统，推进轻微交通事故快处快赔。

不断优化公安窗口服务，启用省级实有人口信息管理系统，最大限度“让数据多跑腿、让群众少跑路”。全年办理户籍业务4.5万件，车管业务2.7万件，驾管业务2.9万件，出入境证件1.2万件。公安窗口服务实现“无差错、零投诉”的工作目标。

开展“流动车管所”下乡便民活动50余次，办理证件2820件，检验车辆881辆，提供咨询服务1500余次，为群众节省直接开支30余万元。

**【从优待警保障】** 完成全县9个派出所用房新改建工程，实施绿化、办案区、食堂等配套建设。完成特警大队、警犬中队新营房搬迁和李家河派出所、特警二中队训练场建设。建成高标准公租房，解决64名外地民警住宿问题。全年开展各类上门慰问118人次，发放慰问金7.6万元；生日慰问474人，发放慰问金14.2万元；“六一”儿童节慰问170人，发放慰问资金3.4万元；生病住院慰问32人次，发放慰问金1.9万元。

**【第32个国际禁毒日宣传教育活动】** 6月26日，宣恩县举行第32个国际禁毒日宣传教育活动。宣恩县未成年人法治教育基地、宣恩禁毒警示教育基地建成并迎接首批参观人员。基地位于宣恩县珠山镇民族实验中学原教职工餐厅四楼，建筑面积为589.3平方米，投资85万元，免费向广大人民群众开放。基地分为序厅、毒品的流入和禁毒历史厅、毒品科普厅、毒品危害和预防厅、互动厅五个厅。分别展现毒品的历史及沿革，毒品的品种和名称、吸毒前后身体机能的变化、吸毒后的模样、毒驾的体验、宣恩县禁毒的历史和成果，生动的画面让参观者能够直观的感受到毒品带来的危害。

（杨乾程）

## 检 察

**【概　况】** 2019年，宣恩县人民检察院批准逮捕涉黑涉恶犯罪10件23人，提起公诉5件31人，办理经济领域犯罪案件5件，批准逮捕破坏生态环境资源型刑事犯罪4件7人、提起公诉24件31人。

**【扫黑除恶专项斗争】** 强化责任担当，全力投入扫黑除恶专项斗争，坚持依法严惩、协调联动、标本兼治，推进扫黑除恶专项斗争向纵深掘进。共批准逮捕涉黑涉恶犯罪10件23人，提起公诉5件31人。突出“破网打伞”主攻方向，健全信息通报、线索移送等机制，强化线索摸排，向监察机关、公安机关移送线索12条。

**【三大攻坚战】** 积极参与防范化解重大风险攻坚战，健全防范化解重大风险机制，强化风险隐患排查及化解，注重金融领域风险防范，重拳打击高利转贷、骗取贷款等经济领域犯罪，办理相关案件5件5人。巩固脱贫攻坚成果，按照“一摘四不摘”要求，着力抓好精准扶贫工作。县人民检察院与县扶贫办共同制定《深入开展脱贫攻坚领域国家司法救助工作的实施办法》，对因案致贫返贫的刑事被害人、近亲属及时进行司法救助，共办理申请司法救助案件7件17人，发放救助资金23万元。助力打好污染防治攻坚战，从严惩处破坏生态环境资源型刑事犯罪，批准逮捕4件7人、提起公诉24件31人；开展环保领域专项检察监督，对发现的问题发出诉前检察建议20份，督促相关部门及时整改。

**【服务保障民营经济发展】** 强化措施，狠抓“新鄂检十条”的落实，坚持“三个慎重”，区分“七条界限”，全力保障民营经济健康发展，最大程度减少、避免办案活动对企业正常经济活动带来负面影响，对涉嫌犯罪的非公企业关键岗位人员建议变更强制措施5人。搭建检企互动平台，实地走访、电话沟通听取企业意见30余次，提出法律风险防控措施10余条。

**【刑事犯罪惩治】** 始终把维护社会稳定作为首要任务，依法惩治刑事犯罪。全年决定逮捕、批准逮捕各类刑事犯罪案件100件149人，依法提起公诉200件296人。严厉打击故意杀人、抢劫、强奸等严重影响人民群众安全感的暴力犯罪活动，全年办理该类案件34件35人。依法严惩盗窃、诈骗等侵财型犯罪，切实保护人民群众财产安全，全年共办理该类案件27件36人。着眼维护人民群众身体健康和生命安全，严厉打击生产销售有毒有害食品犯罪，及时批捕、起诉叶某某生产销售有毒有害食品案。贯彻宽严相济刑事司法政策，对涉嫌犯罪但社会危害性较小的不批捕22人，对犯罪情节轻微不需要判处刑罚的不起诉42人。

**【综合治理】** 新建功能齐备的“12309”检察服务中心，为群众提供“一站式”检察服务。扎实做好涉检信访工作，办理群众来信来访44件，做到件件有着落事事有回音。落实认罪认罚从宽制度，办理适用认罪认罚从宽案件117件189人。落实最高检“一号检察建议”，强化未成年人法治教育和保护，举办以“携手关爱，共护明天”为主题的公众开放日活动，县人民检察院领导兼任中小学法治副校长，持续开展“法治进校园”活动，实现“法治进校园”全覆盖。

**【诉讼监督】** 依法监督刑事诉讼活动，监督侦查机关立案4件，撤案2件，纠正漏捕4人，追诉漏罪4条，追诉漏犯9人，发出《纠正违法通知书》6份。加强刑事审判监督，对认为确有错误的刑事判决提出抗诉5件6人；强化职务犯罪检察，办理监察机关移送案件6件6人，决定逮捕6件6人，提起公诉5件5人。强化监管场所安全检察监督，对发现的问题发出检察建议2份，办理羁押必要性审查案件25件，建议变更强制措施11人；强化刑罚执行环节监督，监督收监执行8人、特赦8人。积极构建多元化民事行政检察监督格局，加强对生效裁判文书及审判程序违法和执行活动的监督。针对审判程序违法发出检察建议3份，针对执行活动违法发出检察建议2份，针对行政机关发出改进工作检察建议1份。

**【公益诉讼检察】** 落实习近平总书记关于“检察官作为公共利益的代表”的重要指示精神，聚焦公益诉讼四个领域，挖掘线索31件，立案29件，发出诉前检察建议27份，督促收回土地出让金370万元。办理的龙洞水库生态环境保护公益诉讼案，被省检察院评为长江流域生态保护公益诉讼十大典型案例。探索“等外”领域公益诉讼监督，开展文物和文化遗产公益保护，对县苏维埃政府遗址未得到有效保护问题，发出诉前检察建议2份。开展“保障千家万户舌尖上的安全”专项监督活动，针对网络订餐平台、校园周边食品摊贩存在食品安全隐患，发出检察建议，推动食品安全排查整治。

10月24日，湖北省来凤县检察院、宣恩县检察院，湖南省龙山县检察院在宣恩县检察院召开联席会议，商议共建“保护酉水母亲河”协作配合工作机制。三方在酉水河流域生态环境和资源保护公益诉讼工作中协作配合，并定期召开联席会议，推动酉水河流域突出生态环境与资源问题治理，协力同心打好污染防治攻坚战。

**【自觉接受监督】** 认真执行《政法工作条例》，及时向县委汇报检察工作开展情况，先后向县委汇报省州两级检察长会议精神、司法体制改革和公益诉讼工作开展情况。自觉把各项检察工作置于人大及其常委会的监督之下，向县人大常委会专题汇报司法体制改革、公益诉讼、扫黑除恶专项斗争、社区矫正等工作开展情况。邀请人大代表、政协委员视察检察工作20余人次，走访省、州、县三级人大代表、政协委员50余人次。

推行检务公开，深化阳光检察。扩大检务公开内容和范围，以案件程序、法律文书、重要案件的公开为重点，发布案件程序性信息377条、重要案件信息7条、法律文书198份。开展保障律师执业权利专项监督活动，高标准建立案件管理服务大厅，规范律师接待流程，接待律师查阅卷宗75次。回应社会关切，传播检察好声音，构建微博、微信、今日头条客户端和门户网站“四位一体”的检察宣传阵地，发布微博信息1592条，微信公众号推送文章154期，推送释法案例26件。强化内部监督，规范司法行为。依托统一业务应用系统，规范办案流程监管、质量监督，所办理的向某某交通肇事案流程监控案被最高检《检察业务管理与参考》作为指导案例采用。强化案件质量评查，丰富评查工作方式和措施，加大评查力度，检察官自评案件180余件，对重点案件开展集中评查3次，评查案件30件，将案件质量评查结果与工作业绩考评挂钩，倒逼司法规范。

（李　行）

## 法　院

**【概　况】** 2019年，县人民法院全年共受理刑事案件210件，审结207件；受理民商事案件2496件，审结2454件，行政管理领域案件81件，审结79件，执行案件1525件，结案1459件。

**【刑事审判】** 落实总体国家安全观，推进平安宣恩建设，全年共受理刑事案件210件，审结207件，结案率为98.57%。推进以审判为中心的刑事诉讼制度改革，推动庭审实质化和量刑规范化，判处罪犯271人，其中判处10年以上有期徒刑10人，3—10年有期徒刑50人。依法严惩危害人民群众生命财产安全犯罪，审结故意伤害、抢劫、盗窃、诈骗、毒品犯罪案件56件；依法严惩危害社会公共安全犯罪，审结危险驾驶、交通肇事犯罪案件66件；依法严惩侵害妇女儿童权益犯罪，审结强奸、猥亵犯罪案件7件；配合监察体制改革，审结贪污贿赂犯罪案件3件。加大刑事案件财产刑执行力度，被告某旅游公司、罗某、鄢某犯行贿罪、非法占用农用地罪一案，追缴被告人违法所得及执行罚金共计440余万元。

**【民商事审判】** 服务供给侧结构性改革，促进经济高质量发展，保障和改善民生，全年共受理民商事案件2496件，审结2454件，结案率为98.32%。坚持“调解优先、调判结合”，通过调解、撤诉方式结案1596件，调撤率为65.04%。维护妇女、儿童、老人合法权益，促进家庭和睦，审结婚姻家庭和继承纠纷案件489件；保障人民群众居住权益，推动城镇化建设，审结房屋买卖合同纠纷案件105件；规范民间借贷行为，促进实体经济健康发展，审结民间借贷纠纷案件401件。

**【行政审判】** 发挥行政审判职能作用，实质性化解行政争议，支持、监督行政机关依法履职，全年共受理行政管理领域案件81件，审结79件，结案率为97.53%。依法支持行政机关实施行政管理活动，判决维持行政机关行政行为9件，驳回原告起诉6件；依法保护行政相对人合法权益，判决撤销、变更行政行为4件；灵活运用协调手段解决行政争议，原告自愿撤诉8件。严格行政非诉执行审查，促进行政执法规范化，共审结非诉执行案件34件，其中对州生态环境局宣恩县分局申请执行某食品公司环境违法行政处罚案，县人民法院裁定准予执行，为“绿水青山”提供司法护航。

**【执行工作】** 以执行信息化、规范化和职业化建设为核心，促进法治建设和社会诚信建设，全年共受理执行案件1525件，结案1459件，同比分别上升54.98%和59.11%。改进和完善执行工作机制，建立团队办案模式，实行案件繁简分流、类案集中、事务性工作集中办理的执行机制，同时建立执行跟踪、提醒、通报制度。推动形成综合治理执行难工作格局，严厉打击“老赖”，2019年累计发布失信被执行人418人，将819人限制高消费，查封房屋315套，扣押车辆49辆，拘留25人。

**【信访工作】** 深化立案登记制改革，推进两个“一站式”建设，建立微信、支付宝等多渠道自助缴纳诉讼费机制，利用移动微法院小程序端口，实现网上立案和跨域立案。牢固树立群众观念，规范信访窗口建设，完善涉诉信访办理机制，进一步提高办理群众来信来访的能力和水平，全年接待各类当事人万余人次，接待来访197人次，处理县委、上级法院转办函件14件，答复网络问政信息11条。

**【司法公开】** 主动适应互联网时代新要求，依托信息化手段，加强审判流程、裁判文书、执行信息、庭审活动四大平台建设。公开生效裁判文书3770份，文书上网率为94.85%，累计直播庭审168件，“陈鹏等10人涉黑案”网络观看点击量达9万余人次。做好释法普法工作，通过法院官网、微信等发稿320余篇。推进人民陪审员制度改革，扩大司法民主，提请任命86名人民陪审员。

**【范韬获“全国维护妇女儿童权益先进个人”】** 11月28日，全国妇联表彰维护妇女儿童权益先进集体、先进个人，宣恩县人民法院长潭河人民法庭庭长范韬获“全国维护妇女儿童权益先进个人”荣誉称号。范韬自2008年以来，累计办理涉及妇女儿童权益的诉讼及执行案件735件，为了最大限度地维护当事人的合法权益，他尽己所能申请司法救助，多次为当事人垫付鉴定费用，在案件审理特别是婚姻家庭纠纷案件的审理中，积极贯彻落实调解优先的原则，大力化解矛盾，注重促进当事人和睦家庭关系的修复；充分发挥司法审判职能作用，不断强化对妇女儿童在人身、财产以及文化教育等方面权益的保护力度；在涉及农村妇女权益案件审理中，依法保护好妇女农村土地承包经营权、集体经济组织收益分配权等各项权利；探索完善涉及妇女儿童权益纠纷多元化解机制。在案件办理过程中，邀请相关部门联动调解，共同化解矛盾纠纷，切实保障妇女儿童合法权益充分实现。加强人民法院和妇联组织的沟通协调，共同妥善化解涉及妇女儿童权益矛盾纠纷。

**【宣恩县人民法院依法对陈某等10人涉黑案宣判】** 8月13日上午9时，宣恩县人民法院对被告人陈某、陈某某、杨某某、陈某、谭某、黄某某、龙某、王某某、陈某、杨某某10人，组织、领导、参加黑社会性质组织罪一案一审公开宣判。根据各被告人犯罪的事实、性质、情节，以及在整个黑社会性质组织中的地位、作用，依法作出以组织、领导黑社会性质组织罪、寻衅滋事罪、敲诈勒索罪、非法拘禁罪、开设赌场罪、非法侵入住宅罪、高利转贷罪判处被告人陈某有期徒刑18年6个月，剥夺政治权利2年，并处没收个人全部财产。以组织、领导黑社会性质组织罪、寻衅滋事罪、敲诈勒索罪、非法拘禁罪、开设赌场罪、非法侵入住宅罪判处被告人陈某某有期徒刑17年6个月，剥夺政治权利2年，并处没收个人全部财产。对其他被告人分别以参加黑社会性质组织罪、寻衅滋事罪、敲诈勒索罪、非法拘禁罪、开设赌场罪、非法侵入住宅罪判处刑罚。宣判当天，人大代表、政协委员、被告人家属、媒体记者等60余人参加旁听。

（龚　毅）

## 司法行政

**【概　况】** 2019年，各级人民调解委员会共排查各类民间矛盾纠纷1009次，调解纠纷1009件，调解成功969件。全县共开展各类普法宣传教育活动50余次，开展“三学三知”活动92次，发放宣传资料4万册。县未成年人法治教育基地与县禁毒警示教育基地正式建成使用。全县聘任法律顾问单位433家，普建率达100%。全年办理各类公证305件，办理其他与公证相关的法律事务1159件。

**【普法教育】** 2019年，全县各行政执法部门共开展各类普法宣传教育活动50余次，发放宣传资料15万册，受教育群众20余万人。6月，县未成年人法治教育基地建成，基地与县禁毒警示教育基地共同打造，建筑面积近600平方米，投资85万元，作为便民利民公益性教育基地，最大容量为100人/单场次，为全县所有中小学生提供法律教育服务。围绕精准扶贫，继续组织百名律师进千村入万户开展“三学三知”宣传教育活动，深入贫困村，重点宣传精准扶贫知识、农村土地、婚姻家庭、民间借贷等与老百姓息息相关的法律法规及政策。截至10月，“三学三知”活动共开展92次，发放普法资料4万余份，受教育村民达5万人次。结合美丽乡村建设，县司法局投资2万元，在晓关乡大岩坝村建设法治文化长廊。椒园镇庆阳坝村获第三批“省级法治文化建设示范点”——三星级法治文化建设示范点称号。珠山镇封口坝村获省级“法治建设示范村”称号。

**【“12·4”法制宣传日】** 2019年第6个国家宪法日和第19个全国法治宣传日，全县各部门结合行业工作职能和特点，形成全行业、全系统宣传攻势。按“谁执法谁普法”普法责任制，各级党委政府坚持中心组学法制度，强化无纸化学法平台在干部学法的促进作用，组织全县公职人员参加无纸化学习，确保参考率、及格率达90%以上。全县共2600余人参加无纸化学习，并在12月按时参加考试。积极开展信息宣传工作，截至10月底，被省、市、县各级报刊、网站、电台、电视台等宣传媒体采用的信息共87篇，其中被省级媒体采用5篇、州级媒体27篇、县级媒体55篇（包含各级媒体同时采用）。

**【人民调解】** 2019年，全县各级人民调解委员会共排查各类民间矛盾纠纷1009次，调解纠纷1009件，调解成功969件，成功率达96%，涉及金额545万元。其中从人民调解的主体层级看，村（居）调委会调解案件数709件，占调解总数的70%；乡镇调委会调解案件数249件，占调解总数的25%；县第三方调委会调解复杂疑难纠纷51件，占调解总数的5%。从民间矛盾纠纷的构成看，土地、山林水利类纠纷312件，占调解纠纷总数的31%；婚姻、家庭邻里类纠纷329件，占调解纠纷总数的33%；其它矛盾纠纷368件，占调解纠纷总数的36%。全县无民间纠纷引起的自杀，无因调解不及时引发的群体性事件发生。全县人民调解工作正迈入规范化、法治化轨道。

**【行政复议与诉讼】** 宣恩县人民政府法制办公室于2019年3月合并于县司法局后，行政复议案件共收案21件，结案16件，5件正在办理中。以县政府为原、被告的诉讼案件情况：行政诉讼一审案件20件，18件已结案，2件法院正在审理中；行政诉讼二审案件3件，法院正在审理中；民事诉讼案件案件2件，法院正在审理中。行政确权案件6件，办结3件，另外3件相关部门正在调查中，暂未做出处理决定。除案件办理外，县司法局对县政府及其部门合同共计20件进行合法性审查，对县内规范性文件8件进行合法性审查，对政府常务会议资料9件进行合法性审查。

**【社区矫正与安置帮教】** 2019年接收社区矫正148人，解除120人，累计接受委托社会调查160件。办理居住地变更10人（迁出8人，迁入2人），警告处罚39人次，建议撤销缓刑7人，收监执行6人。2019年末，全县有社区矫正人员158人。其中，缓刑145人，假释8人，暂予监外执行5人；在册安置帮教人员1505人，其中刑满释放人员1124人，解除矫正人员381人。

2019年刑满释放160人，其中“必接必送”重点刑释人员4人，三无人员“必接必送”接返率达100%。累计开展入矫谈话教育148人次，对未按规定时间报到落实警告17人次，对拒不报到的2名罪犯进行收监建议。共开展审前社会调查160件，提出不适用社区矫正建议18件。

**【律　师】** 全县有律师事务所3家（湖北洪渊律师事务所、湖北宣明律师事务所、湖北夷水律师事务所宣恩分所），共担任机关、企事业单位法律顾问共38家。2019年全县律师共办理各类案件271件，其中刑事辩护代理31件，民事商事代理109件，行政诉讼代理37件，法律援助104件，办理非诉讼法律业务26件。律师参与涉法信访接待法律咨询260余次，其中涉及拆迁安置20件，农民工维权50件。法律顾问积极参与聘请单位重大矛盾纠纷的化解，为聘请单位排忧解难。

**【基层法律服务】** 全县有法律服务所2个，基层法律服务工作者10人，比上年减少1人。各法律服务所共担任法律顾问9家，代理诉讼事务120件，参与仲裁30件，参与各类纠纷90件，代书250件，解答法律咨询350人次。全县法律服务所共担任党政部门、群团组织、乡村（居委会）企业事业法律顾问55家，积极为聘请单位建言献策，为其行政决策提供法律依据和政策咨询。全年为聘请单位出具法律意见书20余份，草拟、审查合同和规章制度45份，提出修改建议16条，提供法律咨询150余人次。同时，法律顾问积极参与聘请单位重大矛盾纠纷的化解，为聘请单位排忧解难，为维护一方的平安稳定做出贡献。

**【法律援助】** 2019年，全县公共法律服务各类平台共计为群众提供法律服务事项4718人次，其中县级2644人次，乡（镇）460人次，村（社区）1614人次。共受理各类法法律援助案件394件，其中刑事案件82件；民事案件243件；劳动仲裁案件69件，法律咨询3950件，群众满意率达98%以上。另外，全县律师共办理各类案件271件，其中刑事辩护代理31件，民事商事代理109件，行政诉讼代理37件，法律援助104件，办理非诉讼法律业务26件。

**【宣恩县司法局参加全省第三届社区矫正对象个案矫正典型案例评比】** 12月5日，宣恩县司法局代表恩施州在仙桃市参加全省第三届社区矫正对象个案矫正典型案例评比活动。宣恩县司法局的参赛作品《矢志改造，用汗水荡涤灵魂》，通过道德感召、生活帮助、家庭互助、社会关爱，将一名退伍军人社区服刑人员既管住、也矫正好，其讲解者流畅的演讲、扎实的台风得到现场听众的一致好评。宣恩县司法局获得个案评比一等奖，全省仅2个，全州唯一。李家河司法所所长马昌新获得“湖北省社区矫正个案矫正能手”荣誉称号。

（徐　岗）

# 军　事

## 中国人民解放军
## 湖北省宣恩县人民武装部

**【党组织建设】** 坚持把学习贯彻军委党的建设会议精神作为一项长期任务，采取有力措施持续推进学习贯彻走深走实。及时召开党委会、支部党员大会传达学习上级文件精神，进行理论辅导和讨论交流，深化理解领悟。围绕习近平主席会上指出的问题和典型案例列出的问题、房峰辉张阳违纪违法问题、自查发现的问题，区分层析建立问题“总台账”，认真梳理分析，坚决纠治整改。修订完善党委班子自身建设《措施》和议事《规则》，加强民主集中制和《条例》《准则》的学习贯彻，认真学习新修订的《中国共产党章程》和《中华人民共和国宪法》修正案，不断强化班子成员的“四个意识”和“两个维护”。加强党的纪律教育，深刻认清当前正风肃纪形势，切实做好时时事事处处守规矩守纪律。凡人员调整、评先评优、物资采购、兵员征集、大项经费开支等，都充分征求各方意见，做到民主决策、科学决策、依法决策。班子成员之间注重加强思想、工作和感情沟通，增进相互理解与信任，增强班子凝聚力和战斗力。坚持落实党管武装制度。及时向县委、县政府主要领导汇报武装工作情况，协调落实党管武装基本制度。“八一”前夕，召开县委常委议军暨乡镇党委书记党管武装工作述职会议，县委对做好驻宣部队随军家属就业、退役干部士兵安置、专武干部选拔配备交流转岗以及武装部建设等工作都给予大力支持。

**【正规化建设】** 贯彻国动系统“福州集训”精神，以新共同条例学习贯彻和“百日安全活动”开展为抓手，以军分区十九大开局安全年创建活动为载体，努力提高人武部安全管理水平。强化安全教育，第一时间传达军地安全事故通报，认真落实安全形势分析制度，突出抓好法规制度和安全常识学习教育，营造“单位安全我尽责，我的安全我负责，他人安全我有责”的安全文化氛围。强化敏感期、重要节日、重要目标、重大时段和大项活动的安全管理，加大“人车枪弹密、水火电钱网、酒油黄赌毒、涉外涉地方”的管控力度，确保安全稳定。对照《省军区保密量化考评细则》分解任务、区分责任，对机要室、保密室、文印室进行升级改造，对涉密文件资料、涉密计算机及移动存储介质等进行自查整改，正规机关保密秩序。修订营区应急预案，定期开展应急演练，确保部队安全稳定。

**【军事训练】** 突出实战化训练，加大战备训练和动员工作力度。聚力深入纠治和平积弊。深入开展“和平积弊大起底大扫除”活动，及时召开支委会、党小组会或党员大会，人人查病灶、把病脉、挖病根，开展批评与自我批评。对照问题清单搞好“八查”，梳理出29条具体问题，制定23

条整改措施，明确时限标准，逐条挂账销号。结合可能担负的非战争军事行动任务，修订31个应急行动预案，加强指挥信息系统建设，投入40余万元对作战室进行改造升级。强化应急力量建设。夯实基层武装部、民兵营（连）阵地建设，县乡两级投入资金20余万元，对阵地进行改造升级，补充应急器材800余件（套）。按照“编为用、建为战”的要求，狠抓民兵应急分队建设。结合编组实际，区分担负任务，先后组织民兵应急分队590人次展开抗洪抢险等针对性训练，军运安保1408人次，350人次进行实弹射击训练，提高平时战备水平和应对突发事件能力。在防汛抢险工作中，先后有4个乡镇遭遇暴雨洪涝灾害，累计出动民兵300余人次，在转移群众、交通疏导、巡逻警戒方面发挥积极作用。

**【征　兵】** 高标准抓好征兵工作。坚持“一季征兵，全年准备”，以“五率”考评为牵引，及时调整征兵工作领导小组，召开县征兵工作会议，对征兵工作进行全面部署。县、乡分别签订征兵工作责任书，明确任务和标准，实行目标管理。从年初就狠抓兵役登记和征兵宣传工作，全县18周岁适龄青年兵役登记率达到100%，18—24周岁适龄青年兵役登记率达到100%。县乡设立13处征兵宣传固定标语，相继开展征兵政策宣讲进校园、进集市等活动，有效激发适龄青年参军入伍的热情。严把推荐、体检、复查、考核、定兵、监督六道关口，有效提高兵员质量。严密组织役前适应性训练，对身体素质较差、思想准备不足的预定新兵及时淘汰。全县征集兵员中大学生占81%，兵员素质大幅提高。

（童　格）

## 人民防空

**【概　况】** 2019年，宣恩县人防工作坚持以习近平新时代中国特色社会主义思想为指导，认真贯彻落实《中华人民共和国人民防空法》和国务院、中央军委《关于进一步推进人民防空事业发展的若干意见》精神，按照“长期准备、重点建设、平战结合”的方针，从自身实际出发，以打造“准军事化”机关为载体，全面推进人防建设等各项工作的落实。

**【人防宣传教育】** 抓好人防宣传教育工作，开展多种形式的人防宣传教育活动。加强人防宣传教育阵地建设，主动协调教育、武装部、普法等部门，构建了学校、社区等社会化人防知识宣传教育网络，积极做好对在校生的宣传，增强学生的国防观念和人防意识。采取多样化的人防宣传教育手段和形式，在立足自我宣传的前提下，依托媒体力量配合进行人防法律、政策、人防建设成就的宣传，使人防宣传教育不断向社会各个层面渗透。以国防教育日为契机，开展人防宣传活动，向全县各中学、各社区群众发放人民防空知识宣传教材；城内活动广场、餐馆、宾馆、市民之家等公众场合LED显示屏滚动宣传人防知识；各单位、主要交通出入口、广场、车站、建筑工地等悬挂条幅进行人防宣传；宣恩县华鑫广场设立人民防空宣传栏并发放宣传手册，使广大群众更加了解人防。全面检查防空警报设施，做好9月18日全县防空警报试鸣工作。

**【项目审批】** 严格按照《中华人民共和国防空法》《湖北省实施〈中华人民共和国防空法〉办法》《湖北省人民防空工程管理规定》，全年审批人防项目13个。给项目单位提供优质服务，做到“一告知三快速”（对项目建设单位进行认真审核，材料完整的，马上为其办理；材料不完整的，一次性告知应补交的材料，对工作职责范围内的事做到快速反应，对运转时出现的的问题快速沟通，对项目单位遇到的困难积极帮助快速协调）。

# 文　化

## 文化体育广播事业

【概　况】2019年，宣恩县成功举办元宵灯会、“浪漫宣恩·茶贡天下2019中国宣恩春季茶旅融合系列活动”“中国内陆河水上运动会”“武陵山龙舟争霸赛”恩施州气排球联赛（宣恩站“工会杯”）等活动，并在茶旅融合活动中、水运会活动中同步开展“千车万人自驾游宣恩”“仙山贡水·浪漫宣恩短视频创作赛”，营造全民营销氛围，进一步强化“两会三赛四节”品牌。

全年培训文艺宣传队伍14支；新建文艺宣传队伍28支，（其中椒园2支，沙道7支，万寨3支，李家河4支，珠山镇5支，高罗2支，长潭河3支，晓关2支）；积极开展非物质文化遗产项目的挖掘与整理，录制文化艺术视频资料3000余分钟，图片资料200多张，收集各类相关光碟6张，文字资料5万余字；完成送戏下乡（含戏曲进校园）109场，观众9万人次。开展农村文化体育活动190（场）次；新建健身步道4000米。

【文化艺术】组织荆楚“红色文艺轻骑兵”文艺小分队，先后到长潭河侗族乡、李家河镇、沙道沟镇等村寨、安置点以及宣恩城区，义务为百姓写送春联、送非遗节目展演，写送春联2500余幅，活动参加人数达3500人次。开展以“宣传贯彻十九大，文化惠民乐万家”系列元宵灯汇展演活动，灯谜内容汇集时事政治、民间民俗等相关内容，现场气氛热烈，活动期间观众达30万人次。进一步推进群众文化免费辅导培训，文化馆辅导老师协同省级非遗项目代表性传承人董兴林、文化志愿者以及圆梦工程志愿者分期分批对全县9个乡镇、社区、县实验小学、沙道两河小学、高罗镇小学、椒园镇小学以及万寨乡中心学校以传、帮、带方式，为乡镇、社区、村寨及学校进行耍耍、八宝铜铃、连厢、三棒鼓、器乐、十姊妹歌以及广场舞等免费文艺辅导培训193场。培训文艺宣传队伍47支，新建文艺宣传队伍53支（其中椒园5支、沙道18支、万寨5支、李家河6支、珠山镇7支、高罗3支、长潭河5支、晓关3支、椿木营1支）。组织三棒鼓传习馆演唱人员参加“浪漫宣恩·茶贡天下”茶旅融合系列活动、全省文化旅游推介会活动以及州首届禁毒文艺会演、“十进十建”等各类相关活动。组织选拔6名乡镇民间文艺团体骨干参加恩施州本土民族民间舞蹈培训，评选出的13幅优秀书画作品参加恩施州党风廉政书画展，于4月30日在州文化馆美术展览大厅展出，文化馆获得最佳优秀组织奖。组队参加州“文化和自然遗产日”非遗耍耍展演，6—7月，在县人民广场以及全县各乡镇开展“文化和自然遗产日”非遗摄影作品展、三棒鼓展演以及法制建设暨扫黑除恶专项斗争漫画巡展等系列活动。组织“文艺轻骑兵”开展《全州第十二个党风廉政建设宣传教育月活动》《十进十建》三棒鼓进社区、进乡镇巡演，宣传廉洁文化及培养乡风、良好家风、淳朴民风，弘扬社会主义核心价值观。组队参加青海省海西州人民政府举办的“全国30个少数民族自治州民歌服饰邀请赛”，椿木营乡高腔山歌在85个比赛曲目中经过激烈预选赛进前20强入决赛，最终获得全国30个少数民族自治州民歌大赛第十名的好成绩，李万珩、何泽忠、李美珍、苏春桂4名歌手获最佳民歌之星奖，县文化馆获得最佳组织奖。组织征集评选13幅优秀作品参加建州30周年“清江清”中青年书法、美术、摄影展，县文化馆获得优秀组织奖。国庆期间，县书法家协会在宣恩老院子联合举办庆祝中华人民共和国成立70周年天耀中华书法作品展，观展人数达6000人次。11月27—29日，组队参加庆祝新中国成立70周年“精准扶贫·文化惠民”演出季闭幕式暨“文化力量·民间精彩”全州第二届社会文艺团队展演活动，县三棒鼓传习馆表演的三棒鼓“贡茶助民脱了贫”荣获全州曲艺二等奖、群众文化馆荣获“精准扶贫·文化惠民”演出季组织奖、三棒鼓传习馆荣获全州第二届社会文艺团队展演组织奖。开展”辉煌70年·讴歌新时代”三棒鼓作品创作大赛，共40件作品参评，评选出一、二、三等奖各1名，佳作奖24名。8月29日晚，宣恩土家族薅草锣鼓《幺姑筛茶来》参加2019中国原生民歌节闭幕式，在云南卫视精彩上演。完成送戏下乡演出168场（其中戏曲进校园演出60场），观众12万余人次；图书馆完成送书下乡12次，服务公众约6万人次。

**【体育事业】** 8月5—9日，举行2019中国（宣恩）内陆河水上运动会暨武陵山区龙舟争霸赛，108个单位，2300余名运动员参赛，其中省外单位6个，州外省内单位7个，县外州内单位40个。龙舟比赛队伍48支，水上拔河队伍65支，水上气排球队伍56支。整个活动内容包含水运会主题曲征集、新闻发布会、龙舟文化体验、情系老院子系列文化活动、《溢彩宣恩》展演、向中华人民共和国成立70周年献礼《我和我的祖国》水中快闪、水上飞人表演、浪漫七夕无人机表演、水上K歌等。

4月下旬至5月下旬，联合团县委、县总工会共同举办宣恩县庆“五一·五四”职工健身活动，内容包括：职工趣味赛、庆祝五四运动100周年长跑活动、羽毛球团体赛、首届5人制足球赛。6月4日，举办宣恩县首届定向比赛。9月3—15日，举办“体彩杯”宣恩县第四届气排球赛，108支队伍，1038人运动员参加。11月中旬，举办宣恩县第一届职工篮球联赛，共32支队伍参赛。

8月，举办宣恩县第二届青少年阳光体育运动会篮球和排球比赛项目，共700多名学生参加。

7月，宣恩县选拔的青少年队代表恩施州队参加在宜昌猇亭举行的湖北青少年排球竞标赛，获得体育道德风尚奖。9月8—16日，县龙舟协会和武汉商学院联合组队，代表湖北省代表队参加在河南郑州举行的中华人民共和国第十一届少数民族传统体育运动会，获得龙舟比赛项目8个三等奖。11月，组织4名小朋友，参加2019年湖北省U9—10，U16—18乒乓球积分赛（十堰赛区总决赛），选拔200多名运动员，参加恩施州2019年青少年体育运动会所有7个项目，并在篮球、足球、跆拳道、田径、乒乓球上取得较好成绩。11月，组织65名老年运动员，参加在鹤峰举行的第28届恩施州老年人运动会。

2月，组队参加中华龙舟大赛海南万宁站，并获得职业女子组100米、200米第六名，职业女子组500米第五名。4月，组队参加中华龙舟大赛长沙芙蓉站，获得职业女子组100米、200米第六名。6月初，组队参加重庆开州龙舟赛和黄石大冶龙舟赛，在大冶比赛中获得第二名。

4月，组队参加在黄冈举办的湖北省“福寿康宁”气排球赛，分别获得男子组和女子组优胜奖。5月下旬，组队参加重庆铜梁举行的全国老年人气排球比赛，获得女子组优胜奖。6月中旬，参加“崇尚人人体育·共创美好生活”2019年湖北省气排球比赛宜都站。11月，参加2019年“超级杯”全国气排球联赛总决赛湖南株洲站。组队参加在五峰县举办的湘鄂边老苏区第22届“贺龙杯”篮球友谊赛。

**【文联工作】** 全县有作协、音协、舞协、摄协、书协、美协、诗联学会7个协会，会员901人，其中国家级会员10人、省级67人、州级199人、县级625人。

2019年，宜恩县作家协会、宜恩县芳华青少年阅读写作基地举办“4·23”世界读书日恩施州作协文艺轻骑兵进基层暨“共读好书 一路芳华”读书分享会。在高罗镇歌乐城社区参加宜恩县2019年全民阅读暨第四届长江读书节启动仪式。组织民间艺人进学校传承“三棒鼓”“滚龙莲厢”“宣恩耍耍”“薅草锣鼓”等非遗技艺，把各类别“非遗”传承人、民间艺人作为校外辅导员，开设苗语、连厢、“三棒鼓”等传统项目课程，培养孩子们对优秀民族民间文化的认知、兴趣和爱好，使“非遗”项目在学校寓教于乐中得以传承和发展。举办第十六届“童之趣”杯征文活动和启动2019年长江读书节领读者招募活动。组织征集评选优秀作品参加建州36周年“清江清”中青年书法、美术、摄影展以及宣恩县举办的建国70周年书法美术展览。大型原创民族风情歌舞剧《溢彩宣恩》，在2019中国（宣恩）内陆河水上运动会暨武陵山区龙舟争霸赛迎宾文艺晚会上会演。人民网、光明网等州级以上媒体发稿100多条。6月26日，杭州日报刊文《土家古寨吊脚楼 建筑瑰宝活名片》，杭州网、西湖之声、影视周报、浙江城镇网刊文《“活化——以中国土家泛博物馆为例（国际巡展杭州站）”开展》，浙江之声刊文《听说电视剧里的吊脚楼来杭州啦？快来中国湿地博物馆看看吧》，杭州电视台视频新闻《原生态土家吊脚楼长什么样？这场建筑展在杭州登录》，美丽西湖公众号文章《终于来了！这场世界级中国文化艺术展空降杭城！》，新华社刊文《湖北宣恩县彭家寨“活化”巡展杭州 土家建筑文化受推崇》，湖北日报刊文《迷你版“土家第一寨”亮相西湖畔》，10月25日，“活化——以中国土家泛博物馆为例（国际巡展杭州站）”在中国湿地博物馆开展为切入点，报道宣恩县打造以沙道沟彭家寨古吊脚楼群为中心的动态土家生活生产全景画廊，把土家族优秀多彩的民族文化展示介绍给世界各国人民。

**【文化遗产保护】** 2019年重点抓抓民族文化的保护、传承和利用，扎实推进非物质文化遗产保护工作。完成《武陵山区（鄂西南）土家族苗族文化生态保护实验区总体规划·宣恩子规划实施方（2019—2022）》以及宣恩县非物质文化遗产传习所（传习馆）规范化建设意见的撰稿工作，启动宣恩县民族村寨保护与利用示范县建设，开展实施“非遗影像抢救”工程，对省级非遗名录“宣恩耍耍”“高腔山歌”传承人以录制视频、音频、搜集相关照片和文字以及对他们进行口述史、文字记录等方式开展抢救性保护。完成申报第二批23名县级非遗项目代表性传承人的推荐、评审工作、颁发全县55位县级非遗传承人证书以及成功申报第六批州级非遗项目代表性传承人。12月9日，州文化和旅游局确定何泽忠（五句子山歌）、陆海权（三棒鼓）为州级非遗传承人。完成国家级非遗项目自查报告、自查表、调整情况汇总表等相关资料报送工作。完成三棒鼓演唱入门教材、土家十姊妹歌教学教材编写及曲目整理相关工作；开展十姊妹歌传承集中培训2次，分散传承培训30余次，完成十姊妹歌宣传片以及绣花鞋垫宣传片录制工作。在县人民广场、李家河镇思源中学开展“文化和自然遗产日”非遗摄影作品展、三棒鼓展演以及法制建设暨扫黑除恶专项斗争漫画巡展系列活动。7月4日，2019年中国北京世界园艺博览会“湖北日”活动在北京世界园艺博览会同行广场举行，“湖北日”历时三天。开幕式上，宣恩非遗展演中心的演职人员表演滚龙连厢、摆手舞等非物质文化遗产项目，受到观众的好评。7月8日，“两河口：土家盐道古村的再生”研究生国际四校联合研学营在意大利雅伦格文化艺术基金会威尼斯禅宫展厅举办展览，展示宣恩县沙道沟镇两河村彭家寨的前期调研测绘、主题研究成果以及各校提出的7个精彩设计方案。按规划，彭家寨将打造“一廊三心四区九寨”的布局，成为一个控制范围达到45.28平方千米、重点规划范围6.06平方千米的“大彭家寨”，整体形成“武陵九寨”品牌。10月25日，“活化——以中国土家泛博物馆为例（国际巡展杭州站）”在西湖区人民政府的大力支持下于普利兹克奖获得者矶崎新大师设计的中国湿地博物馆正式开幕，进行为期一个月的展览。项目运用彭家寨建筑模型展示宣恩土家建筑智慧和艺术，通过与旅游相结合的方式为全国乡村经济文化的“活化”提供一种解决示范。2019年，全县新增23名县级非物质文化遗产项目传承人。新增项目分为传统音乐类的宣恩薅草锣鼓、宣恩高腔山歌、土家十姊妹歌、宣恩花锣鼓，传统舞蹈类的土家八宝铜铃、宣恩耍耍、滚龙连厢，曲艺类的三棒鼓，传统技艺类的宣恩伍家台贡茶制作、土家吊脚楼营造、土家油茶汤，传统美术类的菊花石雕工艺、根雕，传统医药的中药材家禽饲料配方及养殖，共6类14个传承项目23名传承人，分布8个乡镇20个村和社区。

**【文博工作】** 申报文物保护方案，实施文物工程项目。全国重点文物保护单位彭家寨古建筑群修缮工程和消防工程均已竣工；彭家寨古建筑群防雷工程优化设计方案已报送省文旅厅核准，待核准通过后将进入招投标程序；彭家寨古建筑群安防工程已完成招投标工作，即将进入施工阶段。省级文物保护单位庆阳凉亭街消防工程方案已报省文物局审批；庆阳凉亭街修缮工程（一期）方案批复已经下达，正在申报项目专项资金。省级文物保护单位两河县苏维埃政府旧址、张官铺侗寨、小茅坡营苗寨消防工程已通过省文旅厅立项。县级文物保护单位凌云塔修缮工程、亮化工程、防雷工程已经全部完工。

县文物局与文化市场综合执法大队实行行政执法工作联合，与消防大队联合开展文物安全大排查行动，全年共进行6次文物安全大巡查，日常文物安全巡查100余次。

参与在恩施及咸丰两地举行的以“传统的未来”为主题的“5·18国际博物馆日”巡展宣传活动。同时举办2019年“文化和自然遗产日”活动。将文物展览牌放置到宣恩县人民广场等人流密集处，宣传宣恩县的文物保护成果。宣恩县博物馆陈列布展工程已完成，进入试开馆阶段。

**【湖北省文物保护单位禹王宫戏楼、黑龙河石拱桥】** 1月8日，晓关禹王宫戏楼、高罗黑龙河石拱桥被省人民政府公布为第七批湖北省文物保护单位（鄂政发〔2019〕2号）。至此，全县共有国家级文物保护单位1处，省级文物保护单位12处，州级文物保护单位3处，县级文物保护单位57处。1月31日，省人民政府公布两外文物保护单位保护范围和建设控制地带（鄂政办发〔2019〕12号）。

**【第六届中国（杭州）国际电子商务博览会暨硒品入杭工业项目招商活动】** 10月17—20日，宣恩县参加第六届中国（杭州）国际电子商务博览会暨硒品入杭工业项目招商活动。县科经局组织2家电商企业、5家限上规上农业企业、1家农民专业合作社和4家签约企业携100余款农特产品参加。活动期间，宣恩县共签订采购协议2个、投资协议1个。其中七里优选供应链管理（宣恩）有限公司与杭州绿安生态农业有限公司签订1000万元的恩施慢土豆/七里香薯采购协议，伍台昌臣茶业有限公司与美町宝植物科技（中国）有限公司签订1200万元的伍家台贡茶采购协议；恩美工艺品有限公司与宁波鄞州唯美包装制品有限公司签订文化用品生产项目投资合作协议，规划总投资1.2亿元，在晓关侗族乡集镇新农村易地扶贫安置点就业孵化园建设工艺品、文具、儿童玩具及精品相册等研发、设计、生产基地。

**【土家泛博物馆巡展杭州站】** 10月25日，“活化——以中国土家泛博物馆为例（国际巡展杭州站）”在中国湿地博物馆开展。展览时间为10月25日至11月25日。巡展由浙江省西湖区人民政府、宣恩县人民政府主办，中国湿地博物馆、杭州市西湖区文化和广电旅游体育局、宣恩县文化和旅游局、宣恩县融媒体中心、华中科技大学建筑与城市规划学院、武汉华中科大建筑规划设计研究院有限公司、湖北伍家台旅游发展有限公司承办。重庆大学人居环境研究所教授张兴国，哈尔滨工业大学建筑学系主任教授薛名辉，浙江大学建筑工程学院教授王竹，华南理工大学建筑学院教授冯江，华中农业大学教授姚崇怀，华中科技大学建筑与城规学院教授李保峰，雅伦格文化艺术基金会理事李家豪，浙江大学旅游与休闲研究院副院长，浙江大学城乡规划设计研究院旅游规划分院院长周玲强，浙江工业大学建筑工程学院教授赵晓龙，湖北美术学院教授尹传垠，浙江大学城乡规划设计研究院旅游规划分院四所所长李罕梁等专家教授出席活动并在学术论坛上展开讨论。中国土家泛博物馆与中国湿地博物馆签订战略协议，两地将在平台展示、学术人才交流等方面进行深入合作和相互促进。展览内容依照《中国土家泛博物馆（彭家寨）总体规划》，展览并非封闭固定的场域空间，而是将以宣恩彭家寨为中心的土家族村落连成一体，形成一个活化的动态土家生活生产全景画廊，涵盖土家族聚落文化特点、土家吊脚楼建筑特点与作用、土家建筑文化的保育和发展等方面内容。《中国土家泛博物馆（彭家寨）修建性详细规划》，以彭家寨为核心，联通上下游曾家寨、梁家寨、张家寨、汪家寨、狮毛寨、伍家寨等土家族村寨进行整体规划，通过文化保育、长远谋划、规划布局、发展经济，实现彭家寨的“活化”。2018年5月28日至6月26日，中国土家泛博物馆（彭家寨）建设项目规划“活化——以中国土家泛博物馆为例”呈现在意大利2018年第16届威尼斯建筑双年展上，与世界84个国家的经典建筑作品共享当代艺术顶级盛会；2018年11月22日至12月22日“活化——以中国土家泛博物馆为例”国际巡展在武汉举行，两次展览共接待观众20余万人次。

**【文化市场监管】** 适应新形势下文化市场管理的需要，改进和完善执法手段与措施。加强全国文化市场技术监管与服务平台、“两法衔接”平台、文化市场信用管理平台等平台的建设与运用，深入运用移动执法，进一步完善执法检查“双随机、一公开”、社会监督“12318”举报电话受理等工作；完善“扫黄打非”基层站点位库。

开展法制宣传教育，强化各类经营场所诚信守法自律意识和规范有序经营，先后组织召开全县各类经营场所以会代训2次，通过法规解读，案例警示，集体约谈等方式，对各类经营业主及从业人员70余人次进行相关法规、食品安全、安全生产、黄赌毒、扫黑除恶等内容的教育与培训。此外，还通过宣传进校园，进企业、电影放映场所、大型广场等途径并利用世界知识产权日、环境日、减灾日、消防安全月，“扫黄打非”宣传周等形式，强化法律法规，举报电话及相关知识的社会宣传；明确经营管理责任和强化经营规范。年初与全县各类经营场所签订守法经营与安全生产责任书及相关经营承诺书，明确经营主体的管理责任与目标任务。

推行市场转型升级，重点推行歌舞娱乐场所转型升级，组织开展电子竞技比赛助推网吧转型升级。全县各类经营场所进行店面升级与室内改造的场所达90%以上。结合市场准入、培育绿色产业、精神文明创建、六城同创等工作，对各类经营场所的设立、环境卫生，安全生产，服务承诺，从业人员管理，管理登记、经营技术措施、公益宣传，投诉举报，管理制度，持证亮照，警示标识等内容进行规范。

开展安全治理，在节庆节假期间，对辖区内校园周边、大型综合体、旅游市场、特种设备等文化市场各类经营场所的进行安全治理。在与各类经营场所签订安全生产管理责任状，举办经营人员安全消防培训和相关演练活动，并建立安全生产台账的基础上，通过检查督办，各类场所安全管理制度进一步完善，重点单位建立微型消防站，实行经营场所消防器材按标准配备，确保通道畅通和各种器材有效。全年共安全检查110家次，出动执法人员220余人次，整改排查安全隐患30余处，保持全年文化市场安全事故零记录。

**【广播影视事业】** 做好重大节日、重要节点安全播出工作，做到严防死守，实现安全播出“零”事故。实施电视卫星直播“户户通”工程，“村村响”工作通村率已达100%，“户户通”安装开通40058户，开通率100%。数字电视地面无线覆盖工程建设已完成，广播电视节目正常播出。全年公益电影有效放映3453场，观众达60多万人次。在加强城区1家营业性影院日常监管的同时，狠抓农村公益电影放映和城区广场电影放映活动，特别是为保障社区居民、进城务工人员、低收入群众基本文化权益，宣恩广场电影放映工作得到上级相关部门的肯定。

（张子家）

## 传　媒

**【概　况】** 2019年，县融媒体中心对原有媒体平台进行有效梳理、有机整合，依托长江云、云上恩施平台，建成以“一台（电视台、广播电台）、两网（宣恩新闻网、宣恩党建网）、两微（微信、微博）、一端（云上宣恩APP手机移动客户端）为主体，宣恩发布抖音号、澎湃号、网易号、搜狐号、凤凰号等平台为辅的融媒体宣传矩阵，实现一次采集，多种生成，多渠道发布。有宣恩新闻网、云上宣恩APP、中国宣恩网微信公众号等15个媒体平台，实现平台的有机融合。

**【重点宣传报道】** 2019年重点宣传报道主要有：巩固脱贫成果、加强污染防治、优化发展环境、加强食品药品安全宣传、推动经济发展等中心工作。《宣恩新闻》发稿246期共1476条，中国宣恩网发稿1598条，云上宣恩发稿4390条，点击1230012人次，中国宣恩网微信公众号共推文886条，少儿节目《七彩乐园》播出45期，《贡水视界》播出3期。

2019年，中心在新华社、《人民日报》等中央级媒体发稿95条，图片369条（幅），中央电视台发稿4条，学习强国平台用稿8条，《湖北日报》发稿62条，湖北卫视发稿10条，恩施州电视台用稿2467.625条，全州位列第二；《恩施日报》用稿条数750条，全州排名第二。

**【大型活动】** 举办2018年度“脱贫路上我出彩”颁奖典礼活动，通过选树典型、表彰先进，教育全县干部群众学先进、干事业、讲团结、促发展。

举办宣恩县庆“六一”暨首届“新时代好少年”展示活动，受到各级媒体的广泛关注，宣恩电视台综合频道、生活频道，宣恩新闻网，云上宣恩平台对活动进行同步直播，观看人数达15万人次，并通过4G连线在《直播恩施》进行实况播报。新华社、新华网、湖北日报刊发有关新闻稿件。

举办宣恩县第一中学第三届文化体育艺术节，宣恩新闻网、云上宣恩平台连续4天进行微直播，总浏览量突破120万人次。

举办第十三届宣恩县青少年科技创新大赛暨第六届青少年科技创新“县长奖”颁奖典礼，同步进行现场直播、微直播，同时后期加大宣传力度，积极营造崇尚科学、尊重创新的氛围。

**【推选典型】** 2019年，王凌云获“最美孝心少年”称号，刘顺荣获“特别关注孝心少年”称号，向胜元上榜“中国好人榜”，当选诚实守信类“中国好人”，王海涛、罗美云、王凌云、向胜元入选2018—2019年“感动恩施”年度人物候选人。

10月17日晚，众里寻你2019“寻找最美孝心少年”颁奖典礼在中央电视台1号演播厅举行，宣恩县少年王凌云荣获“最美孝心少年”称号，刘顺荣获“特别关注孝心少年”称号。

**【七彩乐园】**《七彩乐园》是宣恩县自办的少儿节目，旨在发现有才艺特长的少年儿童，培养其自信向上的情操；关注农村留守儿童，挖掘开朗乐观向上的典型，引导少年儿童健康快乐成长。2019年，《七彩乐园》已播出45期，推出王凌云、刘顺等一批优秀少年儿童。

**【专题专栏策划】** 2019年新开辟《优化营商环境·打造贴心服务》《绿水青山就是金山银山》《出彩系列事迹展播》等专栏，策划喜迎新中国成立70周年、绿水青山就是金山银山等公益广告，在丰富节目内容的同时，也让宣传产生一定的集合效应。

11月起，开设民生类专题节目《贡水视界》，播出3期，先后策划制作了《贡水之欢十一载 浪漫宣恩等您来》《宣恩：十一年水运会 搅“热”一座城》《宣恩水运会精彩回眸及荣光背后的幕后工作者》《封口坝村：美丽乡村显雏形 绘就蓝图谱新篇》《宣恩：全域旅游促发展 城旅共生谱新篇》《宣恩：“最美孝心少年”传承孝文化 践行真善美》《陈泽维：老骥伏枥初心在 一心为民扶真贫》等节目，在恩施电视台《走遍恩施》栏目播出。

**【平台建设】** 2019年，县融媒体中心在维护保证宣恩党建网、宣恩人大网、宣恩县人民政府网、宣恩政协网和宣恩新闻网正常运行的同时，还完成宣恩人大网手机版、宣恩县人民政府网手机版、中国宣恩网信息公开平台手机版和2019年宣恩县平安宣恩创建有奖问答系统的开发。除此之外，还完成全面深化改革这五年、第四次全国经济普查、网络生态综合治理、集中整治形式主义、官僚主义、绿水青山就是金山银山、聚焦宣教月、优化营商环境·打造贴心服务、不忘初心牢记使命、庆祝中华人民共和国成立70周年等18个专题页面的制作。完成宣恩县人民政府网连接到州政府网站集约化平台，迁移资料及上稿5900余篇。

（郑 荣）

**【湖北省楚天视讯网络有限公司】** 2019年，湖北省楚天视讯网络有限公司累计安全播出达4000余小时，宽带网络总出口28G，全年无重大播出事故发生。对机房市电进线协调整改1次，UPS电源系统检修2次，应急发电系统检修1次，应急发电13次，机房空调整改检修1次。省、县乡干线维护巡线2000千米左右；巡检30余次，干线整治5次，干线杆路及光纤改迁5处。完成县核心数据中心机房搬迁和万寨、长潭河机房改造升级，恩施至宣恩OTN 100G省网干线扩容。

“村村响”“户户通”工程涉及全县9个乡镇，279个行政村，至2019年底，“村村响”二期工程已完成全县279个行政村的建设任务，每个行政村按6—10个喇叭终端数量，完成终端任务1700余个，安装喇叭3400余个，任务完成100%；“户户通”完成设备录入40221套，安装开通40097套，开通率99.69%。

加速业务转型，推动集客项目落地。2019年7月26日，县人民政府与省楚天视讯网络有限公司签订“智慧宣恩”项目建设战略合作框架协商；11月26日，县人民政府与省楚天视讯网络有限公司签订“县大数据中心机房”项目建设合作协议，以作为第一期工程落地建设。协议签订后县人民政府与楚天视讯宣恩支公司积极推进项目建设进程，建设完成7.2万元的综治视联工程、131万元的沙道沟安置点监控项目。

全年实现经营总收入1611.13万元，其中集客业务409.37万元，占总收入25.40%；基础电视业务收入682.15万元，占总收入42.34%；基础宽带业务收入352.27万元，占总收入的21.86%；三产收入122.42万元，占总收入的7.6%（家电类营业额是98.17万元，路由器营业额是24.25万元）；其他收入4.24万元，占总收入0.26%；工料费收入38.85万元，占总收入2.41%；机顶盒、遥控器及智能卡收入1.83万元，占总收入0.11%。2019年新发展电视主机2306户，分机395户，宽带1407户，OTT置换2741户，数字电视累计在册49411户，宽带累计在册28876户，OTT累计在册20139户。

（车昌文）

## 史　志

**【党史编研】** 2019年继续对《中国共产党宣恩县历史（1949—1978）》进行修改和史实审核。审核完成《中国共产党湖北省宣恩县组织史资料（第六卷）》上报本，并报州史志研究中心。

**【综合年鉴】** 2017卷已于2019年8月由方志出版社印刷出版，精装本，印数500册；2019年10月底完成2019卷整个编纂工作，印刷清样稿交长江出版社审核；编纂完成2018卷初稿，并进入二次审核修改。在做好《宣恩年鉴》编纂工作的同时，统筹做好《湖北年鉴》《恩施土家族苗族自治州年鉴》2019卷的撰稿工作，为这两部年鉴提供宣恩县的相关资料共2.2万字，其中《湖北年鉴》0.4万字，《恩施土家族苗族自治州年鉴》1.8万字。

**【宣恩县要览】**《宣恩县要览》编纂于2019年7月正式启动，通过篇目审定、资料收集、资料长编，年内完成初稿，约10万字。同时，完成州档案馆（州史志研究中心）分配的其他县市要览审读工作任务，对《恩施市要览》《利川市要览》进行审读，提出审读意见，并参加终审评审会议。

（袁　梦）

## 档　案

**【概　况】** 截至2019年12月，馆藏档案共计116个全宗，其中，文书传统方法整理档案49335卷，文书简化方法整理档案84768件，科技档案1136卷，图纸91张，专业档案15290卷，会计档案1016卷，照片1011张，电子档案320盘，录音带录像带230盘，实物档案1703件，资料5728册，民国档案2184卷94939件，清代档案1卷27件，革命历史档案11卷26件。

**【档案接收、利用、编研、征集】** 宣恩县档案馆库房容量已达到90%，2019年因受库房条件限制，而没有开展大面积的档案接收工作，全年仅接收1个全宗档案共计840卷（盒）。共征集《恩施土家族苗族自治州宣恩县革命遗址、遗迹》《随缘巴韵》《荆棘丛生芳草遍地》《知青战友聚首在五十年后》《随缘玉润》《湖北改革开放40年大事记1978—2018》《中华民国湖北省政府施政报告》《长征路上的湖北将士》《十堰市馆藏档案精品图集》《荷塘雨馨》《宣恩贡茶》等图书资料11册。

接待社会各界档案利用者500余人次，查阅档案、资料4342卷，内容涉及建房、婚姻、年龄、户籍、民族成分、企业改制等方面。完成2019年度《宣恩档案年鉴》的编写工作，不断完善各项规章制度和各种统计台账。

**【档案安全】** 做好预防工作。认真做好防虫防蛀等安全工作，除按时给库房柜架放置更换药物以外，还严格完善防盗、防火措施，认真做好库房温湿度调控工作，保证馆藏档案、资料的安全。进一步完善库房各项规章制度和各种统计台账，实行24小时值班制度，坚持每天对库房的安全检查，定期抽查档案保管状况，做好“八防”工作，确保档案的完整与安全。

**【档案宣传】** 2019年，县档案馆不断加大宣传力度，拓宽宣传渠道，注重宣传效果，建立和完善信息宣传制度。累计在各种网站、杂志上共发表信息 8 条，其中中国档案网（报纸）3 条，恩施文明网 1 条，宣恩新闻网 2 条，宣恩纪委监委网 1 条。

**【档案信息化建设】** 数字化档案馆建设是“十三五”档案事业重要目标，是档案事业跨越式发展的战略标尺，紧盯这一目标，逐年推进基础工作。对馆藏珍贵、重要和利用频率高的档案、资料和照片进行全文管理，完成档案全文扫描 50 余万幅，累计完成 726 万幅，占馆藏档案总数的 85% 以上。

**【档案馆建设】** 宣恩县国家综合档案馆于 2015 年 12 月 11 日由县发改局批复立项，建设项目总投资为 3120.62 万元，其中中央投资 494 万元，其他需要地方财政配套。总建筑面积为 9056.96 平方米，占地面积 1443.83 平方米。2018 年 8 月 15 日正式开工，主体工程已经完工，于 2019 年 8 月 29 日通过主体工程验收，并启动内部装修和设施设备安装。

（袁 梦）

# 科技　教育

## 科学技术

### 综　述

**【概　况】** 2019年，宣恩县先后成立各专项科技工作领导小组，制定《关于鼓励科技创新、扶持工业商贸企业加快发展的实施意见》废止《宣恩县专利申请奖励办法（修订）》《宣恩县科技进步奖励办法》《宣恩县科技进步奖励办法实施细则》《宣恩投资兴业政策》《宣恩县科技计划项目管理办法》，鼓励企业开展科技创新工作，提高企业核心竞争力。2019年，全县申报专利121件，其中发明专利达45项，授权各种专利39项，实审1件，完成技术需求指标5项。其中，湖北启源科技有限公司授权专利4项，湖北一正药业有限公司授权4项，苗仙聚生物科技有限公司成果登记2项，湖北九华科技成果转化3项，技术合同登记25项，实际完成技术交易合同登记5000万元。

**【高新技术企业认证】** 全县9家高新技术产业企业实现增加值1.25亿元，占全县地区生产总值比重为1.58%。全年获得专利授权80件，其中实用新型专利23件，外观设计17件。

根据高新技术企业认定的标准，组织4家企业开展湖北省知识产权示范企业建设，组织新申报2家企业高新技术企业，复审1家，公示1家，培育后备高新技术企业2家。2月21日，省科技厅公布湖北省2018年第一批和第二批高新技术企业认定结果，宣恩工业园区湖北方圆绿色再生资源科技有限公司、湖北巴楚风印务有限公司成功申报高新技术企业。至此，宣恩工业园区高新技术企业达到7家。

（胡柏安）

### 全民科学素质行动

**【概　况】** 2019年，贯彻落实《全民科学素质行动计划纲要》（以下简称《科学素质纲要》），优化体制机制，促进科协事业不断发展进步。县长任全民科学素质工作领导小组组长，县委分管副书记、副县长和有关常委任副组长，27个成员单位的主要负责人为成员，领导小组下设办公室于县科学技术协会（简称县科协），承担日常工作。乡（镇）、县直单位都成立主要负责人任组长的领导机构，制定工作方案，并把实施《科学素质纲要》列入年度工作计划和目标考评。全县形成“一把手”亲自抓、分管领导具体抓、《科学素质纲要》办公室创新抓的工作格局。县科协充分发挥科学素质纲要实施办公室的职能作用，广泛深入开展群众性、基础性、社会性的科普宣传活动，普及科学知识、弘扬科学精神，共同提升未成年人、农民、城镇劳动者、领导干部和公务员四大人群的科学文化素质。

**【未成年人科学素质培养】** 举办县第十四届青少

年科技创新大赛，8月启动11月结束，全县中小学生、教师踊跃参加，共计收作品1028件，作品涵盖“科技创新成果”“科技实践活动”“科学幻想绘画”“我的科学梦科普征文”“科技辅导员创新成果”“优秀科技教师”“优秀组织工作者”“优秀组织学校”等八个内容，经过州科协评审，152项作品在第十五届恩施州青少年科技创新大赛获奖，有13项作品被恩施州科协推荐至湖北省青少年科技创新大赛参赛。11月8日，举办第十三届青少年科技创新大赛暨第六届青少年科技创新“县长奖”活动，对9项“县长奖”，23项科技创新奖，42项科技优胜奖，49项科技鼓励奖，4名优秀科技辅导员，4名优秀科技教师，6名优秀组织工作者，3个优秀组织单位进行通报表彰。

县职业技术学校申报成功“太空种子”种植研究科技活动植试验点，以“太空航椒3号”“太空南瓜茄”“太空金铃茄”等蔬菜种子开展种植实验，对比种植、科普报告、科学育种等科学探究拓展延伸实践活动，2019年湖北省35家单位被选中为种植试验点，县职业技术学校是全州申报成功的两所学校之一。

在县实验小学和县民族中学开展以“体验科学、快乐成长”为主题的青少年科学调查体验活动。活动以“安全健康”“生态环境”等知识学习、科学调查、科学体验、拓展活动、展示交流等为内容，让学生们获取基本科学知识和科学方法，进一步提高科学兴趣、动手实践和科学探究能力。

继续开展“大手牵小手——科普报告荆楚行”活动。9月26日上午，“大手牵小手——科普报告荆楚行”活动在宣恩县民族实验中学开展。中国科普作家演讲团成员韩莉以青春期是人生必经之路——完美蜕变为主题，通过大量的图片和视频资料，运用通俗易懂、妙趣横生的语言为同学们作了一场科普报告。科普报告会共有160余名学生参与聆听。

**【农民科技培训】** 县科协、县农业农村局组织农业专家、农业技术人员和科普志愿者深入扶贫村和少数民族村寨开展茶叶、白柚、马铃薯、黄金梨、核桃、油茶、中药材、特色蔬菜种植和农村适用养殖、疫病防控、管理技术培训，对种植大户、养殖大户及贫困户实施一对一精准技术扶贫指导。通过开展科技培训、展出科普展板、免费发放《农民科学素质手册》《高山蔬菜栽培技术》等科普书籍和“相信科学、反对邪教”科普手袋，免费发放病虫害防治药品，为村民解决生产生活中遇到的实际困难和技术难题，引导村民学科技、懂科技、用科技，增强村民的科学意识，提升农民科学素质。

各乡镇科协、县全民科学素质领导小组各成员单位动员工作领域的广大农民和基层科技人员、农村科普工作者等社会有关方面积极参与以“提升农民科学素质，助力乡村振兴战略”为主题的全国农民科学素质网络知识竞赛。题目内容涉及农业生产、生态环保、政策法规等。通过竞赛活动，使农民群众运用互联网获取更多农业生产、科学生活、科学经营等方面的知识。

在“全国科技活动周”中，科技工作者发挥示范带头作用，深入田间地头推广新技术、新品种，开展好阶段性农业科技宣传教育活动。期间共举办各类培训班20余期，培训农民3000余人次，展出各类展板100余块，发放技术资料3000余份，播放科普宣传片40余次，为广大农户提供各类科普知识；“全国科普日”期间，县科协利用科技馆、科普大篷车、科普画廊、特色产业科普基地等科普阵地，联合县农业部门和9个乡镇科协开展各类科技培训40余场，发放宣传资料6000余份，制作展板80余块，播放科普影片300余场。

**【城镇劳动者科学素质培养】** 组织社区科普志愿者为社区居民发放科普宣传资料，宣讲节约资源、保护环境、防灾应急、身心健康、食品安全等知识，提高群众对科普知识认知能力。以“科普进万家”系列宣传活动为主题，少数民族科普工作队深入各社区开展科技培训、科普文艺表演、展出各类科普展板、播放科普宣传片，引导城镇居民学科技、懂科技、用科技。发挥科普教育基地科普宣传作用，面向公众普及科学技术知识、展示科技成果，开展科普教育活动。充分发挥纽带、桥梁和参谋作用，深入企业科协开展企业科技服务活动，为企业和科技人才搭建沟通交流平台，打造更优良的科技服务环境，突显科技工作者的责任意识、服务意识，助力企业发展。同时还邀请恩施州科协副主席张亚平为企业科技工作者作专题讲座。利用第三个全国科技工作者日，与教育、卫生、企业等领域的科技工作者座谈，广泛听取科技工作者的意见建议，对长期从事科学研究、科学普及、科技推广、科技扶贫等科技事业，有突出的先进性、代表性和影响力的科技工作者进行走访慰问，激发科技工作者的荣誉感、自豪感和获得感。

**【领导干部和公务员科学素质培养】** 9月24—26日，组织全民科学素质教育培训班，培训对象为乡镇科协主席、副主席及27个全民科学素质工作领导小组成员单位分管领导、联络员。培训内容有《全民科学素质行动计划纲要（2016—2020年）》解析、领导干部和公务员应该具备的科学素质。授课内容从科学是什么，我国公民科学素质状况，如何提升全民科学素质等方面进行详细讲解。9月25日，恩施州人民政府副州长丁文平教授在宣恩县市民之家多功能会议室以“食品工业未来发展趋势与恩施硒食品加工业的发展”为主题，对县级领导干部、县直各单位负责人进行科普讲座。丁文平从食品工业未来的发展趋势、恩施硒食品加工业的发展两个方面开展阐述，详细介绍食品方便化、营养化、功能化、工程化、专用化、优质化趋势，并就恩施州硒食品加工业发展存在的问题、恩施州硒食品精深加工产业集群建设三年行动方案做科普报告。

**【全国科普日活动】** 2019年全国科普日期间，宣恩县科协按照上级科协关于开展全国科普日活动的统一部署，紧扣“礼赞共和国，科技新生活”主题，制定《宣恩县2019年全国科普日活动实施方案》，对活动进行安排部署，明确每项活动都有专人负责。各乡镇、全民科学素质成员单位在城区、农村、学校、企业开展形式多样、内容丰富的科普宣传、教育活动。9月14日上午，2019年“全国科普日”宣恩县启动仪式在宣恩县富硒马铃薯产业链特色科普示范基地举行。启动仪式上通过知识问答的方式传播科学常识、实用技术、生产技能，100多名企业员工踊跃参与。宣恩县富硒马铃薯产业链特色科普示范基地向参加活动的人群推介企业的高新科技，展示科技发展成果，传播创新发展理念，让群众充分感受到科技的无穷魅力，能更好理解科技、热爱科技、传播科技和应用科技。州农科院的农业技术专家现场进行科普知识讲座，科普志愿者们发放科普宣传资料，宣讲节约资源、保护环境、防灾应急、身心健康、食品安全等知识，提高群众对科普知识认知能力。科普日期间，县科协、县文化和旅游局组建13支科普电影放映队，在全县范围内组织开展“科普电影千里行”活动，把与人民群众生活息息相关的系列科普宣传搬上荧幕，使科普电影走进基层走进千家万户，及时将党的声音和关怀传递到百姓心间。通过播放《有机茶树繁育术》《农村抗生素的滥用与危害》、《留守老人心理健康》《网络诈骗防范常识》等科普宣传片，传播科学常识、实用技术、生产技能、科普知识。9—10月在城乡放映科教影片332场，观众达2万余人次。县科协、县市场监督局、县卫生健康局、科普示范社区等单位在城区搭建咨询台，以“节约资源、保护环境、防灾应急、身心健康、食品安全”为重点，为群众发放科普宣传资料，宣讲相关知识，提高群众对有关方面的科普知识认知能力。组织群众参观宣恩县昌臣茶叶科普教育基地（伍台昌臣茶叶科普馆）和法治教育基地、宣恩禁毒警示教育基地，听取科普人员的讲解，了解企业科技创新和产学研融合发展等情况，零距离体验科技新成果，科普教育基地充分发挥科普宣传作用，面向公众普及科学技术知识、倡导科学方法、传播科学思想、弘扬科学精神，开展科普教育活动，积极推进科普工作的社会化、群众化、经常化、规范化。充分利用宣恩网、电视台、微信公众平台等大众传媒，宣传科普日活动，提高公众的知晓率，激发公众参与活动的积极性和主动性。2019年全国科普日活动中，县科协发挥全民科学素质领导小组办公室职能作用，利用科技馆、科普大篷车、科普画廊、特色产业科普基地、科普惠民社区等科普阵地，联合县农业、教育、文化、卫生等27个成员单位和9个乡镇科协开展各类科普活动12项，活动内容突出大众体验性和参与性，更加务实、贴近百姓生活，使科普走进学校、进机关、进社区、进企业、进农村，展示科技魅力、推动科学普及，提升公众对科技创新成果的认知度，让讲科学、爱科学、学科学、用科学成为全社会的自觉行动，促进提升全民科学素质。据统计，科普日期间共开展各类科技培训40余场，发放宣传资料6000余份，制作展板80余块，播放科普影片300余场，辐射公众达5万余人。县科协被评为恩施州唯一的2019年全国科普日活动优秀组织单位。湖北省科学技术协会表彰宣恩县科协秘书长高应坤为“先进工作者”。

**【青少年科技创新大赛】** 全县参赛学校达到35所，占学校总数近80%。全县共计收作品1028件，共评出科幻画65件，科幻作文50件，科技创新成果25件，科技实践活动8件，科技辅导员7名，优秀科技教师7名，优秀组织工作者4名，优秀组织奖5个。11月8日，宣恩举行第十三届宣恩县青少年科技创新大赛暨第六届青少年科技创新“县长奖”颁奖大会。各乡镇分管科技工作负责人及相关学校负责人参加。经县第六届青少年科技创新“县长奖”评委会审定，在各校选送的作品中共评出“县长奖”9项、科技创新奖23项、科技优胜奖41项、优秀科技教师4名、优秀科技辅导员4名、优秀组织工作者6名、优秀组织单位3个。县民族实验小学刘礼昱的《无人自动快递机》、高罗镇马家寨小学冯瑞玺的《时光机器猫》、李家河镇民族初级中学肖湘的《加热水杯》、县民族实验小学陈佳可的《智能睡眠枕头》、县民族实验小学501—505班全体学生的《蘑菇知多少》、县第一中学吴思的《多功能喷气拖把》、高罗中心小学张帅的《神奇垃圾处理器》、县民族实验中学张澳铭的《叶绿体净化器》、珠山镇宝塔小学王纲利的《防切手刀套》分别获青少年科技创新“县长奖”。

宣恩县第十四届青少年科技创新大赛评审会

第十三届宣恩县青少年科技创新大赛暨第六届青少年科技创新县长奖”获奖名单一览表

表4

| 序号 | 项目名称 | 作者 | 所在学校 | 辅导老师 |
|---|---|---|---|---|
| 1 | 神奇垃圾处理器 | 张　帅 | 高罗中心小学 | 董荣华 |
| 2 | 时光机器猫 | 冯瑞玺 | 高罗镇马家寨小学 | 彭　莉 |

续表 4

| 序号 | 项目名称 | 作者 | 所在学校 | 辅导老师 |
|---|---|---|---|---|
| 3 | 叶绿体净化器 | 张澳铭 | 县民族实验中学 | 杜玢璃 |
| 4 | 无人自动快递机 | 刘礼昱 | 县民族实验小学 | 姚仙桃 |
| 5 | 智能睡眠枕头 | 陈佳可 | 县民族实验小学 | 朱凤娇 |
| 6 | 防切手刀套 | 王纲利 | 珠山镇宝塔小学 | 李红利、王珍 |
| 7 | 加热水杯 | 肖　湘 | 李家河镇民族初级中学 | 秦　黎 |
| 8 | 多功能喷气拖把 | 吴　思 | 县一中 | 阚芝兰 |
| 9 | 蘑菇知多少 | 501—505 班全体学生 | 县民族实验小学 | 朱凤娇、朱红 |

“科技创新奖”获奖名单一览表

表 5

| 序号 | 项目名称 | 作者 | 所在学校 | 辅导老师 |
|---|---|---|---|---|
| 1 | 能量吸收器 | 杨芮婕 | 高罗镇中心小学 | 董荣华 |
| 2 | 自动捡垃圾机器人 | 魏文婧 | 高罗镇中心小学 | 刘冬梅 |
| 3 | 神奇的眼镜 | 杨奕可 | 县民族实验小学 | 黄玉珍 |
| 4 | 天空乐园 | 张钰晗 | 李家河镇中心小学 | 秦明慧 |
| 5 | 神奇的空气净化器 | 周若希 | 高罗中心小学 | 董荣华 |
| 6 | 牙科机器人 | 部绍薇 | 高罗中心小学 | 部　娜 |
| 7 | 沙漠灌装营养块种植机 | 李米涵 | 县民族实验小学 | 李大梅 |
| 8 | 宇宙的营养 | 陈韵懿 | 清江外国语学校 | 谭友翠 |
| 9 | 沙漠绿植培植基地 | 余维靖 | 椒园镇初级中学 | 刘晓青 |
| 10 | 城市中央停车盘 | 徐延东 | 县民族实验中学 | 王　杰 |
| 11 | 海底“世界” | 覃菲娅 | 椒园镇初级中学 | 朱　红 |
| 12 | 病毒扫描仪 | 向玲英 | 椒园镇初级中学 | 刘晓青 |
| 13 | 智能小豆 | 张清静 | 椒园镇初级中学 | 黎春花 |
| 14 | 新式旅行折叠水桶 | 梁　鋆 | 县一中 | 徐生琼 |
| 15 | 穿鞋带神器 | 张　倩 | 县一中 | 孟代轩 |
| 16 | 开心农场机器人 | 沈凡迪 | 清江外国语学校 | 唐晓菊 |
| 17 | 情绪调节器 | 陈贝嘉 | 清江外国语学校 | 蔡文娇 |
| 18 | 我的科技梦——未来洗漱间 | 袁悦欣 | 民族实验小学 | 胡　倩 |
| 19 | 新型汽车 | 李欣怡 | 第二民族实验小学 | 夏泽民 |
| 20 | 我的“新”书包 | 瞿　亮 | 第二民族实验小学 | 周　慧 |
| 21 | 我的科学梦——未来的母校 | 郭诗祺 | 珠山镇宝塔小学 | 米　芳 |
| 22 | 我的科学梦——为你打开心灵的窗 | 吴竞秋 | 高罗镇初级中学 | 吴　睿 |
| 23 | 新时空 | 黎荣艳 | 民族实验中学 | 杜玢璃 |

“科技优胜奖”获奖获奖名单一览表

表 6

| 序号 | 项目名称 | 作者 | 所在学校 | 辅导老师 |
|---|---|---|---|---|
| 1 | 非转基因饮品 | 欧阳诗弦 | 第二民族实验小学 | 夏泽民 |
| 2 | 空中汽车 | 张芯睿 | 高罗中心小学 | 董荣华 |
| 3 | 万能水果机器人 | 夏桑娥 | 民族实验小学 | 李大梅 |
| 4 | 植物气体治疗仪 | 张语欢 | 民族实验小学 | 田　宏 |
| 5 | 梦想家园 | 张宇轩 | 李家河镇中心小学 | 秦明慧 |
| 6 | 空中城市 | 朱可欣 | 李家河镇中心小学 | 骆　林 |
| 7 | 中国的外太空站 | 覃宸棟 | 清江外国语学校 | 汤　勇 |
| 8 | 绿色环保飞车 | 胡漫泥 | 清江外国语学校 | 文　荣 |
| 9 | 绿色之城 | 方一诺 | 清江外国语学校 | 方　芳 |

续表 6

| 序号 | 项目名称 | 作者 | 所在学校 | 辅导老师 |
|---|---|---|---|---|
| 10 | 环卫机器人 | 沈青秋 | 第二民族实验小学 | 周　勇 |
| 11 | 神奇的外太空 | 张航宇 | 第二民族实验小学 | 段玉英 |
| 12 | 新能源小区 | 杨　骏 | 第二民族实验小学 | 谭秋凤 |
| 13 | 护林一号 | 田佳艳 | 第二民族实验小学 | 姚洪春 |
| 14 | 火山熔岩发电厂 | 李威霖 | 清江外国语学校 | 唐晓菊 |
| 15 | 机器人邮局 | 龙　丹 | 高罗镇初级中学 | 魏　雪 |
| 16 | 智能洒水机 | 陈　媛 | 高罗镇初级中学 | 魏　雪 |
| 17 | 宇宙间的游乐场 | 张　越 | 沙道沟镇民族中学 | 李静静 |
| 18 | 宇宙太空站 | 陈振鑫 | 民族实验中学 | 杜玢璃 |
| 19 | 自助城市清洁机 | 向虹静 | 民族实验中学 | 王　玥 |
| 20 | 导盲犬 | 叶晓涵 | 民族实验中学 | 杜玢璃 |
| 21 | 多功能“采花大盗” | 覃钶怡 | 民族实验中学 | 谭宏琼 |
| 22 | 新型消防车 | 陈　倩 | 椒园镇初级中学 | 朱　红 |
| 23 | 灭火机械人 | 段　婷 | 椒园镇初级中学 | 崔世标 |
| 24 | 多功能防近视桌椅 | 万晗蓉 | 椒园镇初级中学 | 刘晓青 |
| 25 | 机器时代 | 陈俊荣 | 椒园镇初级中学 | 刘晓青 |
| 26 | 天空之城 | 唐小云 | 民族实验中学 | 王　玥 |
| 27 | 太阳能风能双动力搅拌机 | 谢光维 | 长潭河侗族乡洗马坪小学 | 黄清益 |
| 28 | 杂物清理机 | 周　琪 | 李家河镇民族初级中学 | 周　波 |
| 29 | 自动车灯 | 肖　湘 | 李家河镇民族初级中学 | 秦　黎 |
| 30 | 神奇的鞋子 | 李思霖 | 清江外国语学校 | 杨雪梅 |
| 31 | 神奇的耳机 | 张靖瑶 | 清江外国语学校 | 赵秀婷 |
| 32 | 让神奇的墙纸登堂入室 | 江福瑞 | 民族实验小学 | 杨丽艳 |
| 33 | 环保小卫士 | 欧阳诗弦 | 第二民族实验小学 | 夏泽民 |
| 34 | 红外线捕鼠器 | 田俊华 | 第二民族实验小学 | 孙晓林 |
| 35 | 神奇的眼镜 | 王慧东 | 第二民族实验小学 | 孙晓林 |
| 36 | 自动追踪器 | 杨再珍 | 高罗镇中心小学 | 梁松清 |
| 37 | 无所不能书籍屋 | 吴章妮 | 民族实验中学 | 王　杰 |
| 38 | 来自未来的汽车 | 杨丰帆 | 椒园镇初级中学 | 蔡章用 |
| 39 | 房屋里的四季 | 邢楚甜 | 椒园镇初级中学 | 彭建章 |
| 40 | 只有一个地球 | 六年级 | 民族实验小学 | 刘红平 |
| 41 | 探秘家乡文化　传承宣恩非遗 | 506、507、508 班全体学生 | 民族实验小学 | 左碧凤 |

## 科技鼓励奖名单一览表

表 7

| 序号 | 项目名称 | 作者 | 所在学校 | 辅导老师 |
|---|---|---|---|---|
| 1 | 月球上打扫卫生 | 王斯蒙 | 清江外国语学校 | 谭友翠 |
| 2 | 第二个可以住人的地球 | 潘丽宇 | 长潭河侗族乡洗马坪小学 | 王先富 |
| 3 | 未来世界 | 周泓辰 | 第二民族实验小学 | 刘　平 |
| 4 | 消防机器人 | 曾子杰 | 清江外国语学校 | 罗　兰 |
| 5 | 我的火星基地 | 覃爱茹 | 万寨乡中心小学 | 高健英 |
| 6 | 城市美容师—蜘蛛侠 | 郑　武 | 高罗镇马家寨小学 | 彭　莉 |
| 7 | 梦想城堡 | 陈欢馨 | 高罗镇马家寨小学 | 彭　莉 |
| 8 | 遨游奇幻外太空 | 田柯涵 | 珠山镇宝塔小学 | 段　灿 |
| 9 | 地球净化器 | 兰煊熠 | 民族实验小学 | 周丽娜 |
| 10 | 未来的道路 | 易思彤 | 民族实验小学 | 李大梅 |
| 11 | 神奇的智能枕头 | 陈佳可 | 民族实验小学 | 黄晓娟 |

续表 7

| 序号 | 项目名称 | 作者 | 所在学校 | 辅导老师 |
|---|---|---|---|---|
| 12 | 探索 1 号 | 朱皓羽 | 第二民族实验小学 | 孙晓林 |
| 13 | 能居住人类的第二个星球 | 李欣玉 | 长潭河侗族乡洗马坪小学 | 米国强 |
| 14 | 垃圾处理机 | 吕诗扬 | 民族实验小学 | 阳亚红 |
| 15 | 去月球的火车 | 罗庭栻 | 第二民族实验小学 | 余万玲 |
| 16 | 书包机器人 | 杨　欣 | 高罗中心小学 | 赵碧玉 |
| 17 | 飞碟洒水器 | 杨语梦 | 高罗中心小学 | 部　娜 |
| 18 | BB—8 型机器人 | 曹艺敏 | 第二民族实验小学 | 夏　信 |
| 19 | 未来的世界 | 童博栀 | 高罗镇麻阳寨小学 | 藤晓慧 |
| 20 | 蜗牛之家 | 腾紫依 | 民族实验小学 | 李大梅 |
| 21 | 水、陆、空智能车 | 李明霄 | 民族实验小学 | 谢玉双 |
| 22 | 未来的生活助手 | 冉欣婷 | 民族实验小学 | 娄宏霞 |
| 23 | 未来的城市 | 胡满星 | 民族实验小学 | 阳亚红 |
| 24 | 海洋净化器 | 李　庆 | 高罗镇初级中学 | 魏　雪 |
| 25 | 未来生态世界 | 李小庆 | 沙道沟镇民族中学 | 张春潜 |
| 26 | 天上人间 | 王筱悦 | 民族实验中学 | 王　玥 |
| 27 | 多功能眼镜 | 钱　英 | 高罗镇初级中学 | 魏　雪 |
| 28 | 太阳能农作机器人 | 孙　航 | 清江外国语学校 | 黎　晶 |
| 29 | 快速戒烟 QQ 仪 | 陈彦宏 | 椒园镇初级中学 | 朱　红 |
| 30 | 风动力车 | 刘虹宇 | 椒园镇初级中学 | 庞胜年 |
| 31 | 驱蚊手机壳 | 刘　瑞 | 县一中 | 罗　朋 |
| 32 | 神奇的床单 | 秦荣彰 | 清江外国语学校 | 吴青青 |
| 33 | 未来的大桥 | 伍治洁 | 清江外国语学校 | 吴青青 |
| 34 | 太空垃圾清除转换器 | 裴馨悦 | 第二民族实验小学 | 孙晓林 |
| 35 | “幽灵”隐形揭秘 | 倪湧钧 | 第二民族实验小学 | 姚洪春 |
| 36 | 智能餐厅 | 姚　迷 | 珠山镇和平中小学 | 刘晓玉 |
| 37 | 未来的“环卫天使” | 卓贝尔 | 珠山镇宝塔小学 | 倪　丽 |
| 38 | 未来的“多功能手环” | 龙玉芳 | 珠山镇宝塔小学 | 倪　丽 |
| 39 | 环保垃圾桶 | 胡　倩 | 珠山镇宝塔小学 | 刘梅菊 |
| 40 | 我的科学梦——爱心剥壳器 | 覃一凡 | 珠山镇宝塔小学 | 米　芳 |
| 41 | 魔幻手表 | 童博栀 | 高罗镇中心小学 | 吴雪琴 |
| 42 | 献给最可爱的人的“正义之枪” | 陈德浩 | 长潭河侗族乡中心小学 | 龚　洁 |
| 43 | 逃离地球 | 郑诗霖 | 民族实验中学 | 满　卉 |
| 44 | 环球旅行记——火星 | 张　清 | 民族实验中学 | 黎　新 |
| 45 | 医疗元素蓝光 | 谢慧君 | 椒园镇初级中学 | 周晓琼 |
| 46 | 一次奇妙的旅行 | 张爱华 | 椒园镇初级中学 | 彭建章 |
| 47 | 最后一棵树 | 陈贵香 | 高罗镇初级中学 | 吴　睿 |
| 48 | 保护我们周围的环境 | 五年级部分学生 | 珠山镇宝塔小学 | 李红利、彭熹雯、吴菊珍、胡永佣、雷光杰、戴知斌、孙瑶 |
| 49 | 太阳的奥秘 | 张亚涵、杨钰娇等 | 民族实验小学 | 朱红、朱凤娇 |

**优秀科技辅导员一览表**

表 8

| 序号 | 学校 | 辅导教师 |
|---|---|---|
| 1 | 宣恩县民族实验小学 | 左碧凤 |
| 2 | 宣恩县珠山镇宝塔小学 | 李红利 |
| 3 | 宣恩县第二实验民族小学 | 陆红琪 |
| 4 | 宣恩县民族实验小学 | 朱　红 |

**优秀科技教师一览表**

表 9

| 序号 | 学校 | 辅导教师 |
|---|---|---|
| 1 | 宣恩县民族实验小学 | 朱凤娇 |
| 2 | 宣恩县清江外国语学校 | 刘凤玲 |
| 3 | 宣恩县高罗镇中心小学 | 张　莹 |
| 4 | 宣恩县高罗镇中心小学 | 董荣华 |

优秀组织奖一览表

表 10

| 序号 | 获奖单位 |
|---|---|
| 1 | 宣恩县高罗镇中心小学 |
| 2 | 宣恩县民族实验小学 |
| 3 | 宣恩县清江外国语学校 |

优秀组织工作者一览表

表 11

| 序号 | 学校 | 辅导教师 |
|---|---|---|
| 1 | 宣恩县清江外国语学校 | 崔世菊 |
| 2 | 宣恩县椒园镇初级中学 | 席建忠 |
| 3 | 宣恩县民族实验小学 | 孙明国 |
| 4 | 宣恩县高罗镇中心小学 | 阙道成 |
| 5 | 宣恩县教育局 | 郭金桃 |
| 6 | 宣恩县科学技术协会 | 胡艳平 |

**【科技助力精准扶贫】** 邀请州农科院科技专家深入农村一线，分别在县李家河镇板栗园村和车道湾村开展中药材种植、马铃薯种植、生姜栽培、中蜂养殖等技术培训，参与人数达300余人。县科协编印500余份实用技术培训手册免费发放给村民，有针对性的指导村民做好春耕备耕工作。普遍建立指导员联系制度，县科协协同县委农办，从县农业局、县林业局、县畜牧局等涉农单位遴选36名农业专家，分派到各乡镇担任产业扶贫科技特派员，各乡镇农业服务中心、畜牧兽医中心、烟草站、林业管理站等部门安排246名技术人员担任贫困村科技指导员，以加强产业发展后续管理，全面提供科技咨询、指导服务，有效解决农业产业发展技术难题。开展科技下乡志愿服务活动，县科协组建科技服务志愿者队伍，采取理论讲解与现场实践、提问互动等教学方式，把村民急需的科技知识送到村民家门口。志愿服务队先后到李家河、高罗、晓关等乡镇，进村入户、贴近百姓，结合当地实际，开展茶叶、中蜂、白柚、马铃薯等种植养殖技术培训，免费发放病虫害防治药品，为村民解决生产中遇到的实际困难和技术难题。在文艺节目演出中穿插科普知识有奖问答，引导村民学科技、懂科技、用科技，增强村民的科学意识，破除封建愚昧思想和落后习俗，养成科学文明的生产生活方式。

（胡艳平）

## 气　象

**【概　况】** 2019年，宣恩县总的气候特点是降水严重偏少，区域降水均值创60余年极小值；日照明显偏少，冬季严重偏少，创历史极小值；气温偏高，盛夏到初秋出现持续晴热高温天气，极端高温接近历史极大值。年内灾害天气相对偏少，汛期大范围强降雨少，但面弱点强，局部地区洪涝灾害严重。盛夏到初秋高温少雨叠加，局部旱情严重。

**【主要气象要素】** 全县年平均气温为16℃，与历年值（15.7℃）偏高0.3℃；年极端最高气温为37.2℃，出现在8月24日；年极端最低气温气温为–0.5℃，出现在1月1日。

全县年总降雨量为949.4毫米，与历年同期（1417.7毫米）相比，偏少33.1%；本年降水达0.1毫米以上的日数为169天；全年宣恩本站仅出现1次暴雨过程：8月7日，日降水量为66毫米。

全县年日照时数为1079.8小时，与历年（1137.3小时）相比偏少57.5小时，年日照百分率为24%。

**【主要天气事件及其影响】** 春季出现倒春寒和局地强对流天气；汛期气候异常，高温持续时间长，降水严重偏少；冬季阶段性低温雨雪天气，对交通影响大。冬季日照严重偏少，历史罕见。

冬季强冷空气活动明显，光照不足。冬季阶段性强冷空气活动明显，高海拔地区道路结冰严重，对交通、电力、农业及人们的正常生产生活都带来较严重影响，县内椿木营乡等高海拔地区部分路段实行临时交通管制，道路封闭；全年日照时数与历史同期对比偏少57.5小时，创历史极低值。持续低温寡照天气，导致越冬作物长势弱，生长发育偏迟。

汛期气候异常，高温持续时间长，降水严重偏少；但雷电、局地短时强降水、冰雹、大风等灾害天气频发。

6月21日8时至22日8时，宣恩县境内出现大到暴雨，局部大暴雨天气，其中万寨乡雨量达103.1毫米。全县9个乡镇都有不同程度受灾，受灾人口8893人，紧急转移人口30人；农作物受灾430公顷，成灾276公顷，绝收157公顷，直接经济损失171万元；乡、村、组公路多处塌方，其中万寨乡小姑珠村、长潭河乡中间河至洞坪、椒园镇龙潭溪村等交通干线中断，共计垮方102处17500立方米，村组公路损毁136千米，涵洞损毁6个，直接经济损失达1923万元；123户287间房屋受损，直接经济损失达34万元。

2019年8月11日至9月11日，全县低山地区连续近一个月最高气温超过35℃。10月11日，宣恩下了中到小雨，气温下降，旱情基本得到缓解。高温天气造成全县9各乡镇不同程度受灾，受灾特别严重达16661人，因旱需生活救助人口15493人，因旱饮水困难需救助人口14419人；玉米、水稻、烟叶、茶叶、红苕、蔬菜、药材等受灾严重，受灾1452公顷，成灾1206公顷，绝收950公顷。直接经济损失1252万元，其中农业损失达1252万元。

**【气候影响】** 2019年农作物主要生长季气温偏高，降水大部偏少，盛夏期晴热高温时间长，降水明显偏少。受高温少雨叠加影响，全县虽出现中到重度气象干旱，但没有造成大范围的影响。同时，在汛期没有出现大范围长时间洪涝，春季倒春寒持续时间短，冬季冷空气活动频繁但势力偏弱，强降水和冬季低温雨雪灾害均不明显，大部时段对农业生产较有利，农业气候年景为正常偏好。

宣恩县天气条件整体较好，气温适中，阳光充沛，特别适宜山区旅游。全年全县共接待游客300.88万人次，旅游综合收入14.85亿元，同比分别增长24.2%、26.5%。

**【人工影响天气】** 宣恩县人影作业人员已向当地公安机关报备，作业人员持证率达到100%。4月22日，宣恩县人影办举办人工影响天气作业人员培训班，全县7个人影站的14名人影作业人员和管理人员参加培训。汛期7个炮点共作业51次，消耗火箭弹111枚、高炮炮弹150枚。作业有效面积达200平方千米。

**【防雷管理工作】** 宣恩县防雷中心认真履行防雷减灾管理职能，2019年共开展易燃易爆检测2次，易燃易爆场所（加油站15个、液化气站4个、民爆3个、鞭炮库2个）检测率达到100%。在检测过程中，发现问题，要求立即整改，并确定整改期限。

（陈海鹰）

## 教　育

**【概　况】** 全县有各级各类学校58所，其中普通高中2所、职业高中1所、初中12所、完全小学37所、特殊学校1所、教学点5个；全县有学生38754人，其中普通高中4416人、职业高中1526人、初中10904人、小学21842人、特殊教育66人；全县58所学校中有民办十二年一贯制学校1所3261人，全县5所点小有学生164人。全县有幼儿园45所，其中公办园3所、民办园42所；全县在园幼儿8623人。其中公办园1047人、民办园6718人、附属幼儿班858人。

**【学前教育】** 2019年，全县有幼儿园45所，其中公办园3所、民办园42所，在园幼儿8623人。从事幼儿教育教职工827人，其中专任教师361人，保健教师40人。各级各类幼儿园在园舍标准化建设、玩教具配备方面均做相应投入，坚持以游戏为基本活动，开发园本特色，保教结合，寓教于乐，为幼儿的健康成长提供良好的环境。

**【义务教育】** 宣恩有义务教育学校55所，2014至2019年，全县教育项目建设投入91694.5万元，其中，中央专项资金23349万元，新建县教育中心、思源中学、县第二民族实验小学，李家河中学，改扩建县民族中学、珠山镇宝塔小学等。2019年编制《2019—2020年义务教育薄弱环节改善与能力提升项目规划》，项目涉及9所中小学，总投资4425万元。

全县所有中小学、教学点网络宽带“校校通”覆盖率100%。2019年共投资135万元，补充学生计算机171台、班班通33套，网络“校校通”和“班班通”优质教育设备实现了全覆盖。李家河思源中学、县民族实验中学智慧校园项目建成投入使用。椒园镇庆阳小学和武汉水果湖小学“一对一”网络同步课堂高效使用，全县共8所学校实现网络“一对一”同步课堂，实现农村学校与城市优质学校资源共享。

2019年，全县共计招聘农村义务教育学校教师94名，全部补充到农村义务教育教师队伍。确定“五好校长”标准，健全完善校长选拔、任用和培养、管理机制，提升校长队伍整体素质。完善后备干部、骨干教师、学科带头人、优秀教师等优秀人才的培养选拔机制。暑假期间，按照《宣恩县“卓越教师”评选方案》，县政府表彰28名卓越教师，激发全县教师干事创业的激情；全县义务教育阶段全体教师进行为期7天的订单式暑期集训，培训内容逐渐从大规模通识培训向分学段、分学科、分角色菜单定制式培训过渡。借助东西部协作为契机，采取“请进来，走出去”的方式，着力实施“教师及管理人员能力提升工程”。全县教师到西湖区培训153人次，西湖区教育系统选派名师、骨干教师、校长等54人到宣恩县8所学校开展学科教学教研培训指导，为宣恩县教育注入新的思想和理念。

2019年8月13日，宣恩县表彰首届“卓越教师”　康美玉　摄

全年全县共资助学生32879人次，发放资金2367.475万元，全县贫困学生资助率达100%。针对在县外就读的贫困学生，采取发函的方式，让学生在就读地享受国家教育扶贫资助政策。建立政府包入学、学校包巩固的“双包”工作机制和教师“家访劝返”制度，明确各级各岗位的控辍保学责任，分解细化目标任务，逐级抓落实。深入分析学生失学辍学原因，扎实做好劝返复学工作。对病残儿童，实行“一人一案”，通过随班就读、在特教入学、送教上门等方式，保障其接受教育；对无学习能力的特殊儿童少年进行送温暖、送关爱、送医的方式。建立以政府为主导的留守儿童关爱体系，积极组织社会力量开展留守学生“一对一”“爱心妈妈”等帮扶关爱活动，建立“亲情小屋”、心理咨询室，帮助留守学生健康成长，增强学习信心。对随迁子女，加强沟通联系和引导，防止辍学。全县适龄儿童、少年入学率达到100%。

（胡慧芳）

**【高中阶段教育】** 全县有高中阶段教育学校3所，其中普通高中2所，在校学生4416人；职业高中1所，在校学生1526人。

**【宣恩县第一中学】** 2019年，宣恩县第一中学（简称宣恩一中）开设高中一、二、三年级，开设教学班56个，招收高一新生1098人，在校学生3393人。学校现有在编教职工243人，其中专任教师219人（其中高级教师54人，中级教师67人，硕士研究生学历19人）。有县教学精英人才35人，县卓越教师5人，省、州、县学科带头人、骨干教师40人。自2012年秋季学期起，开设日语班，共3个日语班，日语教师3名。2019年宣恩县人民政府给予宣恩一中“2019年高考培训经费50万元”奖励。

2019年，文化应届生一本上线人数为146人（其中理科97人，文科49人），二本上线人数累计为740人。高三（20）班学生刘平康662分获学校理科状元，在全省排名并列705名；高三（7）班学生陈苗611分获学校文科状元，在全省排名并列843名。

组织学生参加数学、物理、化学、生物等学科奥林匹克竞赛，英语竞赛，“叶圣陶杯”作文竞赛、宣恩县第十三届宣恩县青少年科技大赛等竞赛活动，近300余人次获奖。组织高三“百日誓师大会”、“践行雷锋精神”社会实践活动、2019年“春天的脚步”第四届远足活动、学生篮球赛、“青春心向党　建功新时代”五四表扬大会暨纪念晚会、“五四”新团员入团仪式暨宣恩一中五四表彰大会、2019届高三毕业典礼暨高考诚信应考大会、2017级高三起点考试表彰大会及新高三启动仪式、2019级新生军训暨文明礼仪教育、97届杰出校友覃争锐博士专题讲座、2018级学生学业水平考试诚信应考教育大会、朝读经典活动、书写经典及传承优良家训家规家风活动。

**【第三届文化体育艺术节】** 2019年10月29日至11月1日，举办宣恩一中第三届文化体育艺术节，白天举行为期5天的体育竞赛、文化类系列活动，晚上举行“爱我中华 · 歌唱祖国”爱国歌曲合唱、“宣Young自我 · 且歌且行”外语风采展示、“初心不忘 · 知深行远”文艺汇演三场文艺晚会。

第三届文化体育艺术节为期四天，白天进行体育竞赛、文化类系列活动，晚上则举行三场精彩的文艺晚会，文化篇2156名同学经过两周的充分准备展示数百个作品，730名选手参加9个学科的竞赛活动；体育篇56个代表队1740名运动员参加了11个竞技项目，8个项目14人次破纪录；艺术篇1200多名演职人员呈现“爱我中华 · 歌唱祖国”“宣Young自我 · 且歌且行”“初心不忘 · 知深行远”3台精彩绝伦的文艺展演。第三届文化体育艺术节在云上宣恩全程直播，点击量达120万人次，向全社会展现了宣恩一中的师生风采。

（周　瑶）

2019年10月29日，宣恩一中举办第三届文化体育艺术节开幕式　　周　瑶　摄

**【宣恩县中等职业技术学校】** 宣恩县中等职业技术学校是湖北省重点职业学校、省级示范中职学校。在2019年全州信息化教学大赛中，1人获一等奖、1人获二等奖、1人获三等奖。全省说课大赛一等奖1人，国家级说课大赛二等奖1人。根据专业特点，不断探索完善“做、学、教合一”和“项目教学法”“案例教学法”和“模拟教学法”等多种教学方式，将多个专业课程改造为项目教学、情景教学课程。以优质教学资源建设为重点，突出优质教学设计，提炼优质教学课件，丰富教学素材，实现教学资源共享，提高教学质量。以教研组为单位收集、汇总各备课组完成的教学课件、教学设计、教学素材存放于教研组教学资源库中，供教研组开展教学研究。改善教师

队伍结构，聘用有实践经验的行业专家、企业工程技术人员和社会能工巧匠等担任兼职教师。

（康　迪）

**【宣恩县椒园镇初级中学】** 宣恩县椒园镇初级中学始建于1971年，坐落在宣恩县城珠山镇神龙坳头，北濒贡水河，南倚明珠山。学校占地面积22593平方米，校舍建筑面积15241平方米，现有27个教学班，在校学生1414人，教职工108人。2019年县级工作室“席建忠工作室”挂牌成立、省级课题获得立项、5位教师荣获宣恩县首届“卓越教师”称号。

**【宣恩县珠山镇和平中小学】** 珠山镇和平中小学位于和平集镇，占地面积6万余平方米，建筑面积20693.43平方米。校园布局合理，绿化环境优美。有教学楼、学生公寓楼、学生食堂、塑胶跑道、图书室、阅览室、仪器室、实验室、微机室、美术室、音乐室、室内体育馆等。学校分初中部、小学部，教学班共计27个，在校学生1300余人，专任教师99人。师资力量雄厚，教学水平精湛。

**【宣恩县思源实验学校】** 学校位于宣南产业新城内，西南同来凤毗邻，东侧有209国道和恩来高速。校园面积64506平方米，校园建筑面积28492平方米，绿化用地面积达19675平方米。有教学班29个，在校学生1792人。学校各类功能室齐全，音乐教室、舞蹈教室、美术教室、信息教室、实验室、录播室等设施设备完善；学校运动场含一个标准足球场带400米环形跑道、6个篮球场、2个排球场、2个羽毛球场和9个乒乓球场，能完全满足教育教学需要。2019年中考最高分670分，640分以上有6人，600分以上的有36人，470分以上的有208人，460分以上223人，较上届各个分数段均有突破。地生会考共571名考生，高分8人，优分44人，及格人数213人。5月荣获恩施州第五批“州级绿色学校”。

**【宣恩县珠山镇宝塔小学】** 珠山镇宝塔小学建于1964年，珠山镇凌云路159号。占地面积16.67亩（11129.5平方米），建有教学楼2栋、学生食堂一栋。现有31个教学班，在校学生1680人。有教职工79人，大专以上学历78人，恩施州名师3人，县级骨干教师7人和学科带头人3人。2019年一年级招收新生275人。

**【宣恩县松坪实验小学】** 宣恩县松坪实验小学是沙道沟镇松坪安置点配套小学，校园占地40亩，建筑面积19700平方米。主要为集镇内松坪、上洞两个安置点的建档立卡贫困户的适龄儿童提供高质量的教育教学服务，覆盖易地安置建档立卡贫困户2300户，开设1—6年级20个教学班共961名学生，其中建档立卡的学生358人。

（胡慧芳）

# 卫 生

## 人口和计划生育

【概　况】2019年，全县年出生3282人，人口出生率8.69‰，人口死亡率1.58‰，人口自然增长率7.11‰。其中一孩人1284人，一孩率39.12%；二孩1540人，二孩率46.92%；多孩458人。年末全县总人口35.76万人，其中男性人口18.77万人，占总人口的52.5%；女性人口16.99万人，占总人口的47.5%。年末常住人口30.92万人，其中城镇常住人口12.09万人，占常住人口的比重（常住人口城镇化率）为39.1%，比上年提高1.1个百分点。

【精准扶贫】实行"三级审核"（村评议、乡初审、县审批）、"三级公示"（村、乡、县逐级公示），确保奖励和扶助对象不错不漏，做到年初足额提出资金需要计划，年终县财政足额保障兑现。2019年，全县审核通过新增农村奖扶对象366人、特别扶助35人，累计人数分别达4496人、290人，采用"一卡通"其际兑现金额431.04万元、203.232万元；发放独生子女死亡家庭一次性抚慰金16人，兑现金额为11万元；企业退休职工独生子女一次性奖励92人，兑现金额为32.2万元；城镇无业独生子女年老父母一次性奖申报30人，兑现金额10.5万元；兑现农村、城镇无业居民独生子女保健费129人，其中农村独女户一次性奖励56户，金额12.91万元；办理特扶家庭住院护理保险288人，金额8.64万元，为特扶家庭补助医疗保险7.7万余元；开展计划生育特扶家庭春节慰问206户，慰问金10.3万元。切实做好特扶家庭的扶助和精神慰藉工作，开设就医"绿色通道"，完成特扶家庭免费体检，进一步完善联系人制度。

【流动人口管理】成立流动人口基本公共卫生计生服务均等化领导小组，在流动人口相对集中的浙江省温岭市大溪镇建立流动人口计生协会，实现跟踪服务管理。宣恩县已与38个流动人口相对集中的县市签订《流动人口计划生育服务管理双向协作书》，与40多个县市有相关流动人口的函件联系。全县共有流动人口11.425万人，其中流出人口11.333万人，流出育龄妇女3.775万人，流入人口919人，流入已婚育龄妇女280人。流动人口信息入库率97.93%，流动人口跟踪管理到位率95.67%，流动人口卫生计生基本公共服务均等化到位率90%。

（张　岑）

## 卫生机构

【概　况】全县共有医疗卫生健康服务机构281个。其中，县直卫生健康二级单位10个，含4家县级公立医院，宣恩县人民医院（二甲综合医院）、宣恩县民族医院（二甲中医医院）、宣恩县妇幼保健院（专科医院）、宣恩县中西医结合医院（设置于沙道沟镇，为县级综合医院）、公共卫生服务机构2个、综合服务部门4个（县计划生育流动人口服务站、县卫生财务管理中心、县红十字会办公室、县计划生育协会）；社区卫生服务中心1所（2017年8月8日与珠山镇卫生院合署办公）；乡镇卫生院8所；村卫生室221所，个体诊所35个，民营医院4所，医务室3个。全县医疗机构实际开放床位1626张，千人床为5.34张；有执业及助理医师595人，千人执业医师（助理）数为1.96；有注册护士1089人，千人护士数为3.58。全科医生42名。宣恩县2019年底建立居民健康档案电子档案283960份，建档率达到93%以上。落实老年人健康管理率72.61%，在管高血压患者26332例，在管II型糖尿病患者健康管理6991例，累计确诊严重精神障碍患者1310例。

（张 岑）

## 卫生服务体系建设

**【基础设施建设】** 2019年底，宣恩县民族医院整体搬迁（医疗区）建设项目主体完工并进入装修阶段；宣恩县残疾人康复中心及综合服务设施建设项目主体完工并进入装修阶段；椒园镇卫生院整体搬迁建设项目竣工并投入使用；李家河镇卫生院整体搬迁建设项目主体完工并进入装修阶段；宣恩县易地扶贫搬迁配套公共服务设施—晓关侗族乡中心卫生院业务综合楼装修改造建设项目完成并投入使用；宣恩县易地扶贫搬迁配套公共服务设施—长潭河侗族乡中心卫生院整体搬迁建设项目进入开工前期准备阶段；宣恩县中西医结合医院业务综合楼建设项目进入用地划拨和部分土地征收前期准备阶段。

**【信息化建设】** 推进医疗服务智能监管系统建设，各单位均已完成医疗服务智能监管系统建设前期准备工作，县人民医院纳入省第一批建设开工医疗机构，目前完成智能监管建设并投入使用；推动远程医疗平台建设，全县除民营医院外的所有医疗机构均完成远程医疗建设的设备安装和软件部署，并顺利通过远程医疗服务系统试运行；加强区域病理中心建设，县人民医院作为宣恩县病理中心建设单位，已完成软硬件环境搭建，处于试运行阶段。

（张 岑）

## 医政医管建设

**【基本药物制度】** 宣恩县严格执行基本药物制度，全部实施省药品采购平台采购，基层医疗机构配备和使用国家基本药物比例均达90%以上。各级医疗机构比照县级公立医院药品采购渠道在省采购平台组织采购，根据业务发展需要配备和使用相应药品，保障临床用药需要。同时考虑药品带量采购优势，建立辖区内医疗机构带量采购联合体，并委托宣恩县人民医院牵头组织实施全县药品带量采购工作，组织招标采购，以量降价、以量保值，以量保送。

**【分级诊疗】** 围绕“健康宣恩”建设目标，强化“三医联动”改革。不断完善财政投入保障机制，改革内部决策和制约机制。建设医联体，搭建以电子病历、远程会诊、分级诊疗平台和慢病管理为核心的信息化系统。实行规范化的成本核算和成本管理，加强医疗质量管理与控制，完善县级公立医院内部绩效考核制度，制订重点专科建设计划，明确人才、技术和管理能力提升需求。稳步推进县域内分级诊疗工作，以家庭医生签约服务和慢性病管理为重点，推行基层首诊，急慢分治，双向转诊措施。2019年全县总诊疗81.5万人次，基层医疗机构诊疗55万人次，占比66%，县外住院人次12123人，县内就诊率为90%以上。

【医联体建设】 2019年2月28日，县医改办印发《宣恩县县域医共体建设规划（2019—2020）》，明确县域医共体建设总体规划，采取先行试点，待条件成熟后覆盖全县。2019年8月，县人民政府专题研究县域医共体建设问题，基本同意县卫生健康局拟定的《宣恩县全面推开县域医共体建设工作实施方案》，认可方案提出以县人民医院为牵头单位、椒园镇卫生院为成员；县民族医院为牵头单位、珠山镇卫生院为成员的医共体先行试点建设意见，力争2020年达到全县全覆盖，形成纵向互相协作、横向共同发展的机制为重点的县域医共体建设框架。2019年9月15日，由县医改办印发《宣恩县全面推开县域医共体建设工作实施方案》，实施试点工作，并提交常委会通过，全面执行《宣恩县全面推开县域医共体建设工作实施方案》。县人民医院和县民族医院采取对口帮扶、技术合作、派驻专家等形式对试点成员单位开展帮扶，形成“人员统一调配、财务统一管理、业务统一部署、设备统一采购、绩效统一考核”的“五统一”紧密型县域医共体。各牵头单位和成员单位已经完成签订医共体协议、挂牌、拟定章程、派出专家、共建专科等帮扶事宜。

（张　岑）

## 疾病预防与控制

【健康教育与健康促进】 参加上级业务部门举办的专业培训，举办全县健康教育培训工作会，对各乡镇卫生院健教人员开展集中业务培训2次90人次。利用大众媒体，开展传染病相关知识的宣传，在县电视台、县新闻网和疾控中心微信公众号播放和刊载艾滋病、结核病、预防接种、控烟等相关知识。结合“3·24”结防日、“4·25”全国预防接种日、“5·15”全国防治碘缺乏病日、“5·31”世界无烟日、“6·26”世界禁毒日、“12·1”世界艾滋病日等重要卫生日，组织医疗卫生、社区卫生服务机构相关人员在市区繁华地段认真开展好防病健康教育宣传工作，普及群众防病知识，制作宣传展板108块，宣传横幅120条，散发放宣传单12种共20.2万份；县电视台播出节目4次，县新闻网用稿8篇，疾控系统网站用稿86篇。在县一中、县职中、县直及各乡镇中小学开展艾滋病防治、结核病防治、控烟等健康教育，用光盘向学生宣传相关知识，接受教育学生1.5万人次。开展“基本公共卫生服务均等化项目”工作，加大健康教育覆盖面和工作量，全县的健康教育与健康促进工作效果有明确提高。全县统一使用省健教所提供的模板，更换健康教育宣传次数60期次，发放健康教育宣传资料389301份，开展各种健康主题宣传活动130次，举办各类健康知识讲座820期，接受教育人数达到98970人次。利用非遗文化“三棒鼓”的形式开展“三减三健”的健康教育活动；利用中医药宣传小儿防病知识，结合儿童健康体检和预防接种的时间，预约儿童家长接受儿童中医药健康指导，发挥中医优势，从治未病的角度开展“儿童中医调养服务”。

【控烟工作】 全县机关事业单位的控烟工作纳入县级文明单位的创建范畴，县文明办以文件的形式要求所有办公区域均为无烟场所，将控烟效果与文明单位考核相融合。开展创建“无烟家庭”“无烟学校”“无烟单位”的工作和活动，全县100%医疗卫生机构开展控烟活动。利用5月31日“世界无烟日”开展相关活动。开展控烟工作培训2次，在全县各医疗卫生机构开展控烟督导检查52次，印制控烟标识标牌200张，受教人次13000余人。

【传染病管理】 至2019年12月31日，全县无甲类传染病报告，共报告乙、丙类法定传染病16种4941例，死亡9例（肺结核病5例，艾滋病4例），报告发病1615.76/10万，报告死亡率2.94/10万。总报告发病率与2018年比，上升73.37%，上升的病种主要为丙类传染病（手足口病、流感）。其中乙类传染病 9 种 1215 例，死亡 9 例，报告发病率 397.32/10 万，报告死亡率 2.94/10 万，与 2018 年相比，报告发病率下降 7.39%。丙类传染病 7 种 3726 例，无死亡，报告发病 1218.44/10 万，与 2018 年相比，报告发病率上升 142.26%，上升的病种主要为手足口病、流感。

全年规范调查、核实和处置聚集性、暴发疫情、食源性疾病事件。其中传染病疫情 55 起，发病 995 例，流行病学调查 1036 人，无死亡。报告非职业性一氧化碳中毒事件 52 起，发病 68 人。

全年哨点医院（县人民医院）共报告监测病例 33 例，其中野生菌中毒 11 例，占 33.2%，其它食物中毒 18 例，占 54.4%，误食野果中毒 2 例，占 6%，食用发霉食物中毒 1 例，饮用药酒中毒 1 例。食物中毒事件：2019 年共调查处置食源性疾病 10 起，报告发病 39 人，无死亡。其中毒菌中毒事件 7 起，23 人发病，1 起蜡样芽孢杆菌中毒事件，9 人发病，其他中毒事件 2 起，共报告发病 7 人。

全年监测手足口病样 95 份，病毒核酸检测 CA16 型阳性 49 例，CA6 型 1 例，CA10 型 1 例，其它肠道病毒 11 例阳性，无 EV71 型阳性；报告 2 例斑疹伤寒病例；伤寒 + 副伤寒监测 15 例（含疑似病例），确诊病例 4 例，其中 3 例实验室诊断（2 例伤寒阳性，1 例乙型副伤寒阳性），1 例临床诊断病例；报告疑似布病 1 例；报告疑似病例 2 例，通过实验室检测排除诊断，根据省卫健委要求开展疫区归国人员监测 6 人次。

全县共 12 家医院开设肠道门诊，5—10 月开展霍乱检索工作，全年登记腹泻病例 650 例，检索 180 例，总检索率 27.69%。其中县直医疗机构 3 家，全年登记腹泻病例 113 例，检索 37 例，检索率 32.74%，其中县妇计中心未开展检索工作；9 个乡镇卫生院登记腹泻病例 537 例，检索 143 例，检索率 26.63%，其中妇计中心、椿木营卫生院未开展检索。

**【免疫规划与预防接种】** 全县有预防接种单位 13 个，其中预防接种门诊 9 个，产科接种点 4 个，为规范预防接种，加强疫苗管理质量，全县所有村级接种点于 8 月底前全部撤销。有预防接种人员 76 人，均持有考核合格预防接种资格证。截至 12 月 31 日，全县共出生儿童 2432 人，建证建卡 2432 人，建证建卡率 100%，其中本地产科出生 1793 人，建证建卡 1793 人。7 月中旬，开展预防接种风险排查自查工作。稳步推进第一类疫苗预防接种异常反应补偿保险工作。

截至 12 月 31 日，共报告一类疫苗总针次 49553 剂次，以乡镇为单位，免疫规划疫苗接种率达到 90%。其中疾控中心接种门诊报告 18341 剂次，乡镇门诊 28283 剂次 . 产科接种点 2909 剂次，二类疫苗接种 28536 剂次。报告疑似预防接种异常反应 7 例，一般反应 6 例，异常反应 1 例。

截至 12 月 31 日，共报告疑似麻疹 36 例，排除病例 20 例，实验室确诊病例 16 例，针对宣恩县清江外国语学校不典型麻疹疫情对全校教职工开展麻腮风疫苗应急接种工作，应种 3519 人，实种 3148 人，接种率 89.45%；报告 AFP 病例 3 例。完成个案调查和采样工作；狂犬病暴露人群 1563 人，规范处置 1559 人，接种疫苗 1559 人。

开展入园、入学儿童接种证查验工作，应查验入托儿童 3814 人，实际查验 3806 人，查验率 99.79%，补种儿童 296 人；应查验入学儿童 3227 人，实际查验 3226 人，查验率 99.96%，补种儿童 216 人。

**【艾滋病防治】** 全县累计报告 HIV/AIDS 人数 201 例（按现住址统计），现存活 132 例，累计死亡 69 例，现存活可随访 114 例，失访病人 18 例（包括拒绝治疗、失联、停药），抗病毒治疗人数 113 人，其中停药 5 人，在管在治人数 108 人，病人治疗率 94.73%（要求不低于 90%），其中学生病例 4 例，均为大专学生，全部纳入治疗；在治病人完成1次病毒载量检测的人数108人，检测比例100%，2019年12月31日前治疗现存活病人84人，低于1000拷贝/毫升73人，病毒抑制率86.9%（要求不低于90%），可随访病人CD4检测人数111人，检测比例97.36%（要求不低于95%）单阳配偶抗体检测比例100%。

全年累计做VCT筛查823人（任务数800人），孕产妇产前筛查人数2932人（任务数3650，完成率80.32%）、性病门诊筛查306人（任务数300人、年内抗体筛查人数44300人（常住人口数305800人，任务数不低于常住人口数的12%）。遵循应补尽补的原则，全年发放生活补助118700元，已办理低保人数36人。2019年4月，艾滋病诊疗移交给县人民医院，已全部完成所有病人的治疗转诊，移交之后，艾滋病有专人管理，病人治疗管理、网络信息录入等都能及时完成，检验科积极配合感染科进行CD4及病毒载量的检验工作，药品由县医院药剂科统一管理，有药品出入库及药品发放记录。

**【结核病防治】** 2019年，初诊患者就诊人数为1082人（任务数985），共发现肺结核病人300例（任务250例），其中病原学阳性数144例，病原学阳性率48%（要求是50%）。初诊患者检查及肺结核患者痰培养检查情况：免费拍片292人，免费查痰991人，免费查痰率为91.59%（要求是90%），全年开展痰培养488例；涂阳患者密切接触者筛查情况：涂阳患者密切接触者144人，全部进行筛查，筛查率为100%，并检查138人，未查出有症状者及活动性肺结核患者，2018年新涂阳肺结核患者治愈率88.14%（104/118）（要求是85%）；患者转诊追踪情况：2018年12月1日至2019年11月30日，非结防机构（按现住址）网络报告肺结核病人/疑似肺结核病人783例，其中重报113（实报告670例），转诊629例，转诊率93.88%（629/670）（要求是95%），总体到位589例，转诊追踪总体到位率87.91%（要求是95%）；结核病患者中艾滋病筛查情况及双感患者检查治疗情况：结核病人中HIV筛查率达到88.33%（265/300），阴性262例，既往阳性3例。TB/HIV双重感染患者3例（初阳1人、初阴2人），3例均进行双感治疗，其中1人治疗途中死亡；学校结核病防控：共收到预警信号122条，预警信号响应率为100%，全年发现学生病人23例（其中本地14例，外地9例），对本地的学生患者均下达隔离治疗通知并进行密切接触者PPD筛查及流行病学调查940人次，胸片检查80人次，无聚集性疫情发生，对外地学生均将疫情告知书传送给当地疾控中心，新生入学体检开展结核病筛查（PPD实验），发现3例学生肺结核患者，对这3例学生采取休学居家隔离治疗措施。

**【麻风病防治】** 对全县114名治愈存活病人进行随访，并全部录入麻风病信息管理系统。2019年1月“世界防治麻风病日”暨第32届“中国麻风节”，全县开展健康教育宣传活动，悬挂横幅或播放滚动字幕9条，播放麻风病防治知识累计60小时，发放宣传单900余份，张贴宣传海报30余张，设立咨询台9处。

**【慢性病综合管理】** 老年人健康管理率（≥67%）：全县65岁以上常住老年人33990人，参加老年人体检共33227人，其中完成所有辅检项目的老年人24413人，完成总任务的71.82%。

高血压患者健康管理率（≥40%）：全县辖区内常住人口304400人，估算（常住人口×0.8128×0.252）高血压患病总人数为59599例，在管26254人，管理率为44.05%，达到既定40%目标，随访100498人次。高血压患者规范管理率（≥60%）：管理高血压患者26254例，规范管理18102例，规范管理率为68.95%。高血压患者完成年度体检22671人，占比86.35%，尚未达到一半，其中万寨11%、李家河16%、沙道沟19%、椿木营25%、珠山38%、高罗43%。血压控制率（≥50%）：第四季度接受管理高血压患者22252例，血压达标人数为16139例，血压控制率为72.53%。

II型糖尿病患者健康管理率（≥35%）：宣恩县辖区常住人口数304400人，估算（常住人口×0.8128×0.097）糖尿病患病总人数为22941例，在管7018例，管理率为30.59%。II型糖尿病患者规范管理率（≥60%）：管理糖尿病患者7018例，规范管理3035例，规范管理率43.25%。II型糖尿病患者血糖控制率（≥45%）：第四季度接受管理糖尿病患者5629例，血糖达标人数为3830例，血糖达标率为68.04%。

严重精神障碍患者报告率（≥4‰）：实际检出1233例，检出率4.03‰。全县累计录入国家直报系统确诊六类病例1233例，其中在管1157例，管理率93.84%。严重精神障碍患者规范管理率（80%）：累计录入专报系统1311例，其中已死亡78例、失访32例、非在管48例，应管理1157例，已规范管理1116例，规范管理率为90.51%。严重精神障碍患者规律服药率（50%）：在册1233例患者中，服药人数680例，服药率55.15%；规律服药人数374例，规律服药率30.33%。

死因监测：根据死亡时间，按户籍地址统计，共登记报告死亡病例1124例，审核率100%，推算粗死亡率6.26‰。肿瘤登记：全县上报登记302例，死亡补发病276例，死亡生成新卡92例，上报生存例数26例。心血管事件报告：登记634例，死亡补发病378例，死亡生成新卡101例，上报生存例数256例。慢阻肺登记：登记247例。

**【地方病防控】** 全县采集学生碘盐200份，孕妇碘盐100份。目前采样及实验室检测工作已经完成，正在录入专报系统。粘贴“科学补碘益智，健康扶贫利民”宣传海报300张。发放碘缺乏病防治宣传折页总计5000份，发放合格碘盐300包，悬挂宣传横幅或电子显示屏播放滚动字幕12条次，摆放宣传展板12张，全县累计接受咨询约1800余人次。播放《碘石成金（防碘缺乏病系列动画片）》宣传视频20余场次。开展碘盐检测实验课及碘缺乏病防治健康教育课14班次。

2019年10月完成椿木营乡中心小学相关人群氟斑牙患病率调查。

**【地方病防治健康宣传】** 通过对乡镇卫生院医务人员、乡村医生、乡村干部及村组长，县直医疗单位妇产科医务人员、小学教师、碘盐销售人员进行碘缺乏病防治、燃煤型氟中毒防治健康知识的传播和宣传，并通过他们对接触的对象直接“口口宣传”地方病防治相关知识，共计发放书籍《预防地方病危害健康教育与健康促进》到乡村、学校、机关等1200本。利用人口健康宣恩、宣恩疾控两个微信公众号为群众提供有针对性的地方病防治知识2篇次，地方病防治相关报到9篇次。通过与非物质文化遗产三棒鼓的宣传形式结合，采用人民群众喜闻乐见的方言和歌舞形式，开展1期三棒鼓唱地方病防治知识的健康教育和科普宣传。乡镇卫生院公共卫生科医生和村医在开展地方病问卷调查时，对每个村家庭主妇开展相关地方病防治知识培训100余人次。在乡镇卫生院开设地方病防治知识专题宣传栏共10期次，利用“赶集日”在乡镇开展防治地方病健康咨询活动9场次。健康教育进学校：结合湖北省健康校园建设专项行动，将地方病防治知识纳入学校的健康教育内容，在全县选取中心小学10所，针对小学4—6年级学生，开展碘缺乏病防治知识、燃煤型氟中毒防治知识健康教育课，并要求学生结合教学内容写1篇作文，并把所学到的相关知识传递给家庭成员。最终收到各学校反馈优秀作文30篇，发放物资奖励30套、经费4950元。全县共发放问卷4746份，其中碘缺乏病问卷4425份，燃煤型氟中毒321份。

**【寄生虫防治】** 完成疟原虫血检156份。2019年4月26日是第12个“全国疟疾日”，主题是“消除疟疾，谨防境外输入再传播”，全县共计设立疟防知识咨询点11处，现场咨询1580余人次，发放宣传单、宣传折页、宣传画3000余份，制作疟疾防治宣传栏1期，悬挂宣传横幅或者显示屏播放宣传标语累计17条次，宣传展板6块。

**【卫生监测】** 2019年免费开展预防性健康体检6956人次，发放健康证6928张，未发证28人，其中24人为戊肝阳性，4人为身份证信息不全。

2019年共体检217人，粉尘作业体检78人次，噪声作业体检148人次，汽油作业16人次，其中重点职业病重点职业健康检查200人，体检未发现疑似职业病，职业禁忌证2人。

共监测35家企业，职业危害因素涵盖粉尘、噪声、汽油。矽尘监测12家，合格1家，合格率8.33%，总尘、呼尘各监测19个点，合格1个点，合格率5.26%；金属粉尘监测1家，合格1家，合格率100%，木粉尘监测4家，合格2家，合格率50%；噪声监测27家企业，噪声监测全部合格的企业21家，合格率为77.78%，共40个监测点，合格25个，合格率62.5%；中在苯危害因素监测7家加油站和1家汽车修理厂，共监测8个点，合格8个点，合格率100%；

全县共确定32个监测点，其中城区6个，乡镇26个。监测点覆盖1个县自来水厂、8个乡镇水厂、学校、车站、餐馆等公共场所。每年监测分枯水期、丰水期各一次，每次采水样32份，其中出厂水9份，末梢水23份。全年共检测水样64份，合格51份，合格率为79.69%。其中枯水期共检测水质样品32份，合格29份，合格率为90.63%；丰水期共检测样品32份，合格22份，合格率为68.75%。总菌群超标5份，占7.81%；大肠杆菌超标7份，占10.94%；浑浊度超标6份，占9.38%；二氧化氯不合格2份，占3.13%。

覆盖5个乡镇的20个行政村，采集土壤样品20个，入户调查100户，监测农村中小学各5所。采集的20份土壤样本中，15份土壤样品蛔虫卵阳性，阳性率75%，重金属无超标。

**【检验检测工作】** 水质检测879份，其中水质日监测690份、卫生监测科农村饮用水检测64份、卫生监督局常规水监质测119份、其他委托检测1份、应急检测5份，公共场所检测119份，医院消毒效果监测110份，土壤检测20份，餐具消毒效果监测14份，HIV抗体筛查1257份（其中阳性6份），甲肝IgM6663份（阳性0份），戊肝IgM6663份（阳性20份），麻疹、风疹监测358份，其中麻疹179份（阳性27份）、风疹179份，流感采样及检测28份，伤寒与副伤寒及细菌性痢疾监测6712份，血尿常规及生化等检测7345人次，其中血常规183人次、尿常规118人次、肝功能168人次、肾功能81人次、ALT6730人次、血糖65人次，碘盐300份、尿碘300份，全年实验室共处理4起应急事件，其中1起晓关小学诺如病毒疫情，1起椒园龙井小学（幼儿园部）疑似伤寒疫情，1起宣恩清江外国语学校麻疹疫情，1起李家河中学感染性腹泻。共检测486份，其中食品检测45份，水质检测10份，呕吐物9份，肛拭及大便55份，物表9份，咽拭子112份，全血234份，尿液12份。

**【除“四害”及“两创”工作】** 根据《宣恩县病媒生物监测方案》的要求，开展鼠、蟑螂、蚊、苍蝇的监测工作，鼠、蟑螂在单月监测，全年开展监测工作6次，蚊、苍蝇在4—10月监测，分别监测7次，宣恩县城区的鼠、蟑、蚊、蝇密度控制均达到了国家C级标准。完成健康教育资料的汇编，完成健康小屋、健康食堂、健康单位、无烟单位的创建。双创工作已通过省级专家暗访和现场复查验收。

（刘常军）

## 妇幼保健与计划生育服务

**【妇幼保健】** 考核年度内，全县共出生3322人，出生率8.81‰，自然增长率2.57‰；当年出生男孩1691人，女孩1631人，当年度出生人口性别比为106.77（女为100），控制在州定责任指标109（女为100）以内。全年孕产妇死亡1例。2019年县内产妇总数2969人，县内出生活产2984人，消毒接生率达99.89%；住院分娩活产数2981人，住院分娩率99.89%。全县无新生儿破伤风发生，7岁以下儿童22462人，保健覆盖18233人，保健覆盖率94%。“出生医学证明”首次签发1872人，换发27人，补发32人，机构外出生签发46人，废证3张，废证率1.6‰。落实免费孕前优生健康检查项目1297人，免费婚前医学婚检项目1186人。落实免费增补叶酸预防神经管缺陷项目省任务数4575人。落实新生儿疾病筛查项目1810例，筛查率99.7%；新生儿听力筛查1795例，筛查率97%；新生儿耳聋基因筛查项目1170人，完成任务数的100%。落实预防艾滋病、梅毒、乙肝母婴传播项目，三项合计检测2932人。落实儿童营养改善项目，共计发放营养包2881人，27230盒。落实农村贫困妇女“两癌”免费检测5928人，已全部在县民族医院进行乳腺钼靶检查。妇幼健康服务信息管理及时率准确率100%，项目管理在国家、省、州督查中未发现重大问题，无孕产妇死亡等重要数据漏报瞒报。

**【计划生育服务】** 2019年，全县已婚育龄妇女综合避孕率70.6%，有药具专、兼职管理发放人员499人，药具发放网点509个，共发放避孕药具约1万盒，跟踪随访率96%，群众满意率100%，系统信息录入率90.5%。出生实名制录入及时率96.3%，B超孕情录入及时录入率99.80%。

（刘 羽）

## 公共卫生

**【基本公共卫生服务均等化】** 2019年，建立居民健康档案电子档案283960份，建档率达到93%以上。落实老年人健康管理率72.61%，在管高血压患者26332例，在管II型糖尿病患者健康管理6991例，累计确诊严重精神障碍患者1310例。全年全县无甲类传染病报告，累计报告乙、丙类法定传染病4941例，传染病及时报告率100%。完成禽流感、疑似伤寒+副伤寒、菌痢病例，霍乱、手足口病、斑疹伤寒，恙虫病等重点疾病监测任务。全年接种免疫规划疫苗接种49553剂次，学校接种证查验覆盖率≧100%，适龄儿童免疫疫苗接种率达90%。全年结核病初诊患者就诊人数1082人，发现肺结核病人300例，超额完成任务。

**【卫生创建活动】** 围绕“关注小环境，共享大健康”主题，结合环境卫生整治、厕所革命、卫生城镇创建、健康城市健康村镇建设、病媒生物防制等爱国卫生重点工作内容，广泛宣传无害化卫生厕所对于公众健康、社会文明和环境改善的重要意义；开展以春季灭鼠为主的除“四害”活动，清除病媒生物孳生场所；加强对卫生创建的宣传和倡导，不断提高人民群众的健康意识、卫生意识和文明意识；开展系列活动改善环境卫生，预防和控制春季各类传染病的发生和流行。全年累计完成农户无害化厕所31932户，完成三年攻坚总任务的89%，其中农户自建完成16054户，易地扶贫搬迁9136户；完成226座农村公厕，占总任务81%。

（张 岑）

## 健康扶贫

**【医疗保障兜底】** 2019年，持续做好医疗兜底保障工作，推进所有医疗机构执行贫困人口“先诊疗、后付费”制度，规范使用全州“四位一体”结算平台，切实做好大病和慢病门诊报销工作。全县建档立卡贫困人口县域内住院总人次41199人次，发生住院总费用11207.3万元，合规费用10819.07万元，基本医疗报销8299.27万元，大病保险报销299.88万元，医疗救助1216.53万元，健康扶贫报销248.52万元，医院分担227.34万元，二次补偿79.51万元，合规费用报销比例95.86%。县域外住院总人次6044人次，发生住院总费用7274万元，合规费用6343万元，基本医疗报销3150.44万元，大病保险报销772.75万元，医疗救助1060.4万元，健康扶贫报销252.41万元，医院分担69.94万元，二次补偿492.16万元，合规费用报销比例91.41%。门诊大病及门诊慢性病就诊人次15901人，医疗总费用479万元，基本医疗报销301万元，大病保险报销0.4万元，健康扶贫报销167万元，综合报销比例97.84%。

在原组建的39个签约服务团队、320名公共卫生服务工作人员基础上，加大家庭医生签约服务实施力度，继续通过医卫融合、乡村联合模式集中力量进村入户为百姓提供家庭医生签约服务，进一步提升家庭医生签约服务数量、质量及满意度。2019年全县共计签约常住居民156760人，常住人口签约率达到51.5%；贫困人口签约率达到应签尽签的目标。

推进大病集中救治及慢病评审工作，全年开展2期湖北省"健康扶贫荆楚行"走进宣恩大病集中救治活动，共筛查对象510人次，落实集中救治措施46人。医疗保障部门做好慢病评审工作，组织门诊慢性病评审7次，评审通过门诊慢性病4091人。

（张　岑）

## 宣恩县人民医院

**【概　况】** 宣恩县人民医院创建于1949年，位于恩施州宣恩县贡水河畔，是全县唯一一所集医疗、科研、教学、康复和急救为一体的非营利性二级甲等综合医院。全院占地1.9万平方米，医疗业务用房2.4万平方米，总资产1.87亿元。截至2019年底，全院总资产1.87亿元，其中流动资产8055万元，总负债4136万元。资产负债率为22.08%，较上年下降1.72%。

2019年全年医院总收入1.55亿元，较上年增长2.4%。业务收入1.39亿元，较上年增长4.63%。县级财政一般预算拨款1563万元，较上年同期下降13.94%。医疗收入1.38亿元，较上年增长4.56%；药品收入3172万元，较上年增长1.54%，药品收入占医疗业务收入的比例为22.92%，较上年同期下降0.68%；百元服务收入卫生材料消耗为19.44%，较上年下降0.83%；门诊诊疗25.13万人次；入院20989人次；出院20981人次；手术6531台次；住院患者三日确诊率99.94%；出入院诊断符合率97.3%；治愈率51%；好转率43.9%；死亡率0.7%；平均日住院病人457人次；病床使用率96.79%；出院者平均住院日7.9天。

**【对口支援】** 2019年恩施州中心医院共选派16名专家在医院指导业务开展，接收医院进修人员2人，参加义诊活动2次，远程会诊2次，实地会诊21次，培训讲座5次281人次，开展手术63台，指导开展新项目2例，指导开展新技术1例。选送20名医护人员赴荆州市中心医院、恩施州中心医院、富阳区第一人民医院进修学习，选派6名医生在恩施州中心医院进行规范化医生培训。同时，宣恩县人民医院椒园分院在椒园镇卫生院挂牌成功，标志着医共体建设进入新的阶段。通过医共体的建立，将更好地对乡镇卫生院进行帮扶，2019年分批次派驻工作人员20人次，赠送器械药品，免费培训人才，提高当地诊疗水平。

**【基本公共卫生】** 全年传染病共上报4165例，报告率、及时率和准确率达到100%；网报直报死亡病例214例，漏报率为0；认真做好肺结核病人归口管理工作，规范抗痨药物的管理，落实结核病防控任务；认真做好孕产妇建册登记和产前产后随访、新生儿首针乙肝疫苗和卡介苗的预防接种登记工作及新生儿疾病筛查工作；处理突发公共卫生事件62起，其中食物中毒15起，非职业性一氧化碳中毒47起。在夏季肠道病毒感染防控工作中，处理得当，规范化应对和处理，得到了省、州卫健委的肯定。

【荣　誉】参加宣恩县第一届男子职工篮球赛，获得冠军；参加“体彩杯”宣恩县国庆第四届气排球赛，获得“优秀组织奖”；参加宣恩县“不忘初心、牢记使命·讲好宣恩故事”演讲比赛，获得优秀组织奖；参加宣恩县2019年定向团体赛，获得第一名。妇产科主任、主任医师王存岚被评为恩施州“劳动模范”，中医科主任、主任医师杨慧被评为宣恩县“劳动模范”，妇产科主任、主任医师王存岚被评为“出彩宣恩人”。　12月11日，由恩施州医院感染管理质量控制中心、州医院感染管理学会和州中心医院主办的恩施州首届基层感控“五个一”工程建设成果展在恩施州中心医院一区八楼学术报告厅举行，恩施州基层医疗机构医院感染预防与控制岗位培训班同期召开。

全州300名感控人以一场优秀典型感控社区展播、一场PDCA决赛、一场感控微视频展播、一场感控辩论赛、一场质控中心述职“五个一”的形式，多角度、多形式全面展示全州特别是基层医疗机构医院感染管理工作所取得优异成绩。宣恩县人民医院感染管理质量控制中心获评优秀二级医院感染管理质量控制中心，“提高换药室管理规范率”获感控PDCA案例二等奖，“质量安全　创新”感控微视频三等奖；宣恩县中西医结合医院获评优秀典型感控社区。

【提升护理质量】开展优质护理服务。为及时、动态的了解病人的需求，从实际出发为病人排忧解难，通过改变护理模式，实行责任制护士分组护理模式、简化护理文件、制定各种护理表格记录单、夯实基础护理、提供满意服务、绩效分配、弹性排班、人性化管理，充分调动护士的积极性等优质护理举措的实施，进一步深化优质护理服务内涵，更好地服务于患者。为全县护理人员搭建一个沟通学习交流平台，顺利成立宣恩县护理质控中心。在全院开展护理6S管理活动，通过活动的开展提升人员素养，塑造医院文化，促进护理工作全面协调、可持续发展。

【医疗安全管理】成立医疗质量质控小组等组织，按照《医疗护理核心制度》的要求，组织各质控小组定期、不定期到临床医技科室督导检查，详细了解科室每天交班、三级查房、会诊、运行病历书写的及时性、治疗的合理性、病情告知的有效性、四合理、手术安全管理等方面的督查。开展“四合理”专项督查2次，督查科室涉及7个，对不良事件落实月、季、年分析，持续改进质量管理，2019年收报医疗安全（不良）事件304例（含职业暴露），其中Ⅱ级不良事件5例，占2.54%；Ⅲ级不良事件80例，占40.61%；Ⅳ级不良事件112例，占56.85%，无Ⅰ级不良事件发生。

【学术交流】成功承办“武陵山区头颈部影像培训班”；成功申办“骨质疏松症诊疗进展”、护理部申办的宣恩县护理质量控制中心成立大会暨“护理质量管理提升培训班”、“新生儿复苏事宜诊疗技术培训”，在申办州级以上继教项目中实现零突破。

10月19日，宣恩县人民医院承办恩施州放射学会暨省级继续教育项目“武陵山区头颈部影像论坛”

宣恩县人民医院　提供

【医保管理】作为医疗保险定点医院，严守工作纪律，做到服务周到热情，程序审核严格，补偿及时。2019年共收治县域内城乡居民医保住院病人（含门诊重症）21693人次，较2018年同期增长23%，医疗总费用8411.63万元，较2018年同期增长8.06%，例均费用3877.58元，基本医保报销 5288.48 万元，大病报销 217 万元，单病种结余 336.59 万元。收治县域内城镇职工住院病人（含门诊重症）2606 人次，较 2018 年同期增长 20.48%，医疗总费用 984.1 万元，较 2018 年同期下降 8.33%，例均费用 3776.43 元，医保报销 839.6 万元，单病种结余 40.8 万元。收治公费医疗住院病人 49 人次，医疗总费用 45.8 万元，医保报销 45.1 万元。

（赵　芬）

## 宣恩县民族医院

**【概　况】** 2019 年完成医疗收入 4015 万元，比去年同期增长 11.38%，财政拨款收入 748 万元，共计 4763 万元；全院药占比 17.13%，中草药占比 6.66%；2019 年门急诊 53850 人次，同比下降 4.1%；全年收治患者总数 6009 人次，同比增长 8.3%，床位使用率 86.7%；手术 1127 台次，同比增长 21.7%；平均住院日 10.2 天，同比增长 0.9 天；平均住院日 9.4 天，同比下降 0.8 天；2019 共使用医保基金 2331.26 万元，其中，城乡居民基金 1986 万元，例均费用 4904.33 元。较 2018 年下降 3.5%。职工医保基金 345.5 万元，例均费用 4486.61 元，较 2018 年上升 6.6%。

**【重点项目建设】** 2019 年 8 月 30 日，住院部与门诊楼主体分部工程建设完成并通过县质监、安监站和参建五方的验收。完成项目总建筑面积 41646.76 平方米，完成进度资金 8041 万元。2019 年 12 月，完成内外墙的粉刷（专业科室除外），弱电、电梯招标等工作，装饰装修工程形象进度资金 688 万元。

**【技术设备投入】** 完成信息系统改造，实现全院网络架构改造，机房设备更新换代，信息实时数据实现云端备份。完成与医联体单位的远程会诊互联互通。投入 130 万元引进钬激光设备，累计投入 100 万元引进现代康复、物理治疗设备，累计投入 26 万元，加强中药制剂能力建设和提升，改造制剂室。

**【学科学术建设】** 2019 年，医院开始搭建学科建设基本骨架，基本明确并出台医院 2020—2022 年中短期学科建设规划，逐步确定以“优势学科、优势病种为龙头，发展中医中药特色”为突破口的差异化学科发展思路。2019 年完成康复科搬迁前的改扩建，对康复科的发展进行重新定位，累计投入 100 万元，基本形成以针灸推拿科、现代康复科、疼痛科三个亚专业的布局。成立“唐宏图人才工作室”，成功引进湖北中医药大学唐宏图教授针刀技术。泌尿外科引进钬激光、输尿管镜设备，开展输尿管镜钬激光碎石取石术、经尿道前列腺等离子电切术；在骨伤科建设方面，逐步实现专科分组，形成以脊柱外科、创伤骨科、骨关节外科以及中医正骨为主要的发展思路。取得 64 排 CT 和 1.5T 磁共振配置许可，为搬迁后学科发展打下坚实基础。2019 年度县民族医院共发表论文 5 篇，开展新业务、新技术 2 项，参加各级各类学术培训 86 人次，取得专科护士培训合格证 3 人。

**【医联体建设】** 2019 年 9 月，县民族医院与珠山镇卫生院结成紧密型医共体，安排 7 名临床专家，每周工作日轮流在珠山镇卫生院坐诊查房；和李家河、椿木营、长潭河卫生院建成医共体医院，投入 19 万元，在 4 家卫生院和县民族医院建立远程心电和影像中心并投入使用。2019 年 11 月，县民族医院和武汉市第一医院签订协议，结成医联体单位，对口帮扶县民族医院开展皮肤科、老年科等学科建设。

（覃　岚）

# 社会生活

## 社会保障

**【概　况】** 2019年，恩施州下达宣恩县全年企业养老保险计划参保人数33050人，机关事业单位养老保险计划参保人数9686人。截至2019年12月，全县完成企业养老保险参保人数33106人（含退休参保人员），完成全年参保任务的100%；完成机关事业养老保险参保人数9689人（含退休参保人员），完成全年参保任务的100%。开展退役军人养老保险补缴工作，核定可补缴的退役军人319人，核定金额868万元，已缴纳571万元。

全县企业基本养老保险共有15020人享受待遇，累计支出29327万元；机关事业单位养老保险共有3821人享受待遇，累计支出28897万元。

**【离退休人员服务管理】** 2019年，运用多种宣传方式，提高广大离退休人员对待遇资格认证工作的认知度，改革离退休人员社会保险待遇资格认证（年审）办法，全面取消集中认证，实施更加灵活便捷的年审方式。实现离退休人员生存年检手机APP自助认证方式。4月，利用电视、广播等新闻媒介的广泛宣传、发放宣传单以及在服务大厅和各社区张贴通知等多种形式宣传手机APP自助认证方式以及操作步骤，全年已年检13862人，手机APP认证率达90%。完成企业退休人员基本养老金调整工作，共调整14599人，月增加养老金总金额179万元，人均月增加122元。

**【机关事业单位养老保险】** 2019年6月初，宣恩县147家机关事业单位全部上线。机关事业单位养老保险参调人数3765人，月调待总金额为80万元，人均调整金额211元。按政策要求于2019年12月，实行机关事业单位养老保险“中人”新办法待遇计发，相较比老办法计发待遇基本有所增长。

**【工伤保险、失业保险】** 2019年9月，县社会保险局正式交接工伤保险业务。全年全县参加工伤保险12420人，完成目标任务的111.9%；失业保险参保10006人，完成目标任务的100%。

（陈怡君）

## 医疗保障

**【参保管理】** 2019年，全县参加居民医疗保险306417人，占城乡居民总人口的98%，其中，贫困户参保91370人，完成目标的100%。职工医保参保18199人，实现应保尽保。

**【医疗保障补偿】** 城乡居民住院77218人次，总费用35633万元，医保基金统筹支付19396万元，大病保险支付1537万元，民政救助及健康扶贫支付3200万元。门诊就诊192899人次，总费用1364万元，医保支付1296万元；门诊大病就诊46074人次，总费用3529万元，医保统筹支付2502万元，大病保险支付323万元，民政救助及健康扶贫报销合计417万元。

城镇职工住院20902人次，总费用1867万元，医保统筹基金支付1184万元，补偿医疗及医院分担259万元。门诊就诊81394人次，总费用1437万元，医保支付1409万元；门诊慢病就诊4345人次，总费用279万元，医保统筹支付244万元。

退休职工住院5029人次，总费用2903万元，医保统筹支付2032万元，补充医疗及医院分担379万元。门诊就诊28151人次，总费用474万元，医保支付465万元，门诊慢病就诊13541人次，总费用459万元，医保统筹支付433万元。

**【各级各类问题整改】** 针对中央巡视反馈4类14项56个问题、2018年国家对省脱贫攻坚成效考核反馈8类40个问题，对所反馈问题清单，全面举一反三，逐一检视剖析，召开会议集中研判，实行会议集中研判排查，确保问题排查无死角、无遗漏，已全部整改完成。

截至2019年11月底，全县建档立卡贫困人口普通门诊就诊人次51753人次，总费用356万元，账户支出339万元；住院总人次31258人次，发生住院总费用12361万元，合规费用10958万元，基本医疗报销7882万元，大病保险报销518万元，医疗救助1559万元，健康扶贫报销489万元，医院分担184万元，合规费用报销比例95.3%。

门诊大病及门诊慢性病就诊人次16646人，医疗总费用1168万元，基本医疗报销793万元，大病保险报销106万元，医疗救助95万元，健康扶贫报销119万元，综合报销比例98.36%。

农村贫困人口县域内就医政策范围内医疗费用年度个人负担按照鄂办发〔2019〕18号文件和恩施州政办发〔2019〕28号文件精神，全县严格执行农村贫困人口县域内就医年度个人负担政策范围内医疗费用控制在5000元以内。2019年1月1日至11月30日，落实二次补偿15118人，补偿费用5332558.95元。确保县域内就医年度个人负担政策范围内医疗费用均不超过5000元。

依照恩施州人力资源和社会保障局《关于做好恩施州健康扶贫“四位一体”一站式结算系统上线运行有关工作的通知》要求，恩施州健康扶贫“四位一体”一站式结算系统于2018年9月1日上线运行。宣恩县高度重视，在人力、物力、组织保障等多方面做好充分准备，要求各定点医疗机构认真学习政策，耐心做好参保患者的政策解释工作，严格按照文件通知的要求做好结算工作；各乡镇医保经办机构安排专人，配合定点机构完成本次结算工作；从而确保工作环节没有出现问题，保证工作的顺利完成。

**【基金监管】** 自3月开展“打击欺诈骗保　维护基金安全”集中宣传月活动起，县打击骗保专项行动领导小组办公室组织工作专班通过开展集中全覆盖检查、不定期检查的方式加强监管，接受省级交换检查、省级复查、全州交换督查。对全县330家定点医药机构（含村卫生室）进行检查，存在的问题进行自查自纠和整改。处理违规行为医药机构49家，协议累积扣款32万元，约谈相关责任人60余人次。打击骗保工作取得阶段性成果，规范医药机构的经营行为，维护广大参保人的合法权益，保障医保基金的正常运行。

（张倩颖）

## 城乡居民最低生活保障

**【概　况】** 2019年，城乡居民基本养老保险参保人数19.01万人，领取待遇人员5.15万人，符合参保条件人员实现应保尽保。完成个人缴费9.63万人，缴费金额2559.7万元，2019年人均缴费额265.72元，较2018年人均缴费额增长率45.25%。被征地农民养老保险补偿546人，资金992.53万元。开展待遇领取人员信息比对，审核新增待遇领取人员资格，及时发放待遇，新增领取待遇人员2854人，待遇发放总额6933.07万元。其中，基础养老金6198.34万元（中央5175.43万元，省528.58万元，地方494.33万元）；个人账户养老金371.59万元，丧葬补助金177.53万元。终止养老保险关系0.24万人。完成待遇领取人员资格认证47290人，认证率达到91.75%。

**【政策宣传】** 2019年，城乡居民社会养老保险缴费方式由税务征收。加强政策宣传，印制《2019城乡居民养老保险政策解读》《业务办理指南》《宣恩县城乡居民基本养老保险待遇领取资格自助认证宣传单》等宣传资料5万余份。

全县建档立卡贫困人员政府代缴264人、2.64万元，重度残疾人政府代缴1952人、19.52万元。全县建档立卡贫困人员总人数91370人，其中年满60周岁20644人（其中已享受过城乡居民养老保险待遇现已死亡3人），应享受待遇20641人，实际享受待遇人员20641人，其中享受城乡居民养老保险待遇20410人，享受城镇职工养老保险待遇及外地享受待遇231人。

（姜忠炳）

## 住房保障

**【概　况】** 2019年，宣恩县被确定为全州政府购买公租房运营管理服务工作试点县。2019年7月8日，挂网招标公租房第三方运营管理公司，对安康小区、西门沟和谐小区、电线厂惠民小区、印刷厂公租房、福利院公租房、黄河沟公租房实施物业化管理，进一步建立健全公租房运营管理机制。全年共进行公共租赁住房配租工作3批次，公租房共分配入住122户，发放租赁补贴7户10680元。

完成棚户区改造及保障房基本建成175套的州定目标。实施两个续建项目，分别为宣恩县城市棚户区（城中村）改造项目和宣恩县珠山镇城镇棚户区（城中村）改造项目。宣恩县城市棚户区（城中村）改造项目（老民族电影院—机械厂片区），已完成改造64户。启动老民贸局—玻璃厂—文工团片区，共96户房屋纳入征收拆除范围，建筑面积14646.06平方米，预计投资9200万。已完成签约40户，其中产权置换安置21户，货币安置19户，完成投资2000万元。原珠山镇政府办公楼已完成拆除工作。

宣恩县珠山镇城镇棚户区（城中村）改造项目。白鹤井片区已开工完成169户。白鹤井片区内原广电局住宅小区、原政府大院住宅小区、原县委大院住宅小区三个小区的应拆被征收房屋已全部拆完，并动工建设。兴隆老街片区已开工完成316户（在建棚改安置房166套），征收房屋面积21481.04平方米。长茅岭片区已完成前期入户调查、锁定房屋拆迁面积、发布征收决定公告等工作，现正与片区范围内居民签订征收补偿协议，已完成征收补偿协议签订21户。

争取中央资金1848万元，启动县城老旧小区改造试点项目建设工作，提高片区居民的住房质量，促进生活配套等各方面设施的完善。

（崔名鑫）

**【住房公积金管理】** 2019年，全县共完成资金归集20719.35万元，完成归集全年目标任务19000万元的109.05%；全年实际累计新开户职工数618人，完成归集扩面目标任务新增归集人数500人的123.6%；全年实际为663个家庭提供住房贷款，累计发放26463.5万元，完成住房公积金贷款目标任务12000万元的220.53%。到期逾期贷款为0元，逾期贷款率控制在1‰以下，住房公积金资金运行安全，风险可控。

2019年7月，开始实行“综合柜员制”业务受理模式，公积金缴存即来即办，贷款业务受理审核现场完成，办理抵押的资料随即交与借款人，真正实现所有业务“只跑一次路、只到一个窗口”，进一步提高办事效率和服务能力。

配合州中心全面完成门户网站、网厅、自助终端、微信公众号、支付宝便捷查询、短信、“12329”服务热线等服务渠道建设。业务受理—审核—审批流水线作业，业务受理与审批可实现每笔业务的“点对点”即时审批，实现资金拨付网上实时结算，提取办理秒级到账。

2019 年支持丹峰 · 贡水龙城 67 户购房贷款共 2179.6 万元，工建 · 博智广场 103 户购房贷款共 3493.8 万元，今典 · 城市之星 221 户购房贷款共 9604.4 万元，贡和园 6 户共 165 万元，共计 397 户贷款 15442.8 万元。

（曾　煜）

## 社会福利及社会救济

**【概　况】** 社会救助工作纳入县政府常务会议专题研究范畴，解决社会救助工作在日常中存在的各种问题和困难，确保与精准扶贫政策有效衔接。社会救助工作纳入精准扶贫指挥部日常工作内容，相关文件的制定及政策的落实，全部经过县精准扶贫指挥部调度指挥，要求各乡镇精准扶贫前线指挥部对救助工作的落实负总责，各驻村“尖刀班”负责抓落实的工作机制，进一步明确乡镇在救助工作中的主体责任，优化工作流程，提高工作效率，有力推动社会救助工作的有效开展。在定期召开的精准扶贫调度会上，多次对救助工作进行安排部署，确保救助政策精准落实落地，打通社会救助“最后一公里”，实现社会救助无盲区。

充分发挥兜底保障作用，做到“应保尽保”，2019 年全县共有农村低保对象 12893 户 22428 人，城市低保对象 326 户 444 人，全年共发放农村低保金 10030.27 万元，城市低保金 315.46 万元。全年共为全县 1060 位特困供养人员发放供养资金 1013.19 万元。做好“三留守”关爱服务工作，散居孤儿养育标准由 1120 元 / 人 · 月提高到 1200 元 / 人 · 月，机构集中供养孤儿养育标准由 1792 元 / 人 · 月提高到 1920 元 / 人 · 月，全年发放孤儿养育金 83.71 万元。推进残疾人福利工作，落实残疾人两项补贴制度，全年共发放“两补”资金 741.09 万元。加大流浪乞讨救助管理度，建立流动人员身份甄别查询制度，全年救助 172 人次。全年共开展临时救助 2477 人次，发放资金 598.79 万元。发展慈善事业，实施“幸福家园”、慈善助医、慈善助学等一批项目。4 月，食品价格涨幅达到启动社会救助和保障标准与物价上涨挂钩联动机制条件，启动物价补贴联动机制，发放价格临时补贴。共为 476 名城市低保对象发放 2.24 万元，为 25870 名农村低保对象发放 75.02 万元，为 7 名城市特困人员发放 0.04 万元，为 1051 名农村特困人员发放 3.99 万元，共为 27404 为低保对象发放 81.35 万元临时价格补贴资金。9 月 24 日，为 277 户新入学困难大学生发放救助资金 120.99 万元，其中建档立卡和低保家庭 196 户，发放救助资金 94.89 万元。11 月 26 日，湖北省康复辅具技术中心开展“爱心助残行动”，为 11 个福利院捐赠 30 张护理床、6 台助听器、2 台轮椅。

**【政策宣传】** 发放“社会救助托底线救急难可持续”政策宣传折页手册，将社会救助政策通过驻村“尖刀班”召开村民会、小组会、院落会等各种形式宣传到千家万户，让群众做政策的明白人。开展经办人员业务培训，对县、乡、村各级干部进行保障兜底政策宣讲和解读。通过层层开展的政策宣传及培训，全县群众及各级干部对社会救助相关政策有所了解，促进政策落实。

**【精准扶贫对象】** 开展城乡低保核查工作，聚焦巩固脱贫成效，对困难群众实行核查全覆盖，同时结合开展的低保专项治理和遍访困难群众工作，纠正低保中的关系保、群体保、错保等违规行为，查找出现的漏保对象，逐步完善覆盖城乡的最低生活保障工作机制，实行动态管理，将需要保障的城乡困难群众纳入保障范畴，实现应保尽保、应退尽退。强化最低生活保障制度与扶贫政策衔接，对低收入家庭、建档立卡贫困家庭成员中的重病重残对象，严格实行“单人保”政策；对因病、因残及其他因临时困难返贫家庭，以及通过产业扶贫、教育扶贫、易地搬迁扶贫等各种帮扶措施后，仍达不到脱贫标准的建档立卡贫困家庭，及时纳入农村最低生活保障范畴；对农村低保家庭中的特殊对象分类分档次进行重点救助；对保障后家庭仍有困难的采取临时救助、医疗救助等多种救助措施保障其基本生活。强化救助对象的核查，充分利用家庭经济状况核对平台，对现有享受最低生活保障对象及拟纳入对象的家庭经济信息进行全面核对，组织专班对保障对象开展核查，对发现的问题及时反馈，防止错保、漏保等现象的发生，助力精准认定救助对象、精细落实社会救助政策。截至12月，全县农村兜底保障人数为22481人，其中，农村低保对象22428人，农村特困供养对象1053人。

**【慈善医疗众筹】**“慈善医疗众筹”项目，定点医院为宣恩县人民医院。2019年5月10日起，凡在宣恩县人民医院住院治疗的困难群众可通过扫描“慈善医疗众筹”项目二维码进行网上申请。对于符合条件的困难患者提供每人2000—5000元的大病救助资金，用于患者住院期间的自费部分，不得提现。

## 退役军人事务

**【概　况】** 2019年完成信息采集和光荣牌悬挂任务。共摸底统计的退役军人、现役军人家属、转业干部、复员军人、烈士遗属等涉军对象7749人，已挂光荣牌7454块（其中53块为2019年秋季入伍的新兵家属）。各乡镇服务站建立规范化光荣牌悬挂台账，确保动态管理落到实处。

根据中共中央办公厅、国务院办公厅《关于解决部分退役士兵社会保险问题的意见》和省、州相关要求，依法合理解决广大退役士兵最关心最直接最现实的利益问题。成立社保接续专班、大力宣传政策、及时开展业务培训、认真摸排底数。全县符合本次社保接续参保条件的对象340人，完成申请并录入系统331人，系统审核通过330人。个人已完成缴费252人，书面放弃缴费7人，缴费率达到76%。

**【退役士官安置】** 2019年，县退役军人事务局结合宣恩县2014年以来的安置机制和上级有关文件，制定《2019年度转业士官安置工作建议方案》，对安置对象进行科学合理的岗位安置，先后呈交县退役军人安置工作领导小组会议、县政府常务会讨论研究通过，安置对象均已上岗工作。

**【退役军人服务保障体系建设】** 按照省委退役军人事务工作领导小组《关于落实全省退役军人服务体系建设“五有”要求的督办通知》要求，县退役军人事务局积极向县委、县政府和县委退役军人事务工作领导小组争取并获得场地、资金、人员等方面的大力支持，全县9个乡镇、284个村（社区）退役军人服务站均挂牌成立。县、乡（镇）、村（社区）三级服务体系均达到有机构、有编制、有人员、有资金、有保障要求。

**【优抚对象动态管理】** 2019年，全县共发放优待金总额830万元。县退役军人事务局严格按照《军人抚恤优待条例》以及各级关于优抚工作的政策规定，明确专人负责对新增优抚对象严格审批，及时核减，按月做好优待金的发放。制定优抚对象动态管理机制，自村（社区）服务站一级开始，优抚对象信息有变动及时逐级上报至县退役军人事务局，经全县各乡（镇）、村（社区）服务站和县退役军人事务局的共同比对摸排。全年共计新增优抚对象95人，去世61人，取消2人，全县共有2191名优抚对象。其中在乡复员军人86人，伤残军人87人，伤残国家机关工作人员20人，伤残警察9人，带病回乡退伍军人56人，参战参核人员126人，60周岁以上农村籍老兵1768人，"三属"人员20人及60周岁以上烈士子女19人。

**【伤残公务员清查】** 按照鄂退役军人函〔2019〕44号文件规定，在县纪委第四纪检组的全程监督指导下，县退役军人事务局组织专班人员进行伤残清查工作，清查工作至11月底结束。全县伤残国家机关工作人员有21人，已全部完成复查鉴定，其中19人按要求由县退役军人事务局开具残情鉴定委托书，到恩施民大附属医院完成复查鉴定。9月23日，县退役军人事务局将所有人原始评残及复查材料复印件上报州退役军人事务局，2人因身体原因未到民大医院参加复查。11月7日，州退役军人事务局组织民大医院残情鉴定小组专家上门为2人进行复查鉴定，对于在复查中出现的4名持证与本人身份身份不符的情况，县退役军人事务局组织专班人员进行调查核实，准备换证所需要资料。针对省退役军人事务厅提出的3人原始评残材料疑问，县退役军人事务局组织专班人员进行查阅档案、走访调查，整理成专题报告上报州退役军人事务局。

**【"双拥"工作】** 7月23日，县委退役军人事务工作领导小组召开县退役军人事务工作推进会，出台庆祝建军92周年"双拥活动月"实施方案。8月，组织各乡镇各单位利用"双拥月"开展系列拥军优属活动。刘智勇、习覃、胡晓洪等领导分别对武警中队、县人武部和县光荣院进行慰问，县退役军人事务局牵头对80名企业军转干部、军队离退休干部、烈士遗属和部分困难的参战、伤残等退役士兵代表进行走访慰问。县直各单位、各乡镇也分别采取多种形式开展丰富多彩的"双拥"活动。

**【"庆祝中华人民共和国成立70周年"纪念章发放】** 根据省《中共湖北省办公厅关于做好"庆祝中华人民共和国成立70周年"纪念章颁发工作的通知》，对以下三类对象发放建国纪念章：新中国成立后因参战荣立一等功以上奖励并健在的退役军人；1949年10月1日前入伍，回乡的老战士老同志（2019年1月1日前去世的不发）；移交政府安置的军队离休干部并健在的老战士老同志。对全县新中国成立前参加革命工作并健在的24名老战士送发纪念章。

**【"慈善一起捐"活动】** 按照全省关爱退役军人"慈善一起捐"活动要求，制定《宣恩县关爱退役军人"慈善一起捐"活动方案》，并于9月9日开展宣恩县"退役军人关爱基金"授牌仪式暨2019年关爱退役军人"慈善一起捐"活动启动仪式。活动中，国网宣恩县供电公司、县税务局、施南宣府等单位和企业，不仅按照文件的倡议要求职工捐赠一天的工资，还自觉主动地捐出一定额度的单位公用经费。全县"一起捐"活动共筹集捐款497364元，其中线上捐款229716元，线下捐款267648元。资金由省慈善总会账户管理，用于资助全县现行政策保障后基本生活仍有较大困难的退役军人及其他优抚对象。

**【中国好人向胜元】** 宣恩县沙道沟镇咸池村向胜元入选由中央文明办主办、中国文明网承办的"我推荐我评议身边好人"活动2019年10月"中国好人榜"候选人。2019年6月3日，向胜元信守承诺，主动结清两年前欠下的32万元医疗款，用实际行动践行以诚信回报仁心的感人的事迹先后被《湖北日报》、人民日报微信公众号报道，仅人民日报微信公众号当天发布3小时内就达10万以上的阅读量。

10月16日上午8点，第七届世界军人运动会火炬传递最后一站在武汉东湖举行，恩施军分区宣恩籍战士陈鹏作为火炬手参加火炬传递。陈鹏于2007年入伍，担任过副班长、班长，参加省军区组织的通讯保障任务，从事的工作受到各级领导的好评，曾被省军区评选为优秀士兵、优秀士官，2007年荣立个人三等功一次。

**【全省模范退役军人蔡立勇】** 恩航富硒生态农业有限公司负责人蔡立勇被省人力资源和社会保障厅、省委组织部、省退役军人事务厅、省军区政治工作局联合授予“全省模范退役军人”称号。蔡立勇是李家河镇金陵寨村人。1999年，他入伍到西藏服役。2015年退役之后，蔡立勇放弃安置工作，毅然回到家乡创业，带领乡亲们共同致富。

（邓　葵）

## 民　政

**【基层社会治理创新】** 加快推进易地扶贫搬迁安置点社区建设，9个易迁安置点社区居委会已挂牌成立。猫儿堡、宝塔、莲花坝村改居已完成。加强社会组织登记管理。召集社会组织开展安全生产培训，对全县民办幼儿园进行安全检查，对民非和社团进行“双随机、一公开”检查。持续开展扫黑除恶专项斗争，对所有新当选的村（居）民委员会成员进行一次涉黑涉恶问题“回头看”，采取“过筛子”的方法逐村（社区）开展排查。健全线索台账管理制度，实行专人负责、专项登记。查实线索。为推动基层政权建设工作，对全县279个村进行人口数量调查摸底，了解全县各村人口规模。截至7月，全县500人以下的的村35个，500—1000人村96个，1000—3000人村141个，3000—5000人村7个，没有5000人以上的村。

**【社会服务】** 投入资金50余万元，建设一批农村老年人互助照料活动中心；投入资金380万元，用于社区居家养老服务中心建设；按要求开展养老机构服务质量建设专项行动，椒园、万寨、李家河平安工程建设按期完成；全年发放高龄津贴219.74万元。

开展殡葬领域突出问题专项整治，在全县范围内开展违法违规私建“住宅式”墓地等突出问题专项摸排工作。整治生产和销售不易降解祭祀用品销售点93个、加工和销售超规格墓碑销售点17个。2019年4月19日，州政协副主席刘晓冰到宣恩进行“遏制殡葬乱象”专题调研，调研组实地察看沙道镇咸池公益性公墓、宣恩和平殡仪馆、公墓、椒园镇公益性公墓等地，了解殡葬基础设施项目建设、殡葬管理服务、殡葬执法等情况。10月14日，县启动殡葬改革宣传活动，弘扬厚养薄葬的优秀传统文化，引导人民群众自觉改变丧葬旧俗，推广节俭文明，节地生态的殡葬行为。

全年婚姻登记总量3493对，其中结婚登记1845对，离婚登记931对，补发结婚登记712对，补发离婚登记5条，全年无一上访事件发生，办证合格率100%。

（向　涵）

## 人民生活

**【概　况】** 2019年，宣恩县全体居民人均可支配收入16108元，比上年增加1426元，增长9.71%。其中城镇常住居民人均可支配收入29446元，增加2493元，增长9.25%；农村常住居民人均可支配收入11396元，增加1056元，增长10.21%。全体居民人均可支配收入增速上升0.7个百分点；城镇常住居民人均可支配收入增速比上年上升1.2个百分点；农村常住居民人均可支配收入增速上升0.3个百分点

全体居民人均消费支出12828元，比上年增加1332元，增长11.59%。其中城镇常住居民人均生活消费支出21693元，增加2155元，增长

11.03%；农村常住居民人均生活消费支出 9690 元，增加 1041 元，增长 12.04%。农村常住居民人均可支配收入增幅高于城镇 1.0 个百分点，农村人均生活消费支出增幅高于城镇 1.0 个百分点，城乡差距进一步缩小。

（余祥娥）

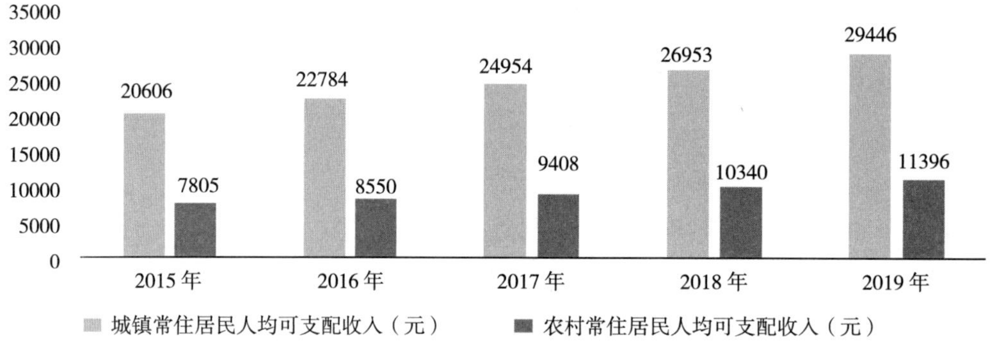

图 6　2015—2019 年宣恩县城乡居民收入水平示意图

# 乡　镇

## 珠山镇

**【概　况】** 珠山镇，因古“宣恩八景”之“珠山晓翠”而得名。是宣恩县委、县政府驻地，是全县政治、经济、文化和社会生活中心。是湖北省旅游名镇、省级园林城镇、省级森林城镇、省级卫生城镇和州级文明乡镇。本施南土司故基地，自设立宣恩县治始建县署，或称县邑、城关等。

珠山镇地处鄂西南边陲，位于宣恩县北部贡水河中游，为中共宣恩县委、宣恩县人民政府驻地。东连长谭河侗族乡，南与高罗乡毗邻，北邻椒园镇、西与晓关侗族乡接壤，东北接万寨乡。地处北纬29° 49′ 06″ —30° 03′ 49″，东经109° 25′ 39″ —109° 35′ 23″。东西最大横距9.145千米，南北最大纵距17.405千米。北距恩施火车站45千米，距武汉市729千米，南距来凤火车站95千米，西至重庆万州港292千米。

全镇土地面积163.78平方千米，年末常用耕地1601公顷。辖工农街、白鹤井、上湖塘、兴隆街、双龙湖五个社区居民委员会，莲花坝、猫儿堡、宝塔、七里桥、岩堡、甘溪、大坝沟、芭蕉坨、封口坝、卸甲坝、咸池沟、铁厂坡、东门关、土鱼河、茅坝塘、界直岭、狮子关、五里牌、天井堡19个村民委员会，224个村（居）民小组，2019年，全镇户籍人口为17011户，46003人，其中，农村人口23330人。

**【三大攻坚战】** 2019年组织开展“安全生产月”竞赛答题活动及上湖塘社区承办“安全生产月”启动日活动、“安全生产楚天行”活动。按月分别开展“防风险保平安护军运迎大庆”大检查，安全隐患大排查、旅游行业大检查、校园安全及校外托管机构大检查、快递物流行业大检查、消防宣传月活动。全年组织开展各类检查61次，发放各类宣传资料2万份，检查单位280家（次），排查隐患2800处，发放现场隐患整改责任告知书2800份。建立群测群防体系，落实险情明白卡86份，签订地质灾害管理目标责任状21份，对地质灾害巡回监测达61人次。食品药品安全监管上，全年出动执法人员5886人次，检查食品经营、涉药单位及生产单位共2925户次，清理无证或许可证过期单位86家。全年镇安办下达安全生产行政执法文书现场检查记录107份，检查车辆1015台，处罚交通违法行为112起。

2019年精准识别5户15人，精准退出9户25人，自然增加5户82人，自然减少16户109人，标注边缘户62户197人，脱贫监测户33户111人。围绕“三率一度”，全面查漏补缺。各村“尖刀班”召开群众大会、小组会、屋场会2000次，多轮遍访农户。围绕就业扶贫，确保有劳动能力的贫困户每户有“一长两短”产业项目或务工就业门路。围绕易地扶贫搬迁进行拆旧复垦工作，全年应拆317户，拆旧复垦协议签订率100%，拆旧复垦完成率85%，复垦面积20公顷。完善安置点产业配套、基础设施、公共服务和小区管理等工作，保障搬迁群众“搬得进、稳得住”。引进七里优选等5家扶贫工厂，解决搬迁户户就业60余人，动员搬迁户外出务工470人、就近务工310人，落实公益性岗位、低保、五保372人。围绕基础设施建设，加强后续维修管护。全年共实施项目50个，投入资金1800余万元。探索建立好农村公路、安全饮水工程等重要基础设施的长效管护机制，保障基础设施长久发挥效益。

全年共制止焚烧秸秆事件175次，出动602人次，车辆138台次，现场劝导当事人65次。全年县城区环境空气质量优良天数达到325天以上。全年对全镇4条河流、2个水库，落实保洁人员13名。同时，大力整治村庄内外小溪小河、沟渠池塘、路旁沟壑等，实行净化洁化，共清理沟渠河道约48千米，水库及河道垃圾1.2吨。村庄内畜禽集中圈养和污染综合治理。全年清除积存或散放垃圾66.5吨，拆除整改乱搭乱建7处，清除杂乱广告、墙面广告551条。

**【产业建设】** 2019年，新发展茶叶面积173.87公顷，管理老茶园1333.33公顷，全镇茶叶面积达2333.33公顷，茶叶专业合作社13家，茶叶生产企业4家，茶叶综合产值过亿元。落实烟叶面积213公顷，烟农收入达1200万元。新建长效特色产业基地2个，新建生态循环农业示范基地2个。发展白柚、桃子、李子、柑橘、草莓、猕猴桃等66.67公顷。全镇畜牧产业发展平稳，非洲猪瘟防控工作存在显著成效，全年生猪出栏4.22万头，存栏3.2万头。新注册工业企业25家，其中注册资本达到500万元以上10家；新增主营业务收入1000万—2000万元工业企业2家，分别为恩施耀轩照明科技有限公司、湖北华筑建材有限公司；新增培植规模以上工业企业2家，分别为七里优选供应链管理（宣恩）有限公司、宣恩县民生天然气有限公司；新增固定资产投资1200万元。

**【旅　游】** 充分发挥“仙山贡水”的地理优势，深入挖掘土苗文化、“土司文化”等民族文化内涵，加强旅游基础设施建设，做足全域旅游大文章，开展创建县城“仙山贡水”AAAA级旅游景区、狮子关AAAA级旅游景区工作，“仙山贡水”、狮子关水上浮桥成为著名的“网红”旅游目的地，四季有节会，“两会三赛四节”让“到宣恩过节”成为一种流行和时尚。“九子抱母”古银杏风景区、车洞坪富硒养生谷等乡村旅游景点的“土家美食”农家乐、“土苗风情”风情民宿，让越来越多的外地游客流连忘返，充分感受少数民族魅力。

**【城镇建设】** 服务县城重点项目建设，人民一路道路及管网工程、文体中心项目、长茅岭片区棚户区、党校至凌云路（桐子坳）连接线道路工程、博智广场及三河沟小学项目、新经济产业园（梦巢小镇）项目、果茶厂至西门沟段公路工程建设、“城市客厅”项目等顺利实施。化解重点项目建设突出个案问题10件，共完成征地14.6公顷、拆迁23户。

**【乡村振兴】** 2019年是珠山镇全面实施乡村振兴战略的开局之年，在镇人大四届五次会议上，专题作乡村振兴工作报告，明确未来发展蓝图，即：打造“六个珠山”（产业振兴的富强珠山、人才振兴的智慧珠山、文化振兴的文明珠山、生态振兴的美丽珠山、组织振兴的和谐珠山、融合发展的共享珠山）。围绕振兴目标，不断加大农村生活垃圾整治力度，构建长效保洁机制。全年安装垃圾亭219个，配备分类垃圾桶464个，因地制宜形成农村生活垃圾“户收集、村集中、镇转运、县处理”的收运处理体系，人居环境得到大力改善。推进“厕所革命”，新建农村公厕14座，完成农村户厕建改任务1577户，完成任务比例120%。和平片区污水管网建设完成，近2000户农户污水排放直接连入县城污水主管网。推进村庄绿化美化亮化，共栽植各种绿化树木3.8万株。打造村组公路绿化9.6千米，栽植行道树1600株，造银杏大树 1.33 公顷。

【民生保障】低保工作坚持“动态管理，严把入口，畅通出口”和“公开、公平、公正”原则，实行一年一审核，一年一审批，不搞“一刀切”，取消“终身制”。全年办理低保手续 859 户，1574 人，其中农村低保 718 户，1433 人，城市低保 141 户，219 人，贫困户享受低保 467 户，1237 人。全年共发放低保金 671.74 万元。

全年有农村分散五保供养 38 人，共发放五保供养金 30.57 万元；集中供养五保户 9 人，发放五保金 8.37 万元；城市五保供养人员 6 人，发放五保金 8.45 万元。救灾救济工作。制定救灾预案、应急措施，备有救灾物资。全年共发放冬令春荒救灾款 45 万元，救灾资金 7 万元。

总体要求为坚持以人民为中心的发展思想，以有效解决城乡群众突发性、紧迫性、临时性基本生活困难为目标，以充分发挥临时救助制度效能为主线，落实“兜底线、织密网、建机制”工作要求，坚持托底、高效、衔接，加快形成救助及时、标准科学、方式多样、管理规范的临时救助工作格局，筑牢社会救助体系的最后一道防线，切实维护人民群众基本生活权益。全年发放临时救助资金 33.11 万元，其中帮扶贫困学生入学资金 11.57 万元。

2019 年，为全镇的残疾人开展第二代残疾证的换发宣传工作，组织 14 人参加残疾人就业培训；上半年对瘫痪在床的没有办理残疾证的残疾人实行上门办证 4 人。全年共发放残疾人生活补贴 21.23 万元，护理补贴 51.08 万元，完成残疾人系统更新录入 1069 人。发放优抚对象优抚金 192.03 万元。

【社会事业】2019 年新出生婴儿 508 人，其中政策外生育人数 26 人，符合政策生育率 94.88%；政策外多孩 21 人，政策外多孩率 4.13；性别比 110.79（女为 100）；二孩及以上生育孕情上报及时率 80.13%；国家免费婚检已参检 94 人，国家免费孕前优生健康检查人群参检 199 人，流动人口信息入库率 99.97%，流动人口跟踪管理到位率 97.74%，流动人口有效联系率 99.94%，村居平台信息核查反馈率 100%。年度“两癌”筛查完成 750 人。2019 年享受农村奖扶政策 368 人，其中，年度新增 32 人，发放金额 353280 元；享受特扶待遇 54 人，发放扶助资金 390320 元，其中，年度新增 9 人。接受申报 2020 年农村奖扶对象 18 人，特别扶助对象 5 人。申报城镇无业居民（独生子女家庭）一次性奖励 26 人，发放金额 91000 元。独生子女保健 30 人，发放资金 28650 元，计划生育家庭落实绝育措施 3 户，发放金额 1500 元，计划生育手续费用 1 例，发放金额 1913 元。

2019 年，完成莲花坝、宝塔、猫儿堡实行“村改居”征求意见 1400 户居民意见，赞成实行“村改居”1329 户。完成居委会挂牌工作及居委会两委成员的配备。同时建章立制，建立健全各项工作制度，并公布上墙，建立相应的组织和服务体系。

【社会治安综合治理】组建以党建为统领，坚持自治法治德治融合的“一统三治”基层治理模式，建成上湖塘社区、甘溪安置点、封口坝村三个示范点。结合“律师三进”工作与“三访”活动、疑难案件化解、涉法涉诉信访工作，打造“政府—律师—信访人”三元信访问题解决机制，形成“三进三结合”的“珠山做法”。全年共开展各类法治宣传活动 12 场次，共收到群众来信来访 347 件，村级共调处化解矛盾纠纷案件并形成卷宗材料共 185 件，形成镇级信访案件卷宗 27 件。

（周　娥）

## 沙道沟镇

【概　况】沙道沟原名畬刀沟，谐音取嘉义为沙道沟，旧时属忠峒土司，设有集场。

沙道沟镇地处宣恩县东南部，国道 209、省道325、恩来高速、宣鹤高速入境而过，位于北纬29°35′36″—29°59′05″，东经109°29′35″—109°49′45″，东与鹤峰县接壤，东南与湖南省龙山县、桑植县交界，西及西南与李家河镇、高罗乡相邻，北与椿木营乡接壤，镇人民政府驻地为建设路74号，归松坪村委会管辖。沿325省道东行距鹤峰县城63千米，沿209国道向西行至来凤县城30千米，北行距宣恩县城68千米。

沙道沟是国家500个小城镇试点镇、湖北省100个重点镇和恩施州30个重点建设镇之一，也是宣南经济中心及宣恩、鹤峰、来凤、龙山、桑植5县边邻的物资集散地。集镇面积3.5平方千米，常住人口2.2万人。集镇有老司街、四道坝街、平安路、建设路、响龙大街5条主要街道，街道总长度为6.5千米。

境内大部为二高山，地势为北高南低，最高点八大公山主峰，海拔1890.4米，最低点龚家桥海拔530米。镇内属亚热带季风气候，四季分明，地理、地貌奇特，森林覆盖率达70%，气候形态多样化。境内属酉水河流域，共有大小河流6条。主要河流酉水河自北部马桑溪村入境，由北而南，与车洞河在栏杆坪村交汇，经来凤、龙山等县，流进沅江，汇入洞庭湖。全镇矿物资源分布广泛，硅、铜、煤、紫砂陶土、灰质页岩、生物化石等矿产资源丰富。

当地流传着薅草锣鼓、八宝铜铃舞、摆手舞等原生态民间舞蹈，其中薅草锣鼓被列为国家级非物质文化遗产。彭家寨被誉为“土家吊脚楼的典藏”，中国古建筑专家张良皋先生曾歌咏赞叹彭家寨：“未了武陵今世缘，贫年策杖觅桃源，人间幸有彭家寨，楼阁峥嵘住地仙。”两河口县苏维埃政府旧址于1986年5月被列为县级文物保护单位。2009年，两河村被国家确定为第四批“中国历史文化名村”。2013年3月5日，国务院公布彭家寨古建筑群为全国第七批重点文物保护单位（国发〔2013〕13号）。2014年9月23日，国家民委命名沙道沟彭家寨为首批“中国少数民族特色村寨（民委发〔2014〕190号）”。2015年1月，沙道沟镇被省人社厅授予“湖北省农村劳动力转移就业工作示范乡镇”称号。

2019年4月28日，由宣恩县人民政府主办，华中科技大学建筑与城规学院、威尼斯建筑大学、东南大学建筑学院、重庆大学建筑城规学院联合举办，雅伦格文化艺术基金会支持的主题为“两河口：土家盐道古村的再生——国际四校联合研学营”在宣恩县彭家寨正式开营。研学营行程为期一周，从4月29日起四所高校团队的师生将在两河口村盐道古街进行为期一周的现场研学工作。10月25日，“活化——以中国土家泛博物馆为例（国际巡展杭州站）”在普利兹克奖获得者矶崎新大师设计的中国湿地博物馆正式开幕，开幕式上中国土家泛博物馆与中国湿地博物馆签订战略协议，两地在平台展示、学术人才交流等方面进行深入合作和相互促进。11月15—16日，在沙道沟镇栏杆坪村举行“浪漫宣恩·柚香酉水”2019贡水白柚文化周。

全镇土地面积649.96平方千米，其中东西最大距离25.8千米，南北最大距离25.1千米。年末常用耕地4280公顷。辖水田坝、松坪、苦溪、上洞、补溪、咸池、响龙、桃子岔、街上、乐坪、核桃湾、中坝坪、洗白溪、沙河溪、当阳坪、栏杆坪、班大湖、黄泥塘、麻柳、小白溪、龙潭、布袋溪、鱼泉、野溪、茶园、林业（含林场、药材场）、四道、红旗坪、两河、玛瑙、红石、二坪、金盆、庙垭、大白溪、芦茅湾、官庄、白水、棕溪、马桑溪、高荒坪、药铺、潭子洞、赵家坝、木笼寨、二台坪、老岔、辽叶、大垭49个村，522个村民小组，22094户，66515人，其中乡村人口19159户，64164人，以土家族、苗族为主的少数民族占52%。

**【产业建设】** 坚持农业与旅游、教育、康养等产业深度融合，打造地域特色鲜明、业态类型丰富、利益联结紧密的乡土特色产业，形成白柚、茶叶、烟叶和药材精深加工产业带，因地制宜发展小宗类、多样性特色种养，建成木笼寨贡米、高山花椒、天然箬叶、硒谷核桃、大白溪岩板茶及清水牛蛙等特色品牌种养加工示范点，累计发展特色产业基地9920公顷，生猪出栏7.61万头，大牲畜出栏1631头，山羊出栏5524只，家禽存笼出笼1.61万羽，禽蛋产量412.1吨，肉类总产量6738.4吨，完成烟草收购325吨，收入990万元；规范管理富硒贡米基地82.67公顷，精品贡米产量突破200吨，创收150万元；发展油茶、冬桃、红豆杉、猕猴桃等特色产业面积800公顷；建成5000平方米白柚交易市场，启动总投资1200万元的贡水白柚研究示范与应用项目。

**【工业经济】** 全年招商引资签约项目9个，总签约额达3.7亿元，同比增长121%；到位省外资金突破1.5亿元，位居乡镇前列。亿元项目快速推进，新开工亿元以上产业项目2个，分别为准者体育和松果生态社区项目。全年谋划项目5个，转储备库项目4个，转建设库项目4个；新建、续建工程500万元以上项目8个，其中5000万元以上项目4个，完成固定资产投资1.5亿元；中国土家泛博物馆（彭家寨）建设项目完成投资1.1亿元；瑞丰商贸综合体、酉水河翻板坝、三级客运站片区综合开发项目复工率达到100%。新注册工业企业7家，准者体育实现工业产值2500万元、吉星建材实现工业产值2100万元。

**【精准扶贫】** 坚持“一摘四不摘”原则，聚焦“准实”要求，举全镇之力狠抓巩固提升。全面保障帮扶力量，从各级精准扶贫结对帮扶单位和镇、村抽调340人组建49个“尖刀班”，深入一线，坚持工作在村、吃住在村，工作开展有声有色，做到了察实情、出实招、办实事、求实效；全面开展“两不愁三保障”突出问题排查，通过“双十看”，逐村逐户核查突出问题，共摸排出53个个性问题，均已整改销号；全面整改扶贫领域各类问题，对标中央巡视反馈意见，在全镇开展脱贫攻坚自查自纠专项行动，共排查出2类4项9种表现形式的141个个性问题，坚持问题导向、实事求是，举一反三、查漏补缺，发现及时、立行立改；全面推进巩固提升项目，全年完成巩固提升项目19个，总投资303万元；同时，积极申报并推进东西部协作项目建设，实施白水村箬叶烤房及产业路建设，投资55万元新建箬叶烤房5栋、产业路2千米，乡村产业发展基础不断夯实；全面展示脱贫攻坚实绩，2019年相继迎接国家脱贫攻坚成效交叉考核（山西）组考核、全省退出贫困县第三方评估与交叉考核，为全县精准扶贫工作守住防线，筑牢底线、赢得荣誉。

**【环境整治】** 深入推进全州污染防治攻坚战、长江大保护十大标志性战役及中央、省环保督察反馈问题整改工作，确保还清旧账、不欠新账，完成“散乱污”企业和畜禽养殖场排查整治工作，全面启动秸秆禁烧工作，严格落实河库长制、山长制等各项制度；“六城”同创深入推进，通过集镇环卫管理外包，集镇管理已形成常态化、制度化、规范化的管理运作方式。集镇新增路灯250盏，新增垃圾桶400个，集镇公厕已达到9座（含集镇安置点4座公厕），新建农村公厕24座，全镇农村公厕已达42座；集镇污水管网工程37.7千米已全面完工，机房主体工程已投入使用；垃圾中转站建成投运；酉水河沙道沟集镇段生态修复景观工程（一期）已完工投运，集镇道路黑色化已全面完成，集镇“品味”不断提升，环境面貌焕然一新。

**【惠民政策落实】** 全镇城乡居民医疗保险住院治疗9315人，医疗总费用11154.51万元，统筹支出1459.98万元，大病保险支出26.84万元，医院分担金额11.6万元；坚持“应保尽保”，民政发放资金合计2834.31万元，其中农村低保2287.76万元，城市低保70.04万元，特困供养金126.76万元，孤儿基本生活费9.92万元，临时救助145.58

万元，高龄补贴39.95万元，残疾人“两补”154.3万元；全镇孕前优生健康检查完成256人，免费婚前医学检查194人，免费生殖健康体检244人次，“两癌”检查750人次。新增农村奖扶对象79人、特别奖扶对象12人，独生子女保健费发放13人，征收计划生育家庭意外伤害保险2079户，保费20.79万元。

**【基础设施建设】** 科教文卫平台建设稳步推进，总投资6405.03万元的宣恩县中西医结合医院业务综合楼及急救通道建设项目成功立项；总投资5623.26万元的松坪小学已于2019年秋季学期正式投入使用，学校共招收学生961名，其中留守儿童512名，建档立卡贫困学生358名；酉水河道保护步步为营，总投资780万元的酉水河集镇段翻板坝工程已投入使用；恩施州沅江酉水干流重点河段防洪治理工程沙道沟段与官庄段正式开工建设；经济发展卡口逐个打通，宣鹤高速通车试运营；沙道沟汽车客运总站完成地基建设；响龙大道至宣鹤高速连接线破土动工，酉水桃源白水河、传统村落大白溪、农旅结合木笼寨、休闲康养二台坪等项目也在如火如荼的建设当中，沙道经济发展翻开新篇章。

**【“浪漫宣恩 · 柚香酉水”2019贡水白柚文化周】** 11月15日，宣恩县举行贡水白柚产业发展研讨，邀请华中农业大学、湖北工业大学、湖北民族大学、恩施农科院等高校及研究院的生物、农业、食品等方面专家教授、学者，针对宣恩县贡水白柚产业发展现状提出建设性的意见，从白柚种植到精深加工，为到场的企业代表及白柚种植大户带来宝贵的专业知识。

11月16日上午，“浪漫宣恩 · 柚香酉水”2019贡水白柚文化周在沙道沟镇栏杆坪村举行开幕式。这是宣恩第七年“以柚之名”举行节会活动。活动共设酉水河、白柚果园、加工厂房三个会场，分别举行土家歌曲联唱、民俗舞蹈、对山歌等特色节目，游柚园、品柚果、赏柚景，颁发“十佳种植大户”“贡水白柚优质奖”，以节会友，以柚招商，文化周共签订440吨白柚采购合同。

**【两河口：土家盐道古村的再生——国际四校联合研学营】** 4月28日16时，由宣恩县人民政府主办，华中科技大学建筑与城规学院、威尼斯建筑大学、东南大学建筑学院、重庆大学建筑城规学院联合举办，雅伦格文化艺术基金会支持的主题为“两河口：土家盐道古村的再生——国际四校联合研学营”在宣恩县彭家寨正式开营。研学营行程为期一周，从29日起四所高校团队的师生将在两河村盐道古街进行为期一周的现场研学工作。5月4日进行现场评图，之后全部团队返程到各自学校，进行为期6周的设计教学。

（田星橙）

## 椒园镇

**【概　况】** 椒园镇位于宣恩县西北部，于1996年经省人民政府批准成立。209国道、232省道穿境而过，地处北纬29°55′29″—30°05′24″，东经109°17′29″—109°31′37″，西北与恩施市毗邻，西南与晓关侗族乡相连，东北与万寨乡接壤，东南与珠山镇交界。镇人民政府位于省道232椒石线东端起点与209国道交会处椒石路58号，紧靠恩来恩黔高速公路宣恩入口，归椒园村委会管辖。距县城7千米，恩施州府38千米。椒园镇先后获得“全国生态建设示范乡镇”“全国重点镇”“全国第二批标准化气象为农服务乡镇”等国家级荣誉称号。

全镇土地面积175.98平方千米，年末耕地1363公顷，辖椒园、黄坪、白泥坝、龙洞、锣圈岩、凉风洞、水井坳、荆竹坪、龙潭溪、洗草坝、水田坝、庆阳坝、老寨溪、店子坪、红岩卡、香树林、三河沟、新茶园、石马、石家沟、土皇坪21个村，188个村民小组，共83867户、25833人。

【特色农业】 推进农业供给侧结构性改革。全镇围绕"果品、茶叶、蔬菜、烟叶"四大优势产业，加快特色农业生产基地和产业带建设，促进优势产业向优势产区集中，规模效益和聚集效应不断显现。全镇新发展桃子、李子、枇杷、葡萄、八月瓜等果品基地达 213.33 公顷；新发展辣椒、花椒、花菜等蔬菜基地达 166.67 公顷；创建茶叶、黄金梨管理核心示范基地达 200 公顷，种植烟叶 306.67 公顷。扶持新型农业经营主体，通过规范引导、服务扶持，着力培育龙头企业。全镇有茶叶等农产品加工厂近 100 家。

【工业经济】 推动工业产业高质量发展，充分利用工业园区优势，寻求集聚效应，以打造工业强镇为目标，全力推进工业经济快速、持续、健康发展。2019 年，新增企业 8 家，重点培育 1 家规模以上企业。

【旅游业】 明确以"三坝两洞一天坑"区域为主体的旅游产业发展思路，建成了千户土家水田坝、茶马古道庆阳坝等一批乡村生态休闲旅游示范点，旅游产业实现破题提速发展，旅游综合发展水平进一步提升。注重特色小镇建设，整合资源、优化布局、串点连线，黄坪、龙洞、龙潭溪、水田坝四个村旅游规划正在有序推进。

【招商引资】 2019 年，完成固定资产投资 2.125 亿元，其中政府投资 1.175 亿元，企业投资 0.95 亿元。全年总储备项目 19 个，实施建设项目 16 个，其中实施州、县级重点项目 9 个，投入资金 1.712 亿元，已全部开复工；实施东西部扶贫协作对口帮扶项目 6 个，投入资金 1793 万元，已全部完工。成立招商分队，形成分队招商为主、以商招商为辅，全民亲商、全民招商的浓厚氛围。全年招商引资到位资金 4450 万元，项目储备 5 个，签约亿元以上项目 1 个。

【精准扶贫】 全镇 7 个易迁安置点，共搬迁 522 户、1625 人，在易迁点配套引进微企业为贫困户提供就业岗位 700 余个。围绕精细化管理、人性化服务理念，强化社区基层组织建设，配齐配强社区管理人员，精细化管理水平不断提升；配套建设便民服务大厅、警务室、矛盾调解室，创新建设亲情聊天室、"四点半"课堂、农具存放室、自动取款机、便利超市等，不断提高群众满意度。累计发放生态补偿和退耕还林资金 883 万元、义务教育和学前教育阶段资助金 184 万元、低保金 894.49 万元、五保金 244.54 万元、临时救助金 156.37 万元、冬令春荒救灾资金 153.74 万元。全镇新（改）建卫生厕所 4500 座，超出 3 年行动计划目标任务 0.69%；投入资金 110 万元，新建 22 所村级卫生公厕。"拆旧复垦"稳中推进，采用集中拆除模式，将 21 个村划分为 4 个片区，通过招投标方式，选取四家专业施工队伍，同步进村、同步开展，按照拆旧计划倒排工期，限期拆旧。利用东西部协作帮扶资金 760 万元，建设产业发展厂房 3 个；新修和整修公路 9 条、硬化公路 15 条；投入资金 15 万元，完成 9 户农村住房安全保障提升；投入资金 21.9 万元，新修 188 个组级垃圾集中点；投入资金 110 万元，进行全镇地质灾害治理。

【社会事务】 成立退役军人服务站，对辖区内 21 个村进行"退役军人服务站"挂牌，更加突出面对面、个性化、一对一服务，搭建政策咨询、帮扶援助、沟通联系、学习交流等活动场所。

以创建综治示范乡镇工作为契机，突出建立健全矛盾纠纷层级调处机制和全面推进"一统三治"基层社会治理两个重点，全面加强综治基层基础（村级综治中心）、治安防控体系、群防群治队伍三大建设。推广庆阳坝村"一统三治"模式，形成"党建统领、三治融合、六大体系支持"的基层社会治理模式，进一步提高"一感、两度、两率"，实现基层社会治理组织体系更完善，职能定位更清晰，民主管理更规范，服务保障更巩固，社会治安更安定。

【"六城同创"】 围绕"洁""畅""齐"三字做文

章，加强农村环境整治，分阶段、分重点稳步推进美丽乡镇和“擦亮小镇”建设。加快集镇道路、停车场、广场等基础设施建设，实施集镇绿化、美化、亮化、道路黑色化工程，完善道路、管网等基础设施，突出绿色生态产业链建设，走自然生态型、资源节约型、环境友好型的品牌创建之路，获得州“六城同创”美丽乡镇称号，黄坪村、水田坝村获州“六城同创”美丽村庄称号。2019 年 5 月，省住建厅印发《湖北省“擦亮小城镇”行动实施方案》确定全省第一批“擦亮小城镇”行动试点乡镇，椒园镇作为宣恩县唯一、全恩施州被选中试点的三个乡镇之一成功入选。扎实推进中央环保督察反馈问题整改，着力解决突出环境问题；深入落实河长制，加强水源地保护，打好污染防治攻坚战。

（周　莉）

## 高罗镇

**【概　况】** 高罗镇地处宣恩县中南部，地处北纬 29° 38′ 13″—30° 38′ 13″，东经 109° 20′ 52″—109° 36′ 47″，北毗邻珠山镇、长潭河侗族乡，西北接晓关侗族乡，西及西南与李家河镇接壤，东、南与沙道沟镇相邻，是宣恩县唯一乡界和县界无重叠的乡镇。距宣恩县城 54 千米。

全镇土地面积 287.19 平方千米，年末常用耕地 2635 公顷，辖龙河、苗寨、马料坡、干溪、麻柳塘、盘古庙、腊树园、九间店、埃山、黄家河、熊洞、大坪、光荣桥、七把刀、龙潭河、麻阳寨、下坝、磨子沟、小河、马家寨、清水塘、车道湖、水塘、板寮、倒流水、岩缝溪、向家坪、火烧营、团结、小茅坡营、大茅坡营、漫牯牛 32 个村，313 个村民小组，14555 户、45294 人。是全国卫生乡镇、全省文明乡镇、全省卫生乡镇、全省生态乡镇、全省特色乡镇、全省农产品标准化生产示范乡镇、荆楚诗词之乡。

**【精准扶贫】** 2019 年，全镇共有建档立卡贫困户 3765 户 13059 人，经过连续几年的脱贫攻坚，2018 年底全镇贫困发生率低于 0.2%，实现全镇脱贫出列。2019 年预脱贫 2 户 2 人，存留 5 户 15 人。

高罗镇有 32 个村级“尖刀班”、215 人驻村帮扶，县直单位负责人“尖刀班”班长实行“1+4”模式，镇直单位负责人担任“尖刀班”班长实行“3+2”模式，其他“尖刀班”成员全部做到一周五天岗位在村、吃住在村、工作在村。干部力量下沉到村到户，了解村情民意，梳理村级短板、村民意愿、农户家境、帮扶方向和发展重点等内容，落实关于“两不愁三保障”的“十看”精神。认真核查逐条销号，对照各级反馈疑似问题，举一反三，上半年组织专班对中央巡视问题整改以及州督战巡视问题整改逐村进行摸排发现的问题建立台账对账销号，大数据核查共涉及线索 61 条，完成线索核查 61 条，其中查否 57 条，查实 4 条，查实内容已全部整改完成。

坚守国家脱贫标准底线，投入资金 9420.6 万元，实施村级脱贫攻坚项目 205 个，全面补齐基础设施短板、推动产业发展、提升公共服务、实施环境整治。实现“一管清水进农家”，确保所有农户饮水安全；实现农村生活用电稳定、有生产用电需求的地方无卡口，提高供电保障能力和水平；实现村村通水泥路、通客运班车，村内主干道通水泥路，20 户以上（不含易迁户）村民小组院落通砂石路；实施“网络连户”工程，确保 4G 网络行政村全覆盖；实现除七类对象（易地搬迁的、已建设或购买新房的、家有危房但儿女在本村有安全住房的、已签订拆迁合同或近三年内需要征迁的，近两年内已享受过农村危房改造政策的）以外，危房改造全部清零。产业扶贫方面，发展特色小水果 122.93 公顷，完成验收并申报奖补面积 119.8 公顷；新发展优质茶园 52.13 公顷，管理茶园 177.37 公顷，完成白柚园补植面积 69.2 公顷，对 798 公顷白柚园进行春管。制定“农业产业扶贫一揽子保险”实施方案，由财政出资200万元，为全镇水稻、烟叶种植户实施农业产业保险；对333.33公顷玉米进行草地贪夜蛾防治。全面落实“1+5”医疗保障政策，确保建档立卡贫困人口住院和门诊慢性病医疗合规费用报销比例达90%以上，个人年度自付合规费用5000元以内。发放教育扶贫资金2176人次、99.6万元，发放雨露计划补助资金443人次、110.75万元。发放低保金1649户、3144人、87.356万元，发放五保金116户、116人、3.03万元，发放重度残疾人护理补贴512人、5.12万元，残疾人生活补助642人、3.21万元，确保惠民政策落实不漏一人。建立32家村级金融互助社以及乡镇金融扶贫互助分社，为19户贷款户发放扶贫贷款63万元，另有46户处于审批过程中。举办致富带头人培训2期，共培训15人，社会扶贫网贫困户需求发布269条，成功对接139条。

**【特色产业】** 新发展白柚45.33公顷，面积达到3000公顷。新发展优质茶园53.33公顷，茶园面积达到306.67公顷。新发展桐子李、猕猴桃等特色小水果99.2公顷，全镇人均特色产业面积达到1.5亩以上。坚持走生态、有机、富硒之路，高标准完成2200公顷茶园、柚园、桐子李、油茶等特色产业的管护；市场主体不断增多。新建茶叶加工厂2家，已正式投产。新增农民专业合作社8家，产业发展集群效应和组织化程度进一步提高。旅游产业持续升温，突出民族风情、自然风光、特色风景，推动基础设施、特色民宿、村风民风同步发展，板寮民宿体验游、清水塘休闲观光自驾游发展态势良好，集镇苗俗风情一条街特色效应初显。

**【招商引资】** 成立镇招商引资领导小组，组建招商工作专班，形成党政“一把手”亲自抓、分管领导具体抓、有关部门共同抓的工作局面。全年到浙江等地开展招商引资5次。不断优化营商环境，严格落实好相关优惠政策，深入推行项目洽谈、开工、投产全方位“保姆式”跟踪服务，明确专人协助企业做好经营手续办理、消防验收等工作，让企业少跑腿。大力推行以商招商，以生态、环保、劳动密集型产业项目为重点，发挥已落户企业的推介作用，采取“走出去、请进来”的办法引进企业。全年省外到位资金完成4000万元，招商引资引进企业3家。新增工业企业2户，完成工业固定资产投资1300万元，超额完成年度目标任务30%。完成工业项目入统2个。实施工业企业梯级培育，推进工业经济发展提档升级。

**【项目建设】** 招商引资引进的3家企业当中，恩施鑫华服饰有限公司已租赁临时厂房投产，湖北恩美工艺品有限公司已入驻新建厂房，展旭服饰公司运转良好，已完成二期仓库建设，可增加160个就业岗位，产能进一步扩大。谋划2020年500万元以上重点项目4个，计划总投资5450万元。储备亿元项目九间店服装加工基地及物流中心建设，打造特色“服装小镇”，已完成科研、地勘、规划、设计、造价等前期工作，已启动“三通一平”的建设。引入浙江省瑞安市品客瑞成有限公司总部正有序推进。年底，完成项目入统5个，总投资4640万元，已完成3820万元。菜园子民俗一条街、黄家河水果冷链仓库项目已完工。投资3000万元的集镇污水处理厂项目，已经建成使用。

**【社会事务】** 加大社会救助力度，及时开展救灾救济工作，发放2019年春荒救济资金461户、942人、25万元，发放临时救助资金189户、54.78万元。全镇共有高龄老人1094人、孤儿7人，高龄津贴及孤儿生活费全部发放到位。加强“三留守”人员关爱帮扶，提高福利院管理和服务水平。

不断提升公共卫生服务能力和群众健康水平，积极推进医药卫生体制改革；落实医疗保障制度建设，医改补助范围全覆盖；规范执行国家药品零差率政策和基本药物制度，镇卫生院药品挂网采购率达 98% 以上，进一步规范村卫生室日常诊疗行为；加强基层医疗队伍人才建设。

发展文化事业，按照村文化中心工程“七个一”建设标准，完成第一批 16 个村的综合文化服务中心建设内容，高罗镇歌乐城运动健身中心广场建设项目已挂网；全年共组织、参加大中型文体活动 4 次，举办村级春节联欢晚会 6 场，组织非遗培训 46 次，培训社会文艺骨干 1820 人次、学校师生 3 万余人次；高罗三棒鼓传习馆挂牌成立；由高罗中心小学录制的苗语版《我和我的祖国》登上“强国学习”平台；建立恩施州图书馆高罗分馆。

**【社会管理】** 围绕“稳定压倒一切”总目标，坚持“打防结合，预防为主，干群结合，依靠群众”工作方针，落实好矛盾纠纷层级化解机制、领导包村负责制、律师三进制以及领导接访、下访和书记陪访制，形成上下联动、左右协调、各负其责的格局。2019 年，全镇共调处矛盾纠纷 63 件，村级调处率 95%；接待群众来信来访 70 人次，录入平台办理 9 件，办结 9 件；上级信访部门交办件 57 件，办结 54 件，正在办理 3 件，其中省委巡视组交办 7 件，办结 7 件，办结、答复率 100%。镇律师团共开展法律宣传、培训 1 场；律师进村服务 3 次，成功调解矛盾纠纷 7 件。全镇 11 名副科级以上领导干部全部参与接访，接访总量 50 件 68 人次，化解 42 件 54 人次，疏导 8 件 14 人次。

**【集镇建管】** 对原有的集镇总体规划进行合理性修编，建成“三横三纵”交通路网，扩大集镇框架，提升集镇承载力。精细化管理集镇，按照净化、亮化、绿化、美化、静化的“五化”要求，对集镇 2 千米街道（歌乐城安置点至菜园子至农贸市场）路面实施黑色化，新增 2 千米集镇街道 LED 路灯；加强集镇保洁，投入 120 万元，与宣恩嘉盛物业公司签订集镇垃圾清运承包合同，新购置 3 台垃圾清运车。开展镇村环境综合整治，实现镇村建管常态化，全力整治占道经营和乱停乱放等不良秩序，规范铺面门头广告，落实门前“五包”责任制，有效治理违规建设、乱搭乱建；深入推进“厕所革命”；32 个村全部启动人居环境整治，推进“户分类、村保洁、镇转运”的生活垃圾分类处理。国家级卫生乡镇创建工作有效开展，顺利通过省爱卫办资料审核，州爱卫办暗访评分 765 分，符合创建标准。

**【高罗镇第二届人民代表大会第四次会议】** 2019 年 5 月 17—18 日，高罗镇第二届人民代表大会第四次会议召开。大会选举叶坚为高罗镇人大主席、徐涛为副镇长。

（陈　健）

## 李家河镇

**【概　况】** 清朝时期，有一外地李姓富商来此经商，后又设庄园，有一条小河流经李家庄园，故名李家河。集镇亦因河得名，沿用至今。

全镇土地面积 216.79 平方千米，地处北纬 29° 32′46″—29° 47′0″，东经 109° 17′52″—109° 31′16″。年末常用耕地面积 4537 公顷。全镇辖凤山、二虎寨、老司城、八洲坝、波螺河、塘坊、川大河、车子口、贾家沟、金陵寨、烂泥沟、燕子溪、青龙嘴、麻阳、茅坝、干坝、歪尖坡、汤塆、冉大河、高桥、老师沟、茅坡、箭竹坪、中大塆、板栗园、利福田、司城、头庄坪、楠木园、车道塆、长塆、柏子坳、郭家坡、上洞坪、下洞坪、关洞坪、田幺坪、黄柏园、回龙、冷草沟 40 个村，352 个村民小组，14745 户，52254 人，其中镇村人口 50080 人。

李家河镇位于宣恩县最南部，处于两省（湖南、湖北）四县（宣恩、咸丰、来凤、湖南龙山）的交界之地，有“一脚踏两省、鸡鸣闻四县”之说。镇政府驻地为李家河集镇龙虎路 279 号，归凤山村委会管辖，距宣恩县城 80 千米。

距世界自然遗产风景区张家界90千米。“恩来高速”由东向西穿过李家河镇11个村。李家河镇是“塘坊早”蜜橘和宣恩“贡水白柚”的原产地和主产区。

**【精准扶贫】** 2019年，精准扶贫工作继续执行“八个到村到户”，继续配齐配强驻村“尖刀班”成员，完成中央脱贫攻坚专项巡视反馈意见和各级巡视巡查反馈意见问题整改，抓好巩固提升工作。投入2197.34万元，实施“补短板”项目68个，推进拆旧复垦工作，与778户易迁户签订拆旧复垦协议，拆除房屋717户、复垦699户、验收合格644户。

**【防范化解风险】** 坚持底线思维，增强忧患意识，针对党建、政治、意识形态、经济、社会等重大领域进行自查。按照主动防范、系统应对、标本兼治、守住底线的总体思路，坚持全面从严治党，坚持党建示范引领；坚定不移把维护政治安全放在首位；严格落实意识形态工作责任制，加强宣传引导，依法做好宗教事务管理；打好扫黑除恶人民战争，全力维护社会安定，切实保障人民安宁；高度保持金融风险警惕性，保持全镇境内无非法集资和金融无照经营等行为、无政府债务、办理扶贫小额信贷381笔，无一笔逾期，确保全镇经济持续健康发展和社会大局稳定。

**【污染防治】** 践行“绿水青山就是金山银山”发展的理念，加大对生态文明建设资金的投入，对全镇40个村划拨环保专项经费，加强农村垃圾分类、转运和处理，新建垃圾亭164个、配备垃圾桶985个，新增洒水车1台、冲洗车2台、垃圾收运车6台，加大秸秆垃圾露天禁烧管控力度，完成10处矿山复垦复绿工作。推进“河长制”落地实施，设立镇级河长4人、村级河长21人，落实辖内71.97千米5段河流管护责任，落实管护经费，维护河道健康。加强森林资源管理，及时开展“精准灭荒”“石漠化工程治理”补植补造和抚育管护，巩固造林成果，全镇绿化覆盖率实现36.6%，超过省级创森指标（30%），成功为宣恩县创建省级森林城市提供考核现场。

**【项目建设】** 完成固定资产投资7899万元。投资4000万元，完成污水处理厂及配套管网建设；投资330万元，完成垃圾中转站建设；投资300万元，完成上城大道黑色化、青石板铺设及集镇绿化工作；投资1262万元的国土整治项目第一期工程已完成；投资2600万元的李家河镇卫生院即将装修完毕，附属工程已全面启动；投资685万元的6个东西部协作项目全部完工。谋划项目22个，入库储备10个，

**【招商引资】** 发阳食品公司完成投资1200万元，已正式营业；沈氏面业完成投资1400万元；引进投资1630万元的富硒蛋鸡乐园建设项目，宣恩县萌鑫养殖有限公司完成投资600万元；引进总投资1.8亿元的武陵山区农业花卉产业园建设项目，宣恩锦怡花卉有限公司一期投入1000万元，在柚乡苑社区建成8000平方米标准化智能大棚，同时投入500万元完成配套附属设施建设，大棚已正式投产；新引进宣恩良纳水泥制品公司，已完成新公司注册登记，项目一期预计投资2000万元。

**【工业经济】** 童话工艺出口产值达465万美元；博诚钢化产值1620万元。新注册工业企业2家，鼓励传统企业技改扩规，4家企业共投入400万元完成技改。培育2家主营业务收入超过1000万元的企业（宣恩县堃鑫建材有限公司、宣恩县兴顺建材开发有限公司）。

**【社会事业】** 全镇本年度出生人口466人，孕前优生健康检查192人，免费婚前检查144人，农村奖特扶对象新增43人，收取计生家庭意外伤害保险847户。保障低保户、五保户、孤儿、残疾人的生活，全年发放低保金1089.20万元，发放临时救助资金73.19万元。护送精神病患者到州优抚医院治疗56人次，解决精神病住院生活困难临时救助56人，发放救助资金13.17万元。全面落实优抚对象的各项优待政策，共为322名优抚对象

发放优抚补助金 86 万元。加强社区建设管理，在柚乡苑社区投入 80 万元建成养老服务中心，投入 92 万元建成“四点半学堂”及托管中心。

加快发展教育事业，义务教育入学率、巩固率均达 100%。建立安全生产管理队伍，辖内共配备 51 名专（兼）职安全生产管理人员，组建一支 22 人的消防灭火应急分队，对重点领域重点行业排查 30 次，有效确保人民群众的生命财产安全。

**【社会治安综合治理】** 全镇共排查化解各类矛盾纠纷 155 件，调处成功 148 件，受理群众来信来访 89 件次。破获刑事案件 12 起，查处治安案件 110 起，抓获刑事犯罪 10 人，行政拘留 65 人，接收社区矫正对象 24 人。

（李知遇）

## 晓关侗族乡

**【概　况】** 晓关，古称筱关，原名小关，清同治版《宣恩县志》载，因有小关山得名。清朝乾隆年间，为石虎里治所，设有关隘、集场。抗日战争时期，湖北省国民政府由武汉迁至施南（恩施），改称晓关，取光明吉祥之意。

晓关侗族乡位于宣恩县西南部，地处北纬 29°45′07″—29°58′21″，东经 109°10′50″—109°30′29″。是湖北省 12 个少数民族乡镇之一，也是全州 3 个侗族乡镇之一。东邻珠山镇，南与咸丰县高乐山镇、宣恩县高罗乡、李家河镇交界，西与恩施市盛家坝乡毗邻，北连宣恩县椒园镇。乡政府驻地为晓关集镇，位于晓关侗族乡黄河村 55 号，距县城 29 千米。

全乡土地面积 421.38 平方千米，年末常用耕地 4272 公顷。辖黄河、岩狮、古路槽、大岩坝、宋家沟、蚂蚁洞、野椒园、高桥、坪地坝、白沙溪、张官、黄草坝、猫山、牛场、草坝、小溪、覃家坪、马泥光、茅坡田、山尖坳、七将营、沙水田、大咸、八台、匠科、桐子营、中村坝、干家坝、桥塘、长坳、倒洞塘、堰塘坪、卧西坪、铜锣坪、杉木岭、骡马洞、大山坪、尖山坪、姚家坪、小高锣 40 个村民委员会，441 个村民小组，12670 户，42239 人。

2019 年，全乡农业总产值达到 6.24 亿元，增长 21.03%；常住居民人均可支配收入达到 16228 元，增长 10.5%。

**【支柱产业】** 2019 年，新建长效特色产业基地 3 个。种植烟叶 880 公顷，完成烟叶收购 1440 吨，实现财政税收 937.7 万元。管理和新建茶园约 3333.33 公顷，认证有机茶基地面积约 266.67 公顷。全乡现有油茶 500 公顷、枇杷 66.67 公顷、柑橘 266.67 公顷、药材 400 公顷、桃李等其他产业 333.33 公顷，全乡农业人口产业面积人均达 2 亩以上。畜牧产业平稳健康发展，非洲猪瘟防控工作有力，全年生猪出栏 4.6 万头，存栏 4 万头。

**【工业经济】** 2019 年，工业企业累计达到 71 家，规模以上工业企业 3 家，规模以上企业增加值增速为 53.3%，工业总产值同比增长 47.84%，工业用电量同比增长 79.02%，实缴税金比上年同期增长 190.2%。规模以下企业 68 家，实现工业总产值 5528 万元，同比增长 26.46%，工业增加值同比增长 31.86%。2019 年张官神力生物有机肥料厂销售额达到 2050 万元，成为新进规工业企业。

**【旅游开发】** 依托晓关良好的生态资源和区位优势以及侗乡独有的人文资源禀赋，推行“乡游、村乐、民宿”联动发展模式，乡村旅游蓬勃发展，野椒园、蚂蚁洞、桐子营库区、张官“云海”网红点、黄草坝等成为州域范围内重要的乡村旅游目的地，游客数量不断扩大，旅游综合收入不断增长，旅游配套设施不断完善，“农家乐”、民宿品味不断提升。据不完全统计，全年共接待游客 30 余万人次。

**【基础设施建设】** 2019 年度计划已获批复并下达的项目有 30 个，总投资 2522.4 万元，所有项目已建设完成，并竣工验收。国道 242 宣恩晓关段，途经晓关乡草坝村、牛场村、岩狮村、黄河村，总里程17.952千米。2019年11月18日，组建专班启动划定红线和实物锁定工作，土地征占43.11公顷，迁房19户，涉及297户，征迁费用约3556万元。

投入4.8万元，对辖区忠建河宣恩段、宋家沟河、南河、官千河等4条河流的11个河段，聘请“河长制”保洁员12名，加强河道的及时清理；对影响泄洪通道的甘溪、小溪河边烧烤点进行及时清理撤除，晓关集镇和桐子营两个污水处理厂已正常运行，实际日处理能力达850立方米/天。投入资金39.2万元，打造中村坝、骡马洞、野椒园、小溪四个农村人居环境整治示范村，坪地坝村成功创建成为省级文明生态示范村。投入135万元，安装垃圾亭388个，配备分类垃圾桶1250个，垃圾转运车2台，垃圾压缩车1台，路面清洗车1台，三轮垃圾收集车16台。投入120万元，与宣恩县嘉盛物业管理有限公司签订服务合同，对全乡40个行政村的生活垃圾进行定时清运，并及时转运至县城垃圾填埋场。完成3714户农村无害化厕改任务和35座农村公厕任务。

推进集镇村庄绿化美化亮化，改善农村生态条件。投入30万元，完成晓关集镇500米绿化。在黄河村杨柳沟安装路灯30盏、黄河村龙桥湾安装路灯32盏。

乡中心卫生院住院综合楼及附属设施改造项目已竣工，并投入使用，32个村卫生室基本实现“五化”的建设和管理。

**【社会事业】** 全力做好基本民生保障工作，按月解决好困难群众的临时救助，临时救助与定期救助互相补充，为人民群众排忧解难。年初发放2018年冬令春荒救助款43万元，11月发放旱灾救助金3万元，重点针对分散供养五保户、低保户、重度残疾人、建档立卡贫困户、重大疾病患者、当年遭受重大灾害、因灾、因病、因祸、因残致贫的困难户。截至11月，全乡临时救助共救助163人，总计444240元。为21名建档立卡贫困户大学生申请办理困难学生资助。

人口与计划生育工作，各项考核指标均达国家规定要求。推进义务教育均衡发展，适龄儿童入学率和义务教育阶段初中入学率达100%。晓关乡卫生院稳步推进健康扶贫工作，乡村卫生室达到31个，村村联办村卫生室8个，基本实现群众看病不出村。

外宣数量和质量大幅度提升，《新华社》录用稿件5篇，《湖北日报》录用稿件1篇，《恩施日报》录用稿件63篇，宣恩县级媒体用稿243条。

**【社会治安综合治理】** 2019年全乡共受理信访件63件，办结58件，5件正在办理中，做到事事有回音，件件有着落。书记陪访39件，领导干部下访124次，接访群众129批次142人次。对辖区40个村的193名刑满释放人员开展涉黑涉恶排查，建立线索摸排台账。安全生产形势稳定，未发生安全生产死亡事故，无森林火灾事故，无食品药品中毒事故，火灾9起无人员伤亡，交通事故100起，其中人员伤亡事故2起。平安建设知晓率达100%，参与率达95%以上，平安家庭创建率达86%以上，群众对安全的满意度达到95%以上。

**【中国共产党宣恩县晓关侗族乡第四届代表大会第四次会议】** 2019年12月24日，中国共产党宣恩县晓关侗族乡第四届代表大会第四次会议召开。大会听取和审查中国共产党晓关侗族乡第四届代表大会第四次会议报告、全乡2019年纪检监察工作情况和2020年工作建议的工作报告、晓关侗族乡党政领导班子述责述职述廉报告。

**【传统村落野椒园】** 2014年11月26日由住建部、文化部、国家文物局、财政部、国家旅游局等联合公布晓关乡野椒园村为第三批中国传统村落。2017年1月6日，被列入中央财政支持范围的中国传统村落名单。全村辖9个村民小组，191户，共626人，其中党员19人，村支两委班子成员

4人。共有耕地94.01公顷，其支柱产业为茶叶，2019年茶叶种植总面积56.67公顷，产量92.71吨。全村农村经济总收入1262.6万元，人均纯收入12337元。

**【“专家健康扶贫基层行”大型义诊】** 5月16日，“专家健康扶贫基层行”大型义诊活在晓关侗族乡集镇广场举行。义诊活动由湖北省医师协会神经外科医师分会、中部战区总医院、湖北省人民医院、武汉大学中南医院、恩施华龙总医院等20余名专家坐诊，为就诊的群众测血糖、量血压、看病情，普及常见病、多发病、季节性疾病健康保健知识，对群众咨询的健康问题进行病情评估和指导用药，让他们及时了解自己的身体状况和疾病预防知识，并结合“科学补碘益智，健康扶贫利民”全国第26个“防治碘缺乏病日”宣传主题，特别叮嘱老年人要注意合理用药及营养膳食、定期复查、科学就医，养成良好的生活习惯。当天共为群众提供免费义诊、健康体检124人次，发放健康宣传手册2000余份。此外，专家组带队在晓关中心卫生院教学查房，对基层医疗管理、服务和诊疗方面进行现场指导，为基层医务工作者开展一场切合基层诊疗实际的业务知识授课。

（熊继楚）

## 万寨乡

**【概　况】** 万寨，明清时期，白莲教抗暴发展迅速，在本地安营扎寨，设有千师营、大营、小营、暗营、新营、二寨、大公寨、罗家寨、马家寨等多个营寨，号称“万寨”，以其虚实不定吓阻清兵。“万寨”就此得名，设有集场、塘讯。

万寨乡位于宣恩县域东北角，宣恩与恩施交界处。地处北纬29°59′25″—30°13′36″，东经109°29′51″—109°38′59″。东及东南与长潭河侗族乡和恩施市双河相毗邻，西南与椒园镇、珠山镇接壤，西连恩施市芭蕉侗族乡，北抵石心河与恩施市三岔镇隔河相望。乡人民政府驻万寨集镇和平路132号，距宣恩县城25千米。

万寨乡属典型的亚热带季风气候，地形起伏、气候温和、雨量充沛，山水奇特秀丽，群山云雾缭绕，生物资源丰富，粮食作物以水稻、玉米、小麦、薯类为主，经济作物有茶叶、烟叶、油菜、柑橘、花生等。全乡森林覆盖率高达80%，土壤以酸性紫砂泥为主，富含硒等稀有微量元素，pH值4.5—6.5，适宜茶叶生长发育。万寨乡是湖北省十大茶叶名乡之一，伍家台贡茶的发源地，是恩施州茶叶主产区，所产干茶其色青翠绿润，其香清幽淡雅，其味甘醇可口，富含硒、铁、钙、维生素C等微量元素，有清肺止涩、抗癌阻痈、防病健身的功效。万寨乡所产茶叶经专家分析测定为含硒量0.1—0.5PPm。茶叶品种多样，境内拥有鄂茶10号、龙井43、乌牛早、福鼎大白和浙农117等优良品种。所采鲜叶可加工制作绿茶、红茶、乌龙茶、砖茶等各大类茶叶产品。

万寨乡旅游资源有中国贡茶第一村（伍家台村）、清江画廊西入口（石心河深水港）、地下发电厂房（洞坪水电站）、中华油麻第一藤（常青油麻藤），全省八大农村党员干部培训示范基地之一，是全州唯一一个省级培训示范基地（湖北省农村党员培训示范基地位于万寨乡伍家台村）。

全乡土地面积183.57平方千米。辖千师营、石心河、小姑珠、后坪、芷药坪、白果坝、长沙河、六堰塘、长堰沟、梭龙坝、向家村、大河坝、铁厂沟、大明山、网台、罗针田、中台、芋荷坪、凉风、伍家台、板场、马鞍山、白虎山、金龙坪24个村，244个村民小组，9750户，29997人。总耕地面积4453.33公顷，林地面积8860公顷。全乡农村经济总收入5.92亿元，同比增长8%。落实“河长制”管护机制，强化天鹅池、老虎洞及大坝沟等水源地保护，加强清江河、贡水河、向家河及板场三黄沟等河流水资源保护。加大国土执法及拆违工作力度。全面完成张家垭砂厂、后坪砂厂、凉风及板场临时料厂等到期矿山及临时料厂的复垦覆盖绿生态修复工作。

**【特色产业】** 万寨乡是湖北省十大茶叶名乡之一，所产干茶色泽翠绿，味道甘醇可口，富含硒、铁、钙等多种微量元素，有清肺止涩、防病健身的功效，境内有龙井43、乌龙早、福鼎大白等优良品种。2019年，启动白虎山、金龙坪、马鞍山、板场、伍家台等村200公顷全域有机示范基地建设项目，大力推进全域有机茶叶示范乡创建工作。伍台昌臣公司“1+X”模式不断完善，带动32家小微企业统一生产标准、统一销售渠道，共覆盖1132公顷标准化基地。全乡茶农实现收入约1.35亿元。全乡6家专业合作社，共发展草莓3.73公顷、猕猴桃4.07公顷、枇杷15.33公顷、李子3.53公顷、小龙虾10公顷、青蛙3.33公顷，共带动近300户农户，开拓增收致富新路。

全乡种植烟叶237.6公顷，完成收购357.22吨，占县下达指令性任务的102.064%，实现烟农收入1031.21万元，均价28.88元/千克（不含补贴）。在等级结构上，上等烟叶比例占64.56%，中等烟叶比例占35.44%，中部烟叶比例占77.41%，上部烟叶比例占18.76%，实现平均亩产值3172.96元。以付泽权、刘代举为代表的烟农大户已发展为新型职业农民，成为村级致富带头人。

全年生猪存栏3.15万头，生猪出栏4.39万头；大牲畜存栏0.24万头，牛出栏0.08万头；羊存栏0.24万只，羊出栏0.31万只；家禽存栏9.61万羽，家禽出栏12.97万羽；禽蛋产量402.1吨；实现肉类总产量3930.1吨；培育新型养殖市场主体1家。

2019年，在白果坝、千师营、石心河、中台村等村实施新一轮退耕还林工程，总面积61.07公顷，兑现资金45.81万元，包括茶叶、小水果、杉木、银杏等4个品种。完成幼林抚育63.33公顷。验收退耕还林合格面积180.28公顷，兑现资金99.28万元。强化林政资源管理，加大案件查处力度。查处林业刑事案件1起（非法狩猎案）、林业行政案件7起。其中，擅自开挖林地案件2起，滥伐林木案件4起，擅自野外用火案件1起。林业行政处罚9940元。

**【工业经济】** 全年预计实现总产值2.78亿元，其中3家规模以上企业实现产值1.51亿元。宣恩伍台昌臣茶叶公司出口创汇超过600万美元。新注册并开工运行茶叶加工企业3家。

**【社会事业】** 全乡小学适龄儿童入学率达到100%、小学适龄女童入学率达到100%、初中阶段入学率达到95%以上，适龄残疾儿童、少年入学率达到65%以上。始终坚持以计生服务为主线、以优生优育、提高出生人口素质为目标、以“三狠抓三保障”为举措，按照“夯实基层基础，突出利益导向，强化优质服务，争创一流业绩”的工作思路，宣传全面二孩政策。计划生育考核年度内，全乡共出生297人，其中，一孩140人，二孩124人，多孩33人（政策外8人），当年政策外多孩率为2.69%。完成体检目标人群段共计258人、“两癌”筛查531人。完成计生家庭意外伤害保险7.78万元。健康教育、预防接种、传染病防治、儿童保健等基本公共卫生服务项目完成全年责任目标。实施积极的就业再就业政策，促进创业带动就业。扩大社会保险覆盖面，基本实现应保尽保。推进普法教育，提高全民法律素质。严格落实安全生产“一岗双责”和“三个必须”责任制。对辖区内学校、加油站、安置小区、非煤矿山、在建工程、道路交通等安全生产领域进行全面检查排查共100余次，开展安全生产培训动员90余次，发放宣传资料1.8万份，设置安全警示标记标牌90处，安全生产宣传标语150条，播放安全知识宣传片240场次，下发行政执法文书280份，排查整改一般安全隐患750余处，木质房电线老化更新132户，全乡安全生产形势总体平稳。

**【社会治安综合治理】** 落实矛盾纠纷层级调处，全乡各村共排查矛盾纠纷94起，化解93起，化解率达95%以上。做好“三访”工作，开展“法律六进”，加大扫黑除恶工作宣传力度，累计投放宣传标语近200条，设置LED宣传屏13个，张贴扫黑除恶宣传栏64块。利用“支部主题党日”小组会、院落会广泛宣传扫黑除恶知识，净化社会环境。

**【精准扶贫】** 2019年，全乡24个村有市场主体或专业合作社帮扶，80%以上的贫困户与市场主体建立利益联结机制，全乡每户贫困户都有一个特色产业，稳定持续增收有保障。全年兑现生态补偿资金614万元，为2506名贫困学生发放资助金235.2万元。住房安全实现全面保障，实现农村危房“清零”。易地搬迁做到“搬得进”“稳得住”，42人到“恩施立讯”等企业就职，输送3批24人次贫困村创业致富人到杭州进行培训，建档立卡贫困人员外出就业1865人，就近就业1778人。全乡实现“一管清水到农家”、告别用电“低电压”。全长6.5千米的集镇至张家垭的通畅提升工程竣工验收；新开工通畅工程7条、23.5千米，完工2条、3.3千米；省道232的路面工程基本完工，隧洞通车；投资198万元建设的万寨集镇至洞坪电站路段，全长12.126千米，即将完工。持续推进“厕所革命”，全乡完成农户无害化厕所建改1234户，农村公厕10座。加大拆旧复垦力度，完成拆旧复垦264户。建设310个分类式垃圾收集站点，配置垃圾桶660个；建成集镇垃圾压缩中转站，并投入使用，完成全乡范围内存量垃圾清运及常态化清扫清运；建成集镇安置点公厕、板场集镇公厕及长茅岭公厕，并投入使用。

（陈　蓉）

## 长潭河侗族乡

**【概　况】** 长潭河，原名长滩河。长潭河侗族乡地处武陵山余脉，位于宣恩县东北部，地处北纬29°50′15″—30°09′53″，东经109°32′28″—109°47′45″，东与椿木营乡、沙道沟镇交界，南与高罗镇相连，西与珠山镇、万寨乡相望，北与恩施市新塘乡毗邻。乡政府驻地为长潭河集镇，属甘露村，沿王椿线西行，距县城34千米。

土地面积432.71平方千米，常用耕地面积3720公顷。全乡辖甘露、小卧龙、细沙坝、后河、兴隆、两河、龙潭、龙马山、中坝、小坝、万岭山、易家坪、马虎坪、大坨、会口、黄田、陈家台、苦草坪、田坪、土鱼河、洗马坪、九坝、大湾、白果、中间河、杨柳池、律吕坝、湧洞河、梨子坪、中间坪、猫村子、大卧龙、王家山、猫子庄、客家营、诺西、杉木树、芭叶槽、施铁坪39个村，361个村民小组，13584户，37123人，全乡有侗族、土家族、苗族、壮族等6个少数民族，侗族人口1.9万人，占51.3%。

全年实现生产总值64423.33万元，同比增长9%；一般公共财政总收入3898.32万元，增长0.36%；人均生产总值1.77万元，同比增长9.2%；农村常住居民人均可支配收入达到1.48万元，同比增长9%。全年谋划招商项目4个，完成招商2个，完成亿元以上项目1个。2019年辖区内工业企业达到30家，其中新增1000万—2000万元工业企业1家，完成固定资产投资4700万元。国道351、洗药线道路建设工程全力推进，“萨玛长潭”康养休闲旅游长廊项目加快实施，完成“萨玛长潭”旅游规划初审。随着卢家院子、新四河侗族风情旅游度假村、侗乡青石板古街、侗乡风雨桥等工程的完工，“陪十姊妹”“拉船号子”等非物质文化遗产品牌的进一步挖掘，诺西幸福村、山水兴隆九曲侗乡、两溪河村接待中心的抓紧建设，以集镇至卢家院子至七姊妹山自然保护区一线为核心的生态旅游线初具规模，康养休闲旅游逐步发展。

茶叶种植面积2666.67公顷，实现茶叶产值7000余万元。种植烟叶440公顷，收购烟叶740吨，烟农收入2220万元。新建栏圈11户，发放补贴3.22万元，生猪出栏4万头。全乡农村专业合作社51家、农村金融互助社32家。

**【精准扶贫】** 2019年，上年度留存的22户56人全部脱贫。发展茶叶、烟叶、黄柏、花椒、李子、桃子等产业730公顷，到村产业项目实现全覆盖。培训致富带头人31人次。全面落实健康扶贫政策，健康扶贫对象住院医疗1173人次，发生医疗费用255.33万元，累计报销242.42万元，综合医保报销比例高达94.94%，享受特殊慢性病政策895人。加强教育保障，1582人次享受义务教育生活补助86.54万元，实现贫困家庭学生资助全覆盖，落实“雨露计划”338人，兑现补助资金84.5万元。完成拆旧复垦614户。

**【基础设施建设】** 全乡新建、续建项目58个，总投资3190.02万元。新建水池11口，铺装饮水管道20千米，完成中间河集镇饮水工程改造升级，安全饮水普及率100%。实施电力项目49个，电力保障水平大幅提升。新建、硬化农村道路23条，新增里程70千米，累计总里程达910千米，村组公路通达率100%，通畅率达99%。完成农村危房改造、住房提升工程57户。实施农村环境治理项目3个，新建农村公厕16个。新建、维修党员群众服务中心2处、文化广场3个，改造升级村级文化中心15个。

完成全国第二次污染源普查工作，辖区范围内实现全域禁鞭。完成高梁子砂厂环境恢复治理和4个停工砂石料厂复垦复绿工程。推进“厕所革命”，完成厕改3180户。整改中央、省环保督查反馈问题8件。全乡建设垃圾亭402个，发放垃圾桶845个，生活垃圾集中处理、垃圾分类试点稳步推进。全面落实“河长制”，查处破坏河道案件9件。全年实施退耕还林366.67公顷，森林覆盖率提高到78%，“省级生态乡镇”申创正加快推进。

强化规划引领，实施具有边城风味的峡谷侗族特色小镇详规。完成集镇供水管网延伸及污水管网延伸工程，垃圾中转站、污水处理厂投入使用；集镇绿化和鼓楼项目建设工程正加快推进。

**【社会事业】** 完成新区幼儿园建设项目，启动实施中学改扩建项目。全乡义务教育阶段学生入学率达100%。乡卫生院综合业务楼迁建项目顺利开工，全乡农村合作医疗参合率达90%，建档立卡贫困户人口参合率100%。成功举办建国70周年“不忘初心、永跟党走”红歌比赛和“出彩”系列颁奖晚会，开展“文艺轻骑兵送戏下乡”10场次，群众性体育活动蓬勃开展，长潭河拔河代表队在宣恩水运会上获得第一名，连续四年蝉联该项目榜首。

全乡累计按标施保评定低保2580户、3929人，发放低保金1134.59万元。发放农村居民养老金5813、64.66万元，五保供养金150人、92.56万元，农村孤儿生活费7人、8.4万元，残疾人“两补”1045人次、72.65万元，高龄补贴852人、23.02万元，临时困难群众救助592户、103.55万元。全年兑现生态公益林补偿金291.35万元，农村地力补贴596.37万元。

开展扫黑除恶专项斗争，圆满完成国庆及军运会安保维稳任务，深入开展“七五”普法努力提高公民法治素质。“非洲猪瘟”防控有力有效，守住长潭一方净土，“舌尖上的安全”得到保障。深入开展安全生产大排查大整治大执法，安全形势持续好转。同时，计划生育、民族、宗教、民兵、工会、妇联等群团组织的工作有序开展，全面完成全国第四次经济普查任务。

（刘　平）

## 椿木营乡

**【概　况】** 椿木营乡，因传说清朝中叶，白莲教农民军将此地原始森林中的椿树砍伐搭棚扎营以避风寒，故而得名。

椿木营乡位于宣（恩）、恩（施）、鹤（峰）三县交界处，位于宣恩县东北高山地带，地处北纬 29°56′19″—30°08′20″，东经 109°42′19″—109°55′52″，乡人民政府位于集镇国知街 29 号，属长槽村委会管辖，距宣恩县城 80 千米，鹤峰县城 76 千米，恩施州城 110 千米。全乡土地面积 205.85 平方千米，年末常用耕地面积 1323 公顷。辖白果坪、长槽（含巴山坪）、干竹坪、黄家坪、勾腰坝、木营、十家坪、杨柳坨（含晒坪林药厂）、锣鼓圈、范家坪、挖断山、杉坨、深湾、莲花台、白岩溪 15 个村，84 个村民小组，4548 户，12245 人，劳动力 7539 人，外出务工 3339 人。

椿木营地处武陵山区椿木营高原（指宣恩椿木营、恩施石灰窑、鹤峰中营毗邻地区大高原一部分）、湖北七姊妹山国家级自然保护区腹地，平均海拔 1680 米，被称为“恩施屋脊”“宣恩之巅”。最高点长槽村火烧堡海拔 2014.5 米，最低处杉坨村 5 组海拔 1100 米。属夏凉冬寒的典型高山气候，夏短冬长，气候凉爽，易涝少旱。年平均气温 8.9℃，无霜期 189 天。全乡林地面积 16121 公顷，森林覆盖率为 73%。境内有煤矿、铁矿、硫矿等矿产资源，特别是硒资源十分丰富，尤以杉坨村为最高，矿层含量高达 109—188PPm，硒含量超出工业规定品位 100—150 倍。鸡笼洞河发源于椿木营乡长槽村，向北流入恩施市，属清江支流马尾沟水系。酉水河源头位于杨柳坨村以南约 1.5 千米外的山坳上（北纬 30°01′02″，东经 109°45′20″），海拔 1892 米。椿木营是贺龙领导的红二军团创建恩（施）宣（恩）鹤（峰）边防司令部、建立苏维埃政府之地，是全国优秀基层干部、“为民模范”周国知和省级劳动模范王贵清的故乡。

2019 年全乡农业总产值 2.35 亿元，增长 3.9%；农民人均纯收入达到 9917.45 元，增长 2.40%。乡内两家金融机构存款余额为 2.29 亿元，全乡人均存款 1.8 万元。

**【精准扶贫】** 2019 年，全乡紧紧围绕“两不愁三保障”标准，上年度留存贫困对象 11 户 29 人全部脱贫，年内未出现返贫和新致贫现象。全面实现“一管清水进农家”，“村村通水泥路、组组通砂石路”，户户用上稳压电，光纤宽带到村、4G 网络实现全覆盖。清查并解决危房改造 1 户，完成住房保障 30 户，全乡实现“两不愁三保障”问题清零。投入各类扶贫资金 6783.7 万元，实施各类项目 291 个，其中包括产业发展项目 25 个、943.5 万元，基础设施建设项目 251 个、5730.2 万元，公共服务项目 19 个、103.1 万元，能力提升项目 2 个、9.4 万元。争取东西部协作扶贫项目资金 10 万元，设置公益性岗位 20 个。825 户 2541 人完成易地扶贫搬迁，全乡 7 个安置点全部配备“四点半”学堂、便民超市和便民服务中心。拆旧复垦应拆 709 户，完成 236 户，复垦率 30%。县内就读义务教育阶段贫困学生享受补助 826 人次、45.05 万元，98 人享受“雨露计划”补助累计 24.5 万元。兑现生态补偿资金 275.060552 万元，发放生态护林员工资 29.26 万元。按照应保尽保的原则，农村低保增至 652 户、1270 人，城镇低保 10 户、11 人，五保 56 人，救助资金按时足额发放。贫困户实现“先诊疗，后付费”，享受“四位一体”一站式服务。入院治疗贫困人口 571 人，总费用 152.76 万元，其中，医保报销 133.18 万元，大病保险报销 1989.26 元，健康扶贫报销 5763.91 元，民政救助 10.53 万元。优抚对象 83 人，发放资金 440550.5 元。全乡为精准扶贫对象评级授信总额 3509 万元，为 107 户贫困户累计发放贷款 481.7 万元。

**【产业发展】** 在宜烟地区种植烟叶 560 公顷，收购烟叶900吨，实现烟农综合收入3200万元。发展高山错季节蔬菜1000公顷，狠抓外销蔬菜农残检测，菜农收入2000万元。引进浙商成立宣恩县旭源食用菌有限公司，完成投资近1000万元，发展香菇和酒红盖菇，已备料香菇菌棒120万棒、生产40万棒，5.33公顷酒红大球盖菇已经出产，并空运外销武汉、南京等城市。引进农民回乡创业并与贵州客商合作，成立宣恩县福民农业开发有限公司，投资150万元，发展香菇和滑子菇，已完成0.85公顷厂房征地和冻库建设。引进宣恩坤鹏生物科技有限公司入驻椒园创新工业园，投资4700万元（包括2500万元已定尚未交易的加工设备），发展缬草种植及深加工，发展缬草133.33公顷，厂房已经完成初装修。恩施州魅力硒都生物科技有限公司总投资5000万元，已经建成富硒小麦草基地8公顷，筹建的3000平方米深加工厂房及配套民俗产业，已完成规划设计，并开始征地。宣恩县恒瑞药业有限公司总投资2000万元，发展药材种植及加工，已经完成投资780万元，建成药材基地38.67公顷和2500平方米厂房，设备安装齐全。建成8公顷高山小龙虾养殖基地，3个大型养鸡场，出笼高山野鸡、散养鸡20万只。继续探索高山旅游新业态。椿木营五子岩休闲运动旅游区2019年完成投资300万元，建成4G铁塔、七彩滑道、垂钓中心等设施建设；筹备新建1栋17层公寓式星级民俗酒店，已完成征地工作。培植开元服装加工厂和万福服装加工厂2家微工厂，解决50名居民就业，其中易迁贫困人口26人。

**【项目建设】** 投资2200万元的国道351椿木营段项目，完成3.2千米路基工程及桥梁。投资5000万元的恩鹤省道改扩建项目，完成路基工程；长椿线改扩建工程已经完成；投资1773万元的自然村通畅项目共15条、42.92千米，路基工程全部完成，50%完成路面硬化；投资1247万的椿木营乡黄家坪村35千伏配电站，已开工建设；小葫芦矿泉水开发项目，已完成项目选址，开始厂房设计；进一步巩固农村饮水工程管理办法，确保卫生安全用水得到长期保障。投资2000万元的集镇沟渠及道路建设项目完成货币工程量800万元，投资2100万元的污水处理厂完工并投入使用；集镇绿化项目完工，便民服务中心规划停车位70个，改善标准篮球场2个，新建集镇公厕1座，神州台小流域综合治理工程计划总投资额1055万元，处于规划论证阶段。

**【乡村振兴】** 落实“河湖长制”“路长制”，利用本土自然环境优势，聚焦“四大产业集群”，实施农村人居环境整治三年行动。创新“三无四化五净”乡村治理新模式，即无燃放烟花爆竹、无无事酒、无白色垃圾，“空地绿化、乡村美化、环境亮化、道路硬化，水净、土净、山净、气净、屋净，乡村面貌焕然一新。污水处理厂及垃圾中转站全面完工并投入使用；群众的环保意识逐渐增强，未发生污水排放和工业污染，全乡未发现秸秆焚烧和森林火灾。推进农村“厕所革命”，共召开“厕所革命”室内调度会4次，现场推进会11次，邀请专业人员现场讲解示范，并安排专人进村入户指导安装技术，普及安装知识，降低安装成本。全年全乡新建或改造农村公厕6座，累计改造农户厕所1568座，完成年度任务的224%，进度居全县乡镇第一。大力推进乡风文明建设，全乡15个村结合本村实际进一步修订“村规民约”，加强宣传，达到“户户知、人人守”的效果。五年以来，制止“无事酒”16起，当事人经过教育转变观念，并志愿担当禁止“无事酒”宣传员，2019全乡举办1起“无事酒”，未发现一起燃放烟花爆竹，无1处烟花爆竹销售点。

**【民生事业】** 2019年，全乡义务教育阶段学生无一人辍学。应届初中毕业生27人上宣恩县第一中学重点线，超额完成19人的县定任务。民族中小学硬件设施大幅提升，投资100万元建成2个风雨连廊和2座标准化厕所，15万元的排水沟渠项目、12万元的围墙增高修缮项目、7万元的监控全覆盖工程、3万元的旧厕改造项目和1万元的亮化工程全面完工并投入使用。椿木营乡卫生院添加100万元的医疗设备，完成院坝硬化和门卫室新建项目。全乡新修村级卫生室2个，改造村级卫生室3个，迁移村级卫生室1个。普遍实行签约医生服务制度。加强人口和计划生育基层基础和经常性工作，计生年度内出生100人，符合政策生育率96.8%。新农保征收任务数5643人，完成4587人，上缴资金11.261万元。

**【社会治安综合治理】** 2019年，椿木营乡全面落实国家安全责任制，加强政府自身建设，始终保持先进性；加强党员干部理想信念教育，全面提升自身行政“硬实力”。深化“扫黑除恶”斗争，依法打击非法活动，全力解决矛盾纠纷，全力化解重大风险，不断优化营商环境。进一步强化农村网格化服务管理。继续推行矛盾纠纷层级化解，加大信访案件办理力度，开展开门接访、带案下访、入户走访工作，切实维护群众合法权益。积极回应群众诉求，合法合理的诉求及时解决，合理不合法的耐心地宣传解释。继续坚持矛盾纠纷层级化排查调处机制，全年共调处矛盾纠纷108件，调解成功102件，调解成功率94%，没有发生一例民转刑案例；上级交办信访件25件，答复25件，自办信访件7件。全年接警156起，受理行政案件47起，结案26起，受理刑事案件23起。强化隐患就是事故意识，全年共组织道路交通、消防、食品药品等各类安全检查100余次，共排查消防安全隐患300余处，责令整改300余处。

**【椿木营第七届露营节】** 8月10日，椿木营第七届露营节暨2019“听高山清韵，享清凉一夏”首届高山音乐节在椿木营乡勾腰坝村四组五子岩运动休闲旅游区举行。活动由赛马会速度赛、马术比赛花样趣味赛、天池摸冷水鱼大赛、模特美人鱼表演、特色民俗节目表演、篝火啤酒狂欢、草地露营七部分组成，与椿木营乡七姊妹山上的“清凉、风景、风物、风情”巧妙地融合，形成山水椿木、生态原乡的景象。有游客10000余人参加。开幕式后，湖南、湖北、重庆等武陵山片区的40余名游客开展了骞马竞技比赛。下午3点30分举行天池摸冷水鱼大赛，50多名参赛者携装鱼桶下水，体验原汁原味的农耕风情。晚上举行首届音乐节，游客们则以草坪为舞台，燃起篝火，用土家歌舞、高腔山歌将篝火啤酒狂欢又推向高潮。音乐节系列节目演出结束后，游客们露营休息。

（杨海燕）

# 人　物

## 先进模范人物

### 全国民族团结进步模范个人

**汪明菊**　女，中共珠山镇上湖塘社区居委会党总支书记、上湖塘社区居委会主任

### 全国维护妇女儿童权益先进个人

**范　韬**　宣恩县人民法院长潭河法庭庭长

### 全国最美孝心少年

**王凌云**　宣恩县沙道沟镇栏杆坪小学学生

**刘　顺**　宣恩县沙道沟镇松坪实验小学学生

### 2019 年 10 月“中国好人榜”上榜人物

**向胜元**　宣恩县沙道沟镇咸池村村民

### 恩施州劳动模范

**王存岚**　女，宣恩县人民医院主任医师

**黄兆峰**　国家电网宣恩县供电公司椿木营供电所所长

**王海涛**　宣恩县公安局副局长

**易　军**　宣恩县晓关中学校长

**龙刚成**　湖北博今电气有限公司董事长

**郭云权**　宣恩县新坤电子有限公司副总经理

**邵家勇**　宣恩农村商业银行沙道沟支行行长

**田　锋**　湖北巴楚风印务有限公司员工

**江世华**　恩施州亚麦食品有限责任公司员工

**黄新瑞**　女，宣恩县沙道沟镇潭子洞村村委会委员

### 恩施州五四青年奖章

**黄兆峰**　国家电网宣恩县供电公司椿木营供电所所长

### 恩施楷模

**黄兆峰**　国家电网宣恩县供电公司椿木营供电所所长

**向胜元**　沙道沟镇咸池村村民

**黄海艳**　女，高罗镇龙河村村民

**陈其胜**　万寨乡梭龙坝村村民

### 宣恩县见义勇为先进个人

**徐发意**　宣恩县看守所辅警

### “感动恩施”年度人物

**王凌云**　宣恩县沙道沟镇栏杆坪小学学生

### 恩施州文明家庭

**黄兆峰家庭**　国家电网宣恩县供电公司椿木营供电所所长

### 宣恩县劳动模范

**王鸿彪** 湖北苗仙聚生物科技有限公司总经理
**田正奎** 沙道沟镇供电所所长
**杨 慧** 女，宣恩县人民医院内二科主任
**杨锦宏** 宣恩县农业农村局农技推广中心副主任
**吴奇** 晓关侗族乡张官村九组农民
**陈世英** 宣恩县环境卫生管理局环卫工
**陈祖章** 中国邮政集团公司宣恩分公司投递员
**龚 梅** 女，万寨乡中心学校教师
**康 平** 沙道沟镇沙坪片区党总支书记
**曾辉斌** 宣恩农村商业银行营业部主任

### 宣恩县五四奖章

**方冬香** 女，宣恩县中等职业技术学校学生
**刘亚丽** 女，宣恩县志愿者协会理事
**杨成义** 宣恩县人民医院手术麻醉科护士长
**吴 奇** 宣恩县兴合中药材产销专业合作社负责人
**黄兆峰** 国家电网宣恩县供电公司椿木营供电所所长
**黄江华** 宣恩县第一中学教研处副主任
**黄新瑞** 女，沙道沟镇潭子洞村村委会委员
**曹 佳** 女，椒园镇宣传统战委员、副镇长

## 百岁老人

**安国政** 男，苗族，生于1913年6月5日，居住在高罗镇苗寨村3组

**张大妹** 女，生于1919年3月13日，居住在晓关侗族乡大岩坝村13组

**胡贵成** 男，生于1919年5月22日，居住在高罗镇龙河村9组

**李丁兰** 女，土家族，生于1916年1月30日，居住在沙道沟镇栏杆坪村4组

**田红玉** 女，土家族，生于1918年3月19日，居住在高罗镇九间店村6组

**周东英** 女，生于1919年1月19日，居住在高罗镇磨子沟村2组

**陈已妹** 女，生于1918年4月20日，居住在珠山镇宝塔村5组

**陈珍妹** 女，生于1919年1月3日，居住于珠山镇大坝沟村4组

（刘 梅）

## 逝世人物

**徐自友**（1932—2019） 土家族，湖北宣恩人。生于1932年3月出生，初中文化程度，1951年3月参加工作，1952年8月加入中国共产党。历任晓关区堰塘坪村农会主席、晓关区团委副书记、晓关区委副书记、区长，椿木营区委副书记，椒园区区长，高罗区委书记、主任，县农特科科长，县供销社主任、县革委会副主任，县人大常委会副主任，1992年5月退休，2019年5月13日因病医治无效逝世，享年87岁。

# 附　录

## 宣恩县主要机构及负责人名录

### 党政县处级领导机关

中国共产党宣恩县委员会

书记：刘智勇（2019.1—12）

副书记：习　覃（女　土家族　2019.1—12）

王　波（土家族　2019.1—7）

刘红艳（女　土家族　2019.11—12）

常委：龙志刚（侗族　2019.1—3）

刘红艳（女　土家族　2019.1—12）

曾志敏（土家族　2019.1—12）

周志斌（2019.1—12）

邵爱华（土家族　2019.1—12）

谢世鸿（土家族　2019.1—12）

覃国锋（土家族　2019.1—12）

赖于明（2019.3—12）

姚元文（侗族　2019.11—12）

杨晓东（2019.1—10）

刘　勇（2019.10—12）

裘　凯（2019.1—12）

宣恩县人民代表大会常务委员会

书记：唐　斌（土家族　2019.1—12）

副书记：姚元文（侗族　2019.1—12）

成员：覃正彪（土家族　2019.1—12）

史红珍（女　土家族　2019.1—12）

李　川（土家族　2019.1—12）

郑　强（苗族　2019.1—3）

黄光华（2019.3—12）

王绍文（2019.3—12）

主任：唐　斌（土家族　2019.1—12）

副主任：姚元文（侗族　2019.1—12）

覃正彪（土家族　2019.1—12）

史红珍（女　土家族　2019.1—12）

李　川（土家族　2019.1—12）

乾维德（土家族　2019.1—12）

黄光华（2019.1—12）

宣恩县人民政府

书记：习　覃（女　土家族　2019.1—12）

副书记：邵爱华（土家族　2019.1—12）

成员：裘　凯（2019.1—12）

李家锦（土家族　2019.1—10）

胡晓洪（侗族　2019.1—12）

向重臣（土家族　2019.1—12）

覃正权（土家族　2019.1—12）

刘柏松（2019.1—12）

胡明辰（2019.1—12）

柯高峰（2019.4—10）

邓正军（苗族　2019.1—12）

陈　勇（侗族　2019.1—12）

县长：习　覃（女　土家族　2019.1—12）

常务副县长：邵爱华（土家族　2019.1—12）
副县长：裘　凯（2019.1—12）
向建强（土家族 2019.1—12）
李家锦（土家族　2019.1—12）
胡晓洪（侗族　2019.1—12）
向重臣（土家族　2019.1—12）
覃正权（土家族　2019.1—12）
胡明辰（2019.1—12）
刘柏松（2019.1—12）
柯高峰（2019.3—10）

中国人民政治协商会议宣恩县委员会
书记：黄同元（土家族　2019.1—12）
副书记：黄玉贤（土家族　2019.1—12）
周志斌（2019.1—12）
成员：钟昌泽（侗族　2019.1—12）
姚　敏（侗族　2019.1—12）
李明然（2019.1—12）
谢庆慧（侗族　2019.1—12）
主席：黄同元（土家族　2019.1—12）
副主席：黄玉贤（土家族　2019.1—12）
钟昌泽（侗族　2019.1—12）
姚　敏（侗族　2019.1—12）
陶　华（女　土家族　2019.1—12）
李明然（2019.1—12）

## 县直各职能机构

县纪委
书记：曾志敏（土家族　2019.1—12）
副书记：代　雄（土家族　2019.1—12）
向　乐（女　苗族　2019.1—12）
常委：曹绪文（土家族　2019.1—12）
汪红兵（土家族　2019.1—12）
田晓荣（女　土家族　2019.1—12）
黄正华（土家族　2019.10—12）

县监委
主任：曾志敏（土家族　2019.1—12）
副主任：代　雄（土家族　2019.1—12）
向　乐（女　苗族　2019.1—12）
委员：曹绪文（土家族　2019.1—12）
田晓荣（女　土家族　2019.1—4）
黄正华（土家族　2019.1—12）
谢　灿（土家族　2019.10—12）
谭　煜（土家族　2019.10—12）

县委办公室
主任：覃国锋（土家族　2019.1—12）
常务副主任：颜学龙（土家族　2019.1—12）
副主任：宋　赟（苗族　2019.1—12）
喻以锋（土家族　2019.1—12）
熊茂平（土家族　2019.1—3）

县委巡察办
主任：段立新（侗族　2019.1—12）
副主任：黄德凌（苗族　2019.1—3）
吴联平（2019.3—12）

县委组织部（县公务员局）
部长：刘红艳（女　土家族　2019.1—11）
谢世鸿（土家族　2019.11—12）
常务副部长：张金龙（土家族　2019.1—12）
副部长：向海艳（女　土家族　2019.1—12）
谭德浩（土家族　2019.1—12）
田　丹（土家族　2019.11—12）

县委宣传部
部长：谢世鸿（土家族　2019.1—12）
姚元文（侗族　2019.12—12）
副部长：宋　文（苗族　2019.3—12）
李依斌（2019.1—12）
李玫燕（女　土家族　2019.1—12）

县委理论信息中心副主任：
罗贤友（侗族　2019.1—12）
肖　美（女　土家族　2019.1—12）

县委统战部（县台办、县侨办）
部长：周志斌（2019.1—12）
常务副部长：周和军（土家族　2019.1—12）
副部长：喻　明（土家族　2019.1—12）
县台办副主任：刘　洋（2019.1—4）

县委政法委
书记：龙志刚（侗族　2019.1—2）
赖于明（2019.2—12）
常务副书记：夏国斌（土家族　2019.1—12）
副书记：张　勇（土家族　2019.1—12）
委员：覃正权（土家族　2019.1—12）
肖　进（土家族　2019.1—12）
肖功平（土家族　2019.1—12）
陈鲜艳（苗族　2019.1—12）
罗文恒（土家族　2019.1—12）

县信访局
局长：卢　曙（2019.1—12）
副局长：杨尔智（苗族　2019.1—12）
杨胜军（侗族　2019.1—12）
接访中心主任：
汤淑华（女　土家族　2019.1—3）

县法院
党组书记：肖　进（土家族　2019.1—12）
党组副书记：林宏宇（苗族　2019.1—12）
纪检组长：谢秉武（侗族　2019.1—4）
成员：罗　军（2019.1—5）
何　威（土家族　2019.5—12）
刘永红（土家族　2019.1—12）
姜宗斌（侗族　2019.1—12）
谢秉武（侗族　2019.1—12）
院长：肖　进（土家族　2019.1—12）
副院长：林宏宇（苗族　2019.1—12）
罗　军（2019.1—5）
刘永红（土家族　2019.1—12）
何　威（土家族　2019.5—12）
执行局局长：姜宗斌（侗族　2019.1—12）
政治处主任：何　威（土家族　2019.1—4）

县检察院
党组书记：肖功平（土家族　2019.1—12）
党组成员：苏伍云（土家族　2019.1—12）
陈　杰（土家族　2019.1—12）
向晓东（女　土家族　2019.5—12）
检察长：肖功平（土家族　2019.1—12）
副检察长：苏伍云（土家族　2019.1—12）
陈　杰（土家族　2019.1—12）
向晓东（女　土家族　2019.5—12）
专职检察委员会委员：
刘菊萍（女　土家族　2019.1—12）
李华秋（女　2019.1—9）

县人大常委会办公室及各工委
县人大常委会办公室
主任：郑　强（苗族　2019.1—3）
王绍文（2019.3—12）
副主任：杨仕荣（土家族　2019.3—12）
王　燕（女　土家族　2019.1—12）
吴　斌（侗族　2019.1—12）
规范性文件备案审查室专职副主任：
周玉和（土家族　2019.1—12）

县人大财政经济委员会（县人大常委会预算工作委员会）
主任委员：李华生（土家族　2019.1—3）
主任：李华生（土家族　2019.1—3）

赵明金（土家族　2019.3—12）

县人大民族法制委员会
主任委员：肖　鸿（苗族　2019.1—12）
副主任委员：田冬生（土家族　2019.1—12）

县人大常委会内务司法工作委员会
主任：彭家安（土家族　2019.1—12）

县人大常委会城乡规划建设和环境资源保护工作委员会
主任：周　平（土家族　2019.1—3）
康纪全（苗族　2019.3—12）

县人大常委会农业农村工作委员会
主任：谭柏生（土家族　2019.1—3）
郑　强（苗族　2019.3—12）

县人大常委会教育科学文化卫生工作委员会
主任：潘言培（2019.1—12）

县人大常委会代表和人事任免工作委员会
主任：贵用奎（土家族　2019.1—12）

县政府办公室
党组书记：陈　勇（侗族　2019.1—12）
党组成员：郭长卿（土家族　2019.1—12）
杨世军（侗族　2019.1—12）
谭元照（土家族　2019.1—12）
陆祥忠（土家族　2019.1—12）
杨长安（苗族　2019.1—10）
何海军（苗族　2019.5—12）
朱永华（土家族　2019.1—12）
主任：陈　勇（侗族　2019.1—12）
副主任：杨世军（侗族　2019.1—12）
谭元照（土家族　2019.1—12）
陆祥忠（土家族　2019.1—12）
杨长安（苗族　2019.1—10）
何海军（苗族　2019.5—12）
朱永华（土家族　2019.1—12）

县扶贫开发办公室
党组书记：李　新（2019.1—12）
党组成员：李德平（2019.1—12）
方应鹏（2019.1—9）
刘辉懿（挂职　2019.1—12）
彭　毅（土家族　2019.11—12）

县人力资源和社会保障局
党组书记：甘清朗（土家族　2019.1—12）
党组成员：张继选（土家族　2019.1—9）
向龙章（土家族　2019.1—4）
谭忠林（土家族　2019.1—12）
张　琰（女　土家族　2019.1—12）
刘　耀（土家族　2019.5—12）
局长：甘清朗（土家族　2019.1—12）
副局长：向龙章（土家族　2019.1—4）
刘　耀（土家族　2019.5—12）
谭忠林（土家族　2019.1—12）

县社会保险管理局
局长：张继选（土家族　2019.1—9）
副局长：胡　勇（土家族　2019.1—12）
乐春山（土家族　2019.1—12）
冯　英（女　2019.1—5）
华　婧（女　土家族　2019.5—12）

县发展和改革局
党组书记：蒋照国（2019.1—9）
张亚丹（2019.9—12）
党组成员：姜绍义（侗族　2019.1—4）
孙　弘（2019.5—10）

刘申法（苗族 2019.1—9）
刘 耀（土家族 2019.1—5）
孟友顺（土家族 2019.9—12）
肖文锋（土家族 2019.11—12）
李 俊（苗族 2019.9—12）
局长：蒋照国（2019.1—9）
张亚丹（县推动长江经济带发展领导小组办公室主任 2019.9—12）
副局长：姜绍义（侗族 2019.1—4）
孙 弘（2019.5—10）
刘申法（苗族 2019.1—9）
孟友顺（土家族 2019.9—12）
肖文锋（土家族 2019.11—12）

县教育局
党组书记：奚泽辉（苗族 2019.1—12）
党组副书记：廖 锋（2019.1—12）
党组成员：刘 嫔（女 土家族 2019.1—3）
龚光太（2019.1—12）
局长：奚泽辉（苗族 2019.1—12）
副局长：廖 锋（2019.1—12）
刘 嫔（女 土家族 2019.1—3）
胡 静（女 土家族 2019.3—12）
吴雪飞（2019.1—12）

县民族宗教事务局
党组书记：肖赋生（土家族 2019.1—3）
尹超文（土家族 2019.3—12）
党组成员：尹 红（女 2019.1—12）
局长：肖赋生（土家族 2019.1—3）
覃道斌（土家族 2019.3—12）
副局长：尹 红（女 2019.1—12）

县民政局
党组书记：黄 敏（女 土家族 2019.1—12）
党组成员：黄祥林（侗族 2019.1—3）
田长明（土家族 2019.1—12）
杨济民（苗族 2019.1—12）
局长：黄 敏（女 土家族 2019.1—12）
副局长：黄祥林（侗族 2019.1—3）
杨济民（苗族 2019.1—12）
县社会救助局局长：
田长明（土家族 2019.1—3）

县退役军人事务局
党组书记：舒 蓉（女 苗族 2019.1—12）
党组成员：胡昌高（土家族 2019.1—12）
王胜维（2019.6—12）
局长：舒 蓉（女 苗族 2019.1—12）
副局长：胡昌高（土家族 2019.1—5）
王胜维（2019.6—12）

县财政局（县国有资产监督管理局）
党组书记：唐 刚（苗族 2019.3—12）
党组成员：李 宏（2019.1—12）
孙宏洲（土家族 2019.1—12）
黄 勇（土家族 2019.1—12）
局长：唐 刚（苗族 2019.3—12）
副局长：李 宏（2019.1—12）
孙宏洲（土家族 2019.1—12）
总会计师：黄 勇（土家族 2019.1—12）
县农村财政管理局局长：
兰远念（土家族 2019.1—12）
县非税收入征收管理局局长：
蔡章辉（苗族 2019.1—12）
县会计事务管理局局长：
张 瑛（女 2019.1—12）
县政府采购办公室主任：
叶元华（2019.1—12）

县农业农村局（县委农村工作领导小组办公室）
党组书记：姚金超（侗族 2019.1—12）

党组成员：杨年红（土家族　2019.1—12）
杨昌龙（侗族　2019.1—12）
张　勇（土家族　2019.1—12）
李建华（土家族　2019.10—12）
王　恒（土家族　2019.10—12）
唐　宾（土家族　2019.5—10）
局长（县委农办主任）：
姚金超（侗族　2019.1—12）
副局长：杨年红（土家族　县委农办副主任　2019.1—12）
杨昌龙（侗族　2019.1—12）
张　勇（土家族　2019.5—12）
总农艺师：冉茂权（土家族　2019.1—12）
总经济师：李建华（土家族　2019.10—12）

县公安局
党组书记：覃正权（土家族　2019.1—12）
党组副书记：陈鲜艳（苗族　2019.1—12）
朱宗明（土家族　2019.1—12）
纪委书记：朱宗明（土家族　2019.1—4）
党组委员：刘　瑜（土家族　2019.1—12）
黄兴祥（2019.1—12）
向守成（土家族　2019.1—12）
王海涛（2019.1—12）
吴德芳（2019.1—12）
徐远安（2019.1—12）
成祖红（2019.1—12）
局长：覃正权（土家族　2019.1—12）
政委：陈鲜艳（苗族　2019.1—12）
副局长：刘　瑜（土家族　2019.1—12）
黄兴祥（2019.1—12）
向守成（土家族　2019.1—12）
王海涛（2019.1—12）
吴德芳（2019.1—12）
副政委：徐远安（2019.1—12）
政治处主任：成祖红（2019.1—12）

县司法局
党组书记：罗文恒（土家族　2019.1—12）
党组成员：张能珏（土家族　2019.1—12）
谭　斌（土家族　2019.1—12）
杨春才（苗族　2019.1—12）
杨长远（侗族　2019.1—4）
局长：罗文恒（土家族　2019.1—12）
副局长：张能珏（土家族　2019.1—12）
谭　斌（土家族　2019.1—12）
杨春才（苗族　2019.1—12）
县依法治县工作领导小组办公室副主任：
杨长远（侗族　2019.1—3）

县国土资源局
党组书记：戴恩高（侗族　2019.1—3）
纪检组组长：张善明（苗族　2019.1—3）
党组成员：吴长安（侗族　2019.1—3）
杨德志（苗族　2019.1—3）
李绍伟（2019.1—3）
田远道（土家族　2019.1—3）
成祖安（侗族　2019.1—3）
局长：戴恩高（侗族　2019.1—3）
副局长：吴长安（侗族　2019.1—3）
杨德志（苗族　2019.1—3）
李绍伟（2019.1—3）
总工程师：田远道（土家族　2019.1—3）

县自然资源规划局
党组书记：戴恩高（侗族　2019.3—12）
党组成员：杨德志（苗族　2019.3—12）
张海波（土家族　2019.3—12）
李绍伟（2019.3—12）
田远道（土家族　2019.3—12）
成祖安（侗族　2019.3—12）
局长：戴恩高（侗族　2019.3—12）
副局长：杨德志（2019.3—5）

李绍伟（2019.3—12）
张海波（土家族　2019.3—12）
总工程师：田远道（土家族　2019.3—12）
执法监察大队大队长：
成祖安（侗族　2019.1—12）
县地质灾害监测防治中心主任：
向　明（土家族　2019.1—12）
县不动产登记中心主任：
吴　坚（侗族　2019.1—12）
县城乡规划管理局副局长：
向才孝（土家族　2019.3—12）

县住房和城乡建设局（县人民防空委员会办公室）
党组书记：黄燎原（侗族　2019.1—12）
党组成员：倪衡山（苗族　2019.1—12）
宋隆权（侗族　2019.1—12）
瞿尚坤（2019.1—12）
张海波（土家族　2019.1—3）
局长：黄燎原（侗族　2019.1—12）
副局长：倪衡山（苗族　2019.1—12）
宋隆权（侗族　2019.1—12）
瞿尚坤（2019.1—12）
总工程师：张海波（土家族　2019.1—3）

县自来水总公司
总经理：胡永祥（2019.1—12）
副总经理：史　军（2019.1—12）

县交通运输局
党组书记：谭大定（土家族　2019.1—12）
党组副书记：谭家庆（土家族　2019.1—12）
党组成员：李艳生（2019.1—4）
陈　峰（土家族　2019.1—12）
黄明仕（土家族　2019.1—4）
田永成（土家族　2019.1—12）
局长：谭大定（土家族　2019.1—12）
副局长：谭家庆（土家族　2019.1—12）
李艳生（2019.1—2019.5）
田永成（土家族　2019.5—12）
总工程师：陈　峰（土家族　2019.1—12）

县水利局（县河湖长制办公室）
党组书记：黄舜卿（土家族　2019.1—12）
党组副书记：陈业洲（2019.1—12）
党组成员：黄红林（土家族　2019.1—12）
查良军（2019.1—12）
局长：黄舜卿（土家族　2019.1—12）
副局长：陈业洲（2019.1—12）
黄红林（土家族　2019.1—12）
查良军（2019.1—12）

县商务局
党组书记：姜绍勇（侗族　2019.1—3）
党组成员：宋　波（2019.1—3）
尹进华（2019.1—3）
吴　超（苗族　2019.1—3）
局长：覃道斌（土家族　2019.1—3）
副局长：宋　波（2019.1—3）
尹进华（2019.1—3）
姜绍勇（侗族　2019.1—3）
吴　超（苗族　2019.1—3）

县经济和信息化局
党组书记：康纪全（苗族　2019.1—3）
党组成员：向继平（土家族　2019.1—3）
局长：康纪全（苗族　2019.1—3）
副局长：向继平（土家族　2019.1—3）

县卫生和计划生育局
党组书记：刘　军（2019.1—3）
党组成员：符　俊（土家族　2019.1—3）

李昌田（2019.1—3）
吴　彦（女　土家族　2019.1—3）
局长：刘　军（2019.1—3）
副局长：符　俊（土家族　2019.1—3）
李昌田（2019.1—3）
吴　彦（女　土家族　2019.1—3）

县卫生健康局
党组书记：刘　军（2019.1—12）
党组成员：李昌田（2019.1—3）
杨成刚（侗族　2019.3—12）
吴　彦（女　土家族　2019.1—12）
杨　峻（侗族　2019.5—12）
局长：刘　军（2019.3—12）
副局长：李昌田（2019.1—3）
杨成刚（侗族　2019.3—12）
吴　彦（女　土家族　2019.1—12）
杨　峻（侗族　2019.5—12）

县统计局
党组书记：王明刚（土家族　2019.1—9）
张继选（2019.9—12）
党组成员：付吉绪（土家族　2019.1—3）
覃正辉（土家族　2019.1—12）
黄前亚（侗族　2019.1—12）
局长：王明刚（土家族　2019.1—9）
张继选（2019.9—12）
副局长：覃正辉（土家族　2019.1—12）
付吉绪（土家族　2019.1—3）
总统计师：黄前亚（侗族　2019.1—12）

县审计局
党组书记：张亚丹（2019.1—9）
杨长安（苗族　2019.9—12）
党组成员：阮春庭（2019.1—12）
向厚勇（土家族　2019.1—12）
卓贤文（土家族　2019.1—12）
局长：张亚丹（2019.1—9）
杨长安（苗族　2019.9—12）
副局长：阮春庭（2019.1—12）
向厚勇（土家族　2019.1—12）
经济责任审计局局长：
卓贤文（土家族　2019.1—5）
总审计师：卓贤文（土家族　2019.5—12）

县林业局
党组书记：钟仁义（畲族　2019.1—12）
党组成员：杨　峻（侗族　2019.1—5）
刘发松（2019.1—5）
高　武（土家族　2019.1—12）
朱昌顺（2019.5—12）
舒国胜（土家族　2019.1—12）
贺建民（土家族　2019.1—12）
局长：钟仁义（畲族　2019.1—12）
副局长：高　武（土家族　2019.1—12）
杨　峻（侗族　2019.1—5）
朱昌顺（2019.5—12）
总工程师：刘发松（2019.1—5）
李明恩（土家族　2019.5—12）

县贡水河国家湿地公园管理局
局长：郭长卿（代　2019.1—5）
张　斌（侗族　2019.5—12）
副局长：田应文（2019.5—12）

县公共检验检测中心
党组书记：向　奋（土家族　2019.9—12）
党组成员：唐　勇（苗族　2019.4—12）
主任：向　奋（土家族　2019.1—12）
副主任：唐　勇（苗族　2019.6—12）

县贸易促进委员会
党组书记：田粤兵（土家族　2019.1—12）
党组成员：徐运生（土家族　2019.10—12）
　　　　　李章鸣（侗族　2019.1—9）
　　　　　陈　恩（侗族　2019.1—12）
会长：田粤兵（土家族　2019.1—12）
副会长：徐运生（土家族　2019.10—12）

县粮食局
党组书记：黄前胜（侗族　2019.1—12）
党组成员：谭云峰（土家族　2019.1—12）
　　　　　杨炳南（侗族　2019.1—12）
局长：黄前胜（侗族　2019.1—12）
副局长：谭云峰（土家族　2019.1—12）
　　　　杨炳南（侗族　2019.1—12）

宣恩县新闻中心
主任：宋　文（苗族　2019.1—3）
副主任：阳　平（2019.1—3）
　　　　孟英豪（土家族　2019.1—3）

县融媒体中心
主任：卢昌群（侗族　2019.3—12）
总编辑：孟希承（侗族　2019.3—12）
副主任：覃晓宇（土家族　2019.3—12）
　　　　孟英豪（土家族　2019.3—12）
　　　　阳　平（2019.3—12）

县安全生产监督管理局
党组书记：唐辉树（土家族　2019.1—3）
党组成员：张祖强（苗族　2019.1—3）
　　　　　侯　均（土家族　2019.1—3）
局长：唐辉树（土家族　2019.1—3）
副局长：侯　均（土家族　2019.1—3）
总工程师：张祖强（苗族　2019.1—3）

县应急管理局
党组书记：唐辉树（土家族　2019.3—12）
党组成员：张祖强（苗族　2019.3—12）
　　　　　侯　均（土家族　2019.3—12）
　　　　　杨　蕊（苗族　2019.5—12）
　　　　　田　忠（土家族　2019.5—12）
　　　　　王菊芳（女　2019.9—12）
局长：唐辉树（土家族　2019.3—12）
副局长：侯　均（土家族　2019.3—12）
　　　　杨　蕊（苗族　2019.5—12）
　　　　田　忠（土家族　2019.5—12）
总工程师：张祖强（苗族　2019.3—12）
政治部主任：王菊芳（女　2019.9—12）

恩施州生态环境局宣恩县分局
党组书记：郭祥林（土家族　2019.1—12）
党组成员：刘书翰（土家族　2019.1—12）
局长：郭祥林（土家族　2019.1—12）
副局长：刘书翰（土家族　2019.1—12）

县移民局
副局长：
　张　斌（主持工作　土家族　2019.1—5）
　贺声映（主持工作　土家族　2019.1—12）

县旅游局
副局长：姚　罡（土家族　2019.1—3）
　　　　季建华（女　土家族　2019.1—3）

县文化体育新闻出版广电局（县版权局、县文学艺术界联合会）
党组书记：涂先绪（土家族 2019.1—3）
党组成员：袁红亚（土家族　2019.1—3）
　　　　　康彦芳（女　土家族　2019.1—3）
　　　　　田　词（土家族　2019.1—3）
局长：涂先绪（版权局局长　文联主席

土家族 2019.1—3）
副局长：康彦芳（女 土家族 2019—3）
袁红亚（土家族 2019—3）

县文化和旅游局
党组书记：涂先绪（土家族 2019.3—12）
党组成员：汤 俊（女 土家族 2019.3—12）
袁红亚（土家族 2019.3—12）
田 词（土家族 2019.3—12）
姚 罡（土家族 2019.3—12）
季建华（女 土家族 2019.3—12）
局长：涂先绪（土家族 2019.3—12）
副局长：汤 俊（女 土家族 2019.3—12）
袁红亚（土家族 2019.3—12）
姚 罡（土家族 2019.3—12）
季建华（女 土家族 2019.3—12）
文联专职副主席：
田 词（土家族 2019.3—12）

县供销社
党组书记：华青山（土家族 2019.1—12）
党组成员：杨友国（苗族 2019.1—10）
姜绍来（侗族 2019.1—12）
尹进华（2019.10—12）
主任：华青山（土家族 2019.1—12）
副主任：杨友国（苗族 2019.1—10）
尹进华（2019.10—12）
监事会主任：姜绍来（侗族 2019.1—12）

县工商行政管理局
党组书记：赵明金（土家族 2019.1—3）
党组副书记：李华登（2019.1—3）
纪检组长：王和清（苗族 2019.1—3）
党组成员：邓正斌（苗族 2019.1—3）
丁洪伟（2019.1—3）
局长：赵明金（土家族 2019.1—3）
副局长：李华登（2019.1—3）
邓正斌（土家族 2019.1—3）
丁洪伟（2019.1—3）

县质量技术监督管理局
党组书记：龙昌明（侗族 2019.1—3）
党组副书记：
郭 旭（土家族 纪检组长 2019.1—3）
党组成员：谭代威（土家族 2019.1—3）
熊 琼（2019.1—3）
局长：龙昌明（侗族 2019.1—3）
副局长：谭代威（土家族 2019.1—3）
熊 琼（2019.1—3）

县食品药品监督管理局
党组书记：谢昌勇（土家族 2019.1—3）
党组成员：周世宪（土家族 2019.1—3）
蒙 玲（女 苗族 2019.1—3）
周 刚（土家族 2019.1—3）
杨成刚（侗族 2019.1—3）
局长：谢昌勇（土家族 2019.1—3）
副局长：周世宪（土家族 2019.1—3）
蒙 玲（女 苗族 2019.1—3）
周 刚（土家族 2019.1—3）
总工程师：杨成刚（侗族 2019.1—3）

县市场监督管理局
党组书记：谢昌勇（土家族 2019.3—12）
党组副书记：李华登（2019.3—12）
党组成员：周世宪（土家族 2019.3—12）
丁洪伟（2019.3—12）
李昌田（2019.3—12）
刘 嫔（女 土家族 2019.3—12）
熊 琼（2019.3—12）
局长：谢昌勇（土家族 2019.3—12）
副局长：李华登（2019.3—12）

周世宪（土家族 2019.3—12）
丁洪伟（2019.3—12）
李昌田（2019.3—12）
刘 嫔（女 土家族 2019.3—12）
熊 琼（2019.3—12）

县国家税务总局宣恩县税务局
党组书记：叶宾松（土家族 2019.1—12）
党组委员：杨建平（苗族 2019.1—12）
胡晓波（侗族 2019.1—12）
张光明（土家族 2019.1—12）
刘 杰（2019.1—12）
郑景军（2019.1—12）
左成竹（2019.1—12）
黄德高（土家族 2019.1—12）
牟联喜（2019.1—12）
局长：叶宾松（土家族 2019.1—12）
副局长：杨建平（苗族 2019.1—12）
胡晓波（侗族 2019.1—12）
张光明（土家族 2019.1—12）
刘 杰（2019.1—12）
郑景军（2019.1—12）
左成竹（2019.1—12）
黄德高（土家族 2019.1—12）
纪检组组长：牟联喜（2019.1—12）

县气象局
党组书记：骆亚军（苗族 2019.1—12）
党组成员：向晓琴（女 2019.1—12）
张宏伟（土家族 2019.1—5）
曹 静（土家族 2019.5—12）
局长：骆亚军（苗族 2019.1—12）
副局长：向晓琴（女 2019.1—12）
张宏伟（土家族 2019.1—5）
曹 静（土家族 2019.5—12）

县烟叶分公司
党组书记：牟伦勇（土家族 2019.1—12）
党组成员：吴文昊（2019.1—12）
王兴斌（土家族 2019.1—12）
汪弄潮（2019.1—12）
经理：牟伦勇（土家族 2019.1—12）
副经理：吴文昊（2019.1—12）
王兴斌（土家族 2019.1—12）
汪弄潮（2019.1—12）

县烟草专卖局
党组副书记：向斌斌（2019.1—12）
纪检组长：余长远（2019.1—12）
局长（副经理）：
向斌斌（土家族 2019.1—12）
副局长（副经理）：
向 阳（土家族 2019.1—12）
余长远（苗族 2019.1—12）
彭 康（挂职 土家族 2019.1—12）

恩施土家族苗族自治州住房公积金管理中心宣恩县办事处
主任：吴言初（侗族 2019.1—12）
副主任：单长军（土家族 2019.1—12）

县消防救援大队
党委书记：谭传新（土家族 2019.1—12）
党委副书记：罗俊峰（2019.1—12）
党委委员：黄 杏（土家族 2019.1—12）
大队长：罗俊峰（2019.1—12）
教导员：谭传新（土家族 2019.1—12）
中队副站长：黄 杏（土家族 2019.1—12）

人民银行宣恩县支行
党组书记：徐海涛（土家族 2019.1—3）
艾咏东（2019.4—12）

党组纪检组长：夏昌辉（2019.1—12）
党组成员：张孝忠（土家族　2019.1—12）
　　　　　覃志宪（土家族　2019.1—12）
行长：徐海涛（土家族　2019.1—3）
　　　艾咏东（2019.4—12）
副行长：张孝忠（土家族　2019.1—12）
　　　　覃志宪（土家族　2019.1—12）

建行宣恩支行
行长：吕　波（土家族　2019.1—3）
　　　聂少军（2019.4—12）
副行长：熊志勇（土家族　2019.1—12）
　　　　艾秋红（女　土家族　2019.1—4）
　　　　喻　昕（土家族　2019.5—12）

工行宣恩支行
行长：张德顺（2019.1—12）
副行长：方　勇（土家族　2019.1—4）
　　　　刘向东（2019.1—12）
　　　　向仲林（2019.5—12）

农行宣恩支行
党委书记：谢合松（2019.1—12）
党委委员：
　廖兆懿（纪委书记　土家族　2019.1—12）
　向钰萍（2019.1—10）
　李红宪（2019.1—12）
　张　涛（苗族　2019.1—12）
行长：谢合松（2019.1—12）
副行长：廖兆懿（土家族 2019.1—12）
　　　　向钰萍（2019.1—10）
　　　　李红宪（2019.1—12）
　　　　张　涛（苗族　2019.1—12）

中国农业发展银行宣恩县支行
行长：王章杰（土家族　2019.7—12）
副行长：
　王章杰（土家族　2019.1—6　主持工作）
　周　娥（女　土家族　2019.1—12）
　向韦卫（苗族　2019.1—12）

宣恩农村商业银行
中共湖北宣恩农村商业银行股份有限公司党委
党委书记：熊朝杰（土家族，2019.1—12）
党委委员：张海君（2019.1—12）
　　　　　陈华兵（土家族　2019.1—12）
　　　　　邓金炉（土家族　2019.8—12）
　　　　　代　勋（苗族　2019.1—8）
　　　　　段　丹（土家族　2019.10—12）
董事长：熊朝杰（土家族　2019.1—12）
行长：张海君（2019.1—12）
监事长：陈华兵（土家族　2019.1—12）
副行长：邓金炉（土家族　2019.8—12）
　　　　代　勋（苗族　2019.1—8）
　　　　段　丹（土家族　2019.10—12）

邮储银行宣恩县支行
行长：文白建（侗族　2019.1—12）
副行长：吴德彪（土家族　2019.1—8）
　　　　沈　敏（女　2019.8—12）

恩施兴福村镇银行宣恩支行
行长：马　琨（女　苗族　2019.1—12）

中国人民财产保险股份有限公司宣恩支公司
经理：尹　磊（土家族　2019.1—12）
副经理：郭晓天（土家族　2019.1—12）
　　　　张　超（2019.7—12）
　　　　余　韵（土家族　2019.1—12）

中国人寿保险股份有限公司宣恩县支公司
经理：朱祥胜（土家族　2019.1—12）

副经理：乐春艳（2019.1—12）

中华联合财产保险公司宣恩支公司
经理：张美玲（女　土家族　2019.1—12）
副经理：田仁刚（土家族　2019.1—12）

## 乡镇党委和政府

珠山镇
珠山镇党委
书记：曾　伟（土家族　2019.1—12）
副书记：戴　青（女　土家族　2019.1—12）
　　孟友顺（苗族　2019.1—10）
　　龚伦志（2019.1—12）
　　成　勤（土家族　2019.10—12）
委员：周　庆（2019.10—12）
　　漆健岚（组织委员　土家族　2019.1—12）
　　伍登科（苗族　2019.1—12）
　　张彦龙（宣传统战委员　2019.1—11）
　　张　继（人武部长　侗族　2019.1—12）
　　陈　鹏（宣传统战委员　土家族　2019.11—12）

椒园镇
椒园镇党委
书记：袁永灿（土家族　2019.1—12）
副书记：向莲花（女　土家族　2019.1—12）
　　吴利高（2019.1—12）
　　熊国庆（土家族　2019.1—12）
委员：
　　罗兴文（人武部长　土家族　2019.1—12）
　　谭发凤（土家族　2019.1—12）
　　熊　峰（组织委员　土家族　2019.1—12）
　　石　伟（苗族　2019.1—12）
　　曹　佳（宣传统战委员　女　土家族　2019.1—12）

沙道沟镇
沙道沟镇党委
书记：朱朝春（土家族　2019.1—12）
副书记：秦正才（土家族　2019.1—12）
　　戴　虎（侗族　2019.1—12）
　　田远海（土家族　2019.1—12）
　　方应鹏（2019.10—12）
委员：卓发东（土家族　2019.1—12）
　　邓啟明（组织委员　2019.1—12）
　　梁立勇（宣传统战委员　苗族　2019.1—12）
　　刘友军（2019.1—12）
　　陈应竹（人武部长　2019.1—12）

万寨乡
万寨乡党委
书记：谭华军（土家族　2019.1—12）
副书记：张艳丽（女　土家族　2019.1—12）
　　聂　耘（土家族　2019.1—12）
　　詹德永（土家族　2019.1—12）
　　刘申法（土家族　2019.10—12）
委员：
　　覃正祥（人武部长　土家族　2019.1—12）
　　孔　为（组织委员　女　土家族　2019.1—12）
　　刘太文（2019.1—12）
　　向　路（宣传统战委员　土家族　2019.1—12）
　　焦志刚（苗族　2019.1—12）

长潭河侗族乡
长潭河侗族乡党委
书记：龚家邦（土家族　2019.1—12）
副书记：谢迭胜（侗族　2019.1—12）
　　刘　军（土家族　2019.1—12）
　　刘　伟（土家族　2019.1—12）

夏　涛（侗族　2019.5—12）
委员：周盛亮（2019.1—12）
殷　胜（组织委员　2019.1—12）
覃　义（人武部部长　土家族　2019.1—12）
彭　毅（宣传统战委员　土家族　2019.1—10）
刘　卫（宣传统战委员　土家族　2019.10—12）
覃国安（土家族　2019.1—12）

李家河镇

李家河镇党委

书记：唐　刚（苗族　2019.1—3）
明关祝（苗族　2019.4—12）
副书记：明关祝（苗族　2019.1—3）
熊茂平（土家族　2019.4—12）
肖文锋（土家族　2019.1—11）
肖光辉（侗族　2019.1—12）
委员：谭长江（土家族　2019.1—12）
唐子标（组织委员　2019.1—12）
杨　洋（宣传统战委员　女　土家族　2019.1—12）
陈　宁（侗族　2019.1—12）
叶　爽（人武部长　2019.1—12）

晓关侗族乡

晓关侗族乡党委

书记：唐　猛（土家族　2019.1—12）
副书记：黄　义（侗族　2019.1—12）
刘　川（土家族　2019.1—12）
田　波（土家族　2019.1—10）
侯广亮（2019.10—12）
委员：卢远春（侗族　2019.1—12）
罗　肖（人武部长　土家族　2019.1—12）
陈帮立（宣传统战委员　侗族　2019.1—12）
罗晶月（组织委员　土家族　女　2019.1—12）
龚传华（土家族　2019.1—12）

高罗镇

高罗镇党委

书记：彭　超（土家族　2019.1—12）
副书记：陈　涛（苗族　2019.1—12）
覃丰收（土家族　2019.1—12）
叶　坚（土家族　2019.1—5）
王　博（2019.5—12）
委员：曾　毅（女　土家族　2019.1—4）
杨美容（女　土家族　2019.4—12）
罗爱国（人武部长　土家族　2019.1—12）
赵振文（2019.1—12）
赵慷诗（组织委员　土家族　2019.1—12）
王　博（宣传统战委员　2019.1—4）
徐　涛（宣传统战委员　2019.4—12）

椿木营乡

椿木营乡党委

书记：尤　浩（土家族　2019.1—12）
副书记：徐兆海（土家族　2019.1—12）
汪鼎昱（土家族　2019.1—12）
夏国志（土家族　2019.1—12）
委员：刘　建（侗族　2019.1—12）
邓国君（组织委员　苗族　2019.1—12）
刘艳红（宣传统战委员　女　土家族　2019.1—12）
田正友（人武部长　土家族　2019.1—12）

# 重要文件选编

## 关于坚持农业农村优先发展做好“三农”工作的实施方案

（2019年5月10日）

今明两年是建成全面小康的决胜期，坚持农业农村优先发展，坚持把解决好“三农”问题作为重中之重工作具有特殊重要性。根据《中共中央、国务院关于坚持农业农村优先发展做好“三农”工作的若干意见》（中发〔2019〕1号）、《中共湖北省委、湖北省人民政府关于对标全面建成小康社会必须完成的硬任务扎实做好“三农”工作的若干意见》（鄂发〔2019〕1号）和《中共恩施州委、恩施州人民政府关于坚持农业农村优先发展做好“三农”工作的实施意见》（恩施州发〔2019〕1号）等文件精神，结合我县实际，现就坚持农业农村优先发展做好“三农”工作提出如下方案。

### 一、总体要求

坚持以习近平新时代中国特色社会主义思想为指导，深入学习贯彻党的十九大和习近平总书记视察湖北重要讲话精神，认真贯彻落实中央、省、州农村工作会议精神，落实农业农村优先发展，践行新发展理念，全面实施乡村振兴战略，坚持脱贫攻坚与乡村振兴有效衔接，巩固提升精准扶贫精准脱贫工作成效，全力抓好农业农村工作，扎实完成“三农”工作各项硬任务，推动农业强、农村美、农民富快速发展。

### 二、重点工作

#### （一）巩固深化脱贫成果，全面助推增收致富

1. 对标脱贫指标，深化脱贫成效。巩固扩大脱贫攻坚成果，有效衔接乡村振兴战略实施，围绕“两不愁三保障”和“三率一度”做好查漏补缺。坚持摘帽不摘政策、不摘责任、不摘帮扶、不摘监管原则，加强脱贫动态监管。全面做好因灾因病农户返贫脱贫工作。持续实施精准扶贫驻片包村包户工作模式，有效解决脱贫短板和涉贫问题。

2. 巩固提升“五个一批”脱贫成果。持续抓好特色产业发展，巩固加强脱贫农户特色产业发展服务，力争有劳动能力的贫困人口长期稳定就业；加强搬迁群众职业培训和就业指导，鼓励易地搬迁群众创业就业；持续实施教育资助，确保适龄贫困人口无因贫辍学；按照国家有关生态补偿政策法规，全面做好贫困户退耕还林、公益林、地力保护等生态补偿工作；加强社会保障兜底脱贫，巩固特殊人群脱贫成果。

3. 加大实施扶贫扶智励志行动。坚持扶贫与扶志、扶智相结合，引导贫困群众利用茶叶、水果等特色资源创业就业。对有劳动能力的贫困户，强化就业保障措施。持续实施以奖代补，鼓励贫困户发展生产，给予种苗、技术等支持，鼓励贫困户创业就业，给予培训就业支持，鼓励贫困户务工经商，给予创业贷款利率贴息支持。开发扶贫车间和公益岗位，促进农村劳动力就近就地就业，保障农民工工资及时足额发放。

#### （二）持续推进产业升级，拓宽延伸产业链条

4. 稳步推进特色农业基地建设。推进特色农产品优势区建设，新建茶叶基地1万亩，水果基地0.5万亩。推进现代烟草产业建设，实现产值1亿元以上。巩固推进生猪养殖，大力发展牲畜、禽、蜂等特色养殖，强化畜禽疫病防控监管。推进中药材、蔬菜、豆类等其他产业稳步发展，继续推进马铃薯主粮化。

5. 积极拓展农产品销售市场。大力开发国际国内市场，组织企业积极参加各类专业博览会和

大型展会；力推“宣品入杭”，落实与苏宁拼购战略合作，推进消费扶贫；鼓励企业到大中城市开办体验店、直营店；建成富硒贡茶和宣南贡水白柚交易市场，扩大优质产品供给；加快农产品网络店建设，支持商贸企业与农业经营主体建立农产品对接平台，深入推进“全国电子商务进农村示范县”创建。

6. 深入推进农业品牌创建。积极创建绿色、有机农产品基地，着力推进企业使用绿色、有机茶（果）认证标志，提高认证产品标志使用率；加大培育“有机 +”、“富硒 +”、“贡 +”精品名牌农产品，大力推介“伍家台贡茶”、“贡水白柚”、“黄坪黄金梨”和“宣恩贡米”区域公共品牌。鼓励市场主体创建中国驰名商标、湖北省著名商标等。抓好特色农产品农事节庆活动；健全创新农业品牌认证监管和奖励机制，对认证企业和基地管理进行奖补，强化农产品品牌和标识使用日常管理。

### （三）注重绿色生态建设，确保产品质量安全

7. 推进全域绿色化发展。注重建设绿色生态基地，增强自然控害能力和抗病虫能力。加大绿色畜禽养殖，推进畜牧业绿色发展。加强绿色农业基地监管，全面普及绿色防控技术，加强绿色发展机制建设，建立全域绿色化联动机制和利益联结机制，增强市场主体与农户利益联结。

8. 推进绿色、有机、富硒生态农业建设。全力创建“国家级生态文明建设示范县”。推进绿色、有机、富硒生态基地建设，大力开发富硒农产品，注重培育富硒产品深加工企业；大力实施退耕还林、天然林保护等生态工程，落实“山长制”，强化森林资源管护，争创“省级森林城市”；积极开展农业面源污染治理，扎实做好全国污染源普查和国土调查工作，优先安排“两区”高标准农田建设，抓好土壤酸化治理，落实“河（库）长制”，确保水功能区水质达标。

9. 强化农产品质量安全监管。巩固推进“国家农产品质量安全县”建设，落实政府属地管理责任、部门监管责任和生产经营主体责任，建立农产品质量安全突发事件快速反应机制。强化农产品生产基地和农产品生产经营主体监管，抓好农业普法教育，持续开展农资及农产品掺杂打假和违禁农业投入品查处专项行动。积极开展农产品质量安全检测，确保不发生农产品质量安全区域性重大事件。

### （四）狠抓人居环境整治，推进美丽乡村建设

10. 全力推进农村环境整治。深入学习浙江“千村示范、万村整治”经验，全面加强农村人居环境整治，积极争创农村人居环境整治先进县。加快乡村振兴战略规划编制，加大传统村落和特色村寨保护。采取多种模式收集处理农村生活垃圾，建成乡镇生活垃圾中转站，创新推广垃圾收集处理新模式；所有乡镇污水处理厂达到试运行标准，不断提高乡镇生活污水收集率、处理率、出厂水质综合达标率，做好中心村污水治理试点；推进农村无害化厕所建设，加快乡村公厕建设，加强旅游厕所建设与改造。实施村庄绿化、美化、亮化工程，加强村庄公共空间整理与美化。加快推进乡村振兴试点村建设。

11. 全面提升乡村公益设施。加强集中供水设施建设，确保农村饮水安全；加速农村电网改造，全面提升供电能力和水平；加快乡村道升级改造，建设“四好”农村路；加快改善农村住房条件，确保农村住房安全；提升农村网络质量，提高光纤宽带普及率和 4G 网络覆盖率；推进乡村电子政务办公，乡村社区综合服务设施覆盖率达 60% 以上，公共服务综合信息平台达到 30% 以上，加强防灾减灾信息服务。加快推进农村基础教育设施升级改造，加强乡村医疗卫生服务体系建设，改善乡镇卫生院医疗条件，加强乡村文化体育设施建设。推进农村公益公墓建设，治理丧葬用品市场。全面加强农村公益设施后续管护，探索建立后续管护机制。进一步提高兜底保

障成效，农村低保标准达到上年度农村常住居民人均消费支出的 40% 以上。

**（五）聚力产业融合发展，加快推动城乡一体化**

12. 深入推进一二三产业融合。支持市场主体依托区域特色资源，建设乡村旅游综合体和田园综合体。推进伍家台、阿尼阿兹（黄坪）等产业融合示范区发展，抓好“1124 工程”建设，加速推进中国土家泛博物馆（彭家寨）、伍家台贡茶小镇等重点项目建设，推进“土家、苗、侗”民族特色“十姊妹”乡村休闲旅游景点建设，进一步完善相关配套设施建设。

13. 大力培育新型农业经营主体。持续实施“市场主体增量行动”，培育一批产业化龙头企业、专业合作组织、家庭农场；鼓励市场主体建设现代农业产业园、科技园，自主研发、创新开发农产品；注重培植集产供销于一体的农旅综合性主体，提升新型农业经营主体服务能力；以新型农业经营主体为重点组织实施好培训，提升管理人员素质和能力；抓好市场主体参与产业扶贫奖补政策落实，鼓励新型农业经营主体建设扶贫产业基地，支持市场主体开展农业生产性服务。支持市场主体通过联合、加盟等方式壮大生产经营规模。

14. 大力实施“三乡”工程。积极引导“市民下乡”，依托当地资源优势，大力拓展民宿、租居等乡村休闲养生场所。支持“能人回乡”，大力宣传地方特色优势资源，吸引农民工、退役军人、城市各类人才返乡创新创业。大力推进“企业兴乡”，围绕全国富硒农产品加工基地建设，大力培植特色优势农产品龙头企业，引导培育小微企业。加快茶、果等农产品精深加工用能电气化改造。

**（六）聚焦农业农村改革，持续释放农村新动能**

15. 深入推进农村产权制度改革。巩固农村基本经营制度，全面落实农村土地承包关系稳定政策，推进县级农村土地承包管理系统和信息应用平台建设；稳步开展农村集体产权制度改革。建立归属清晰、权能完整、流转顺畅、保护严格的农村产权制度。推进集体资产清产核资工作，启动推进农村集体产权制度改革整县试点工作，盘活闲置资源，推进农村集体经济较快增长；加快农村土地“三权分置”改革，落实所有权、稳定承包权、放活经营权，理顺“三权”关系。加快推进农村宅基地改革，适度放活宅基地和农民房屋使用权。探索建立易地扶贫搬迁住房管理办法，抓好“大棚房”治理。支持农村集体经济组织采取入股、出租等方式激活乡村资源，所得收益用于巩固脱贫成果和支持乡村振兴建设。

16. 深入推进农业供给侧结构性改革。调整优化要素配置和生产结构，提升农业生产能力和水平，提高供给体系质量和效率，加强科技人才培育和体制机制创新；加大农业部门政务改革力度，确保审批事项少、流程优、时间短的高效办事效率；加强完善农业依法行政，增强依法办事依法行政能力和水平。

17. 统筹做好农村各项改革。深入推进供销体制改革，构建和完善县、乡、村三级惠农服务体系。按照扩面增品提标要求，推进扩大农业保险试点，鼓励和支持金融机构加大“三农”信贷投入。统筹推进农业农村“放管服”、集体林权、粮食收储等改革，完善农村改革领导体制和工作机制。

**（七）提升乡村治理能力，确保农村和谐稳定**

18. 加强村民自治能力。建立健全党建统领，自治、德治、法治相结合的领导体制和工作机制。加强基层自治组织规范化制度化建设，坚持村民当家作主，指导村委会、社区等自治组织积极主动发挥作用，订立乡规民约，推进村级事务公开，加强村级权力有效监督。抓好县级试点乡镇乡村治理体系建设，每个乡镇创建 1 个乡村治理示范村。

19. 大力宣教崇德风尚。广泛开展社会主义核心价值观宣传教育活动，弘扬传统美德，树立先进典型，引导群众养成以德为先、尊老爱幼、诚实守信、勤俭节约等良好习惯，形成婚事新办、丧事简办、无事不办等新习俗、新风尚，抓好乡村精神文明建设示范，创新开展文明村镇创建活动，举办好文明乡村、文明家庭、十星级文明户、“出彩”系列评选活动。

20. 持续加强法治建设。完善农村网格化管理机制，推进“雪亮工程”建设。加强农村地区群防群治工作，深入开展扫黑除恶专项斗争，严厉打击宗族恶势力、“村霸”等农村黑恶势力。加强公共事件易发领域防患和治理，完善农村矛盾纠纷排查调处化解机制。多形式开展“田间法庭”、“院落法庭”等现场民事纠纷调解行动，积极开展学法、用法、守法宣传教育。

**（八）全面加强组织建设，引领村民快速致富**

21. 加强村级党组织建设。深入推进基层党建“整县推进”工程，大力推进村级支部标准化、规范化建设，强力整顿软弱涣散村党组织。提升村党组织带头人能力，按要求配齐配强村党组织班子。落实村党组织书记县级备案管理制度，坚持向贫困村、软弱涣散村、集体经济空壳村派出第一书记工作机制。注重培养优秀青年农民加入党组织，进一步优化农村党员队伍结构。

22. 提升村级组织服务能力。加强乡镇政府服务能力建设，进一步改善乡、村办公条件。加强村党组织对村级各类组织的领导，充分发挥村民委员会、村务监督委员会等村级组织作用，切实抓好村务监督工作。大力培育发展“五老”（老党员、老干部、老教师、老军人和老模范）和在外优秀人员加入村级服务组织。深化乡镇改革，强化乡镇为农服务体系建设，确保乡镇有队伍、有资源为农服务。建立村级组织办公经费正常增长机制，保障村级组织运转和公共服务运行等经费支出。保障村干部待遇，村副职定补干部工作报酬按不低于村主职干部工作报酬的 60% 落实。

23. 着力培育乡村人才。按照“一懂两爱”标准，加强“三农”人才队伍培养、配备、管理和使用，完善人才评价和流动保障机制。加强基层农技推广服务人才培育，健全完善县乡村科技指导员、特派员制度。实施“一村多名大学生”培育计划，鼓励开展职业经纪人、乡村工匠、非遗传承人等创业培训和技能培训，扶持草根创业和新型农业经营主体创新创业。持续开展“贡水人才”涉农专业人才引进，从项目指导、资金扶持、平台建设、创业培训等方面，引导和支持农村能人、优秀大学生到乡村创业。

**（九）落实农业农村优先发展保障**

24. 优先考虑“三农”干部配备。坚持把优秀干部充实到“三农”战线，把精锐力量充实到基层一线，注重选拔熟悉“三农”工作干部充实县乡党政班子，创新开展从优秀党组织书记选拔乡镇领导干部、招录乡镇公务员、招聘乡镇事业单位编制人员。选派机关企事业单位优秀党员干部到村担任党组织书记。加大村级后备干部储备力度，确保每个村至少培养 2 名 35 岁以下“两委”干部或后备干部。加强基层农业综合执法队伍建设。

25. 优先保障“三农”资金投入。坚持把农业农村作为财政优先保障领域和金融优先服务领域。充分发挥财政资金的杠杆作用，采用政府购买服务、政府和社会资本合作等多种方式，引导更多的金融和社会资本投向“三农”领域。利用优惠存款准备金率、再贷款、再贴现等政策，给予涉农金融机构低成本资金支持，督导金融机构将相关资金用于“三农”、扶贫和乡村振兴，在新增贷款中，涉农商业银行不低于 50%、其他商业银行不低于 20% 的比例用于支持乡村振兴，政策性银行将主要信贷资源用于支持乡村振兴中长期贷款。鼓励通过财政贴息、建立风险补偿基金等方式，支持金融机构扩大涉农信贷投放。支持村镇银行等金融机构增加网点，增加投放“三农”贷款市场主体覆盖面。

26. 积极发挥农民主体作用。尊重农民首创精神，激发和调动农村居民积极性主动性。充分发挥政府投资带动作用，通过民办公助、筹资筹劳、以奖代补、以工代赈等形式，引导和支持村集体和农民自助组织，实施或参与直接收益的村庄基础设施和农村人居环境整治项目建设。加强筹资筹劳使用监管，防止增加农民负担。探索制定村庄建设项目简易审批办法，规范和缩小招投标适用范围，使更多农户参与受益。

## 宣恩县解决形式主义官僚主义突出问题为基层减负具体措施

（2019 年 5 月 30 日）

为认真解决形式主义官僚主义突出问题，切实为基层减负，根据党中央和省委、州委文件要求，结合全县实际，特制定如下具体措施。

**一、进一步树牢正确政绩观**

1. 坚持以习近平新时代中国特色社会主义思想武装头脑，注重查看工作实绩，检验党委（党组）理论学习中心组学习和党员干部职工理论学习效果。把力戒形式主义官僚主义纳入“不忘初心、牢记使命”主题教育重要内容。（牵头单位：县委组织部、县委宣传部；责任单位：各乡镇、县直各单位）

2. 请示报告工作、反映情况、整改巡视巡察反馈问题、统计数据等不得弄虚作假、欺上瞒下。（责任单位：各乡镇、县直各单位）

3. 对贯彻党中央决策部署和省委、州委、县委工作要求，落实习近平总书记重要指示和中央、省、州、县领导同志批示，全县各级党委（党组）主要负责人要亲自督办，确保落实不打折扣。（牵头单位：县委办公室、县政府办公室、县纪委监委机关、县督查考评办公室；责任单位：各乡镇、县直各单位）

**二、进一步改进文风会风与调查研究**

4. 发文、开会、调研严格执行《宣恩县贯彻〈中共中央政治局贯彻落实中央八项规定实施细则〉精神实施办法》（宣办文〔2018〕1 号）规定，年度发文、开会再减少 30%—50%。（牵头单位：县委办公室、县政府办公室、县督查考评办公室；责任单位：各乡镇、县直各单位）

5. 凡是贯彻落实党中央和上级文件，除有明确要求外，只研究本级具体落实措施，不再层层发文。依法科学设置保密文件的制发与办理流程，减轻办文单位工作量。继续推行无纸化办公。（牵头单位：县委办公室、县政府办公室；责任单位：各乡镇、县直各单位）

6. 除法定会议外，每周星期一至星期四原则上不开会，确需开会的，由会议承办单位填写申请单，分管县领导签字后，报县委办公室、县政府办公室统筹，能套开的必须套开。未经县委、县政府主要领导同志批准，不得要求乡镇和县直部门党政主要负责同志参会。（牵头单位：县委办公室、县政府办公室；责任单位：各乡镇、县直各单位）

7. 凡调研指导不预先“踩点”、不层层陪同，被调研对象不得设计“经典线路”、不搞临时“包装”。（牵头单位：县委办公室、县政府办公室；责任单位：各乡镇、县直各单位）

**三、进一步规范督查检查考评**

8. 严格执行督查检查考核年度计划和审批报备制度，未纳入计划的一律不得擅自开展。（牵头单位：县督查考评办公室；责任单位：县直各单位）

9. 不得将日常指导冠以督查、督导、检查、巡察等名义，督查工作不得随意要求乡镇、村（社区）填表报数、层层报材料，不得干扰基层正常工作，不得将领导批示、开会发文、成立专班、机构编制、经费保障、填表报数、台账记录、工作汇报、微信关注、网络注册、在线测评等简单作为评价工作完成情况的依据和标准。（牵头单位：县督查考评办公室；责任单位：县直各单位）

10. 整合领导干部履职尽责考核、党风廉政建设责任制考核和目标绩效考评，形成年度综合目标考评方案，在每年上半年印发执行。未经批准，任何单位不得以任何名义开展年度综合性考评。（牵头单位：县纪委监委机关、县委组织部、县督查考评办公室；责任单位：县直各单位）

**四、进一步提高政务服务水平**

11. 推行政务服务“网上一次办好”，县乡政务服务大厅要实行信息共享，不得随意要求服务对象上门提交或重复提交纸质材料，凡能网上办的，不得要求当事人必须到现场办。职责范围内的服务事项要马上办，不得相互推诿、转嫁责任。县直各单位的服务热线、电子信箱等要保持全天候畅通，对收到的信息或诉求要按规定及时处理。（牵头单位：县政务服务和大数据管理局；责任单位：各乡镇、县直各单位）

**五、进一步开展专项清理**

12. 清理各类责任书（状）、“一票否决”事项，县委、县政府只保留平安法治建设暨综治维稳工作目标管理责任书和社会治安综合治理、环境保护、安全生产、党风廉政建设责任制四项“一票否决”事项。严禁擅自设立责任书（状）、“一票否决”事项。（牵头单位：县督查考评办公室；责任单位：各乡镇、县直各单位）

13. 清理微信、QQ 工作群、政务 APP 设置与管理，不得强行推广各类政务 APP、微信公众号，不得以“网络场景”代替工作实况，不得重复设置同一性质的工作群，对必要的工作群，既要建，更要管。通过微信、QQ 工作群安排的工作任务严禁“一发了之”。（牵头单位：县委宣传部；责任单位：各乡镇、县直各单位）

14. 清理“只挂牌不服务”现象，不得以创新为名单独设置服务场所、机构和挂牌以应付检查，对在乡镇、村（社区）单独挂牌、缺乏服务实效的服务场所、机构和牌子一律撤销，对过期的上墙牌匾制度及监督服务电话进行清理规范。（牵头单位：县委组织部、县民政局；责任单位：各乡镇、县直各单位）

**六、进一步强化制度保障**

15. 坚持严管厚爱，实事求是、依规慎重问责，改进谈话与函询方式，减轻干部不必要的心理压力。严格落实党中央和省委、州委关于进一步激励广大干部新时代新担当新作为、关爱基层干部等有关文件精神，正确对待被问责干部，对影响期满、表现好的干部，该使用的要使用；注重关心关爱工作在一线的干部，从政策、待遇等方面给予倾斜。（牵头单位：县委组织部、县纪委监委机关、县人社局、县财政局；责任单位：各乡镇、县直各单位）

16. 全县解决形式主义官僚主义突出问题为基层减负工作，由县委办公室牵头，县直相关单位参加，负责具体抓落实。全县各级各单位对管辖范围内解决形式主义官僚主义突出问题为基层减负工作负主体责任，全面开展自查自纠，找准突出问题，切实加以整改。（牵头单位：县委办公室、县政府办公室、县纪委监委机关、县督查考评办公室；责任单位：各乡镇、县直各单位）

（宣办发〔2019〕3 号）

# 县乡人民政府民生实事项目人大代表票决制工作方案（试行）

（2019 年 10 月 23 日）

为更好地发挥人民代表大会制度优势和作用，进一步推动民生实事项目决策的民主化、科学化、法治化，根据《中共恩施州委办公室关于试行民生实事项目人大代表票决制工作的通知》（恩施州办发〔2019〕11）精神，结合我县实际，制定如下试行工作方案：

## 一、实施时间

从 2019 年起，县乡人民政府民生实事项目提请同级人民代表大会审议票决后组织实施。以政府财政性资金投入为主、由政府在本行政区域内实施的、当年度可以完成的（确需跨年度分步实施的项目，应有明确的年度阶段性目标）、普惠性公益性和社会效益较为突出公共事业项目，原则上作为民生实事候选项目。

## 二、工作流程

民生实事项目人大代表票决制（以下简称代表票决制）工作分为三个阶段、六个环节。

（一）项目征集初定阶段。县乡人民政府在项目征集初定阶段发挥主导作用，保证民生实事项目的可行性。

1. 征集环节。县乡政府通过自身条块渠道积极征集项目。对征集的项目，县乡政府通过电视、广播、网络等多种途径向社会广泛征求意见；县乡人大依托代表之家、代表小组，广泛听取代表意见。

2. 初定环节。县乡政府对征集到的项目汇集整理后进行初选，形成候选项目建议方案，提交同级党委常委会（乡镇党委会）研究审定，经人大常委会（乡镇人大主席团）审议通过后，作为由同级人民代表大会会议审议票决的民生实事候选项目。在项目初定环节，县人大有关专门（工作）委员会和乡镇人大主席团要及时研究并提出人大的意见和建议。

（二）项目审议票决阶段。项目审议、票决要充分发挥代表的主体作用。

3. 审议环节。候选项目由县乡政府提请每年年底或年初举行的同级人民代表大会会议审议。政府应就候选项目的确定过程和具体情况（包括项目名称、主要内容、实施主体、投资额度、相关要求等），在全体会议或主席团会议上作说明，并书面印发代表。大会应安排必要时间，以利代表深入审议。

4. 票决环节。经审议后的候选项目在全体会议上由代表以无记名投票方式进行表决，票决结果当场宣布，并向社会公开。县乡人大在开展代表票决制工作时，应由人民代表大会通过票决办法，明确候选项目差额比例、表决方式、项目确定和公布方式等。候选项目差额比例一般掌握在 20%—30% 之间。民生实事项目的得票数应超过全体代表半数，从高到低排列后，按照预定的应选数确定。

（三）项目监督评估阶段。项目监督、评估要切实发挥人大及其常委会、乡镇人大主席团的监督作用。

5. 监督环节。人民代表大会票决通过的民生实事项目，县乡政府要精心组织、高质量实施推进民生实事项目。县乡人大要将民生实事项目的实施工作列入年度监督工作计划，运用执法检查、听取审议专项工作报告、预决算审查监督、专题询问以及组织代表视察、专题调研等形式，加强对项目实施情况的监督检查。可通过采取按项目建立代表监督小组等形式，发挥代表监督作用。

6. 评估环节。可建立以代表为主体、有关专业人员参与的评估小组，对项目实施情况进行预评估。县乡人民代表大会或其常委会、乡镇人大主席团应听取和审议政府上一年度民生实事项目完成情况报告，对实施情况进行满意度测评。测评结果报同级党委，并纳入年度相关工作考核内容。对未能如期完成的民生实事项目，政府应向人大代表作出解释与说明。对执行不力造成严重后果的，人大应当通过询问、质询、特定问题调查等方式强化监督。

**三、工作要求**

县乡党委要充分发挥总揽全局、协调各方的领导核心作用，把党的领导贯穿于代表票决制工作的全过程。县乡人大要切实发挥监督指导作用，勇于实践创新，完善工作机制，把充分发扬民主、严格依法办事落实到代表票决制工作的每个阶段和环节。县乡政府要切实做好民生实事项目的征集初定、组织实施等工作。宣传部门、新闻媒体要加强对代表票决制和民生实事项目实施工作的宣传报道，进一步凝聚共识，营造良好社会氛围。

（宣办发〔2019〕6号）

## 县人民政府关于加强农村宅基地管理工作的通知

各乡镇人民政府，县政府有关部门：

为进一步加强农村宅基地管理，引导农村村民住宅建设依法、合理、集约利用土地，根据《州人民政府关于切实加强农村宅基地管理工作的通知》（恩施州政发〔2006〕5号）精神，结合我县实际，现就加强农村宅基地管理工作通知如下：

**一、严格规划管理，节约集约用地**

1. 农村村民建造住宅要符合土地利用总体规划和乡（镇）村建设规划，充分利用原有宅基地、村内空闲地和荒地，严禁占用基本农田建住宅。

2. 各乡镇人民政府要采取有效措施，引导村民住宅建设向中心村、中心镇集聚。对集镇规划区内的农村村民住宅建设，积极推行集中兴建农民住宅小区，防止在集镇建设中形成新的“城中村”，避免“二次拆迁”。对集镇规划区范围外的农村村民住宅建设，按照城镇化和集约用地的要求，鼓励集中建设农民新村和住宅小区。

3. 积极引导村民依法节约集约利用资源，推进生态文明建设，坚决守住基本农田保护红线、生态保护红线、城镇开发边界红线。

**二、加强农村宅基地的审批管理**

1. 严格宅基地申请条件。按照“居者有其屋”的原则进行宅基地联合审批，进一步明确农村宅基地使用对象。正确理解“一户一宅”涵义，妥善处理一个家庭有多个户口簿的问题，以人均居住面积不超过40平方米为基础，兼顾成年子女人数审批宅基地（父母跟随其中一子女居住，不能单独立户另申请宅基地）。

2. 严格核定用地面积。农村村民新建、改建、扩建房屋的不得超过三层，其宅基地（含原有住房及附属设施）总面积，使用农用地的每户不得超过140平方米，使用未利用地（建设用地）的每户不得超过200平方米。

3. 严格控制建设规模。住房层高第一层控制在3.6米以内，二层以上控制在3.0米以内，鼓励村民建造富有本县乡土风情和地方特色的农村住房，由县住建局提供标准图纸以供参考。

4. 县城规划区内不再审批新宅基地自建房。严格按照《宣恩县县城规划区征地拆迁补偿安置办法（试行）》（宣政办发〔2017〕16号）和《宣恩县县城规划区被征地农民购买安置房指导意见（试行）》（宣政办发〔2017〕74号）执行。

5. 健全宅基地审批管理制度。宅基地审批做到“四公开四到场四联合二监督一必须”。“四公开”即公开建房条件和名单，公开审批程序，公开土地权属、地类、面积、范围等情况，公开审批结果；“四到场”即选址定点到场，基础放线到场，基础验线到场，竣工验收到场；“四联合”即联合踏勘，联合审查，联合放线，联合验收；“二监督”即自觉接受农村居民和上级主管部门监督；“一必须”即必须建新拆旧。

6. 各乡镇人民政府及有关部门负责督促农村村民建新拆旧工作。凡新建住宅后应退出旧宅基地的，需与村委会签订退还旧宅基地协议，确保在入住新房后三个月内自行拆除旧房，退还旧宅基地并复耕复绿；未拆旧复垦的，不得办理不动产权证书。

**三、依法流转和收回农村宅基地**

1. 农村村民因继承房产等依法取得两处以上宅基地的，可在本集体经济组织内与符合申请宅基地条件的村民进行流转。

2. 严禁城镇居民占用集体土地建住宅或以购置房屋为名变相购买宅基地，严禁为城镇居民在农村购买和违法建造的住宅颁发不动产权证书。

3. 依法收回因历史原因形成农村村民一户多宅、户口迁出未使用的宅基地，或者因村庄改造、公共设施、公益事业建设原因需占用的宅基地。收回宅基地符合补偿政策的，按照相关政策给予补偿。

4. 依法收回享受易地扶贫搬迁政策农村村民的宅基地使用权，坚持拆旧办新，未拆旧复垦的，不得办理不动产权证书。

四、加快土地报批工作

及时办理新建宅基地的农用地转用审批手续，提前介入，逐宗落实到户，协调中介机构完成勘测定界等工作，组卷上报州人民政府或省人民政府批准，避免违法用地，及时化解卫片执法和土地例行督查反馈的问题。

**五、加强巡查监督管理**

1. 农村宅基地管理纳入政府年度考核目标。强化乡镇人民政府农村宅基地管理的责任，完善目标考核制度，县直相关部门对宅基地审批情况进行跟踪监督检查。

2. 切实加强农村宅基地的监管。各乡镇人民政府和县“两违”办要完善动态巡查制度，及时发现和制止各类土地违法行为。发现一起，立案一起，查处一起。在县城规划区内及主要景区，由县“两违”办巡查监管，县城市执法管理局对违法行为查处；在县城规划区范围外，由各乡镇人民政府组织相关部门巡查监管，并牵头对违法行为查处。

3. 加强执法力量，增强执法联动性。由各乡镇人民政府主导，县自然资源和规划局、县住建局、县水利局、县林业局、县交通运输局、县城市管理执法局等部门授权，组建联合执法队伍，其工作经费纳入财政预算。对重点区域，如河道、公路沿线、乡镇规划有潜力的地块进行日常巡查；对非重点区域，实行定时与不定时相结合巡查。发现问题第一时间制止，避免违法事实既定。

4. 强化宣传教育，积极营造齐抓共管氛围。各级各部门要深入持久地开展宣传教育活动，广泛宣传土地国策国情和法规政策，提高干部群众遵守土地法规和珍惜土地的意识，增强依法管地用地、节约集约用地和保护耕地的自觉性。组织开展宅基地管理人员工作培训，规范宅基地审批和管理工作。

5. 妥善处理农民建房历史遗留问题。结合全县“房地一体”成果资料，拟定农民建房不动产登记处理意见，妥善处理历史上形成的一户多宅和宅基地超占面积问题。

6. 形成追责问责机制。在宅基地审批过程中，不认真履行职责和依法行政，滥用职权的人员，要严肃追责问责，从严给予处分；构成犯罪的，依法追究刑事责任。

本通知自下发之日起执行。

（宣政发〔2019〕3号）

## 宣恩县易地扶贫搬迁拆旧复垦工作方案

（2019年6月19日）

根据易地扶贫搬迁“建新必须拆旧”的有关政策要求，为确保我县易地扶贫搬迁拆旧复垦工作全面按时完成，结合我县实际，特制定本实施方案。

### 一、指导思想

全面贯彻落实易地扶贫搬迁政策，严格执行农民住房用地“一户一宅”政策，用好用活土地增减挂钩政策，对易地扶贫搬迁户原居住旧房及时组织拆旧并实行复垦和生态修复，达到增加耕地、保护生态、美化环境、增加收入、兼顾公平和促进农业农村发展目标。

### 二、基本原则

（一）政府主导，群众参与。易地扶贫搬迁旧房拆除是易地扶贫搬迁的政策红线之一，拆旧复垦工作涉及面广，情况复杂，工作量大，任何单位和个人均不得以任何理由阻挠和妨碍易地扶贫搬迁拆旧复垦工作。乡镇人民政府为辖区内易地扶贫搬迁拆旧复垦工作实施的责任主体，要加强政策宣传引导，落实拆旧复垦相关政策，充分调动易地搬迁群众参与拆旧复垦工作的积极性。

（二）因地制宜，耕地优先。农户搬迁后，旧房宅基地、院坝、圈舍等附属设施拆除应优先复垦为耕地。同时还应结合当地生产生活习惯和土地条件，因地制宜、科学利用，实行宜耕则耕、宜林则林。

（三）权责清晰，以人为本。易地扶贫搬迁拆旧复垦工作实施过程中，要切实维护农村集体经济组织的合法权益，坚持以人为本，保障农民利益。拆旧复垦后的土地权属为农村集体经济组织，由村集体经济组织依法对复垦后的土地进行发包，原则上优先原搬迁户承包经营，稳定承包关系。

（四）增减挂钩，持续发展。将满足和符合增减挂钩实施条件的拆旧地块及其它土地纳入复垦实施增减挂钩，优先保障易地扶贫搬迁安置点用地指标，结余指标可进行交易，增加收入，实现可持续发展。

（五）部门联动，协作推进。各相关部门按照职能分工积极配合，共同推进拆旧复垦工作，不得侵害易地扶贫搬迁户合法权益，确保社会稳定，保障拆旧复垦工作顺利开展。

### 三、总体目标和实施期限

对全县所有易地扶贫搬迁户（以下简称搬迁户）的原居住地旧房、栏圈及附属设施进行拆迁腾地，并采取工程技术措施对符合增减挂钩条件的拆迁后土地进行复垦，并申报城乡建设用地增减挂钩项目。

按照总体规划、分类实施的要求，根据易地扶贫搬迁工作进程，允许搬迁户搬入新房后，预留一年的旧房拆除过渡期，原则上，搬迁房领取住房钥匙12个月之内完成拆旧复垦任务，项目完工后实施项目验收，但处于地质灾害和危险区范围内的旧房，应即搬即拆。

旧房拆除时间要求：一是2016年、2017年搬迁入住的搬迁户旧房必须在2019年6月30日前完成拆除任务；二是2018年搬迁入住的搬迁户旧房须在2019年12月30日前拆除；三是按照增减挂钩的政策要求和进度，完成土地复垦任务。

## 四、拆旧复垦范围

易地扶贫搬迁贫困户原有旧房、栏圈及附属设施均属拆除范围，做到应拆尽拆，应垦尽垦。

## 五、拆旧复垦方法

（一）搬迁户搬入安置点新房后，乡镇人民政府应及时与搬迁户签订《宣恩县易地扶贫搬迁拆旧复垦协议》，搬迁户旧房所在地村民委员会收回该户的宅基地使用权。搬迁户拆旧复垦完成后，其安置住房按照法律和政策规定办理不动产权登记，核发不动产权证书。

（二）旧房拆除工作及宅基地复垦工程由所在乡镇人民政府统筹实施，各驻村尖刀班和村“两委”积极配合。各乡镇人民政府应组织专业队伍从事旧房拆除和土地复垦工作，并对安全施工全面负责。搬迁户也可申请自行拆除自己旧房，乡镇、村要进行指导和管理，确保拆除安全。

（三）旧房拆除后，根据土地适宜性、适应性要求，复垦为水田、旱地或进行生态修复。复垦工作由县自然资源和规划局委托乡镇人民政府组织实施。旧房拆除标准：旧房宅基地内地坪以上的建筑物必须全部拆除，旧房拆除后的木材、砖石等应有序堆放于拆旧复垦区外，便于后期旧房宅基地复垦或生态修复工程顺利开展，其他不可利用的建筑垃圾要就地掩埋平整。耕地复垦标准：严格按省自然资源厅土地开发整理项目验收规程和质量验收的相关内容和要求执行，县自然资源和规划局要加强指导。

（四）通过拆旧复垦新增耕地节余指标，由县政府组织在全省城乡建设用地增减挂钩指标平台进行交易，交易收益用于易地扶贫搬迁还贷、拆旧复垦、精准脱贫的巩固提升及乡村振兴战略等项目。

## 六、政策标准

（一）乡镇拆旧复垦施工费用标准，按照县自然资源和规划局设计编制的《易地扶贫搬迁城乡建设用地增减挂钩设计方案》预算并经财政投资评审核定的标准为准。对乡镇增减挂钩增加指标交易收益盈余的部分实行县乡“六四分成”比例对乡镇予以奖励，奖励资金用于乡镇易迁安置点后扶以及脱贫巩固提升、乡村振兴、美丽乡村建设、人居环境整治等农村重点工作。乡镇对村的奖励办法由各乡镇自行制定。

（二）凡易地扶贫搬迁户在规定时间内腾空旧房、拆除旧房（含树木、青苗等）的，按其家庭人口每人2500元，每户最高不超过10000元的标准给予补助，但搬迁户应按政策缴纳易迁建房自筹资金（人均2500元，每户自筹不超过1万元）。拆旧后废旧材料可以归搬迁户所有。

（三）群众搬迁后，原宅基地使用权由村集体收回，复垦后土地承包经营权，原搬迁户具有优先承包经营权，用于从事农业生产，但不得空闲或建房。复垦耕地管护费，按每年水田500元/亩、旱地300元/亩的标准补助到户，期限三年。

（四）根据交通和地域条件，每个村民小组可保留1处无法拆除的旧房，作为搬迁户放置农具、棺木的生产性用房，原则上需符合安全条件。保留旧房的产权属村集体所有，有需要的搬迁户可申请使用。

（五）国家有关部门核定的传统保护村落、少数民族特色村落、国家乡村旅游扶贫重点村名录，以及省政府划定的具有重点文化旅游开发价值村落的旧房可以不用拆除，但该旧房属于搬迁户的房屋产权、宅基地使用权应收归村集体所有。

（六）鼓励村集体经营公司或市场主体流转易地扶贫搬迁户承包地发展经济作物，流转面积不低于10亩，流转时间5年以上，按一次性300元/亩标准给予奖补。

## 七、工作步骤

（一）宣传发动阶段。县、乡镇召开易地扶贫搬迁拆旧复垦工作会议，布置拆旧复垦工作，明确工作任务，落实主体责任。深入宣传精准扶贫和增减挂钩相关政策，提高人民群众对易地扶贫搬迁拆旧复垦的认识，通过走访、座谈、媒体宣传、参观典型等多种方式充分调动农民群众的积极性，保障工作顺利开展。

（二）制定方案阶段。各乡镇组建工作专班，依据《易地扶贫搬迁城乡建设用地增减挂钩方案》和易地扶贫搬迁户的家庭情况、经济条件、住房现状、用地情况等实际状况以及各乡镇拆旧工作的安排，制定拆旧复垦工作方案。

（三）拆旧复垦阶段。各乡镇人民政府按照“签订拆旧复垦协议—收回宅基地使用权—拆除旧房—复垦土地—确权颁证”的程序，严格政策，坚持标准，先易后难，开展拆旧复垦工作。做到易地搬迁一处、拆旧复垦一处、合理利用一处。

（四）项目验收阶段。县易地扶贫搬迁拆旧复垦工作领导小组组织专班，严格按照《宣恩县易地扶贫搬迁城乡建设用地增减挂钩项目规划设计方案》和土地复垦相关标准对项目实施全程监管和竣工初验，对不合格工程责令限期整改到位，确保项目全面、及时验收。

**八、保障措施**

（一）加强组织领导。成立由县委常委、常务副县长邵爱华任组长，副县长胡晓洪、向重臣任副组长，县政府办公室、县监察委、县发改局、县财政局、县公安局、县自然资源和规划局、县农业农村局、县林业局、县水利局、县住建局、县经管局、州生态环境局宣恩县分局、县畜牧兽医局、县信访局、县供电公司主要负责人及各乡镇长为成员的易地扶贫搬迁拆旧复垦工作领导小组，领导小组下设办公室于县自然资源和规划局，戴恩高同志任办公室主任，田远道、刘申法同志任副主任，工作人员从相关部门抽派。各乡镇要成立拆旧复垦领导小组，组建专班，把易地扶贫搬迁拆旧复垦工作压紧压实。

各乡镇要组织工作专班进村入户调查，对辖区内易地扶贫搬迁户废旧房屋进行摸底、登记造册，与户主签订拆旧复垦协议，组织专门的施工单位实施旧房拆除和土地复垦，并落实土地后续利用和管护。

（二）明确部门职责。易地扶贫搬迁拆旧复垦是一项系统工程，县直各部门要各负其责、密切配合。县发改局（县易迁办）负责各乡镇拆旧复垦项目的立项审批工作及拆旧复垦工作的协调督办；县财政局负责拆旧复垦工程费用和奖补资金的筹措，制定资金管理办法，及时足额拨付项目资金，并对项目资金的使用情况进行监督管理；县自然资源和规划局负责全县易地扶贫搬迁增减挂钩实施方案的编制、审批、土地复垦工程施工设计预算，向各乡镇提供复垦地块表册，指导乡镇开展土地复垦、编制验收资料，负责拆旧复垦县级验收的业务指导；县住建局负责对各乡镇拆旧工作进行技术指导；县经管局负责指导复垦区土地承包经营权重新发包；县农业农村局负责对复垦耕地质量进行验收评价；县水利局负责对复垦区内沟渠质量进行验收评价；州生态环境局宣恩县分局负责对拆旧复垦区内环保保护工作进行验收评价；县公安局负责维护拆旧复垦工作的有序推进，依法打击阻挠和妨碍易地扶贫搬迁拆旧复垦工作的违法犯罪行为；县林业局负责拆旧复垦区内林地、林木及生态复绿政策指导；县监察委负责监督检查拆旧复垦项目过程中失职行为；县信访局负责处理拆旧复垦中重大信访案件；县供电公司负责处理拆旧中供电线路拆除；其他部门配合做好相关工作。

（三）资金保障。加大资金整合力度，并按照年度实施方案要求安排项目建设资金。通过易地扶贫搬迁与增减挂钩相结合，利用扶贫政策、补偿措施和产业优待政策等激励易地搬迁拆旧腾地，采取土地流转或专业合作社等方式发展特色农业，实现居住环境改善、生态恢复和农民增收三赢。土地复垦项目费用严格按照自然资源部门编制的工程设计方案及审计造价在竣工验收后拨付，资金按照“乡镇申请、县级审批、集中支付”的程序办理。项目实施过程中，各乡镇要接受县监察委、县财政局、县审计局等部门的监督检查，坚决杜绝弄虚作假、截留、挤占、挪用项目资金。

（四）监督考核。建立监督考核机制，对易地扶贫搬迁拆旧复垦工程实施情况进行监督检查，县易地扶贫搬迁拆旧复垦工作领导小组将此项工作列入重点监督检查内容，定期或不定期开展督查，纳入年度绩效目标进行考核，对成绩显著、工作突出的单位和个人给予表彰，对工作进度缓慢、配合不力、把关不严的单位和相关责任人进行约谈，并追究相关责任人责任。

（五）广泛宣传。要采取多种措施，加大宣传力度，及时掌握易地扶贫搬迁拆旧复垦工作情况，总结推广好做法好经验，营造全社会关心、支持参与易地扶贫搬迁拆旧复垦工作的良好氛围。

（宣政发〔2019〕4号）

## 宣恩工业园区入园项目政策清单

（2019年12月18日）

### 第一章　总则

第一条　为鼓励县内外投资者来宣恩工业园区投资创业，促进我县经济又好又快发展，根据《省人民政府关于新形势下进一步加大招商引资力度的若干意见》（鄂政发〔2017〕14号）、《州人民政府关于推动工业经济加快发展的实施意见》（恩施州政发〔2017〕7号）、《州人民政府关于印发〈恩施州高新技术产业园区招商引资八项政策清单（2018年）〉的通知》（恩施州政发〔2018〕7号）及有关法律法规，结合我县实际，特制定本政策清单。

第二条　本政策清单适用于在宣恩工业园区注册、投资建设并符合国家、省重点生态功能区产业准入政策和环保要求，且年度应税收入达2000万元以上的企业。

第三条　宣恩工业园区重点鼓励的投资领域为硒食品精深加工、生物医药、高端装备制造、新能源环保、信息技术、现代服务业和战略性新兴产业、电子商务、文创等产业。

### 第二章　用地政策

第四条　对投资新建项目需建设用地的，在符合我县土地利用总体规划和年度计划、国家产业政策和供地政策的前提下，县人民政府优先安排用地指标，按照《中华人民共和国土地管理法》有关规定依法挂牌出让，优先办理国有建设用地使用权手续。

第五条　对固定资产（厂房、设备部分）一次性投资3000万元（含）以上且投资强度不低于200万元/亩的工业项目，根据《州人民政府关于印发州高新区工业用地八条措施的通知》（恩施州政发〔2018〕22号）要求，项目用地按土地等别相对应《全国工业用地出让最低价标准》的70%执行，低于土地成本的按土地成本价供地。

### 第三章　税收政策

第六条　园区新办企业，自取得的第一笔生产经营收入所属纳税年度起，缴纳企业所得税中属于地方分享的部分，1—3年免征；以《西部地区鼓励类产业目录》（国家发展和改革委员会令第15号）中规定的产业目录为主营业务，且其主营业务收入占企业收入总额70%以上的企业，减按15%税率征收企业所得税；企业同时符合《企业所得税法》及其实施条例和国务院规定的各项税收优惠政策条件的，可以同时享受。

第七条　园区新办企业，自取得的第一笔生产经营收入所属纳税年度起，所缴纳的增值税增加给地方的财力部分，1—3年给予100%奖励，4—6年给予50%奖励。企业所得税除享受第六条优惠政策外，第4—6年增加给地方的财力部分给予50%奖励。

第八条　2018年前招商引资入驻园区的规模以上企业，自2019年起年度纳税（含出口退税）达到30万元（含）以上的，企业缴纳的增值税、企业所得税地方留存同比增长部分的50%奖励给企业，累计奖励年限为5年。

**第四章　投资及物流政策**

第九条　园区新引进工业企业达到规模以上且年上缴税收在200万元（含）以上的，按照年缴纳税收地方分享部分的10%，对企业货物物流运输费用给予补贴，累计补贴不超过5年，每年补贴额度不超过20万元。上缴税收达到2000万元（含）以上的，按照年缴纳税收地方分享部分的10%，对企业货物物流运输费用给予补贴，累计补贴不超过5年，每年补贴额度不超过300万元。

第十条　对固定资产（厂房、设备部分）一次性投资3000万元（含）以上，2亿元（含）以下的工业项目，项目投产后，按项目固定资产投资额的3%给予补助。

**第五章　创新及品牌创建政策**

第十一条　对企业牵头组建国家实验室、国家制造业创新中心的，一次性补助建设经费1000万元；牵头组建国家重点实验室、国家技术创新中心、国家工程技术研究中心、国家工程实验室、国家工程研究中心、国家企业技术中心的，一次性补助建设经费500万元。对新认定的湖北实验室、湖北省产业技术研究院一次性补助建设经费500万元，对新认定的湖北省工程技术中心、重点实验室一次性补助建设经费200万元。

第十二条　对国家高新技术企业、技术先进型服务企业的研发投入按10%的比例给予补贴，单个企业技术补贴经费最高不超过500万元。对通过认定的高新技术企业、技术先进型服务企业，一次性补助15万元。对企业登记备案的高新技术产品，一次性给予生产企业每个产品3万元补助。企业获得发明专利、实用新型专利授权的，分别给予3万元、1万元补助。

第十三条　对企业引进的全日制博士研究生、硕士研究生，与企业签订工作合同且实际工作满3年以上的，连续5年每年分别给予生活津贴2万元、1万元；在宣恩城区购买商品房的，分别给予20万元、10万元的一次性购房补贴。对企业聘用高管或技术核心人才，5年内缴纳的个人所得税地方留成部分等额予以补贴。对在校大学生或毕业3年内的高校毕业生在园区自主创业的新经济优秀项目，奖励5万元。

第十四条　对新获得“中国驰名商标”的企业一次性奖励30万元，对新获得“国家级生态原产地产品保护”的企业一次性奖励5万元。鼓励企业争创恩施州清江质量奖，对新获得清江质量奖的企业一次性奖励50万元，对新获得清江质量奖提名奖的企业一次性奖励10万元。

**第六章　金融及出口政策**

第十五条　鼓励各类金融机构、准金融机构区域总部落户，经认定后最高一次性补助500万元落户奖励，并为落户企业提供贸易投资便利化服务。

第十六条　企业申请上市，按证监会有关规定享受“即报即审，审过即发”政策，上市成功后，在省、州政府补助基础上，县人民政府补助200万元；对在“新三板”市场挂牌企业奖励200万元，在武汉股权托管交易中心“四板”交易板市场挂牌企业奖励20万元，在武汉股权托管交易中心“四板”科技板市场挂牌企业奖励5万元；新引进设立的证券公司、基金公司、金融租赁公司及具备上市服务业绩的会计师事务所、律师事务所等专业机构，一次性奖励20万元。

第十七条 对硒食品精深加工、生物医药、高端装备制造、新能源环保、信息技术、现代服务业等重大产业项目，经考察，生产经营形势好、市场前景好、符合基金投向的，可采用产业基金参股等方式支持。对区域发展有重大带动作用、投资达10亿元以上的项目，定制专项基金予以配套支持。

第十八条 对首次出口额度达到100万美元、300万美元、500万美元、700万美元、1000万美元的自营出口企业，分别一次性奖励5万元、10万元、15万元、20万元、30万元；对出口额实现零突破的自营出口企业，第一年按出口1美元奖励0.1元的比例奖励，以后年度每出口1美元奖励0.08元。

**第七章 总部经济政策**

第十九条 经认定的总部企业，一次性给予500万元奖励。

第二十条 经认定的总部企业，租用、购置、新建办公用房的，按一定比例或标准给予补贴。综合型总部企业单项最高补贴200万元，功能型总部企业单项最高补贴100万元。

**第八章 新经济发展政策**

第二十一条 大力支持数字经济、智能经济、绿色经济、创意经济、流量经济、共享经济等新经济形态企业发展。放宽企业名称限制，支持体现新经济特点的个性用语作为企业名称的行业用语。放宽住所登记限制，允许新经济主体利用一址多照、一照多址解决住所登记问题。放宽经营范围限制，鼓励新经济主体跨界融合发展。

第二十二条 对销售收入低于3000万元（含）且研发投入占销售收入总额比例不低于5%的、销售收入3000万元至1亿元（含）且研发投入占销售收入总额比例不低于4%的、销售收入高于1亿元且研发投入占销售收入总额比例不低于3%的，经科技部门审核后按照研发投入总额的20%给予补贴，最高不超过200万元。

**第九章 园区标准厂房、企业闲置厂房租赁政策**

第二十三条 来我县投资的企业可采取租赁方式入驻“双创产业园”标准厂房（含办公及附属设施）和企业闲置厂房。

第二十四条 园区新引进企业租赁园区企业闲置厂房的，自签订协议起，年度应税收入达到5000元/平方米的，经宣恩工业园区管委会认定后，1—3年按6元/月·平方米标准予以补贴（实际租金高于6元/月·平方米标准的，按6元/月·平方米标准补贴，实际租金低于6元/月·平方米标准的，按实际租金予以补贴）。

第二十五条 采取租赁方式入驻“双创产业园”的企业，按协议缴纳入园项目保证金并正常投产，达到《双创产业园管理办法》的，1—3年厂房租金、职工宿舍租金、办公用房租金予以100%补贴，4—5年予以50%补贴。

**第十章 “保姆式”服务政策**

第二十六条 宣恩工业园区为企业实行“一站式”服务。对符合条件且提供的证件及有关资料齐全，属宣恩县职权范围之内的，各部门按急办件规定的工作时限办结；需报上级主管部门批准的，材料备齐后在两个工作日内完成审核、转报手续，并跟踪办理，直到上级批复。

第二十七条 对重点招商引资项目实行“县领导负责制”，成立工作专班，全程代理服务，解决项目落地和建设所涉问题。对损害企业合法权益的行为，有关部门立即查处。

第二十八条 为方便外商在宣恩生活，对来宣恩工业园区投资的股东及在“双创产业园”内就业的职工优先解决好人口暂住管理和子女入学、入托问题。

**第十一章 “一事一议”政策**

第二十九条 对固定资产投资达到一定规

模，社会资本参与园区建设营运项目，落户园区的世界500强、中国500强企业，国家高新技术企业，国内外知名大型服务配套企业，重大外商投资项目，四大产业集群重大项目，三家及以上产业集群项目，现代物流业及配套功能型企业，采取“一事一议”政策支持。

**第十二章　专项补贴及规模奖励政策**

第三十条

（一）符合下列条件的项目，可以给予专项补贴。

（1）对自建厂房固定资产投资2亿元以上的项目或租赁标准厂房固定资产投资2000万元以上的项目；

（2）投产后2年内年度应税收入达1亿元以上的项目或每年实际缴纳税收400万元以上的项目；

（3）对县委、县政府列入重点发展的产业集群项目及重要的配套型、功能型项目。

（二）满足上述条件之一的项目可以享受以下四项专项补贴：

（1）设备购置补贴：按企业新购设备额度的10%进行补贴，最高不超过300万元（已享受政策清单第十条的不再重复享受），对企业老旧设备拆卸、运输及安装过程发生的费用给予一定补贴；

（2）标准厂房装修补贴：按企业装修费用的10%进行补贴，最高不超过300万元（已享受政策清单第十条的不再重复享受。装修前装修方案需园区管委会审核，装修过程中园区派驻监理，装修完成后进行审计）；

（3）货物物流运输补贴：1—5年内按企业应税收入的1%—1.5%进行补贴，累计不超过500万元（已享受政策清单第九条的不再重复享受）；

（4）高管及用工培训补贴：对企业聘用的高级技术人才及高管按照1000元/人·月进行人才补贴，补贴时间为1年，最高不超过30人；企业新招聘员工培训费用按照500元/人·月给予补贴，补贴时间最长6个月，补贴人数不超过1000人。

第三十一条　园区企业通过招商引资拉伸产业链，引进3个及以上与该企业产业配套的新企业，且该企业三年内年度应税收入达到3亿元、5亿元、10亿元的，分别一次性奖励企业100万元、200万元、300万元。

**第十三章　附则**

第三十二条　本政策清单执行过程中，如遇国家政策变动，以新颁布的政策为准；凡此前宣恩县出台的相关入园政策，与本文件不一致的，以本文件为准；各乡镇招商引资安置在易地扶贫搬迁安置点的工业企业可参照本政策清单执行。

第三十三条　本政策清单由湖北宣恩工业园区管委会负责解释，自发布之日起执行。

（宣政发〔2019〕8号）

## 关于鼓励科技创新、扶持工业商贸企业加快发展的实施意见

各乡镇人民政府，县政府各部门：

为进一步优化营商环境，积极引导各类企业主体不断推进科技创新，实现以科技创新引领产业转型提质，推动实体经济高质量发展，现结合我县实际，制定本实施意见：

**一、奖扶对象及条件**

（一）奖扶对象。县域内工业企业、商贸企业、外贸出口企业。

（二）奖扶条件。以上企业财务管理制度健全，会计信用和纳税信用良好，无财政资金使用

违纪、违规、违法行为，无安全生产责任事故，能够按时按要求报送有关报表。

## 二、奖扶政策

### （一）创新创业奖

1. 专利奖。对获得当年国家发明专利证书、实用新型专利证书、外观设计专利证书的，分别按照 12000 元 / 件、4000 元 / 件、1000 元 / 件的标准给予一次性奖励。

2. 研发奖。年销售收入在 5000 万元以下的企业，研发投入占销售收入比重超过 5% 以上的部分，按 10% 给予补贴（单个企业年最高补贴不超过 10 万元）；年销售收入达 5000 万元至 2 亿元的企业，研发投入占销售收入比重超过 4% 以上的部分，按 5% 给予补贴（最高不超过 20 万元）；年销售收入达 2 亿元以上的企业，研发投入占销售收入比重超过 3% 以上的部分，按 5% 给予补贴（最高不超过 40 万元）。

3. 高新技术奖。对新认定的国家高新技术企业，每家给予 15 万元补助；对复审通过的国家高新技术企业，每家给予 5 万元补助。

4. 孵化平台奖。对新认定的国家级、省级、州级科技企业孵化器，分别给予 40 万元、20 万元、10 万元补助；对新认定的国家级、省级、州级众创空间，分别给予 20 万元、10 万元、5 万元补助；对新认定的国家级、省级、州级星创天地，分别给予 10 万元、5 万元、2 万元补助。

5. 创新平台奖。对新认定的国家实验室、国家制造业创新中心，给予 1000 万元补助；对新认定的国家重点实验室、国家技术创新中心，国家工程技术研究中心、国家工程实验室、国家工程研究中心、国家企业技术中心，给予 500 万元补助；对新认定的省实验室、省产业技术研究院，给予 500 万元补助；对新认定的省工程技术中心、省重点实验室，给予 200 万元补助；对新认定的省校企共建研发中心、州工程技术中心，给予 10 万元补助。

6. 成果转化奖。对企业委托给高校、科研院所的技术开发项目并进行了合同备案登记的，在落实省财政补贴政策的同时，按照企业实际支付研发费用的 10% 给予补贴（最高不超过 5 万元）；对购买成果进行转化的企业（成果必须经过登记备案和技术合同登记），按购买金额的 20% 给予补贴（单个成果补贴最高不超过 5 万元）。

7. 出口品牌奖。新获国家级出口名牌商品的企业，给予一次 20 万元的奖励；新获省级出口名牌商品的企业，给予一次 5 万元的奖励。

8. 认证奖。对通过质量、环保、安全管理等体系认证、产品国际论证等各类认证的出口企业，每项论证给予 1 万元的补贴（已获中小企业国际市场开拓资金资助的项目不再给予补贴）。

9. 质量强县奖。对新认定为国家级、省级“两化”（产业化、信息化）融合示范企业的，分别奖励 30 万元、10 万元；对新认定为湖北省支柱产业细分领域“隐形冠军”示范企业、科技小巨人、培育企业的工业企业，分别奖励 10 万元、5 万元、2 万元；对新获清江质量奖、清江质量奖提名奖的工业企业，分别奖励 50 万元、10 万元；对新获得中国驰名商标的企业奖励 30 万元；对新获得地理标志证明商标的企业奖励 10 万元；对新获得“国家级生态原产地产品保护”的企业奖励 5 万元。

10. 企业用工奖。年用工 6 个月以上人数达 50 人以上的规（限）上企业，每人每年奖励 200 元（以员工缴纳保险为准）。

宣恩工业园区企业补贴标准按《县人民政府关于印发〈宣恩工业园区入园项目清单〉的通知》（宣政发〔2019〕8 号）规定或本实施意见执行，但不得重复享受。

### （二）突出贡献奖

1. 新进规进限奖。对新纳入的规上工业企业给予 10 万元奖励（分三年到位：第一年到位 5 万元，第二年到位 1 万元，第三年到位 4 万元；退库企业不兑现当年度的奖励）；对以法人身份新纳入的限上商贸企业给予3万元奖励（分两年到位：第一年到位2万元，第二年到位1万元；退库企业不兑现当年度的奖励）；对以个体身份新纳入的限上商贸企业给予2万元奖励（分两年到位：第一年到位1万元，第二年到位1万元；退库企业不兑现当年度的奖励）。

2. 特别贡献奖。一是规模贡献。对年应税收入突破1亿元和5亿元的工业企业，分别奖励2万元和10万元；对年应税收入达到3000万元至5000万元的批发企业、800万元至2000万元的零售企业、300万元至500万元的住宿餐饮企业，给予2万元奖励；对年应税收入达到5000万元至1亿元的批发企业、2000万元至5000万元的零售企业、500万元至1000万元的住宿餐饮企业，给予3万元奖励；对年应税收入达到1亿元以上的批发企业、5000万元以上的零售企业、1000万元以上的住宿餐饮企业，给予5万元奖励。二是增幅贡献。规模以上工业企业工业应税收入增幅在10%以上的奖励5000元，工业企业应税收入增幅在10%以上且应税收入增量在500万元以上的奖励1万元，与前款奖项不重复奖励；限上商贸企业社会消费品零售总额年增幅在15%以上的奖励5000元，社会消费品零售总额年增幅在15%以上且应税收入增量在500万元以上的批发企业、增量在200万元以上的零售企业、增量在50万元以上的餐饮企业奖励1万元，与前款奖项不重复奖励。

3. 纳税增幅奖。对规上工业企业，年缴税100万元以上不足200万元的，奖励1万元；年缴税200万元以上不足500万元的，奖励2万元；年缴税500万元以上的，奖励3万元（不含发电企业）。对个体工商户、非法人企业转型升级限上商贸企业的，其增值税、企业所得税增量的县级留成部分，等额奖励给纳税企业。

4. 自营出口规模奖。对首次年度出口额度达到100万美元、300万美元、500万美元、700万美元、1000万美元的自营出口企业，分别一次性奖励5万元、10万元、15万元、20万元、30万元。

5. 出口业务奖。对出口额实现零突破的自营出口企业，按出口1美元奖励0.10元的比例奖励；以后年度每出口1美元奖励0.08元。县内贸易出口企业每出口1美元奖励0.04元。外商投资企业直接利用外资奖励参照贸易出口奖励执行。

6. 项目入库奖。奖励备案入统的工业项目（政府投资的工业项目不奖励），凡本年实际投入在100万至500万元的，奖励2000元；500万元至5000万元的，奖励5000元；5000万元至1亿元的，奖励1万元；1亿元以上的，奖励2万元。

**（三）鼓励性补贴**

1. 展销补助。支持工业、商贸、电商企业参加由县科经局组织的国内外展览、展销、产品推介活动。对规（限）上企业参加国家、行业组织的国外（境外）展会，每次补助3万元（已享受上级展销补助的不得重复补助）；对参加国家、行业组织的全国性展会（或省外展会）的企业，每参展一次补助差旅费、参展会2万元；对参加省、州、行业组织的省内地方性展会的企业，每参展一次补助差旅费、参展会1万元。每家企业每年境内展销补助最高不得超过5万元。

2. 统计岗位补贴。对规（限）上企业的统计员，经县科经局、县统计局对其统计报表的及时率、准确率和基础性工作合格率等方面进行年度考核，考核合格者每年给予通讯补贴2400元。

3. 岗前培训补贴。规（限）上企业可向就业部门申报，对当年新录用员工开展岗前培训，享受岗前培训补贴。

**三、奖扶基金设置及兑现**

在原奖扶政策的基础上和不增加奖扶资金总额的前提下，设立扶持奖励基金500万元，按照年度实际结算。次年1月30日前，由以下单位给县科经局提供兑现方案后汇总兑现：县税务局负责特别贡献奖（1）兑现方案；县统计局负责新进规进限奖、特别贡献奖（2）和统计岗位补贴兑现方案；县就才局负责企业用工奖兑现方案；县市场监督管理局负责专利奖兑现方案；其他奖项兑现方案由县科经局负责。

**四、实施时间和政策解释**

本实施意见自2019年1月1日起执行，原《县人民政府关于支持外贸企业发展的若干意见》（宣政发〔2018〕6号）和《县人民政府办公室关于印发〈宣恩县专利申请奖励办法〉的通知》（宣政办发〔2013〕27号）同时废止，我县原出台的除《县人民政府关于印发〈宣恩工业园区入园项目清单〉的通知》（宣政发〔2019〕8号）以外所有与本实施意见不一致的奖扶政策，以本实施意见为准。本实施意见由县工业经济发展领导小组办公室负责解释。

（宣政发〔2019〕10号）

## 统计资料

宣恩县2019年国民经济主要指标（一）

表12

| 指标 | 单位 | 2019年 | 2018年 | ±% |
|---|---|---|---|---|
| 全县生产总值（现价） | 亿元 | 79.05 | 76.42 | 4.6 |
| 第一产业增加值 | 亿元 | 18.91 | 17.43 | 4.1 |
| 第二产业增加值 | 亿元 | 11.87 | 12.88 | -2.9 |
| 其中：工业增加值 | 亿元 | 8.22 | 8.07 | 5.5 |
| 第三产业 | 亿元 | 48.27 | 46.11 | 7.0 |
| 地方财政总收入 | 亿元 | 5.78 | 5.95 | -2.8 |
| 地方公共财政预算收入 | 亿元 | 3.96 | 3.83 | 3.2 |
| 地方公共财政预算支出 | 亿元 | 37.14 | 34.80 | 6.7 |
| 引进省外资金 | 亿元 | 19.28 | 22.52 | -14.4 |
| 实际利用外资 | 万美元 | — | 817 | — |

宣恩县2019年国民经济主要指标（二）

表13

| 指标 | 单位 | 2019年 | 2018年 | ±% |
|---|---|---|---|---|
| 农林牧渔业总产值（现价） | 万元 | 344482 | 319588 | 3.8 |
| 农林牧渔业增加值（现价） | 万元 | 198283 | 183694 | 3.8 |
| 年末生猪存栏头数 | 万头 | 31.02 | 29.32 | 5.8 |
| 生猪出栏头数 | 万头 | 44.33 | 45.15 | -1.8 |
| 猪肉产量 | 万吨 | 3.47 | 3.61 | -3.9 |
| 粮食总产量 | 万吨 | 11.96 | 12.08 | -1.1 |
| 规上工业增加值增幅 | % | — | — | 1.4 |
| 工业产品销售率 | % | 90.7 | 96.5 | -5.8 |
| 社会消费品零售总额 | 万元 | 516001 | 466970 | 10.5 |
| 外贸出口总额 | 万美元 | 1130 | 770 | 44.7 |
| 金融机构人民币存款余额 | 万元 | 1000651 | 1005406 | -0.5 |
| 金融机构人民币贷款余额 | 万元 | 677924 | 612884 | 10.6 |
| 城镇常住居民人均可支配收入 | 元 | 29446 | 26953 | 9.25 |
| 农村常住居民人均可支配收入 | 元 | 11396 | 10340 | 10.21 |

注：1. 农林牧渔业总产值、增加值增长速度按可比价计算；
2. 外贸出口为自营出口

## 2019年主要经济指标占全州比重

表14

| 指标 | 单位 | 全县 | 全州 | 占全州比重% |
|---|---|---|---|---|
| 全县生产总值（现价） | 亿元 | 79.05 | 1159.37 | 6.8 |
| 第一产业 | 亿元 | 18.91 | 180.94 | 10.5 |
| 第二产业 | 亿元 | 11.87 | 299.43 | 4.0 |
| 工业 | 亿元 | 8.22 | 234.28 | 3.5 |
| 第三产业 | 亿元 | 48.27 | 679.00 | 7.1 |
| 地方财政总收入 | 亿元 | 5.78 | 174.04 | 3.3 |
| 地方公共财政预算收入 | 亿元 | 3.96 | 80.65 | 4.9 |
| 税收收入 | 亿元 | 2.93 | 60.24 | 4.9 |
| 地方公共财政预算支出 | 亿元 | 37.14 | 445.78 | 8.3 |
| 社会消费品零售总额 | 亿元 | 51.60 | 685.81 | 7.5 |
| 全社会用电量 | 亿千瓦时 | 3.40 | 54.66 | 6.2 |
| 引进省外资金 | 亿元 | 19.28 | 174.11 | 11.1 |
| 实际利用外资 | 万美元 | — | 2015 | — |
| 外贸出口额 | 万美元 | 1130 | 8870 | 12.7 |
| 规模工业企业个数 | 个 | 33 | 296 | 11.1 |
| 国土面积 | 平方千米 | 2737 | 24061 | 11.4 |

## 2019年全县生产总值

表15

| 指标 | 单位 | 2019年 | 2018年 | ±% |
|---|---|---|---|---|
| 全县生产总值（现价） | , | 79.05 | 76.42 | 4.6 |
| 第一产业 | 亿元 | 18.91 | 17.43 | 4.1 |
| 第二产业 | 亿元 | 11.87 | 12.88 | -2.9 |
| 工业 | 亿元 | 8.22 | 8.07 | 5.5 |
| 建筑业 | 亿元 | 3.65 | 4.81 | -19.2 |
| 第三产业 | 亿元 | 48.27 | 46.11 | 7.0 |
| 交通运输、仓储和邮政业 | 亿元 | 3.42 | 3.13 | 8.3 |
| 批发和零售业 | 亿元 | 9.19 | 8.55 | 4.7 |
| 住宿和餐饮业 | 亿元 | 2.69 | 2.40 | 12.0 |
| 金融业 | 亿元 | 5.45 | 5.15 | 11.5 |
| 房地产业 | 亿元 | 8.96 | 8.88 | 4.9 |
| 房地产业（K门类） | 亿元 | 1.41 | 1.24 | 2.1 |
| 其他营利性服务业 | 亿元 | 5.25 | 4.96 | 11.4 |
| 非营利性服务业 | 亿元 | 12.39 | 12.10 | 5.5 |

注：绝对值为现价，增长速度按可比价计算。根据第四次全国经济普查结果和GDP统一核算制度规定，2018年全县地区生产总值重新修订

## 宣恩县2019年水电气油消耗情况

表16

| 指标 | 计量单位 | 2019年 | 2018年 | 同比 ±% |
|---|---|---|---|---|
| 汽油消耗量 | 万升 | 2355.89 | 2744.66 | -14.2 |
| 柴油消耗量 | 万升 | 1649.56 | 1907.23 | -13.5 |
| 水消耗量 | 万吨 | 460.10 | 405.97 | 13.3 |

续表 16

| 指标 | 计量单位 | 2019 年 | 2018 年 | 同比 ±% |
|---|---|---|---|---|
| 天然气消耗量 | 万立方米 | 403.66 | 358.18 | 12.7 |
| 全社会用电量 | 万千瓦时 | 34035.56 | 32108.57 | 6.0 |
| 工业用电量 | 万千瓦时 | 7481.25 | 7469.10 | 0.2 |
| 规上工业企业用电 | 万千瓦时 | 1793.28 | 1879.34 | -4.6 |

注：汽油消耗量、柴油消耗量数据来源于县石油公司（不包含中石油数据）；水消耗量数据来源于县自来水总公司；天然气消耗量数据来源于县天然气有限公司；用电量数据来源于县电力公司

## 宣恩县 2019 年固定资产投资完成情况

表 17　　单位：万元

| 指　标 | 2019 年 | 2018 年 | % |
|---|---|---|---|
| 固定资产投资完成额 | — | — | 2.0 |
| 5000 万元以上项目完成投资 | — | — | -41.1 |
| 500—5000 万元以上项目完成投资 | — | — | 43.1 |
| 房地产开发投资 | — | — | 121.2 |
| 本年施工项目个数（个） | 83 | 67 | 16 |
| 新开工项目（个） | 29 | 35 | -6 |
| 本年投产项目个数（个） | 26 | 19 | 7 |
| 房屋施工面积（万平方米） | 78.18 | 44.37 | 76.2 |
| 房屋竣工面积（万平方米） | 0.69 | 0.84 | -17.9 |
| 商品房销售面积（万平方米） | 19.16 | 23.44 | -18.3 |
| 商品房销售总额 | 96088 | 90490 | 6.2 |

## 宣恩县 2019 年社会消费品零售总额

表 18　　单位：万元

| 指标 | 2019 年 | 2018 年 | ±% |
|---|---|---|---|
| 社会消费品零售总额 | 516001 | 466970 | 10.5 |
| 按销售单位所在地分 | | | |
| 城镇 | 368611 | 333000 | 10.7 |
| 乡村 | 147390 | 133970 | 10.0 |
| 按行业分 | | | |
| 批发零售贸易业 | 422991 | 382500 | 10.6 |
| 住宿和餐饮业 | 93010 | 84470 | 10.1 |
| 按规模分 | | | |
| 限额以上 | 28053 | 28973 | -3.2 |
| 限额以下 | 487948 | 437997 | 11.4 |

## 宣恩县 2019 年财政收支情况

表 19　　单位：万元

| 指标 | 2019 年 | 2018 年 | ±% |
|---|---|---|---|
| 一、地方公共财政预算收入 | 39587 | 38349 | 3.2 |
| 税收收入 | 29325 | 28561 | 2.7 |
| 非税收入 | 10262 | 9788 | 4.8 |
| 二、地方财政总收入 | 57807 | 59490 | -2.8 |
| 税务 | 47545 | 49702 | -4.3 |
| 财政 | 10262 | 9788 | 4.8 |

续表 19

| 指标 | 2019 年 | 2018 年 | ± % |
|---|---|---|---|
| 三、地方公共财政预算支出 | 371385 | 347999 | 6.7 |
| 其中：农林水事务 | 77783 | 73895 | 5.3 |
| 教育 | 52775 | 45168 | 16.8 |
| 社会保障和就业 | 50322 | 45823 | 9.8 |
| 医疗卫生与计划生育 | 39025 | 34459 | 13.3 |

## 宣恩县 2019 年金融机构人民币存贷款余额

表 20　　单位：万元

| 指标 | 2019 年 | 2018 年 | ± % |
|---|---|---|---|
| 金融机构人民币存款余额 | 1000651 | 1005406 | -0.5 |
| 住户存款余额 | 674364 | 613071 | 10.0 |
| 金融机构人民币贷款余额 | 677924 | 612884 | 10.6 |
| 住户贷款 | 296606 | 134625 | 120.3 |
| 非金融企业及机关团体贷款 | 381304 | 266109 | 43.3 |
| 非银行业金额机构贷款 | — | 354112 | — |

## 宣恩县 2019 年住户调查主要指标

表 21　　单位：元

| 指标名称 | 2019 年 | 2018 年 | ± % |
|---|---|---|---|
| 一、人均可支配收入 | — | — | — |
| 全体居民人均可支配收入 | 16108 | 14682 | 9.71 |
| 城镇常住居民人均可支配收入 | 29446 | 26953 | 9.25 |
| 农村常住居民人均可支配收入 | 11396 | 10340 | 10.21 |
| 二、人均生活消费支出 | — | — | — |
| 全体居民人均生活消费支出 | 12828 | 11496 | 11.59 |
| 城镇常住居民人均生活消费支出 | 21693 | 19538 | 11.03 |
| 农村常住居民人均生活消费支出 | 9690 | 8649 | 12.04 |

## 宣恩县 2019 年规模以上工业生产完成情况

表 22

| 指标名称 | 2019 年 | 2018 年 | ± % |
|---|---|---|---|
| 一、工业总产值增幅 | | | 14.5 |
| #轻工业 | | | 24.3 |
| 重工业 | | | -5.1 |
| #国有企业 | | | -39.5 |
| 股份制企业 | | | 16.1 |
| 二、工业增加值增幅 | | | 1.4 |
| 三、工业销售产值增幅 | | | 7.6 |
| #轻工业 | | | 14.1 |
| 重工业 | | | -4.9 |
| #国有企业 | | | -39.5 |
| 股份制企业 | | | 9.0 |
| 四、工业产品销售率（%） | | | -5.8 |
| 五、工业主要产品产量 | | | |
| 精制茶（吨） | 11157.7 | 10383.6 | 0.07 |
| 瓦（万片） | 2725 | 3911 | -0.30 |
| 果酒及配制酒（千升） | 1027 | 356 | 1.88 |

续表 22

| 指标名称 | 2019 年 | 2018 年 | ± % |
|---|---|---|---|
| 鲜、冷藏肉（吨） | 6146 | 8870 | -0.31 |
| 电子元件（万只） | 350 | 4214 | -0.92 |
| 商品混凝土（立方米） | 450383 | 215908 | 1.09 |
| 冷冻蔬菜（吨） | 166 | 646 | -0.74 |
| 胶合板（立方米） | 4178 | 4453 | -0.06 |
| 大米（吨） | 4953 | 6862 | -0.28 |
| 混合饲料（吨） | 3540 | 5837 | -0.39 |
| 原电池（万只） | 290 | 0 | |
| 运动服类服装（万件） | 112 | 0 | |

## 宣恩县 2019 年招商引资、外贸出口及旅游

表 23

| 指标 | 单位 | 2019 年 | 2018 年 | ± % |
|---|---|---|---|---|
| 外贸出口总额 | 万美元 | 1130 | 770 | 44.7 |
| A 级景区个数 | 个 | 1 | 2 | -50.0 |
| 3 星级及以上饭店个数 | 个 | 3 | 4 | -25.0 |
| 引进省外资金 | 亿元 | 19.28 | 22.52 | -14.4 |
| 实际利用外资 | 万美元 | — | 817 | — |

## 宣恩县 2019 年农业产值情况

表 24　　单位：万元

| 指标名称 | 2019 年 | 2018 年 | ± % |
|---|---|---|---|
| 农林牧渔业总产值（现价） | 344482 | 319588 | 3.8 |
| 农业产值 | 191307 | 172675 | 4.2 |
| 烟叶产值 | 7868 | 7850 | — |
| 蔬菜产值 | 11674 | 10960 | — |
| 水果产值 | 27748 | 30427 | — |
| 茶叶产值 | 94248 | 89240 | — |
| 药材产值 | 7772 | 6217 | — |
| 林业产值 | 22420 | 24391 | -14.0 |
| 牧业产值 | 107682 | 98861 | 11.0 |
| #生猪产值 | 88390 | 79464 | |
| 渔业产值 | 1207 | 1442 | -14.2 |
| 农林牧渔服务业产值 | 21865 | 22221 | 1.4 |
| 农林牧渔业增加值（现价） | 198283 | 183694 | 3.8 |

注：增长速度按可比价计算

## 宣恩县 2019 年农业生产情况

表 25

| 指标 | 单位 | 2019 年 | 2018 年 | ± % |
|---|---|---|---|---|
| 乡村户数 | 万户 | 9.34 | 9.22 | 1.3 |
| 乡村人口 | 万人 | 32.51 | 32.34 | 0.5 |
| 常用耕地面积 | 公顷 | 24750 | 24650 | 0.4 |
| 农作物播种面积 | 公顷 | 62360 | 64250 | -2.9 |
| 粮食作物面积 | 公顷 | 30830 | 31650 | -2.6 |

续表 25

| 指标 | 单位 | 2019 年 | 2018 年 | ±% |
| --- | --- | --- | --- | --- |
| 粮食总产量 | 吨 | 119558 | 120829 | -1.1 |
| 夏收粮食面积 | 公顷 | 6890 | 6536 | 5.4 |
| 夏粮总产量 | 吨 | 17610 | 15577 | 13.1 |
| #小麦产量 | 吨 | | | |
| 洋芋产量 | 吨 | 17545 | 15500 | 13.2 |
| 秋收粮食面积 | 公顷 | 23943 | 25114 | -4.7 |
| 秋粮总产量 | 吨 | 101948 | 105252 | -3.1 |
| #稻谷产量 | 吨 | 41677 | 42700 | -2.4 |
| 玉米产量 | 吨 | 38999 | 40800 | -4.4 |
| 大豆产量 | 吨 | 3212 | 3080 | 4.3 |
| 油料作物面积 | 公顷 | 3750 | 3676 | 2.0 |
| 油料总产量 | 吨 | 6811 | 6937 | -1.8 |
| 油菜籽产量 | 吨 | 3800 | 3958 | -4.0 |
| 烟叶面积 | 公顷 | 3226 | 3644 | -11.5 |
| 烟叶总产量 | 吨 | 5620 | 5607 | 0.2 |
| 烤烟产量 | 吨 | 5043 | 5030 | 0.3 |
| 蔬菜面积 | 公顷 | 11129 | 11027 | 0.9 |
| 蔬菜总产量 | 吨 | 149447 | 140509 | 6.4 |
| 茶叶总产量 | 吨 | 18230 | 17498 | 4.2 |
| 水果总产量 | 吨 | 111508 | 120136 | -7.2 |
| 当年造林面积 | 公顷 | 500 | 3111 | -83.9 |
| 生猪出栏 | 万头 | 44.33 | 45.15 | -1.8 |
| 生猪存栏 | 万头 | 31.02 | 29.32 | 5.8 |
| 羊出栏 | 只 | 38071 | 36000 | 5.8 |
| 家禽出笼 | 万只 | 105.64 | 100.02 | 5.6 |
| 畜禽肉总产量 | 吨 | 38747 | 39766 | -2.6 |
| 猪肉产量 | 吨 | 34709 | 36101 | -3.9 |
| 禽蛋产量 | 吨 | 3673 | 3800 | -3.3 |
| 水产品产量 | 吨 | 79 | 77 | 2.6 |

## 全州县市主要经济指标排序（一）

表 26　　单位：平方千米、亿元、%

| 县市 | 土地面积 | 位次 | 生产总值 | 位次 | 增长速度 | 位次 |
| --- | --- | --- | --- | --- | --- | --- |
| 全州 | 24061 | — | 1159.37 | | 6.6 | |
| 恩施市 | 3972 | 2 | 379.52 | 1 | 7.7 | 1 |
| 利川市 | 4603 | 1 | 204.89 | 2 | 6.7 | 4 |
| 建始县 | 2666 | 6 | 120.48 | 4 | 6.8 | 3 |
| 巴东县 | 3354 | 3 | 127.46 | 3 | 4.9 | 7 |
| 宣恩县 | 2737 | 5 | 79.05 | 7 | 4.6 | 8 |
| 咸丰县 | 2520 | 7 | 96.18 | 5 | 7 | 2 |
| 来凤县 | 1344 | 8 | 84.66 | 6 | 5.9 | 6 |
| 鹤峰县 | 2872 | 4 | 67.13 | 8 | 6.2 | 5 |

注：国土面积为州反馈数，和县国土部门数据略有出入；因是分级核算，县市生产总值汇总数不等于全州核算数。GDP 相关数据为初步核算数

## 全州县市主要经济指标排序（二）

表 27 单位：亿元、%

| 县市 | 第一产业增加值 | 位次 | 增长速度 | 位次 | 第二产业增加值 | 位次 | 增长速度 | 位次 |
|---|---|---|---|---|---|---|---|---|
| 全州 | 180.94 | | 3.5 | | 299.43 | | 5.5 | |
| 恩施市 | 30.75 | 2 | 3.7 | 3 | 152.38 | 1 | 7.4 | 2 |
| 利川市 | 36.87 | 1 | 3.3 | 5 | 34.15 | 2 | 9.5 | 1 |
| 建始县 | 23.18 | 3 | 3.3 | 5 | 24.72 | 4 | 4.6 | 4 |
| 巴东县 | 22.65 | 4 | 3.3 | 5 | 31.49 | 3 | –1.3 | 7 |
| 宣恩县 | 18.91 | 6 | 4.1 | 1 | 11.87 | 8 | –2.9 | 8 |
| 咸丰县 | 19.67 | 5 | 3.1 | 8 | 16.38 | 5 | 6.4 | 3 |
| 来凤县 | 15.2 | 7 | 3.4 | 4 | 15.2 | 6 | 2.7 | 6 |
| 鹤峰县 | 13.71 | 8 | 3.8 | 2 | 13.24 | 7 | 2.8 | 5 |

## 全州县市主要经济指标排序（三）

表 28 单位：亿元、%

| 县市 | 工业增加值 | 位次 | 增长速度 | 位次 | 第三产业增加值 | 位次 | 增长速度 | 位次 |
|---|---|---|---|---|---|---|---|---|
| 全州 | 234.28 | | 6.4 | | 679 | | 8.1 | |
| 恩施市 | 134.35 | 1 | 8 | 3 | 196.39 | 1 | 8.9 | 1 |
| 利川市 | 22.43 | 2 | 9.3 | 1 | 133.87 | 2 | 7 | 7 |
| 建始县 | 15.92 | 4 | 7.6 | 4 | 72.58 | 4 | 8.8 | 2 |
| 巴东县 | 21.57 | 3 | –6.4 | 8 | 73.32 | 3 | 8.6 | 3 |
| 宣恩县 | 8.22 | 8 | 5.5 | 6 | 48.27 | 7 | 7 | 7 |
| 咸丰县 | 9.55 | 6 | 7.2 | 5 | 60.13 | 5 | 8.6 | 3 |
| 来凤县 | 12.69 | 5 | 8.4 | 2 | 54.26 | 6 | 7.7 | 6 |
| 鹤峰县 | 9.55 | 6 | 5.4 | 7 | 40.18 | 8 | 8.3 | 5 |

## 全州县市主要经济指标排序（四）

表 29 单位：个、%

| 县市 | 规模工业企业个数 | 位次 | 规上工业增加值增长速度 | 位次 | 固定资产投资增长速度 | 位次 |
|---|---|---|---|---|---|---|
| 全州 | 296 | | 0.5 | | 11 | |
| 恩施市 | 76 | 1 | 7.9 | 2 | 18.2 | 1 |
| 利川市 | 40 | 2 | 10.1 | 1 | 17.9 | 2 |
| 建始县 | 31 | 6 | 5.7 | 4 | 2.6 | 7 |
| 巴东县 | 36 | 3 | –19.2 | 8 | 17.3 | 6 |
| 宣恩县 | 33 | 4 | 1.4 | 6 | 2 | 8 |
| 咸丰县 | 23 | 8 | 5.3 | 5 | 17.6 | 4 |
| 来凤县 | 25 | 7 | 7.9 | 2 | 17.8 | 3 |
| 鹤峰县 | 32 | 5 | 1.1 | 7 | 17.5 | 5 |

注：工业企业为辖区内全部年主营业务收入 2000 万元以上的工业企业

## 全州县市主要经济指标排序（五）

表 30 单位：万元、%

| 县市 | 地方财政总收入 | 位次 | 增长速度 | 位次 | 地方公共财政预算收入 | 位次 | 增长速度 | 位次 |
|---|---|---|---|---|---|---|---|---|
| 全州 | 1740359 | | 1.7 | | 806467 | | 0.5 | |
| 恩施市 | 312251 | 1 | –4.1 | 7 | 203724 | 1 | –3.9 | 8 |
| 利川市 | 219230 | 2 | 10.8 | 1 | 119476 | 2 | 8.5 | 2 |
| 建始县 | 126296 | 3 | 5.3 | 3 | 68751 | 3 | 10 | 1 |
| 巴东县 | 103252 | 4 | 0.7 | 5 | 67168 | 4 | 0.1 | 7 |

续表 30

| 县市 | 地方财政总收入 | 位次 | 增长速度 | 位次 | 地方公共财政预算收入 | 位次 | 增长速度 | 位次 |
|---|---|---|---|---|---|---|---|---|
| 宣恩县 | 57807 | 7 | –2.8 | 6 | 39587 | 7 | 3.2 | 3 |
| 咸丰县 | 81282 | 6 | 3.4 | 4 | 47295 | 5 | 2.5 | 5 |
| 来凤县 | 94125 | 5 | 8.9 | 2 | 42198 | 6 | 3.2 | 3 |
| 鹤峰县 | 44127 | 8 | –10.5 | 8 | 31268 | 8 | 1.1 | 6 |
| 州直 | 664862 | | 0.5 | | 162139 | | –7.4 | |

## 全州县市主要经济指标排序（六）

表 31　　单位：万元、%

| 县市 | 地方税收收入 | 位次 | 增长速度 | 位次 | 地方公共财政预算支出 | 位次 | 增长速度 | 位次 |
|---|---|---|---|---|---|---|---|---|
| 全州 | 602433 | | –1.2 | | 4457757 | | 13.8 | |
| 恩施市 | 160198 | 1 | –3.1 | 7 | 836029 | 1 | 18.1 | 2 |
| 利川市 | 87035 | 2 | 9.4 | 1 | 726461 | 2 | 7.2 | 4 |
| 建始县 | 51376 | 3 | 6.8 | 2 | 487027 | 4 | 3.1 | 7 |
| 巴东县 | 47100 | 4 | –0.5 | 6 | 577600 | 3 | 20.2 | 1 |
| 宣恩县 | 29325 | 7 | 2.7 | 3 | 371385 | 6 | 6.7 | 6 |
| 咸丰县 | 35162 | 5 | –3.6 | 8 | 417245 | 5 | 16.8 | 3 |
| 来凤县 | 32344 | 6 | 2 | 4 | 321651 | 7 | 7 | 5 |
| 鹤峰县 | 24183 | 8 | –0.4 | 5 | 282088 | 8 | 0.2 | 8 |
| 州直 | 111896 | | –13.9 | | 402013 | | 43.7 | |

## 全州县市主要经济指标排序（七）

表 32　　单位：万元、%、元

| 县市 | 社会消费品零售总额 | 位次 | 增长速度 | 位次 | 全体居民人均可支配收入 | 位次 | 增长速度 | 位次 |
|---|---|---|---|---|---|---|---|---|
| 全州 | 6858110 | | 11.2 | | 18203 | | 9.7 | |
| 恩施市 | 2157758 | 1 | 11.6 | 1 | 22099 | 1 | 9.55 | 8 |
| 利川市 | 1205977 | 2 | 11.3 | 3 | 18000 | 2 | 9.77 | 5 |
| 建始县 | 769478 | 4 | 11.4 | 2 | 16705 | 6 | 9.9 | 1 |
| 巴东县 | 776281 | 3 | 11.2 | 4 | 16826 | 5 | 9.8 | 4 |
| 宣恩县 | 516001 | 6 | 10.5 | 7 | 16108 | 8 | 9.71 | 6 |
| 咸丰县 | 555327 | 5 | 10.8 | 5 | 17260 | 3 | 9.85 | 2 |
| 来凤县 | 486939 | 7 | 10.5 | 7 | 16238 | 7 | 9.83 | 3 |
| 鹤峰县 | 390349 | 8 | 10.6 | 6 | 17138 | 4 | 9.7 | 7 |

## 全州县市主要经济指标排序（八）

表 33　　单位：元、%

| 县市 | 农村常住居民人均可支配收入 | 位次 | 增长速度 | 位次 | 城镇常住居民人均可支配收入 | 位次 | 增长速度 | 位次 |
|---|---|---|---|---|---|---|---|---|
| 全州 | 11620 | | 10.41 | | 31561 | | 9.14 | |
| 恩施市 | 12050 | 2 | 10.6 | 3 | 34300 | 1 | 9.11 | 6 |
| 利川市 | 11533 | 4 | 10.72 | 2 | 31429 | 2 | 9.06 | 7 |
| 建始县 | 11560 | 3 | 10.76 | 1 | 29680 | 6 | 9.02 | 8 |
| 巴东县 | 11471 | 6 | 10.45 | 5 | 30183 | 4 | 9.2 | 4 |
| 宣恩县 | 11396 | 7 | 10.21 | 7 | 29446 | 8 | 9.25 | 3 |
| 咸丰县 | 11476 | 5 | 10.45 | 4 | 29588 | 7 | 9.36 | 1 |
| 来凤县 | 11342 | 8 | 10.32 | 6 | 30334 | 3 | 9.3 | 2 |
| 鹤峰县 | 12153 | 1 | 10.21 | 8 | 29929 | 5 | 9.17 | 5 |

## 全州县市主要经济指标排序（九）

表 34

单位：亿元、%

| 县市 | 引进省外资金 | 位次 | 增长速度 | 位次 | 外贸出口额 | 位次 |
|---|---|---|---|---|---|---|
| 全州 | 174.11 | | 9.4 | | 8870 | |
| 恩施市 | 33.61 | 1 | 11.3 | 5 | 1652 | 2 |
| 利川市 | 33.49 | 2 | 6.3 | 6 | 1657 | 1 |
| 建始县 | 23.58 | 4 | 14.8 | 4 | 201 | 8 |
| 巴东县 | 24.03 | 3 | 29.5 | 3 | 1191 | 4 |
| 宣恩县 | 19.28 | 5 | -14.4 | 7 | 1130 | 5 |
| 咸丰县 | 15.98 | 6 | -27.9 | 8 | 1322 | 3 |
| 来凤县 | 15.09 | 7 | 41.8 | 2 | 645 | 7 |
| 鹤峰县 | 9.07 | 8 | 200.9 | 1 | 1072 | 6 |

## 全州县市主要经济指标排序（十）

表 35

单位：万千瓦时、%

| 县市 | 全社会用电量 | 位次 | 增长速度 | 位次 | 工业用电量 | 位次 | 增长速度 | 位次 |
|---|---|---|---|---|---|---|---|---|
| 全州 | 546569 | | 6.8 | | 160429 | | 1 | |
| 恩施市 | 167572 | 1 | 6.8 | 4 | 38287 | 1 | -0.3 | 6 |
| 利川市 | 90630 | 2 | 9.2 | 2 | 28414 | 2 | 7.9 | 2 |
| 建始县 | 62645 | 3 | 5.2 | 6 | 17564 | 3 | -4.6 | 7 |
| 巴东县 | 56270 | 4 | 12.1 | 1 | 8150 | 7 | 10.7 | 1 |
| 宣恩县 | 34036 | 7 | 6 | 5 | 7481 | 8 | 0.2 | 4 |
| 咸丰县 | 36272 | 6 | 9 | 3 | 10559 | 5 | 2.5 | 3 |
| 来凤县 | 41074 | 5 | 1.9 | 8 | 13952 | 4 | -7.3 | 8 |
| 鹤峰县 | 30242 | 8 | 3.5 | 7 | 8204 | 6 | 0.2 | 4 |

## 全州县市主要经济指标排序（十一）

表 36

单位：万元、%

| 县市 | 金融机构人民币存款余额 | 位次 | 增长速度 | 位次 | 金融机构人民币贷款余额 | 位次 | 增长速度 | 位次 |
|---|---|---|---|---|---|---|---|---|
| 全州 | 15057628 | | 3.1 | | 11663605 | | 13.2 | |
| 恩施市 | 5118560 | 1 | 0.1 | 6 | 5290177 | 1 | 13.1 | 3 |
| 利川市 | 2749068 | 2 | 6.9 | 3 | 2006619 | 2 | 22 | 1 |
| 建始县 | 1411306 | 4 | 0.4 | 5 | 889985 | 3 | 11.6 | 4 |
| 巴东县 | 1653306 | 3 | 7.6 | 2 | 810642 | 4 | 8.8 | 7 |
| 宣恩县 | 1000651 | 7 | -0.5 | 7 | 677924 | 7 | 10.6 | 5 |
| 咸丰县 | 1271035 | 5 | 10.4 | 1 | 803715 | 5 | 15.7 | 2 |
| 来凤县 | 1054426 | 6 | 5 | 4 | 792555 | 6 | 8.9 | 6 |
| 鹤峰县 | 799276 | 8 | -2.3 | 8 | 391988 | 8 | -3.7 | 8 |